■ 应用型本科商科教育规划教材

# 国际贸易实务应用教程

韦克俭　唐万欢　主　编
陈　倩　陈婷婷　莫奕锟　孙西楠
曹　亮　何智娟　刘振彬　　　　副主编

清华大学出版社
北　京

## 内 容 简 介

本书根据编者多年从事国际贸易应用的实践体会和教学经验,从实用性的角度深入介绍了国际贸易的知识和应用技能,包括国际贸易实务概述,国际贸易商品的品名、品质、数量、包装及其条款,国际贸易交货价格术语条款,国际贸易方式与互联网工具,商品货物价格制定与成本核算,国际货物运输物流条款及报检、报关,国际货物运输保险及其条款,国际贸易货款结算与支付条款,进出口贸易纠纷、索赔、不可抗力与仲裁条款,国际贸易谈判与订立合同,国际贸易合同的履行,中国与东盟各国的国际贸易实务应用操作等。每章都有讲练结合与提要,之后附有思考与练习、案例分析及讨论、教学互动,既有定性分析,又有定量分析,重在培养应用能力。

本书实用性强,可作为高等院校本科学生、高职高专学生学习国际贸易课程的实用教材,以及工商管理类专业学生选择国际贸易模块,外语类专业学生选择外语+国际贸易专业模块的教科书或参考用书,也可作为商业或工业企业中从事国际贸易人员以及其他专业人员需要学习了解国际贸易知识和应用技能的参考用书。

本书封面贴有清华大学出版社防伪标签,无标签者不得销售。
版权所有,侵权必究。举报:010-62782989,beiqinquan@tup.tsinghua.edu.cn。

图书在版编目(CIP)数据

  国际贸易实务应用教程/韦克俭,唐万欢主编. —北京:清华大学出版社,2018(2024.2重印)
  (应用型本科商科教育规划教材)
  ISBN 978-7-302-48720-3

Ⅰ. ①国… Ⅱ. ①韦… ②唐… Ⅲ. ①国际贸易—贸易实务—高等学校—教材 Ⅳ. ①F740.4

中国版本图书馆 CIP 数据核字(2017)第 272649 号

责任编辑:左卫霞
封面设计:傅瑞学
责任校对:袁　芳
责任印制:杨　艳

出版发行:清华大学出版社
    网　　址:https://www.tup.com.cn,https://www.wqxuetang.com
    地　　址:北京清华大学学研大厦 A 座　　　　邮　　编:100084
    社 总 机:010-83470000　　　　　　　　　　邮　　购:010-62786544
    投稿与读者服务:010-62776969,c-service@tup.tsinghua.edu.cn
    质量反馈:010-62772015,zhiliang@tup.tsinghua.edu.cn
    课件下载:https://www.tup.com.cn,010-83470410
印 装 者:三河市龙大印装有限公司
经　　销:全国新华书店
开　　本:185mm×260mm　　　印　张:20　　　字　数:486 千字
版　　次:2018 年 2 月第 1 版　　　　　　　　　印　次:2024 年 2 月第 5 次印刷
定　　价:59.00 元

产品编号:076272-03

# 前　言

　　国际贸易是在国际分工和商品交换基础上形成和发展的,已成为社会经济发展的重要组成部分。国际贸易有许多益处:①发挥各国比较优势,促进劳动力、土地、资本和技术等生产要素的充分利用;②提高各国的劳动生产效率,充分发挥比较优势和比较利益;③调节各国市场的商品货物供求关系,满足人们的消费需要;④优化调整各国的产业结构,提高生产和科学技术水平;⑤创造税收来源,增加各国财政收入,提高国民福利水平;⑥加强各国经济政治联系,促进经济社会发展。

　　国际贸易课程属于应用经济学范畴,其教学目标是介绍国际或境内外等特别关税区商品的流通,涉及商品的生产和交换,具体包括商品贸易的品种、采购国家和地点、品质、数量、包装、价格、运输、保险、交易方式、货款收付、纠纷解决、损失索赔、争议仲裁等多个环节,所需要掌握的知识和技能要求比较高。能从事国际贸易者若想从事国内贸易不难,但能从事国内贸易者若想从事国际贸易则需要系统学习。

　　中国自改革开放以来,充分利用国内和国外两类资源、国内和国际两个市场,形成了世界工厂。随着"一带一路"战略的实施,中国与世界各国的国际贸易必将得到更快、更好的发展,国际之间各种商品的互通有无、大流通、大交换、大买卖、大消费必将成为常态化。随着经济社会的发展,对国际贸易的应用型人才需要会日益增多。为了培养国际贸易应用型人才,满足国际贸易发展对应用型人才的需求,我们编写了这本《国际贸易实务应用教程》。

　　本书在编写中突出应用性,科学地组织归纳国际贸易方面的基础理论和基本原理,做到去粗取精,以常用、够用和实用为原则,每章都列出知识要求、应用要求、正文、本章提要、思考与练习、案例分析及讨论、教学互动。本书的主要特点如下:

　　(1) 应用性强。本书由从事国际贸易工作必须了解的国际贸易实务概述入手,从实用性的角度深入介绍了国际贸易的知识和应用技能。东盟国家多年来一直是中国的第三大贸易伙伴,又是中国的近邻,本书专门用一章内容介绍中国与东盟各国的国际贸易实务应用操作,这是本书的重要特色。

　　(2) 内容新颖。与国际贸易的实际情况和新发展密切联系,相关资料收集至2017年上半年,展示国际贸易领域的新动态。特别介绍了互联网作为跨境电子商务的重要工具在国际贸易中的应用,显示了"互联网+国际贸易"的新发展。

　　(3) 教学互动、案例分析及讨论、思考与练习项目多。书中每章都有教学互动与讲练结合、典型案例分析,还有国际贸易应用知识思考和练习、应用判断与问答、单选与多选决策能力训练、教学互动的应用训练等。训练项目多,内容丰富,突出应用性和实用性,使学生学了有用,学了可用,学了能用。书中安排有多处的定性分析和定量分析案例,重在培养学生的国际贸易应用能力。

本书由广西外国语学院韦克俭教授主编并总纂和修改补充,唐万欢老师对编纂、修改补充做了很多工作。各章具体编写分工是:韦克俭编写第一章、第四章和第十二章,唐万欢编写第二章和第十一章,莫奕锟编写第三章,刘振彬编写第五章,陈婷婷编写第六章,孙西楠编写第七章,何智娟编写第八章,陈倩编写第九章,曹亮编写第十章。

本书在编写过程中,参考并汲取了国内外许多国际贸易方面的专家、教授、学者的理论观点、著作、教材和研究成果,并借鉴了众多国际贸易实际工作者的实践经验,在此深表谢意。由于国际贸易在不断发展和变化,加上我们的编写经验不足,书中难免存在不足之处,敬请各位专家、教授、学者、国际贸易实际工作者和读者批评、指正。

编　者

2017 年 11 月

# 目 录

## 第一章 国际贸易实务概述 ... 1
- 第一节 国际贸易简介 ... 1
- 第二节 国际贸易的特点、发展趋势、风险与对策 ... 4
- 第三节 国际贸易的法律规范 ... 9
- 第四节 国际货物贸易的基本程序 ... 11
- 第五节 中国的国际贸易发展简介 ... 15
- 本章提要 ... 18
- 思考与练习 技能证书考试与专业竞赛训练 ... 18
- 案例分析及讨论 ... 21
- 教学互动 ... 22

## 第二章 国际贸易商品的品名、品质、数量、包装及其条款 ... 23
- 第一节 商品的品名及其条款 ... 23
- 第二节 商品的品质及其条款 ... 26
- 第三节 商品的数量及其条款 ... 31
- 第四节 商品的包装及其条款 ... 36
- 本章提要 ... 45
- 思考与练习 技能证书考试与专业竞赛训练 ... 45
- 案例分析及讨论 ... 48
- 教学互动 ... 48

## 第三章 国际贸易交货价格术语条款 ... 49
- 第一节 国际贸易交货价格术语概述 ... 49
- 第二节 《2010年国际贸易术语解释通则》国际贸易交货价格术语条款 ... 52
- 第三节 仍可使用的《2000年国际贸易术语解释通则》其他术语简介 ... 76
- 第四节 国际贸易交货价格术语条款的恰当选用 ... 78
- 本章提要 ... 80
- 思考与练习 技能证书考试与专业竞赛训练 ... 80
- 案例分析及讨论 ... 83

教学互动 ……………………………………………………………………………… 83

## 第四章　国际贸易方式与互联网工具 …………………………………………………… 84

　　第一节　经销、包销、代理与寄售 …………………………………………………… 84
　　第二节　对销贸易、加工贸易、边境贸易与保税贸易 ……………………………… 89
　　第三节　现货贸易与期货贸易 ………………………………………………………… 94
　　第四节　招标与投标 …………………………………………………………………… 97
　　第五节　跨境电子商务作为互联网工具在国际贸易中的应用 …………………… 101
　　本章提要 ………………………………………………………………………………… 103
　　思考与练习　技能证书考试与专业竞赛训练 ………………………………………… 103
　　案例分析及讨论 ………………………………………………………………………… 106
　　教学互动 ………………………………………………………………………………… 106

## 第五章　商品货物价格制定与成本核算 ………………………………………………… 107

　　第一节　价格制定的原则与方法 ……………………………………………………… 107
　　第二节　计价货币的选择 ……………………………………………………………… 112
　　第三节　佣金与折扣 …………………………………………………………………… 113
　　第四节　价格成本换算与盈亏核算 …………………………………………………… 116
　　第五节　合同中价格条款的应用 ……………………………………………………… 130
　　本章提要 ………………………………………………………………………………… 132
　　思考与练习　技能证书考试与专业竞赛训练 ………………………………………… 132
　　案例分析及讨论 ………………………………………………………………………… 135
　　教学互动 ………………………………………………………………………………… 135

## 第六章　国际货物运输物流条款及报检、报关 ………………………………………… 136

　　第一节　运输物流方式 ………………………………………………………………… 136
　　第二节　运输物流单证 ………………………………………………………………… 146
　　第三节　进出口商品的报检与报关 …………………………………………………… 152
　　第四节　合同中装运条款的应用 ……………………………………………………… 160
　　本章提要 ………………………………………………………………………………… 165
　　思考与练习　技能证书考试与专业竞赛训练 ………………………………………… 165
　　案例分析及讨论 ………………………………………………………………………… 168
　　教学互动 ………………………………………………………………………………… 169

## 第七章　国际货物运输保险及其条款 …………………………………………………… 170

　　第一节　海洋货物运输保险的承保范围 ……………………………………………… 170
　　第二节　我国海洋货物运输保险的险别 ……………………………………………… 174
　　第三节　英国伦敦保险协会海运货物保险条款 ……………………………………… 176
　　第四节　合同中的保险条款应用 ……………………………………………………… 179

第五节　中国国际货物运输保险实务应用……………………………………… 183
　　本章提要……………………………………………………………………………… 187
　　思考与练习　技能证书考试与专业竞赛训练…………………………………… 188
　　案例分析及讨论……………………………………………………………………… 191
　　教学互动……………………………………………………………………………… 191

第八章　国际贸易货款结算与支付条款………………………………………………… 192
　　第一节　结算与支付工具…………………………………………………………… 192
　　第二节　信用证……………………………………………………………………… 199
　　第三节　汇付与托收………………………………………………………………… 206
　　第四节　跨境电子商务结算与支付………………………………………………… 211
　　第五节　支付方式的综合应用及支付条款………………………………………… 214
　　本章提要……………………………………………………………………………… 217
　　思考与练习　技能证书考试与专业竞赛训练…………………………………… 218
　　案例分析及讨论……………………………………………………………………… 220
　　教学互动……………………………………………………………………………… 221

第九章　进出口贸易纠纷、索赔、不可抗力与仲裁条款……………………………… 222
　　第一节　进出口贸易纠纷…………………………………………………………… 222
　　第二节　损失索赔…………………………………………………………………… 230
　　第三节　不可抗力…………………………………………………………………… 233
　　第四节　国际贸易争议的解决办法及仲裁方法…………………………………… 235
　　本章提要……………………………………………………………………………… 238
　　思考与练习　技能证书考试与专业竞赛训练…………………………………… 238
　　案例分析及讨论……………………………………………………………………… 241
　　教学互动……………………………………………………………………………… 241

第十章　国际贸易谈判与订立合同……………………………………………………… 242
　　第一节　国际贸易谈判与订立合同简介…………………………………………… 242
　　第二节　交易前的准备工作………………………………………………………… 243
　　第三节　国际贸易谈判的基本技巧………………………………………………… 251
　　第四节　国际贸易谈判的形式与内容……………………………………………… 254
　　第五节　书面合同的订立…………………………………………………………… 260
　　本章提要……………………………………………………………………………… 263
　　思考与练习　技能证书考试与专业竞赛训练…………………………………… 263
　　案例分析及讨论……………………………………………………………………… 267
　　教学互动……………………………………………………………………………… 267

**第十一章　国际贸易合同的履行** ·············································································· 268

　第一节　出口合同的履行 ···················································································· 268

　第二节　进口合同的履行 ···················································································· 277

　本章提要 ············································································································ 281

　思考与练习　技能证书考试与专业竞赛训练 ························································ 281

　案例分析及讨论 ·································································································· 284

　教学互动 ············································································································ 284

**第十二章　中国与东盟各国的国际贸易实务应用操作** ···················································· 285

　第一节　中国与东盟自由贸易区国际贸易实务应用概述 ······································· 285

　第二节　中国与越南、老挝和缅甸的国际贸易实务应用操作 ································ 287

　第三节　中国与泰国和柬埔寨的国际贸易实务应用操作 ······································· 294

　第四节　中国与新加坡和马来西亚的国际贸易实务应用操作 ································ 299

　第五节　中国与印度尼西亚、菲律宾和文莱的国际贸易实务应用操作 ··················· 303

　本章提要 ············································································································ 308

　思考与练习　技能证书考试与专业竞赛训练 ························································ 309

　案例分析及讨论 ·································································································· 310

　教学互动 ············································································································ 311

**参考文献** ······················································································································ 312

# 第一章

# 国际贸易实务概述

**知识要求**

掌握国际贸易的含义和分类,特别是一般贸易、货物贸易、服务贸易和加工贸易等知识;懂得国际贸易的风险和防范;知道国际贸易的国内法、国际条约和国际贸易惯例;认识中国对外贸易发展的特点及面临的挑战;了解国际货物贸易的出口基本流程与进口基本流程;熟悉中国对外贸易的发展现状、主要市场和进出口商品货物的结构。

**应用要求**

能对国际贸易的商品货物或服务进行分类;初步认识和具备国际贸易的风险防范能力;认识和应用国际贸易的国内法、国际条约和国际贸易惯例开展进出口贸易;能初步应用所学的出口基本流程与进口基本流程操作一般简单的商品货物或服务的国际贸易。

## 第一节 国际贸易简介

国际贸易(international trade)是指国际之间或不同地区境内外之间进行的货物、劳务、技术等买卖、交易或交换行为。买卖双方经过协商约定,卖方将买卖标的物(商品货物或服务)的所有权或使用权转给买方,买方将商品货物或服务的款项或等值物品交付给卖方。各国或境内外之间之所以能进行互通有无的国际贸易,是因为世界各国(或各地区)所蕴藏的自然资源不同,人民禀赋有别,生产技能精拙不一,需由国际贸易进行有效的调配、分工与利用。国际贸易一般由出口贸易和进口贸易组成,也称为对外贸易、进出口贸易或世界贸易,商品货物或服务由本国卖到他国,称为出口(export);商品货物或服务由他国买入本国,称为进口(import)。

国际贸易的分类方法有很多种,常见的分类有以下几种。

### 一、依商品类别和监管统计需要分类

国际贸易依商品类别和监管统计需要可分为一般贸易、货物贸易、服务贸易和加工贸易。

#### (一) 一般贸易

一般贸易是指一个国家境内有进出口经营权的企业单边出口或单边进口的贸易,按一般贸易交易方式进出口的货物即为一般贸易货物。一般贸易货物根据国家海关监管法规的

不同,进一步分为三种:①一般进出口货物,该类货物在进出口时按一般进出口监管制度办理海关手续;②特定减免税货物,此类货物按特定减免税监管制度办理海关手续,享受特定减免税优惠;③保税货物,这类货物经海关批准保税,按保税监管制度办理海关手续。

### (二) 货物贸易

货物贸易也称为有形商品贸易(tangible goods trade),其用于交换的商品主要是以实物形态表现的各种商品,是有形贸易(visible trade),所交易的商品是有体积、有重量的货物,例如矿石、钢材、服装、手机、大豆等,为国际贸易最常见的一类。本书重点介绍国际货物贸易的应用与实际操作。

货物贸易的货物是海关监管的一类货物,为单边输出关境或单边输入关境的进出口贸易货物,必须经过海关进出口报关通关。在我国的对外贸易中,根据海关监管不同可以细分为一般贸易货物、特定减免税货物和保税货物。

国际贸易中的货物种类繁多,对商品具体种类的划分有 HS 编码(海关编码)分类方法和 SITC 分类方法两种。

#### 1. HS 编码(海关编码)分类方法

HS 编码即海关编码,是编码协调制度的简称。全称为《商品名称及编码协调制度的国际公约》(International Convention for Harmonized Commodity Description and Coding System),简称协调制度(Harmonized System,HS)。

HS 编码分类方法是 1983 年 6 月海关合作理事会(现改名为世界海关组织,WCO)主持制定的一部供海关、统计、进出口管理及与国际贸易有关各方共同使用的商品分类编码体系。HS 编码于 1988 年 1 月 1 日正式实施,一般每 4~6 年全面修订一次,该编码"协调"涵盖了《海关合作理事会税则商品分类目录》(CCCN)和联合国的《国际贸易标准分类》(SITC)两大分类编码体系,是系统的、多用途的国际贸易商品分类体系。它除了用于海关税则和贸易统计外,对运输商品的计费、统计、计算机数据传递、国际贸易单证简化以及普遍优惠制税号的利用等方面,都提供了一套可使用的国际贸易商品分类体系。

从 1992 年 1 月 1 日起,我国进出口税则采用世界海关组织《商品名称及编码协调制度的国际公约》,该制度是一部科学的、系统的国际贸易商品分类体系,采用六位编码,适用于税则、统计、生产、运输、贸易管制、检验检疫等多方面,目前全世界贸易量 98% 以上的货物都是使用 HS 分类。这一目录已成为国际贸易的一种标准语言。我国进出口税则采用十位编码,前八位等效采用 HS 编码,后两位是我国子目,它是在 HS 分类原则和方法基础上,根据我国进出口商品的实际情况延伸的两位编码。

在进出口贸易的商品货物报检、报关、报税、退税等实践活动中,经常用到 HS 编码。

现在使用世界海关组织发布的 2017 年版《商品名称及编码协调制度的国际公约》修订目录,从 2017 年 1 月 1 日起生效,与 2012 年版 HS 相比,2017 年版 HS 共有 242 组修订,主要关注环境保护、生态可持续发展、科学技术的新变化、国际贸易新业态的发展等方面,进一步明确了商品分类。

#### 2. SITC 分类方法

在 HS 制定之前,为了国际货物贸易便于统计,联合国秘书处于 1950 年起草了《联合国国际贸易标准分类》(United Nations Standard International Trade Classification,SITC),之后分别在 1960 年、1974 年和 2006 年进行了修订。该分类方法把货物贸易分为

10类商品,是对比和统计国际贸易商品的标准分类方法,《国际贸易标准分类》的制定可追溯到20世纪上半叶。1920年国际联盟(联合国的前身)成立,就着手制定国际贸易名词术语和商品统计目录。在20世纪30年代出版了《关税名词草案》,并在草案的基础上,修订成为各成员国共同使用的《国际贸易统计商品目录简编》。

1945年国际联盟被联合国取代,联合国于1950年制定了《国际贸易标准分类》,该标准分类把商品共分10个门类,50个大类,150个中类和570个细类。《国际贸易标准分类》从1951年颁布实施以来,进行了多次修订,除门类框架不变以外,其他类目,随着层次的增加变动相应扩大。该标准分类采用经济分类标准,即按原料、半制品、制成品分类并反映商品的产业部门来源和加工程度,见表1-1。

表1-1 国际贸易标准分类的各类商品名称

| 初级产品 | | | | |
|---|---|---|---|---|
| 0类 | 1类 | 2类 | 3类 | 4类 |
| 食品和活畜 | 饮料及烟类 | 非食用原料(燃料除外) | 矿物燃料、润滑油及有关原料 | 动植物油、脂及蜡 |
| 工业制品 | | | | |
| 5类 | 6类 | 7类 | 8类 | 9类 |
| 化学成品及相关产品 | 按原料分类的制成品 | 机械及运输设备 | 杂项制品 | 未分类商品 |

资料来源:联合国《国际贸易标准分类》方法。

在国际贸易统计中,一般把0~4类商品称为初级产品,把5~8类商品称为制成品。货物贸易(有形贸易)的进出口必须办理海关手续,能够在海关统计中反映出来,是贸易国家国际收支经常项目的重要内容。我国海关总署在进行进出口货物贸易统计时,使用SITC分类进行统计,就能更好地与世界其他国家的进出口贸易情况进行横向比较。

(三) 服务贸易

服务贸易是指国际之间或境内外之间互相提供服务的经济交换活动,也称为无形贸易(invisible trade)。服务贸易有狭义与广义之分,狭义的服务贸易是指一国以提供直接服务活动形式满足另一国某种需要以取得报酬的活动。广义的服务贸易既包括有形的活动,也包括服务提供者与使用者在没有直接接触下交易的无形活动。服务贸易一般情况下都指广义。

服务贸易包括运输物流、旅游观光、通信信息、金融保险、教育卫生、工程承包、传媒视听、广告设计等,服务业对于商品贸易发展的贡献是无法用数字来准确描述的,交通运输的发展促进了商品贸易的地域扩展,节省了商品贸易的交易时间;建筑工程承包,提供了生产商品所需要的厂房,促进了商品的生产;教育为商品贸易提供了合格的从业者;金融为商品贸易提供了资金支持,方便了商品交易,特别是信用的使用,极大地降低了交易成本,防范了交易风险;广告的设计与使用,促进了商品的消费,增进了厂商和各级经销商的联系。

服务业是各国经济大力发展的重要产业,服务贸易是现代社会发展最快的行业之一,世界各国都在积极发展服务贸易。

### （四）加工贸易

《中华人民共和国海关加工贸易货物监管办法》（海关总署令〔2014〕第219号）规定，加工贸易，是指经营企业进口全部或者部分原辅材料、零部件、元器件、包装物料（简称料件），经加工或装配后，将制成品复出口的经营活动，包括进料加工、来料加工（详见本书第四章第二节"二、加工贸易"方式）。

## 二、依商品货物流向分类

国际贸易依商品货物流向可分为出口贸易、进口贸易、过境贸易和转口贸易。

（1）出口贸易（export trade）是指将本国所生产的产品卖到外国或境外去，得到外国或境外支付的货款。出口贸易可能是货物，也可能是技术、专利、知识等。

（2）进口贸易（import trade）即从国外或境外买进商品货物或服务，不论此商品货物或服务是否在该出口国境外生产。

进口贸易与出口贸易是买卖一体的两个方面：一笔买卖交易的成立必有买方与卖方，就买方而言，该笔交易是进口贸易；就卖方来说，这笔交易是出口贸易。

（3）过境贸易（transit trade）是指商品货物或服务由出口国输往进口国的运送途中经过第三国，对第三国而言，该笔交易即为过境贸易。

（4）转口贸易（intermediary trade）是指货物从出口国运往进口国的过程中，需经第三国或第三地卸下、储存、重组或改装后，再转运到进口国，这种交易方式称为转口贸易。

## 三、依贸易途径分类

国际贸易依贸易途径可分为直接贸易、间接贸易和三角贸易。

（1）直接贸易（direct trade）是指进出口买卖双方直接进行交易，中间无第三者介入，货物或货款也不经过第三地的贸易。

（2）间接贸易（indirect trade）是指进出口买卖双方非直接进行交易，而是通过第三方（代理商）作媒介，间接完成两国之间的贸易。代理商以服务换取佣金，本身不负盈亏责任。

（3）三角贸易（triangular trade）是指输出国的出口商并未与输入国的进口商直接签订合同，而是由第三国的中间商以买方的地位与出口商订立购货合同，再以卖方的地位与进口商订立售货合同，从支付的货款中赚取差额利润，但货物则直接从输出国运到输入国的贸易。

# 第二节  国际贸易的特点、发展趋势、风险与对策

## 一、国际贸易的特点、发展趋势及风险

### 1. 国际贸易的特点

国际贸易是在不同的国家或地区之间进行的贸易，与国内贸易有许多不同点，国际贸易的主要特点如下。

（1）复杂性。国际贸易涉及不同的国家或地区，在法律体系和政策措施等多方面可能存在着差异和冲突，加上语言文化、社会习俗等方面的差异，所涉及的问题远比国内贸易复杂很多。

（2）风险大。国际货物贸易的交易数量和金额一般比较大，运输距离比较远，履行时间

比较长,买卖交易双方承担的风险远比国内贸易要大。

(3) 影响因素多。国际货物贸易容易受到交易双方所在国家的政治、经济变动、双边关系及国际局势变化等多种因素的影响。

(4) 涉及部门广。国际货物贸易除了涉及交易双方之外,还涉及运输物流、保险、银行、商品检验、海关等多个部门的协作、配合,其过程较国内贸易复杂很多。

2. 国际贸易的发展趋势

(1) 国际贸易方式日益多样化。除了一般贸易之外,现在还有补偿贸易、加工装配贸易、招标投标贸易、寄售贸易、代销贸易、边境贸易、技术贸易、对外承包工程出口货物贸易、租赁贸易、易货贸易、保税贸易等。

(2) 国际贸易规模持续扩大。中国成为国际贸易增长的新生力量,2013年以来多年成为世界第一货物贸易大国;美国多年是世界第一服务贸易大国。

(3) 国际贸易产品结构发生重大变化。各种无形商品的贸易迅猛增长,国际服务贸易的发展明显加快。

(4) 国际经济一体化越来越明显。自由贸易区日益增多,贸易投资一体化趋势明显,跨国公司迅速发展,全球范围的区域经济合作势头高涨,进出口贸易作为拉动经济增长的"三驾马车"之一作用愈加明显。

(5) 国际贸易的政策协调大大增加。关税与贸易总协定及其改成的WTO(世界贸易组织)对国际贸易的发展作出了重要贡献。

(6) 贸易自由化和贸易保护主义的斗争愈演愈烈,各种贸易壁垒花样迭出。

3. 国际贸易的风险

凡是贸易都存在风险,国际贸易的风险比国内贸易的风险更多更大。国际贸易的风险很多,主要发生在以下环节方面。

(1) 局势和政策变化风险。买卖双方所在国的局势变化和政策变动风险,如动乱、调高关税、提高质量标准;又如出口国对出口商品政策的改变,特别是出口退税率的变化(调高有利,降低不利)等。

(2) 交易环节风险。如货物价格波动不定的风险;又如出口商在货物品质、数量、包装、交货期等方面的履约风险;再如进口商的资信和经营状况出现大变化影响已定合同履行的风险。

(3) 运输物流环节风险。如运输物流过程发生战争、翻车、沉船、盗窃、油价上涨、货物发霉变质、港口罢工等造成的风险。

(4) 货款收付结算环节风险。如进口商失信、进口方银行遇到危机,货款不能收付的风险;又如结算结汇单证的准备不规范、不齐全等造成无法结算的风险。

(5) 汇率变动风险。包括由于汇率的波动造成的贸易利润缩水或亏本风险,还有本币升值对出口不利,对进口有利;本币贬值对出口有利,对进口不利。

## 二、中国对外贸易面临的挑战与对策

经济全球化和贸易自由化的快速发展,给中国的对外贸易带来了很多机遇,同时也出现了许多不利于中国对外贸易发展的因素,给中国的对外贸易带来挑战,中国对外贸易的发展需要努力克服多种困难、解决多种新老问题。

### (一) 挑战与问题

**1. 中国对外贸易面临新的经济政治环境**

（1）世界经济一体化进程加速必然加快国际贸易的发展，为各国扩大进出口贸易创造条件，进而推动各国经济的发展。

（2）知识经济和互联网时代的发展，促使世界各国调整经济结构，为中国经济和技术的发展提供了机遇。

（3）中国经济技术的高速发展，产品货物的国际竞争力日益强大，特别是机械、电子、通信、高铁、核电、航空航天等产品与技术在国际市场的影响力不断扩大。但类似的产品美、日、欧盟和俄罗斯等对我国还有很多挑战。

（4）世界各国政治局势和对外贸易政策的变化，对中国的对外贸易提出了更高的要求。

**2. 技术壁垒**

技术壁垒属于非关税类壁垒，它以技术为支撑条件，即商品进口国在实施贸易进口管制时，通过颁布法律、法令、条例、规定，建立技术标准、认证制度、卫生检验检疫制度、检验程序以及包装、规格和标签标准等，提高对进口货物的技术要求，增加进口难度，最终达到保障进口国家安全、保护消费者利益和保持国际收支平衡的目的。目前世界贸易壁垒约有80%属于技术壁垒，技术壁垒已经成为我国出口面临的第一大非关税壁垒。据统计，我国有60%的出口企业遭遇过国外的技术壁垒，使我国出口额每年损失500亿美元左右。

**【动态信息链接】**

### 中国大米出口到日本遇技术壁垒 需检测579个项目

随着国际经济一体化发展，国际的贸易往来越来越频繁，同时贸易摩擦也呈现快速增长之势，以设置贸易技术壁垒(TBT)为主的贸易保护日趋严重，近年来，我国遭遇贸易技术壁垒的直接损失以约年均15%的速度增长。

中国进出口贸易大省广东省WTO/TBT通报咨询研究中心主任陈权指出，印度尼西亚、越南、菲律宾等东盟国家的技术壁垒也有增加趋势，这些国家过去是采取关税、限制配额等措施，随着中国—东盟自由贸易区的建立，技术措施通报不断上升。"现在技术壁垒的技术要求更为复杂、苛刻"，近年来，我国的四大国际贸易伙伴（欧盟、美国、东盟、日本）的技术性贸易措施已从针对货物本身的性能、质量、安全，发展到生产、包装、标签标志、加工运输等全过程，技术要求日趋复杂、严格。例如，在我国对日本的出口贸易中，食品的农兽药残留要求、食品中细菌等卫生指标、食品中重金属等有害物质的限量要求等，对中国企业的限制作用最为明显，我国"出口日本的大米面临579项检测"，这么多项目的检测，已经构成繁多的技术壁垒。

(引自人民网，略进行改编)

**3. 绿色壁垒**

绿色壁垒是指在国际贸易活动中，一些发达国家凭借其科技优势，以保护环境和人类健康为目的，通过立法，制定繁杂的环保公约、法律、法规和标准、标志等形式对国外商品进行的准入限制。这属于新的非关税壁垒，已经逐步成为国际贸易政策措施的重要组成部分。我国与发达国家在科技、经济发展上的差距是绿色壁垒迅速发展的重要因素。由于生产力水平的差异,特别是出于资源保护和贸易问题上存在的许多矛盾,这些矛盾随着国际经济形势的发展和竞争的不断加剧而日趋尖锐化。发达国家利用这种由于经济水平差异造成的不同环境标准,一方面加紧掠夺我国的资源和初级产品,同时把污染企业转移到我国,使我国的环境更加恶化;另一方面又极力将环境问题与贸易条约机制紧密挂钩,把环境问题作为新的贸易壁垒,抵消我国资源与廉价劳动力方面的比较优势,限制我国的经济发展,以保持其在国际多边经济贸易领域的主导地位。

## 【动态信息链接】

### "绿色壁垒"渐高 我国茶叶出口遇到新门槛

欧盟宣布,从2011年10月1日起,对我国出口茶叶采取新的进境口岸检验措施,要求所有从中国进口的茶叶必须通过欧盟指定口岸进入;所有货物必须有常规入境文件才被允许进入指定口岸;要对10%的货物进行农药检测,如果该批货物被抽中,则要实施100%的抽样检测。可见欧盟抽样检测的农药残留项目指标有所提高,对噻嗪酮、吡虫啉、三唑磷等主要农药残留限量标准都更加严格。欧盟新规增加了我国茶叶出口的难度,对我国的茶叶种植、生产、加工提出了更高的要求。

国际上对农药残留限量标准一直在改变,越来越严格,对茶叶检验项目也日渐繁多,如果企业对国外的技术法规、标准和合格评定程序不够了解,情况一旦发生变化,就常常容易踩到"地雷"。欧盟此次规定以后从中国进口的茶叶必须从指定口岸进入,对茶叶企业和进口商来说,将增加内陆中转运输的成本,这无疑将加剧企业本就较高的成本压力。

新的出口门槛也对相关部门和机构提出了考验。面对欧盟新规可能带来的冲击,云南省有关部门通过指导茶农科学用药,推进茶叶标准化体系建设等措施,对茶叶出口企业实现清洁生产起到了很好的指导作用。面对越来越高的"绿色壁垒",企业普遍认识到,发展有机茶将成为必然选择。

(引自浙江在线网,略进行改编)

4. 倾销与反倾销、补贴与反补贴

(1) 倾销与反倾销。倾销是指一国(地区)的生产商或出口商以低于其国内市场价格或低于成本价格将其商品抛售到另一国(地区)市场的行为。反倾销是指对外国商品在本国市场上倾销所采取的抵制措施。一般是对倾销的外国商品除征收一般进口税外,再增收附加税,使其不能廉价出售,此种附加税称为"反倾销税"。

(2) 补贴与反补贴。补贴是指一成员方政府或任何公共机构向某些企业提供的财政捐助以及对价格或收入的支持,以直接或间接增加从其领土输出某种产品或减少向其领土内输入某种产品,或者对其他成员方利益形成损害的政府性措施。反补贴是指一国政府或国际社会为了保护本国经济健康发展,维护公平竞争的秩序,或者为了国际贸易的自由发展,针对补贴行为而采取必要的限制性措施。包括临时措施、承诺征收反补贴税。

我国于2001年加入WTO以来,国际贸易迅猛发展,带动了国民经济的快速发展,但也遇到了许多倾销与反倾销、补贴与反补贴的问题。历来采用反倾销手段较多的国家以经济发达和较发达国家为主。按数量计,依次为欧盟、澳大利亚、美国、墨西哥、阿根廷、加拿大、印度、南非、巴西等国家和地区。国际上针对中国产品发起的许多反倾销或反补贴,前些年多见于蜂蜜、大蒜、铅笔、果汁等产品,现主要集中在轻工、机电、钢铁、轮胎、光伏、家电、食品、化工等产品。

从 1996 年到 2016 年,中国已连续 21 年成为世界上受到反倾销调查最多的国家。

### (二) 对策

**1. 增强风险意识,做好风险防范**

国际贸易的风险很多,要随时随地提防风险,密切关注政策和局势的变化,特别是关税率和出口退税率的变化;要特别注意交易环节的风险,密切跟踪经营货物的价格上下波动状况,提防品质、数量、包装、交货期等方面的风险;警惕运输物流环节的风险,投保必要的险种,提防万一发生的风险;做好贸易伙伴的信誉评估,预防货款支付结算环节的风险;密切跟踪分析汇率的变动趋势,做好风险变化的防范。

**2. 加快技术进步,提高产品质量**

技术壁垒的存在依赖于先进技术与落后技术之间的差距,技术差距越大,技术壁垒就越难以跨越。因此,从根本上说,只有通过技术进步,使我国的出口产品达到较高的质量水平,才能够有效地跨越各种技术壁垒。

**3. 实施出口可持续发展战略,全面"绿化"国民经济**

随着国际环保浪潮的兴起,重视环境保护,重视消费者保护,实现可持续发展是大势所趋,要保持我国出口稳定,可持续发展,就必须顺应这一趋势。我国应树立可持续发展理念,认真协调对外开放与环境保护两项基本国策,使对外贸易与环境保护相互促进、共同发展。要树立环境竞争力意识,把提高环境质量、促进科技进步作为提高出口竞争力的重要手段,以绿色产业作为提升出口产业结构的重要内容。

**4. 参照国际规范,建立和完善我国技术标准法规体系**

(1) 及时调整我国现有的技术法规体系。对于符合世界贸易组织规定和我国国情的技术标准予以保留,对不符合国际贸易形势或已经不适用的技术标准进行修订或废除,适当提高现行的某些规定过低的标准,以提升我国标准的整体水平。

(2) 深入研究国际技术标准,借鉴发达国家标准化战略的经验,寻找差距,加快补充和完善我国尚未确立的标准和法规,建立健全合格评定程序,加快完善动植物卫生检验检疫标准。

**5. 提高对倾销与反倾销、补贴与反补贴的认识,增强应对能力**

原有的关税、非关税壁垒措施作为产业保护手段已受到世界贸易组织规则的限制,各国越来越多地使用反倾销、反补贴、保障措施等世界贸易组织允许的保护手段来保护国内产业。面对增多的倾销与反倾销、补贴与反补贴挑战,我们需要提高认识和增强应对能力,主要对策如下。

(1) 国家政府应研究产业保护对策,提高对倾销与反倾销、补贴与反补贴、保障措施工作重要意义的认识,加强贸易秩序的管理和企业对外应诉的指导,完善产业安全保护机制,建立产业损害预警体系,培养一支保护产业安全的队伍,制定一套保护产业安全的政策法规。制定重点产品指导目录,加强监管,重点规范,做好预防倾销和被反倾销的工作,改善出口产品退税、补贴、优惠和鼓励政策,以提高出口质量、出口效益为目的,减少补贴和亏本出口、压价出口等做法。

(2) 企业和行业协会要增强自我保护能力和防范意识,规范本身的贸易行为,积极应对各国采取的贸易保护手段,利用世界贸易组织(WTO)的有关规则,保护自身的合法权益。指导企业开展反倾销、反补贴、反规避、起诉、应诉等工作。监督和规范企业出口竞争秩序和压价行为。加强企业出口自律工作,组建同类产品利益联盟和出口协作联盟,利益共享,风险共担;避免压价竞争,利剑自伤,招致国外反倾销,降低国外反倾销起诉概率。开展与主要国家和地区的倾销与反倾销、补贴与反补贴工作的联络和交流,与主要贸易对象建立友好伙伴关系。提高对"双反"工作意义的认识,增强"双反"的申诉及应诉意识,维护产业经济安全,保障国民经济持续健康快速发展。

## 第三节 国际贸易的法律规范

国际贸易法律及其规范在体现双方当事人经济关系的同时,也体现了双方当事人的法律关系。由于国际贸易法律及其规范的双方当事人处于不同的国家和地区,因此,经常会出现国际贸易合同的法律适用问题。国际贸易合同适用的法律可以依据合同双方当事人自主选择来确定,也可以依据与合同联系最密切国家的法律来确定。国际贸易合同适用的法律及其规范主要有国内法、国际条约和国际贸易惯例三类。

### 一、国内法

国内法是指由国家制定并在本国主权管辖范围内生效的法律。国际贸易合同必须符合国内法,即符合某个国家制定的法律。由于国际贸易合同双方当事人所在国家不同,各自都要遵守所在国法律,而各国法律对同一问题的规定又不可能一致,一旦发生纠纷,就会出现法律适用上的矛盾,即法律冲突。为了解决这一法律冲突,通常采用在国内法中规定解决冲突的办法。与我国的国际贸易国内法相关的有民事、海商、税收、邮政、航空、国境卫生、环境保护、动植物检疫、野生动植物保护以及诉讼等。应用比较多的主要有以下两个。

(1)《中华人民共和国对外贸易法》(以下简称《对外贸易法》,1994年公布,2004年和2016年修订)。2004年修订的《对外贸易法》放开了对外贸经营者资格的要求,把从事外贸的主体扩大到了自然人,规定外贸经营者可以是法人、其他组织或者个人;还把外贸经营权的获得由原来的审批制改为登记制。2016年进一步修订完善。

(2)《中华人民共和国合同法》(以下简称《合同法》,1999年公布施行)。一切贸易活动都必须遵守合同法,要重视合同的订立,特别是贸易合同中的买卖价格条款、运输方式、交货期限、结算方式、违约责任、法律适用以及纠纷解决方式等。我国的《合同法》规定:"涉外合同的当事人可以选择处理合同争议所使用的法律,但法律另有规定者除外。涉外合同的当事人没有选择的,适用与合同有密切联系的国家的法律。"

其他国内法还有《中华人民共和国海关法》(1987年公布,2013年修订)、《中华人民共和国海上交通安全法》(1983年公布,2016年修订)等。

### 二、国际条约

国际条约是指两个或两个以上主权国家为确定彼此的政治、经济、贸易、文化、军事等方面的权利和义务而缔结的诸如公约、协定、协议书等各种协议的总称。在国际贸易合同中，必须遵守我国对外缔结或参加的有关国际贸易、国际运输、商标、专利、工业产权和仲裁等方面的条约。有关国际贸易的国际条约主要有以下几个。

### （一）关于国际货物买卖的公约

有关国际货物买卖的公约主要有：《联合国国际货物销售合同公约》(1980 年)（有的译为《联合国国际货物买卖合同公约》）、《国际货物买卖统一法公约》(1964 年)和《国际货物买卖合同成立统一法公约》(1964 年)。

### （二）关于国际货物运输的公约

有关国际货物运输的公约主要有：《联合国国际货物多式联运公约》(1980 年)、《国际公路货物运输公约》(《关于国际公路货运通行证制度下国际货运海关公约》，简称 CMR，1956 年)、《国际铁路货物运输公约》(《国际货约》,1961 年)、《汉堡规则》(《联合国海上货物运输公约》,1978 年)、《华沙公约》(《统一国际航空运输某些规则的公约》,1929 年)、《海牙规则》(《统一提单的若干法律规定的国际公约》,1924 年)。

### （三）关于国际收付的公约

有关国际收付的公约主要有：《联合国国际汇票与国际本票公约》(1988 年)、《解决支票法律冲突公约》(1933 年)、《解决汇票、本票法律冲突公约》(1930 年)。

### （四）关于国际贸易争端解决的公约

有关解决国际贸易争端的公约主要有：《关于承认和执行外国仲裁裁决的公约》(1958 年)。

### （五）关于国际投资的公约

有关国际投资的公约主要有：《解决一国与他国国民投资争议的公约》(华盛顿公约，1965 年)。

### （六）关于国际知识产权的公约

有关国际知识产权的公约主要有：《保护知识产权巴黎公约》(1967 年)、《商标注册马德里公约》(1995 年)、《世界版权公约》(1971 年)。

其中，与我国国际货物贸易联系最为密切的是联合国国际贸易法委员会于 1980 年 4 月制定,1988 年 1 月 1 日起正式生效的《联合国国际货物销售合同公约》。

## 三、国际贸易惯例

国际贸易惯例又称国际商业惯例，是指在国际贸易的长期实践中形成的并被普遍接受和遵循的，规范国际商务活动当事人之间权利和义务关系的习惯做法。

国际贸易惯例不是法律，它对合同当事人没有普遍的约束力。只有当合同当事人在合同中明确规定加以采用时，才会对当事人产生约束力。如果合同中的规定与相关国际贸易惯例相抵触，则在履行合同与处理争议时，以国际贸易合同的相关条款为执行依据。

在国际贸易实践中，与业务密切相关并有较大影响的国际惯例有以下几种。

### （一）国际贸易术语

(1) 国际商会制定的《国际贸易术语解释通则》(*International Rules for the*

Interpretation of Trade Terms)。为了规范全世界的国际贸易,1936 年国际商会首次公布了《1936 年国际贸易术语解释通则》,后分别于 1953 年、1967 年、1976 年、1980 年、1990 年、2000 年和 2010 年做过修订。特别是 1990 年之后的修改和补充,适应了电子数据交换系统(EDI)的发展及货物运输技术的变化,目前是《2000 年国际贸易术语解释通则》(简称 Incoterms 2000)与《2010 年国际贸易术语解释通则》(简称 Incoterms 2010)并用,以《2010 年国际贸易术语解释通则》(Incoterms 2010)为主,使用时需在合同中注明。

《2000 年国际贸易术语解释通则》主要对有关国际贸易的 13 种术语做法做出解释,规范了买卖双方的责任、义务、风险与费用划分界限;《2010 年国际贸易术语解释通则》在《2000 年国际贸易术语解释通则》基础上进行了修订,解释了 11 种贸易术语,去掉了 2000 年版中内容交叉重复的 DAF、DES、DEQ 和 DDU 四个贸易术语,增加了 DAT 和 DAP 两个贸易术语。这些贸易术语是全世界使用最多、应用最广的术语惯例,是学习的重点内容。详见本书第三章。

(2) 国际法协会 1932 年制定的《华沙-牛津规则》(Warsaw-Oxford Rules 1932,简称 W. O. Rules 1932),主要是专门为解释 CIF 合同而制定的,供买卖双方自愿采用。

(3) 美国外贸协会 1990 年修订的《美国对外贸易定义修正本》(Revised American Foreign Trade Definitions 1990),主要在北美洲国家采用。

### (二) 国际货物运输与保险

(1) 中国人民保险公司 1981 年制定的《海洋运输货物保险条款》和《陆上运输货物保险条款(火车、汽车)》。

(2) 英国伦敦保险协会 1912 年制定、1981 年修订的《伦敦保险协会货物保险条款》。

详见本书第七章。

### (三) 国际贸易货款收付

(1)《跟单信用证统一惯例》(Uniform Customs and Practice for Documentary Credits),国际商会第 600 号出版物(2007 年修订本,简称 ICC UCP600)。

《跟单信用证统一惯例》主要阐述了信用证支付方式的基本原理、有关各方当事人的权利和义务,并对信用证要求的各种结汇单据做出了明确的规定和解释。

(2)《托收统一规则》(1995 年修订本,国际商会第 522 号出版物,简称 URC522)。

《托收统一规则》主要对国际贸易中的托收程序、技术、法律、条例等具体问题做出了规范与解释。

随着国际贸易的不断发展,贸易方式、流程等不断创新与变革,针对出现的新问题、新情况,相关组织不断更新国际惯例中的相关条款,以适应国际贸易的发展。

## 第四节　国际货物贸易的基本程序

### 一、出口贸易操作的基本流程

#### (一) 出口交易前的准备工作

出口交易前的准备工作主要包括以下内容。

(1) 对国内外市场进行调研。对所经营商品货物的货源、出口市场及其客户和消费者的信息进行收集、思考、分析、研究、论证。

(2) 制订出口经营方案。这是出口企业及经营者在一定时期内对出口商品所做的全面业务安排。出口经营方案通常包括国内货源情况、国外市场特点、计划安排和实现计划的措施和可操作性等。

(3) 选定目标客户,并建立业务关系。在对交易对象进行认真细致调查研究的基础上,选定资信情况良好、经营能力强、对我方友好的客户,确定为贸易伙伴,建立买卖业务合作关系。

(4) 落实货源或制订出口商品生产计划。在制订出口经营方案的同时或前后,应根据经营方案,与生产、供货部门和运输物流单位落实货源收购、调运或制订出口商品生产计划。

(5) 商品货物推广和宣传。通过互联网、交易会、展览会、博览会、洽谈会等方式开展广告宣传,扩大商品知名度,增进国外潜在客户对所经营商品货物的了解,达到增加商品货物销售的目的。

### (二) 交易磋商与订立合同

出口商在与选定的国外客户建立业务关系后,就要与国外客户就出口合同的各项交易条件进行口头或书面形式的谈判,即交易磋商或国际贸易谈判。交易磋商一般要经过询盘、发盘、还盘、接受等环节。其中,发盘和接受是交易成立的基本环节,也是合同成立的必要条件。

交易一方的发盘一经对方有效接受,合同即告成立。但合同是否具有法律效力,还要视其是否具备了一定的条件。根据我国法律规定,国际贸易合同必须采用书面形式。

### (三) 合同履行

出口合同有效订立后,买卖双方就应根据合同规定,各自履行自己的义务。目前我国出口贸易中使用较多的是按 CIF 术语和凭信用证付款方式达成的合同。在履行这类出口合同时,必须做好各个环节的工作,其中以货、证、船、款四个环节的工作最为重要。

(1) 准备货物。卖方根据出口合同规定按时、按质、按量、按约定要求准备好应交的商品货物。

(2) 落实信用证(L/C)。包括催证、审证、改证。

(3) 报检和报关,安排装运。卖方收到信用证经审核无误后应立即进行出口报检和报关,办理发货装运手续。在办妥托运手续,明确载货工具后,必须及时办理运输保险。经海关查验通关放行后,将货物交由承运人接管或装上指定的载货工具,并向承运人取得运输单据。货物装运后,卖方应立即将装运情况通知买方,以便买方准备收货和支付货款等。

(4) 制单结汇。货物装运后,卖方应按信用证的规定,缮制和备妥各种相关单据。在信用证规定的交单有效期内,递交银行办理议付结汇手续。

(5) 办理出口收汇核销和出口退税。出口贸易的基本流程见图 1-1。

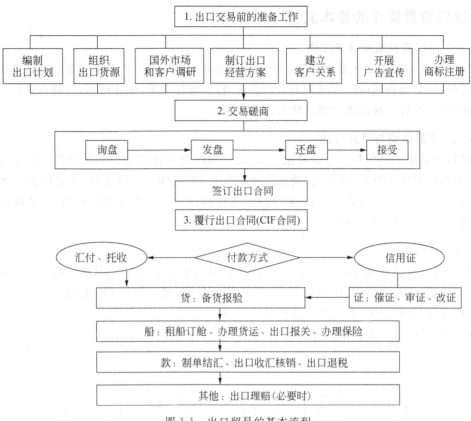

图 1-1　出口贸易的基本流程

**教学互动与讲练结合一：**

### 中国大蒜产量占世界大蒜总产量近 80%，出口市场在哪些国家和地区

> 大蒜又称胡蒜、葫，原产地在意大利西西里岛，大约在汉朝引进中国。大蒜既是重要的蔬菜食料，又是食疗佳品，有奇特的杀菌药物功效，研究证实：大蒜有增强人体免疫力、强身健体、预防疾病的作用。
> 
> 中国是全世界最大的大蒜生产国，种植面积和产量位居世界第一位，产量占全世界总产量近 80%。同时，中国也是世界最大的大蒜出口国，根据联合国粮农组织统计，中国大蒜出口约占全世界大蒜贸易量的 90%，在国际市场上具有较强的竞争力。
> 
> 中国大蒜的主要产地分布在：山东金乡和苍山、河南杞县及中牟和周口、江苏邳州和射阳及太仓、广西玉林和全州、河北永年和大名、安徽亳州和来安、广东惠来和雷州、云南大理等地。
> 
> 中国大蒜已经出口到世界 160 多个国家和地区，特别是韩国、日本、印度尼西亚、越南、泰国、美国、印度、俄罗斯、巴西、德国、法国、英国、意大利、南非等。
> 
> **请思考分析并互动讨论：**
> (1) 按 HS 分类法，大蒜属于哪一类商品？
> (2) 中国广西南宁泛特国际贸易有限公司接到越南河内市的客户要购买 36 公吨的大蒜订单，应考虑选择到哪些地方采购？如何操作该批大蒜的出口业务？

## 二、进口贸易操作的基本流程

### （一）进口交易前的准备工作

进口贸易前的准备工作主要有：做好国内外市场的调研，了解准备进口商品货物的国内外行情，思考分析国内的市场和消费者需求情况，货比多家，优化精选，选择合适的国外交易合作对象，制订合理的进口商品货物经营方案等。

### （二）交易磋商与订立合同

进口交易磋商过程与出口贸易相同，需通过国际商务谈判达成买卖协议。对于进口商来说，询盘过程更为重要，要知道"货比三家不吃亏"的道理。一般来说，不要向同一地区过多询盘，防止国外商人趁机抬价；要对不同国家或地区的报价进行全面比较，以争取最有利的交易条件。达成交易意向后，订立购货合同或购货确认书。

### （三）合同履行

我国进口商品货物大多是按 FOB 条件并采用信用证方式成交，其履行的程序一般包括向商业银行申请开立信用证、租船订舱、通知装运日期、接运货物、办理保险、审单、付款赎单、进口报检、进口报关、如有损失的索赔等环节。

进口贸易的基本流程见图 1-2。

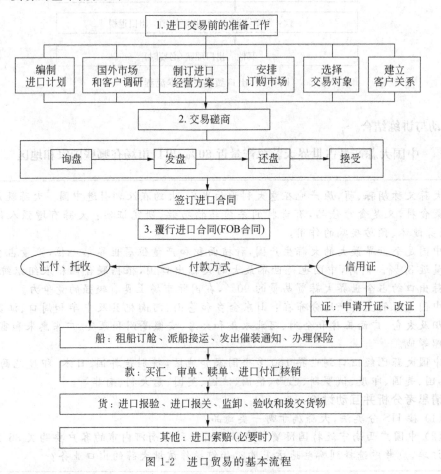

图 1-2　进口贸易的基本流程

## 第五节 中国的国际贸易发展简介

当前中国作为出口世界第一、进口世界第二的贸易大国,已成为世界各国重要的贸易伙伴,中国对外贸易正在影响世界贸易的活动。2001年中国加入WTO(世界贸易组织)以来,进出口贸易平稳发展,贸易结构不断优化,对外贸易逐年发展,突出表现在如下方面。

1. 货物贸易市场份额扩大,服务贸易快速发展

我国的国际市场份额进一步提高,贸易大国地位更加巩固,结构继续优化,质量和效益不断改善。进出口市场结构更趋平衡。对发达国家进出口保持稳定,自由贸易区战略促进出口的效果明显,进出口商品结构和经营主体结构进一步改善。服务贸易再上新台阶。高端服务贸易增长迅猛,金融、通信、计算机和信息服务进出口增速加快。高端服务进出口快速增长提升了中国服务业现代化水平,为中国产业结构调整做出了积极贡献。2015年我国的前十大贸易伙伴贸易额及占比见图1-3。

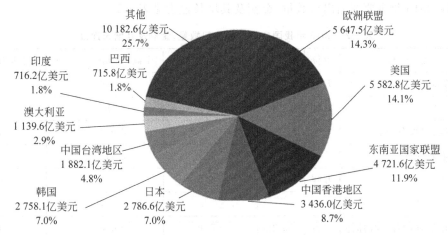

图1-3 2015年我国的前十大贸易伙伴贸易额及占比
资料来源:中国商务部综合司。

国际贸易在"金砖五国"(中国、印度、俄罗斯、巴西、南非)中占比较大。

2. 进出口商品结构趋向合理,对外贸易竞争力提高

中国对外贸易结构的优化具体表现在两个方面:一是商品结构的优化;二是贸易方式的优化。从商品结构方面来看,中国出口商品结构呈现传统优势持续稳固、新竞争优势不断增强、商品质量和效益不断提高的结构性特征。中国出口商品的附加价值有所提高,出口制造业产成品在产业链的位置逐渐上升。装备制造业成为出口的重要增长点,机械电子产品出口占出口总额的比重超过50%。装备制造业依靠突出的性价比优势开拓国际市场,电力、通信、汽车、机车车辆、工程机械等大型成套设备出口增长。纺织品、食品、服装、箱包、鞋类、玩具、家具、塑料制品等大类劳动密集型产品出口稳步发展。一般贸易的增长体现了我国自主品牌产品的出口能力不断提升,外贸企业的核心竞争力有所提高。

中国进口的商品主要有谷物、原材料、初级产品和高科技产品,大宗商品如铁矿砂、大豆、原油和橡胶等初级产品进口增加。

### 3. 贸易平衡逐渐改善

不平衡问题一直是困扰中国对外贸易发展的难题,这种不平衡主要表现在三个方面:一是进出口不平衡,贸易顺差持续大幅增长;二是区域发展不平衡,东部沿海地区占对外贸易总体规模的90%以上;三是贸易伙伴不平衡,前十大贸易伙伴的进出口总额占我国对外贸易总额近80%。不平衡的改善体现了我国加快转变外贸发展方式、实现对外贸易均衡发展的努力。

### 4. 新型贸易方式蓬勃发展

跨境电子商务、市场采购贸易、外贸综合服务模式等新型贸易方式顺应个性化的全球消费潮流,契合了帮助广大中小企业发展外贸业务的市场需要,逐步成为外贸发展的新热点。

### 5. 民营企业出口能力增强

中国对外贸易形成了国有企业、外资企业、民营企业三大经营主体联动发展、各有侧重的格局。民营企业经营机制灵活,适应市场和环境能力强,在复杂的形势下多年实现出口正增长,在中国对外贸易中的地位和作用进一步提升。

我国2016年主要商品出口数量、金额及其增长速度见表1-2。

表1-2 2016年我国主要商品出口数量、金额及其增长速度

| 商品名称 | 单位 | 数量 | 比上年增长/% | 金额/亿元(人民币) | 比上年增长/% |
|---|---|---|---|---|---|
| 煤(包括褐煤) | 万吨 | 879 | 64.6 | 46 | 48 |
| 钢材 | 万吨 | 10 849 | -3.5 | 3 587 | -7.8 |
| 纺织纱线、织物及制品 | — | — | — | 6 925 | 1.9 |
| 服装及衣着附件 | — | — | — | 10 413 | -3.7 |
| 鞋类 | 万吨 | 422 | -5.6 | 3 113 | -6.2 |
| 家具及其零件 | — | — | — | 3 151 | -3.8 |
| 自动数据处理设备及其部件 | 万台 | 159 257 | -7.1 | 9 068 | -4.1 |
| 手持或车载无线电话 | 万台 | 127 192 | -5.3 | 7 643 | -0.9 |
| 集装箱 | 万个 | 199 | -26.7 | 279 | -41.2 |
| 液晶显示板 | 万个 | 190 569 | -16.9 | 1 700 | -11.6 |
| 汽车 | 万辆 | 79 | 9.4 | 709 | 1.8 |

资料来源:公开数据整理。

我国2016年主要商品进口数量、金额及其增长速度见表1-3。

表1-3 2016年我国主要商品进口数量、金额及其增长速度

| 商品名称 | 单位 | 数量 | 比上年增长/% | 金额/亿元(人民币) | 比上年增长/% |
|---|---|---|---|---|---|
| 谷物及谷物粉 | 万吨 | 2 199 | -32.8 | 375 | -35.5 |
| 大豆 | 万吨 | 8 391 | 2.7 | 2 247 | 4.1 |
| 食用植物油 | 万吨 | 553 | -18.3 | 276 | -11.5 |

续表

| 商品名称 | 单位 | 数量 | 比上年增长/% | 金额/亿元(人民币) | 比上年增长/% |
|---|---|---|---|---|---|
| 铁矿砂及其精矿 | 万吨 | 102 412 | 7.5 | 3 809 | 7 |
| 氧化铝 | 万吨 | 303 | -35 | 58 | -43.1 |
| 煤(包括褐煤) | 万吨 | 25 551 | 25.2 | 938 | 25.1 |
| 原油 | 万吨 | 38 101 | 13.6 | 7 698 | -7.5 |
| 成品油 | 万吨 | 2 784 | -6.5 | 735 | -16.6 |
| 初级形状的塑料(塑料粒) | 万吨 | 2 570 | -1.5 | 2 731 | -2.2 |
| 纸浆 | 万吨 | 2 106 | 6.2 | 808 | 2.1 |
| 钢材 | 万吨 | 1 321 | 3.4 | 869 | -2.3 |
| 未锻轧铜及铜材 | 万吨 | 495 | 2.9 | 1 741 | -3.3 |
| 汽车 | 万辆 | 107 | -2.4 | 2 942 | 6.1 |

资料来源：公开数据整理。

我国2001年加入WTO后至2016年的国际货物贸易和国际服务贸易发展数据见表1-4。

表1-4  2001—2016年中国的国际货物贸易和国际服务贸易发展数据

单位：亿美元

| 年份 | 国际货物贸易 | | | | 国际服务贸易 | | | | 货物+服务 | |
|---|---|---|---|---|---|---|---|---|---|---|
| | 出口 | 进口 | 进出口总额 | 增速/% | 出口 | 进口 | 进出口总额 | 增速/% | 总额 | 增速/% |
| 2016 | 20 974.44 | 15 874.81 | 36 849.25 | -6.78 | | | 8 084.85 | 13.39 | 44 934.10 | -3.70 |
| 2015 | 22 734.70 | 16 795.60 | 39 530.30 | -8.10 | 2 881.90 | 4 248.10 | 7 130.00 | 14.60 | 46 660.30 | -4.89 |
| 2014 | 23 422.90 | 19 592.30 | 43 015.20 | 3.43 | 2 222.10 | 3 821.30 | 6 043.40 | 12.60 | 49 058.60 | 4.41 |
| 2013 | 22 090.00 | 19 499.90 | 41 589.90 | 7.55 | 2 106.00 | 3 291.00 | 5 397.00 | 14.70 | 46 986.90 | 8.26 |
| 2012 | 20 487.10 | 18 184.10 | 38 671.20 | 6.18 | 1 909.39 | 2 820.98 | 4 730.37 | 12.39 | 43 401.57 | 6.82 |
| 2011 | 18 983.80 | 17 434.80 | 36 418.60 | 22.46 | 1 828.39 | 2 380.68 | 4 209.07 | 18.40 | 40 627.67 | 22.02 |
| 2010 | 15 777.54 | 13 962.47 | 29 740.01 | 34.72 | 1 621.65 | 1 933.21 | 3 554.86 | 23.29 | 33 294.87 | 33.40 |
| 2009 | 12 016.12 | 10 059.23 | 22 075.35 | -13.88 | 1 294.76 | 1 588.56 | 2 883.32 | -5.78 | 24 958.67 | -13.01 |
| 2008 | 14 306.93 | 11 325.67 | 25 632.60 | 17.79 | 1 471.10 | 1 589.24 | 3 060.34 | 21.29 | 28 692.94 | 18.13 |
| 2007 | 12 200.60 | 9 561.16 | 21 761.80 | 23.64 | 1 222.06 | 1 301.16 | 2 523.22 | 30.85 | 24 288.94 | 24.35 |
| 2006 | 9 689.78 | 7 914.61 | 17 604.39 | 23.81 | 920.06 | 1 008.33 | 1 928.39 | 21.76 | 19 532.78 | 23.60 |
| 2005 | 7 619.53 | 6 599.53 | 14 219.06 | 23.16 | 744.04 | 839.66 | 1 583.71 | 15.07 | 15 802.77 | 22.29 |
| 2004 | 5 933.26 | 5 612.29 | 11 545.55 | 35.67 | 649.13 | 727.21 | 1 376.34 | 34.85 | 12 921.89 | 35.58 |
| 2003 | 4 382.28 | 4 127.60 | 8 509.88 | 37.09 | 467.60 | 553.06 | 1 020.66 | 18.31 | 9 530.54 | 34.80 |
| 2002 | 3 255.96 | 2 951.70 | 6 207.66 | 21.80 | 397.45 | 465.28 | 862.73 | 18.83 | 7 070.39 | 21.43 |
| 2001 | 2 660.98 | 2 435.53 | 5 096.51 | 7.45 | 333.34 | 392.67 | 726.01 | 9.24 | 5 822.52 | 7.67 |

资料来源：表中数据来自海关总署、商务部及原对外经济贸易合作部公布的统计数据进行整理，由于统计口径不完全一致，个别数据可能略有出入。

## 本 章 提 要

（1）本章介绍了国际贸易的含义和分类，特别是一般贸易、货物贸易、服务贸易和加工贸易，以及进口贸易、出口贸易、过境贸易、转口贸易、直接贸易、间接贸易和三角贸易的联系与区别，重点介绍了货物贸易和服务贸易的含义及发展。

（2）国际贸易的突出特点有四个：复杂性、风险大、影响因素多、涉及部门广。国际货物贸易涉及买卖交易双方，还涉及运输物流、银行保险、商品检验、海关税务等多个部门的协作、配合，从事国际贸易需要较强的公关交流沟通能力。

（3）国际贸易的发展趋势是贸易方式日益多样化、贸易规模持续扩大、贸易产品结构发生重大变化、国际经济一体化越来越明显、贸易的政策协调大大增加、贸易自由化和贸易保护主义的斗争愈演愈烈。

（4）国际贸易的风险主要有：局势和政策变化风险、交易环节的风险、运输物流环节的风险、货款收付结算环节的风险、汇率变动的风险等。

（5）中国对外贸易面临的挑战主要有：新的经济和政治环境变化快、技术壁垒、绿色壁垒、倾销与反倾销、补贴与反补贴等。主要对策是：增强风险意识，做好风险防范；加快技术进步，提高产品质量；实施出口可持续发展战略，全面"绿化"国民经济；参照国际规范建立和完善我国技术标准的法规体系；提高对倾销与反倾销、补贴与反补贴的认识，增强应对能力。

（6）国际贸易的法律规范主要有国内法的《中华人民共和国对外贸易法》《中华人民共和国合同法》《海洋运输货物保险条款》和《陆上运输货物保险条款》；国际条约中的《联合国国际货物销售合同公约》《联合国国际货物多式联运公约》《联合国国际汇票与国际本票公约》，以及国际贸易惯例中的《2000年国际贸易术语解释通则》(Incoterms 2000)和《2010年国际贸易术语解释通则》(Incoterms 2010)、英国伦敦保险协会制定的《伦敦保险协会货物保险条款》和《跟单信用证统一惯例》(UCP600)及《托收统一规则》(URC522)等。

## 思考与练习　技能证书考试与专业竞赛训练

（一）分析判断题（判断命题的正确或错误，正确的打"√"，错误的打"×"）

1. 在当前的国际贸易实践中，有全球统一的法律体系和国际贸易惯例。　　（　　）
2.《联合国国际货物销售合同公约》的缔约国应该无条件履行其全部内容。　（　　）
3. 国际货物买卖是涉外活动，所以调解国际货物买卖合同所使用的法律，只能是关于国际货物买卖的国际公约。　　（　　）
4. 在国际货物买卖合同中，如果做出了与国际贸易惯例不同的规定，在解释合同当事人义务时，应以合同规定为准。　　（　　）
5. 在国际贸易中，最常见、最多见的是国际货物买卖。　　（　　）
6. 在合同中对某一问题未做出规定时，应参照有关贸易惯例。　　（　　）
7. 在合同中做出的规定必须与惯例的解释相符，否则无效。　　（　　）
8. 惯例是由国际组织制定的，对合同的当事人具有强制的约束力。　　（　　）
9. 当事人如果明确规定采纳有关惯例时，该惯例具有约束力。　　（　　）

10. 依法成立的国际货物买卖合同对双方当事人都具有法律约束力。　　　（　　）

(二) 单项选择题(每题只有1个答案是正确的,请选择正确的答案填入括号内)

1.《联合国国际货物销售合同公约》确定货物贸易"国际性"的标准是(　　)。
　　A. 买卖双方当事人营业地处于不同国家
　　B. 买卖双方当事人具有不同国籍
　　C. 订立合同行为完成于不同国家
　　D. 货物必须由一国运往另一国

2. 在国际贸易中,对当事人的行为无强制性约束力的是(　　)。
　　A. 国内法　　　B. 国际法　　　C. 国际贸易惯例　　　D. 国际条约

3. 国际货物买卖合同的标的物是(　　)。
　　A. 股票　　　B. 债券　　　C. 票据　　　D. 有形商品

4. 根据我国法律规定,如果在国际贸易中没有明确选择处理合同争议所适用的法律或国际条约,在发生争议时,依照与(　　)有密切关系的国家法律进行处理。
　　A. 合同　　　B. 卖方　　　C. 买方　　　D. 国际商会

5. 与我国开展进出口贸易关系最大,也是最重要的一项国际条约是(　　)。
　　A.《联合国国际货物销售合同公约》　　　B.《2010年国际贸易术语解释通则》
　　C.《跟单信用证统一惯例》　　　D.《托收统一规则》

6. (　　)是指在国际贸易活动中,一些发达国家凭借其科技优势,以保护环境和人类健康为目的,通过立法,制定繁杂的环保公约、法律、法规、标准、标志等形式对国外商品进行的准入限制。
　　A. 技术壁垒　　　B. 绿色壁垒　　　C. 进口许可证　　　D. 进口配额

7. 商品进口国通过颁布法律、法令、条例、规定,建立标准、认证制度、卫生检验检疫制度、检验程序以及包装、规格和标签标准等,提高对进口货物的要求,增加进口难度,达到保障国家安全、保护消费者利益和保持国际收支平衡的目的。这种措施称为(　　)。
　　A. 进口配额　　　B. 进口许可证　　　C. 绿色壁垒　　　D. 技术壁垒

8. (　　)是指两个或两个以上主权国家为确定彼此的政治、经济、贸易、文化、军事等方面的权利和义务而缔结的诸如公约、协定、协议书等各种协议的总称。
　　A. 国际公约　　　B. 国内法　　　C. 合同法　　　D. 国际贸易惯例

9. 按照缔约国的多少,贸易条约和协定可分为双边贸易条约和协定与(　　)。
　　A. 单边贸易条约和协定　　　B. 国际性贸易条约和协定
　　C. 地区性贸易条约和协定　　　D. 多边贸易条约和协定

10.《2010年国际贸易术语解释通则》主要对有关国际贸易的(　　)种贸易术语做出解释,规范了买卖双方的风险、责任与费用划分界限。
　　A. 13　　　B. 10　　　C. 11　　　D. 15

(三) 多项选择题(每题有2个及以上答案是正确的,请选择正确的答案填入括号内)

1. 国际贸易(international trade)也称为(　　)。
　　A. 对外贸易　　　B. 进出口贸易　　　C. 世界贸易　　　D. 跨境贸易

2. 国际贸易最常见的分类有(　　)。

A. 一般贸易　　　　B. 货物贸易　　　　C. 服务贸易　　　　D. 加工贸易
3. 国际贸易的主要特点有（　　）。
   A. 复杂性　　　　　B. 风险大　　　　　C. 影响因素多　　　D. 涉及部门广
4. 国际贸易的风险很多，主要有（　　）环节和方面的风险。
   A. 局势和政策变化　　　　　　　　　B. 交易
   C. 运输物流　　　　　　　　　　　　D. 货款收付结算
   E. 汇率变动
5. 开展出口贸易前要做的准备主要包括（　　）。
   A. 对国内外市场进行调研　　　　　　B. 制订出口经营方案
   C. 选定目标客户，并建立业务关系　　D. 落实货源或制订出口商品生产计划
   E. 商品货物推广和宣传
6. 出口贸易合同的有效履行主要环节包括（　　）。
   A. 准备货物　　　　　　　　　　　　B. 落实信用证
   C. 报检和报关，安排装运　　　　　　D. 制单结汇
   E. 办理出口收汇核销和出口退税
7. 按 FOB 条件并采用信用证方式成交的进口贸易，履行的程序一般包括（　　）。
   A. 向商业银行申请开立信用证和租船订舱
   B. 通知装运日期和接运货物并办理保险
   C. 审单和付款赎单
   D. 进口报检和报关
   E. 如有损失索赔
8. 在国际贸易中的经营者主要是（　　）。
   A. 买方　　　　　　B. 承运人　　　　　C. 保险公司　　　　D. 卖方
9. 在国际贸易中，可以适用的法律包括（　　）。
   A. 国内法　　　　　B. 国际公约　　　　C. WTO 协定　　　　D. 国际贸易惯例
10. 在进出口贸易中，卖方的交货义务有（　　）。
    A. 交付货物　　　　　　　　　　　　B. 出口报关并缴纳关税
    C. 转移货物所有权　　　　　　　　　D. 转移与货物有关的单据
11. 在进出口贸易中，买方的基本义务是（　　）。
    A. 接运货物　　　　　　　　　　　　B. 收取货物
    C. 支付货款　　　　　　　　　　　　D. 进口报关并缴纳关税
12. 当前属于我国前十位的主要国际贸易伙伴是（　　）。
    A. 欧盟　　　　　　B. 美国　　　　　　C. 东盟　　　　　　D. 南非

## （四）思考题

1. 当前国际贸易中最多见的一类贸易是哪一类？
2. 国际贸易中的 HS 编码分类方法和 SITC 分类方法是什么？
3. 在我国的对外贸易中，根据海关监管不同可以细分为哪些货物？
4. 什么叫服务贸易？主要包括哪些？
5. 国际贸易的发展趋势有哪些？

6. 当前中国对外贸易面临的挑战与问题常见的有哪些?
7. 倾销与反倾销和补贴与反补贴的含义是什么?
8. 与国际贸易业务密切相关并有较大影响的国际惯例有哪些?
9. 国际贸易的风险主要有哪些?
10. 中国加入WTO以来的对外贸易主要有哪些发展?

# 案例分析及讨论

## 从"让世界爱上中国造"看格力电器股份有限公司的国际贸易发展之路

广东珠海格力电器股份有限公司(股票代码000651),成立于1991年,是一家集研发、生产、销售、服务于一体的国际化家用电器企业,拥有格力、TOSOT、晶弘三大品牌,主营家用空调、中央空调、空气能热水器、手机、生活电器、冰箱等产品。公司以"做精、做大、做强"为目标,坚持走国际化的道路,在其董事长著名企业家董明珠的领导下快速发展。

2016年4月22日,董明珠回到了她的家乡——江苏省南京市,在"2016苏商创新创业发展高峰论坛暨首届苏商金茉莉颁奖典礼"的奖台上,她获得了"苏商终身成就奖",并以"格力让世界爱上中国造"为主题作了精彩而振奋人心的演讲。62岁的董明珠原计划一个半小时的演讲,却站着脱稿讲了两个多小时,现场没有一个人舍得离开,静静地听,会意地笑,掌声不断。演讲中,她不遗余力地介绍格力的企业文化和工匠精神,珍惜每一次能够推销格力产品的机会,从空调、电饭煲到智能手机,如数家珍。

董明珠讲了不忘初心,方得始终。很多事情从来都是这样,当一个人坚持做自己,把自己想做的事情做到极致,那时候,整个世界都会为她而改变。身为一个女性企业家和一个女人,她用自己的故事与格力的发展告诉大家,这26年来,她从未改变。

她曾为打造世界500强企业,放弃8 000万元年薪,把格力的机电产品卖到全世界,让世界爱上中国造。事情是这样的,还在2004年的时候,格力电器曾遭遇了一次"洗劫"。当地政府非常希望能把格力电器卖给世界500强美国的开力空调公司,使珠海市能有世界500强的企业,如此对董明珠来讲,可以拿到年薪8 000万元的报酬。而格力是国字头企业,要按照很多的规矩来做,挑战市场遇到很多困难。但是格力员工并没有因为难而放弃,相信中国人有能力打造自己的品牌。中国制造在很长的时间中没有自己的品牌,在世界上也被认为是低质低价的代名词。当时董明珠和政府部门争取不出卖格力给美国开力空调公司的时候就说了一句话:开力空调公司今天是世界500强企业,明天未必是;格力今天不是世界500强企业,明天未必不是;我们相信只要有一份执着的精神,总有一天格力一定能成为世界500强企业。格力人克服种种困难,积极创造自己的品牌,用自己的技术、生产高质量的空调产品,大力开展国际贸易,不断提高国际市场占有率,把产品卖到全世界,经过11年的努力,到2015年终于成为世界500强企业。

格力空调的国际化路线布局具有非常鲜明的特色,始终恪守"先有市场,后有工厂"的国际化战略,先把产品出口到国外,进行市场的试探性销售,以考察该国家对格力空调的接受程度和市场容量,然后根据当地的实际情况制定销售规模,根据国际市场的需要在合适的地区建立格力空调生产基地。早在1997年,格力电器就开始涉足南美洲最大的国家巴西市场,先后在巴西、巴基斯坦、越南等国家建立了3个生产基地,现在的格力在全球有1万多家销售公司。从2005年至今,格力空调产销量连年领跑全球,2006年荣获"世界名牌"称号,产品主要出口美国、东欧、日本、非洲、印度、拉丁美洲等国家和地区,业务遍及全球100多个国家和地区,用户超过2.5亿。市场占有率超越了韩国LG、日本松下、三菱、夏普等传统空调品牌,连续多年成为全球第一,2015年排名"福布斯全球2000强"第385名,家用电器类占全球第一位。

**请思考分析及讨论:**
(1) 格力电器股份有限公司在20多年中是如何让世界爱上中国造的?
(2) 格力空调走国际化路线开展国际贸易的特色和经验是什么?

## 教 学 互 动

1. 国际贸易常见的风险有哪些?怎样防范?
2. 比较中国对外贸易的过去和现在,谈谈未来的发展趋势。

# 第二章

# 国际贸易商品的品名、品质、数量、包装及其条款

**知识要求**

理解商品品名的含义；熟悉商品命名的方法；掌握品名条款的基本内容；了解订立品名条款时的注意事项；理解商品品质的含义；掌握商品品质的表示方法，重点掌握品质条款的基本内容和订立品质条款时的注意事项；掌握数量条款的基本内容和订立数量条款时的注意事项；熟悉运输包装的标志；了解订立包装条款的注意事项。

**应用要求**

能判断出各种商品命名的方法；能应用不同方法正确地表示商品的品质；能使用不同的方法计算各种商品的重量；能准确判断出运输包装上标志的各项内容；能初步订立正确的品名条款、品质条款、数量条款和包装条款。

## 第一节 商品的品名及其条款

国际贸易合同的标的(subject matter)是买卖双方首先要明确的问题。国际贸易合同的标的是买卖双方交易的货物，即有形商品。商品的品名是国际货物贸易中买卖双方进行交易的物质基础，只有明确了商品的品名，即买卖什么商品，才能进一步确定商品的品质、数量和包装。品名条款是国际贸易合同的重要条款。

### 一、约定商品品名的意义

#### （一）从业务角度看

品名的约定是双方交易的物质内容，是交易赖以进行的物质基础和前提条件。因此买卖双方在磋商和签订进出口合同时，一定要明确、具体地订明商品的品名，并尽可能使用国际上通用的名称，避免履约的麻烦。

#### （二）从法律角度看

在合同中规定标的物的具体名称，关系到买卖双方在货物交接方面的权利。在国际货物买卖业务中，如果卖方所交货物不符合约定的品名规定，则买方有权提出拒收货物，甚至索赔或撤销合同。

## 二、商品品名的含义

商品的品名(name of commodity)也称为"商品的名称",是指能使某种商品区别于其他商品的一种内在特点及称呼或概念。品名在一定程度上体现了商品的自然属性、用途以及主要的性能特征,是构成商品说明的一个极为重要的组成部分。

## 三、商品命名的方法

商品命名就是选定恰当的语言文字,概括地反映商品的形状、用途、性能等特点。现实生活中,消费者在未接触到商品之前常常通过商品名称来判断商品的性质、用途或品质,所以一个好的名称可以提前赢得消费者的注意。

### (一)以商品的主要用途或效用命名

以商品的主要用途或效用命名的特点是名称直接反映商品的主要性能和用途,使消费者能迅速了解商品的功效,加快对商品的认知过程,多用于日用工业品、化妆品和医药品。比如"小天鹅洗衣机",一听说就知道是洗衣的设备;又如"玉兰油防晒霜",一看便知道是化妆品;再如"气滞胃痛冲剂",一谈即懂得是治疗胃病的药物。现实中有很多商品都可直接从名称上了解到商品的用途和功效。这种开门见山的命名方法迎合了消费者追求商品实用价值的心理。

### (二)以商品的主要成分命名

以商品的主要成分命名可以使消费者从名称上直接了解到商品的原料构成,以便根据自己的实际情况选择商品。比如"螺旋藻麦片",可以看出麦片中加入了螺旋藻;又如"复方甘草合剂",主要成分是止咳的甘草;再如"靓妃珍珠面膜",原料里有养颜增白的珍珠粉。这些商品名称或强调货真价实,或突出原料名贵,都起到了吸引消费者的作用。

### (三)以商品的外形命名

以商品的外形命名多用于食品、工艺品类的商品命名。其特点是形象化,能突出商品造型新奇、优美的特点,引起消费者的注意和兴趣。比如有的首饰用"繁星满天"命名,有的食品用"佛手酥""猫耳朵"命名等。不过采用这种方法,应注意名称和形象的统一,否则会弄巧成拙,达不到让消费者从名称联想到商品的实体,以及加深对商品印象和记忆的目的。

### (四)以制作工艺或制造过程命名

以制作工艺或制造过程命名多用于具有独特制作工艺或有纪念意义的研制过程的商品,这是一种经常被采用的方法。如北京产的"二锅头"酒在制作过程中要经过两次换水蒸馏,且只取第二锅酒液的中段,酒质纯正、醇厚。以此命名能使消费者了解该酒不同寻常的酿制工艺,从而提高商品声望。

### (五)以商品的产地命名

以商品的产地命名主要是由于产品具有悠久的历史,尤以产地的商品最具特色,享誉盛名,冠以产地名称可以突出该商品的地方风情、特点,使其独具魅力。例如,浙江"金华火腿""云南白药""青岛啤酒""桂林米粉"等。这种命名方法符合消费者求名、求特、求新的心理,可以增加商品的名贵感和知名度,同时使消费者从商品名称感受到地域的文化性,从而产生亲切感和偏好。

### （六）以人名命名

以人名命名即以发明者、制造者和历史人物等名字给商品命名的方法。这种方法将特定的商品和特定的人联系起来，使消费者睹物思人，引起丰富的联想、追忆和敬慕之情，从而使商品在消费者心目中留下深刻的印象。如"皮尔·卡丹"牌服装、"李宁"牌运动服、"圣罗兰"牌化妆品、"DELL（戴尔）"牌计算机，还有波音飞机、松下电器、丰田汽车等。以人名命名还可以体现商品悠久的历史和文化，表明商品系出名门、正宗独特，以此诱发消费者的购买欲望。

### （七）以外来词命名

以外来词命名常见于进口商品的命名，主要是满足消费者的求新、求奇、求异的心理，还可以克服翻译上的困难。但这要求读起来朗朗上口，寓意良好。如"CocaCola"，其中文译名选定为"可口可乐"，让人们联想到可口的饮料带来的舒畅感觉，以及由此产生的愉悦心情。

### （八）以吉祥物或美好事物命名

有些商品为迎合人们图吉利、盼平安的心理起名，如"吉利"汽车、"百合"被子等。在我国的一些中药材，由于其成分原来的名字会使消费者感到畏惧，所以常用能使人产生良好联想的名称来代替原有名称。如蚯蚓称"地龙"、壁虎称"天龙"、蚂蟥叫"水蛭"。

### （九）以色彩命名

以色彩命名适用于食品类商品。如"黑巧克力"原料中巧克力的成分比较高，黑色突出了纯度；"白玉豆腐"突出豆腐形态白嫩细腻；"白加黑感冒片"则突出了白片与黑片的不同效果。以色彩命名突出了消费者的视觉感受，使之对商品留下深刻印象。

## 四、品名条款的基本内容

国际货物买卖合同中的品名条款，并无统一的要求和格式，通常由买卖双方协商确定。品名条款的内容一般比较简单，通常都是在"商品名称"或"品名"的标题下，列明交易双方成交商品的名称。有时为了省略起见，也可不加标题，只在合同的开头部分，列明交易双方同意买卖某种商品的文句。另外，有些商品还出现了品名和品质条款合并的情况。

品名条款举例：

品名：中国绿茶

Name of Commodity：Chinese Green Tea

品名：移动电源

Name of Commodity：Power bank

品名：化妆刷

Name of Commodity：Makeup Brush

品名：海尔牌迷你冰箱

Name of Commodity：Haier Brand Mini Refrigerator

## 五、订立品名条款的注意事项

国际货物买卖合同中，品名条款是合同中的主要条款，在规定品名条款时，应注意下列事项。

（1）商品的品名必须做到内容明确具体。

（2）商品的品名必须实事求是、切实反映商品的实际情况。

（3）商品的品名要尽可能使用国际上通行的名称。

（4）确定品名时,应注意有关国家的海关税则和进出口限制的有关规定,恰当地选择有利于降低关税和方便进出口的名称。

（5）确定品名时必须考虑其与运费的关系。目前通行的班轮运费是按商品规定收费标准,但由于商品名称并不统一,存在着同一商品因名称不同而收取的费率不同的问题。从这个角度看,选择合适的品名可以节省运费开支、降低成本,理应引起注意。

## 第二节　商品的品质及其条款

品质条款是买卖合同中的一项重要条款,是买卖双方对货物品质的具体约定。在订立品质条款时,要正确运用各种表示品质的方法,注意科学性与合理性相结合。

### 一、商品品质的含义

商品品质(quality of goods)也叫货物品质,是指商品的内在质量和外观形态的综合。商品的内在质量表现为货物化学成分的构成、物理和机械性能、生物特征等；商品的外观形态则表现为货物的形状、结构、色泽、味觉等。在国际贸易中,通常是按照每种商品的不同特点,选择一定的质量指标来表示不同商品的品质,如农产品中的水分、破碎率、含油量、纤维长度和农药残存率等。还有工业产品中的技术标准等也是商品品质的体现。在实际业务中,经常使用的规格、等级、标准等都属于商品品质的范畴。

### 二、商品品质的表示方法

在国际贸易中,买卖双方交易的商品种类繁多,表示商品品质的方法也不相同,主要有实物样品表示法和文字说明表示法两大类。

#### （一）实物样品表示法

1. 看货买卖

看货买卖(sale by actual goods)也称看样订货,是指买卖双方根据成交商品的实际货样进行交易。通常先由买方或其代理人在卖方所在地验看货物,达成交易后,卖方即按验看过的货物交付。只要卖方交付的是验看过的货物,买方就不得对货物质量提出异议。这种方法多用于拍卖、寄售和展卖业务,尤其适用于具有独特性质的货物,如珠宝、首饰、字画、牙雕、玉雕等特定工艺制品。

2. 凭样品买卖

凭样品买卖(sale by sample)也称凭样订货,样品通常是指从一批商品中抽取出来的或由生产、制造部门加工、设计出来的,足以反映和代表整批商品品质的少量实物。凡以样品表示商品品质并以此作为交货依据的,称为"凭样品买卖"。

样品分为参考样品和标准样品。参考样品(sample for reference)是指买卖双方为了发展彼此的贸易关系而采用互相寄送,仅供对方了解的商品。不作为成交或交货时的品质依据。为防止日后可能发生的纠纷,参考样品在寄送时一般应注明"仅供参考"字样。标准样品(standard sample)是指凭样品买卖中的样品,这种样品一经双方同意或对方接受,即成为交货时的品质依据,双方确认后封样备查,卖方必须承担交货时品质与标准样品一致的责任。

凭样品买卖适用于因其自身特点难以用文字和科学方法来表示的商品品质,或在色香味和造型上有特殊要求的商品,主要是一些服装、轻工业品(如纸张)、工艺品、小型工具和某些土特产品(如茶叶)及个别矿产品等。

按样品提供者不同,凭样品买卖可以分为以下几种。

(1) 凭卖方样品买卖(sale by seller's sample),即由卖方提供样品后经买方确认达成交易。卖方提供的样品称为卖方样品。日后,卖方所交整批货物的品质,必须与卖方样品相符。寄样时,卖方应选择有代表性的样品,样品的质量不能偏高,也不能偏低。

(2) 凭买方样品买卖(sale by buyer's sample),是指由买方提供样品并作为生产交货的质量依据。日后,卖方所交货物的质量,必须与买方样品相符。卖方为防止日后工业产品纠纷,可在合同中订明:如发生由买方来样引起的工业产权等第三者权利问题时,与卖方无关,概由买方负责。

(3) 凭对等样品买卖(sale by counter sample),卖方可根据买方提供的样品,加工复制出一个类似的样品交给买方确认,这种经确认的样品,称为"对等样品""回样"或"确认样"。实际上,对等样品改变了交易的性质,即由凭买方样品买卖变成了凭卖方样品买卖,使卖方处于较为有利的地位。日后,卖方所交整批货物的品质,必须与对等样品相符。

凭样品买卖举例:

所交货物须与卖方第 005 号样品大致相等。

The goods to be delivered shall be about equal to seller's sample No. 005.

### (二) 文字说明表示法

在国际贸易中,大部分货物的品质是用文字说明的,一般有以下几种方法。

1. 凭规格买卖

货物的规格是指可以反映货物质量的主要指标,如成分、含量、纯度、性能、容量、尺寸、重量、色泽等。用规格来表示货物质量的方法称为凭规格买卖。由于凭规格买卖(sale by specification)比较方便、准确、简单易行、明确具体、运用灵活,所以在国际贸易中广泛应用。

凭规格买卖举例:

| 芝麻 | 含水分 | 最高 8% |
| | 含杂质 | 最高 2% |
| | 含油量 | 最低 52% |
| Sesames | Moisture | 8% Max. |
| | Admixture | 2% Max. |
| | Oil Content | 52% Min. |

2. 凭等级买卖

等级是指同一类货物,按其质地的差异,或尺寸、形状、重量、成分、构造及效能等的不同,用文字、数字或符号所进行的分类。如特级、一级、二级;大号、中号、小号;优等、中等、低等。这种表示货物质量的方法,对于简化手续、促进成交和体现按质论价等方面都有一定的作用。但是,由于不同等级的货物具有不同的规格,当买卖双方对等级内容不熟悉时,最好明确每一等级的具体规格。

凭等级买卖(sale by grade)举例:

| 中国绿茶 | 特珍眉特级 | 货号 9370 |
| | 特珍眉一级 | 货号 9371 |
| | 特珍眉二级 | 货号 9372 |
| Chinese Green Tea | Special Chunmee Special Grade | Art. No. 9370 |
| | Special Chunmee Grade 1 | Art. No. 9371 |
| | Special Chunmee Grade 2 | Art. No. 9372 |

### 3. 凭标准买卖

标准是指由政府机关或商业团体统一制定和公布的规格或等级。凭标准买卖(sale by standard)是指买卖双方在交易中约定以某种标准表示货物的质量,并用此标准来衡量卖方所交货物的质量。常见的标准有以下几种。

(1) 国际标准。由国际标准化或标准组织制定,并公开发布的标准,如国际标准化组织(ISO)制定的标准。

(2) 区域标准。由某一区域标准或标准组织制定,并公开发布的标准,如欧洲标准化委员会(CEN)制定的标准。

(3) 国家标准。由国家标准团体制定并公开发布的标准,如美国国家标准(ANSI)、日本国家标准(JIS)等。

(4) 行业团体标准。由行业标准化团体或机构制定的标准,发布在某一行业范围内统一实施的标准,如美国材料实验协会标准(ASTM)。

(5) 地方标准。由一个国家的地方部门制定并公开发布的标准。

(6) 企业标准。由企事业单位自行制定并发布的标准。

我国的产品标准体系分为国家标准、行业标准、地方标准和企业标准四个级别。在我国外贸实践中,除了使用国际标准和某些外国的标准外,很大一部分使用我国国家标准,如中华人民共和国国家标准(GB/T 19001—2000)。货物贸易中所采用的各种标准,有些标准具有法律约束力,凡不符合标准的商品,不允许贸易,如国际标准、区域标准、国家标准等;有些标准不具有法律约束力,仅供贸易双方参考使用,如未经备案的地方标准或企业标准等。

一种商品在不同类型的标准中,对品质的要求会有一定的差异。在凭标准买卖时,应说明采用标准的类型、年份和版本。此外,还要注意各种标准修改和变动的情况。

在国际贸易中,对于某些质量变化大、难以规定统一标准的农副产品,往往采用"良好平均品质"(fair average quality, F. A. Q)和"上好可销品质"(good merchantable quality, G. M. Q)表示交易货物的质量。

(1) 良好平均品质(F. A. Q)是指由同业公会或检验机构从一定时期或季节、某地装船的各批货物中分别抽取少量实物加以混合拌制,并由该机构封存保管,以此实物所显示的平均品质水平,作为该季节同类商品品质的比较标准,一般是对中等货而言。在我国,某些农副产品的交易也是用 F. A. Q 表示品质,习惯上称其为"大路货"。

良好平均品质举例:

装运地装货时的平均中等品质,以伦敦谷物贸易协会官方良好平均品质为准。

Fair average quality at the time and place of loading shall be assessed upon the basis of London Corn Trade Association's official's F. A. Q standard.

(2) 上好可销品质(G. M. Q)是指卖方交货的质量只需保证为上好的适合销售的质量

即可。一般只适用于木材或冷冻水产品等商品,我国在对外贸易中较少使用。

4. 凭说明书和图样买卖

在国际贸易中,有些机器、电子产品、仪器设备等货物,由于结构和性能复杂,生产工艺不同,不能简单地用几个指标标志货物质量。对于这类货物,通常以说明书并附以图样、照片、设计图纸等来说明其具体性能和结构特点。同时,在买卖合同中,应订立买卖品质保证和技术服务条款,包括安装、调试、保养、配件供应、保修期、售后服务等。

凭说明书和图样买卖(sale by description and illustrations)举例:

151A 型多梭箱织机,详细规格如所附说明书和图样。

Multi-Shuttle Box Loom 151A, detail specifications as attached description and illustrations.

5. 凭品牌或商标买卖

品牌又称牌号、牌名,是工商企业为了与其他企业的同类产品或商品相区别而冠以其产品的名称。它是一个名字、术语、符号或设计,或是四种的结合。商标则是法律名词,是工商企业依据法律规定登记注册用来识别其产品或商品的标志。它有文字商标、图形商标、符号商标、立体商标和文字、图形、符号两种以上结合的商标。品牌是商品的名称,商标是品牌的标志,两者密不可分。

在国际贸易中,在市场上行销已久,质量稳定,信誉良好的产品,其品牌或商标也往往受到买方或消费者的喜爱,可以凭品牌或商标来表示商品的品质,这种方法称为"凭品牌或商标买卖"。如玉柴牌发动机、海尔牌冰箱、中华牌香烟等。

凭品牌或商标买卖(sale by brand or trade mark)举例:

雅士利牌婴幼儿奶粉

Yashily Brand Infant Milk Powder

6. 凭产地名称买卖

有些出口商品,特别是一些农副产品,由于地理和历史的原因,或产地的自然条件和传统生产技术,以及加工工艺的原因,在品质上具有其他地区产品不具备的独特风格或特色。产地名称就成为代表该产品质量的标志。例如,北京烤鸭、广西六堡茶、桂林米粉、云南白药、哈密香瓜、烟台苹果、宁夏枸杞等。

凭产地名称买卖(sale by name of origin)时,一定要按照传统的质量交货。凡不够条件或品质不稳定的商品,则不应以产地名称买卖。否则有名无实,自毁品牌,丢失客户。在实际业务中,不同的产品应根据商品自身的特点、市场和交易习惯选择表示商品品质的方法,既可以单独使用,也可以几种方式结合运用。用文字说明规定货物质量的方法常常与凭样品表示货物质量的方法结合使用。

凭产地名称买卖举例:

绍兴花雕酒

Shaoxing Hua Tiao Chiew

## 三、品质条款的基本内容

(一)品质规定基本内容

品质条款是国际货物买卖合同中的一项重要的品质规定。它是买卖双方对货物的质量、等级、标准、规格、商标、牌名等内容的具体规定,卖方依约定品质交付货物。否则,买方有权提出拒收货物或索赔,甚至撤销合同。

在凭样品买卖时,合同中除了要列明商品的品名之外,还应列明样品的编号或寄送日期,有时还需加列交货品质与样品一致相符或完全相符的说明;在凭文字说明买卖时,应针对不同交易的具体情况在买卖合同中明确规定商品的品名、规格、等级、标准、品牌或产地名称等内容;在凭说明书和图样表示商品品质时,还应在合同中列出说明书、图样的名称、份数等内容。

### (二) 品质机动幅度与品质公差

#### 1. 品质机动幅度

品质机动幅度(quality latitude)是指对某些初级产品,由于卖方所交货物品质难以完全与合同规定的品质相符,为便于卖方交货,往往在规定的品质指标外,设立一定的允许幅度,卖方所交货物品质只要在允许的幅度内,买方就无权拒收,但可根据合同规定调整价格。规定品质机动幅度的方法有以下三种。

(1) 规定范围。对某项货物的品质指标规定允许有一定的差异范围。

举例:

漂布,幅阔 35/36 英寸

Bleached Shirting, width 35/36 inch

(2) 规定极限。对有些货物的品质规格,规定上下极限。规定极限的表示方法,常用的有:最大、最高、最多(maximum,缩写 max.);最小、最低、最少(minimum,缩写为 min.)。

举例:

大米　　碎粒 35%(最高)

　　　　水分 15%(最高)

　　　　杂质 1%(最高)

Rice　　long shaped broken grains 35%(max.)

　　　　moisture 15%(max.)

　　　　admixtures 1%(max.)

(3) 规定上下差异。规定允许上、下差异的幅度。

举例:

灰鸭毛,含绒量 18%,上、下 1%

Grey Duck Feather, down content 18%, 1% more or less

#### 2. 品质公差

公差是指国际上公认的产品品质的误差,为了明确起见,应在合同品质条款中订明一定幅度的公差。品质公差(quality tolerance)是指允许卖方交货的品质可以高于或者低于合同规定品质的幅度。有些工业制成品,由于在生产过程中不能做到十分精确,可根据国际惯例或经买卖双方协商同意,对合同中的品质指标订有允许的"公差",这就是品质公差,如钟表走时的误差、棉纱支数的确定等。

卖方交货的品质在机动幅度和品质公差允许的范围内,即可认为与合同相符。价格一般按合同计价,不另作调整。如果需要按交货时的品质状况调整价格的,需在合同中规定品质增减价条款。

## 四、订立品质条款的注意事项

(1) 根据商品的特性来确定表示品质的方法。表示品质的方法应视商品特性而定,凡可用一种方式表示的,就不要采用两种或两种以上的方法,品质条款订得过于繁琐只会增加生产和交货的困难。

(2) 品质条款的订立应科学、合理。在规定品质条款时,用词需简单、具体、明确,切忌使用"大约""左右""合理误差"等含糊的字眼,避免引起争议和纠纷。此外,要从生产实际出发,防止把品质条款订得过高或过低,给生产或交货造成困难或影响销售。

(3) 品质条款应符合有关国家或相关国际组织的标准,以提高产品的竞争能力。

**教学互动与讲练结合二:**

**在农产品进出口贸易中,对品质条款的规定应注意哪些方面**

> 我国不仅是全球瞩目的农业大国,而且还是农产品进出口贸易大国。农产品的进出口对更好地拓展中国农产品的市场、优化促进农业产业结构调整、提升农民群众的收入与拓展农民群众的就业门路、整合"三农"(农村、农民、农业)资源都十分重要。
>
> 我国的农业体制改革正在深入开展,农产品进出口贸易逐步与全球接轨,相互之间的联系变得愈加频繁,突出表现为农产品进出口的总体规模越来越大。据统计,2001年中国农产品进出口贸易额仅有279亿美元;到2016年,中国农产品进出口贸易额达到1 845.6亿美元,15年间增长了5.62倍,从世界第五农产品贸易国升至第二位。一直以来,我国出口的农产品偏重于茶叶、蔬菜、水果以及水产品等劳动密集型农产品,其出口额的比例出现了持续的提升。亚洲、北美洲和欧洲一直是我国农产品出口的传统贸易区域,在这三大市场中,又以美日欧市场为我国农产品的主要出口市场,大概占我国农产品出口的50%。我国进口的农产品主要有大豆、大米、大麦、小麦、高粱、玉米、木薯、棉花、水果等。农产品进出口的品质条款规定很重要。
>
> **请思考分析并互动讨论:**
> (1) 农产品进出口贸易中规定品质条款时通常会涉及哪些内容?
> (2) 规定农产品的品质条款时,需要注意哪些问题?

# 第三节 商品的数量及其条款

商品的数量条款是合同中不可缺少的重要内容。《联合国国际货物销售合同公约》规定:按照约定数量交货是卖方的一项基本义务。如果卖方交货数量大于约定的数量,买方可以拒绝多交的部分,也可以收取多交部分中的一部分或者全部,但是应该按照实际收取的数量付款。如果卖方交货的数量少于约定的数量,卖方应该在规定的交货期届满之前补交,且不得使买方遭受不合理的损失,买方可以保留要求赔偿的权利。因此,正确地订立和理解合同中的数量条款,对买卖双方都是很重要的。

## 一、商品数量的含义

商品的数量是以一定度量衡表示商品的重量、个数、长度、面积、体积、容积的量。商品数量是计算单价和总金额的重要依据。

## 二、计量单位以及之间的换算

### (一) 计量单位

由于各国度量衡制度有所不同,故在国际贸易中使用的计量单位也存在着差异。目前,国际贸易中通常使用的度量衡制度有:公制或米制(the metric system)、英制(the British system)、美制(the U.S. system)和国际单位制(the international system of units)。我国采用的是以国际单位制为基础的法定计量单位。根据《中华人民共和国计量法规定》:"国家采取国际单位制,国际单位制计量单位和国家选定的其他计量单位,为国家法定计量单位。"国际贸易中常用的计量单位见表2-1。

表 2-1 国际贸易中常用的计量单位

| 计量方法 | 计量单位 | 适用范围 |
| --- | --- | --- |
| 按重量计量 | 公吨(metric ton,MT)、长吨(long ton)、短吨(short ton)、公斤(kilogram,kg)、磅(pound,lb)、盎司(ounce,oz)、克(gram,g)、克拉(carat) | 一般适用于天然产品及部分工业制成品,如矿产品、钢材、羊毛、谷物等商品的计量 |
| 按数量计量 | 个/只(piece,pc)、对/付(pair,pr)、台/套(set)、打(dozen,doz)、卷(roll)、令(ream)、罗(gross,gr)、袋(bag)、包(bale)、部(unit)、箱(case)、纸箱(carton,ctn) | 一般适用于工业制成品、日用杂货及一部分土特产品等商品的计量 |
| 按长度计量 | 米(meter,m)、英尺(foot,ft)、码(yard,yd)、英寸(inch) | 一般适用于金属绳索、丝绸、布匹等商品的计量 |
| 按面积计量 | 平方米(square meter,sq. m)、平方英尺(square foot,sq. ft)、平方码(square yard,sq. yd) | 一般适用于玻璃、木板、地毯、皮革等商品的计量 |
| 按体积计量 | 立方米(cubic meter,cu. m)、立方英尺(cubic foot,cu. ft)、立方码(cubic yard,cu. yd) | 一般适用于木材、天然气和化学气体等商品的计量 |
| 按容积计量 | 公升(liter,L)、蒲式耳(bushel,bu)、加仑(gallon,gal) | 一般适用于各种谷物和流体货物等商品的计量 |

### (二) 计量单位之间的换算

1. 重量计量单位之间的换算

1 公吨=2 204.622 磅

1 公吨=1 000 千克=1.102 短吨

1 短吨=2 000 磅=0.907 公吨

1 长吨=2 240 磅=1.016 公吨

2. 长度计量单位之间的换算

1 米=3.281 英尺

1 码=3 英尺

3. 面积计量单位之间的换算

1 平方米=1.19 平方码

1 平方英尺=0.093 平方米

4. 体积计量单位之间的换算

1 立方码＝0.765 立方米＝27 立方英尺

5. 容积计量单位之间的换算

| 英国单位 | 美国单位 | 公制 |
|---|---|---|
| 1 加仑 ＝ | 1.201 加仑 ＝ | 4.546 升 |
| 1 蒲式耳 ＝ | 1.032 蒲式耳 ＝ | 36.369 升 |

## 三、计算重量的方法

在国际贸易中,按重量计量的商品很多。根据一般商业习惯,通常计算重量的方法有以下几种。

### (一) 毛重

凡商品本身重量加上包装的重量称为毛重(gross weight)。这种计重办法一般适用于低值商品。

### (二) 净重

凡商品本身重量,即除去其包装物后的实际重量称为净重(net weight),这是国际贸易中最常见的计重方法。有些价值较低的农产品或其他商品,有时也采用"以毛作净"(gross for net)的办法计重。例如,蚕豆100公吨,单层麻袋包装以毛作净。所谓"以毛作净",实际上就是以毛重当作净重计价。

在采用净重计重时,对于如何计算包装重量,国际上有以下几种做法。

(1) 按实际皮重(actual tare 或 real tare)计算。实际皮重即指含包装在内的实际重量,它是指对包装逐件衡量后所得的总和。

(2) 按平均皮重(average tare)计算。如果商品所使用的包装比较统一,重量相差不大,就可以从整批货物中抽出一定的件数,称出其皮重,然后求出其平均重量,再乘以总件数,即可求得整批货物的皮重。近年来,随着技术的发展和包装材料及规格的标准化,用平均皮重计算净重的做法已日益普遍。有人把它称为标准皮重(standard weight)。

(3) 按习惯皮重(customary tare)计算。有些商品,由于其所使用的包装材料和规格已比较定型,皮重已为市场所公认,因此,在计算其皮重时,就无须对包装逐件过秤,按习惯上公认的皮重乘以总件数。

(4) 按约定皮重(computed tare)计算。即以买卖双方事先约定的包装重量作为计算的基础。

国际上有多种计算皮重的方法,究竟采用哪一种方法来求得净重,应根据商品的性质、所使用包装的特点、合同数量的多少以及交易习惯,由双方当事人事先在合同中订明,以免事后引起争议。

### (三) 公量

国际贸易中的棉毛、羊毛、生丝等商品有较强的吸湿性,其所含的水分受客观环境的影响较大,故其重量很不稳定。为了准确计算这类商品的重量,国际上通常采用按公量(conditioned weight)计算的办法,即以商品的干净重(是指烘去商品水分后的重量)加上国际公定回潮率与干净重的乘积所得出的重量,即为公量。其计算公式有以下两种。

公量＝商品干净量×(1＋公定回潮率)

公量＝商品净重×(1＋公定回潮率)/(1＋实际回潮率)

### （四）理论重量

对某些按固定规格生产和买卖的商品，只要其规格一致，每件重量大体是相同的，一般可以从其件数推算出总量。但是这种计重方法是建立在每件货物重量相同的基础上的，重量如有变化，其实际重量也会发生变化。因此，理论重量(theoretical weight)只能作为计重时的参考，适用于按规定规格设计生产制造的商品，如马口铁（镀锡板）、镀锌版、钢板、铝锭、锑锭、锡锭等。

### （五）法定重量和实物净重

按照一些国家海关法的规定，在征收从量税时，商品的重量是以法定重量(legal weight)计算的。所谓法定重量，是商品重量加上直接接触商品的包装物料，如销售包装等的重量。而除去这部分重量所表示出来的纯商品的重量，则称为实物净重(net weight)。

## 四、数量条款的基本内容

### （一）数量条款基本内容

数量条款的基本内容是规定交货的数量和使用的计量单位。如果是按重量计算的货物，还要规定计算重量的方法，如毛重、净重、以毛作净、公量等。

数量条款举例：

棉纱，2 500 包，每包 300 磅

Cotton yarn, 2,500 bales of 300 lbs. each

毛巾，5 000 箱，每箱 10 打

Towel, 5,000 cartons of 10 doz. each

中国东北大豆，6 000 公吨，以毛作净，卖方可溢装或短装 3%

Chinese northeast soybean, 6,000 MT gross for net, 3% more or less at seller's option

### （二）数量机动幅度条款

数量机动幅度是指卖方可按买卖双方约定某一具体数量多交或少交若干的幅度。因为有些商品受货源变化，尤其是运输工具的限制，合同中若规定一个固定的交货数量，将给卖方履行合同带来困难。因此，为了顺利履行合同，在长期的贸易实践中形成了规定数量机动幅度条款的做法，对于那些数量难以严格限定的商品，在规定的机动幅度内可以有数量的增加或减少，对此均不构成违约。规定数量机动幅度的方法有以下三种。

1. 溢短装条款

（1）溢短装条款的含义。溢短装条款(more or less clause)是指在矿石、矿砂、化肥、粮食、食糖等大宗散装货物的交易中，由于受商品特性、货源变化、船舱容量、装载技术和包装等因素的影响，要求准确地按约定数量交货，有时存在一定困难，为了避免因实际交货不足或超过合同规定而引起的法律责任，方便合同的履行，对于一些数量难以严格限定的商品，通常是在合同中规定交货数量允许有一定范围的机动幅度，这种条款一般称为溢短装条款。

溢短装条款举例：

大米，1 000 公吨，5%上下，由卖方选择

Rice,1,000 MT,5% more or less at seller's option

（2）溢短装条款的内容。

① 溢短装百分比。数量机动幅度的大小，通常都以百分比表示，如 3%或 5%不等，究竟百分比多大合适，应该视商品特性、行业或贸易习惯与运输方式等因素而定。

② 溢短装部分的选择权。在合同规定有机动幅度的条件下，由谁行使这种机动幅度的选择权呢？一般来说，是履行交货的一方，也就是卖方选择。但是，如果是涉及海洋运输，交货数量的多少与承载货物的船只舱容关系非常密切，在租用船只时，就得与船方商定。在这种情况下，交货机动幅度一般是由负责安排船只的一方选择，或是由船长根据舱容和装载情况做出选择。总之，机动幅度的选择权可以根据不同情况，由买方行使，也可由卖方或船方行使。机动幅度选择权的实际运用见表 2-2。

表 2-2　机动幅度选择权的实际运用

| 类　　型 | 英　　文 | 适用情况 |
| --- | --- | --- |
| 由卖方决定 | at seller's option | 大多数情况下 |
| 由买方决定 | at buyer's option | 买方派船装运时 |
| 由承运人决定 | at ship's option | 租船运输时 |

③ 溢短装部分的作价办法。如果合同中没有作相应的规定，一般按合同价格计算。但也有的合同规定按装船日或卸货日的市场价格计算，其目的是防止有权选择溢短装的一方，为获取额外利益而有意多交或少交货物。

2. 约量条款

约量条款（about clause）是指实际交货数量可以有一定幅度的弹性条款，即在交货数量前加"大约"或"近似"等字眼。

由于"约"数的含义在国际贸易中有不同解释，容易引起纠纷，如果买卖双方一定要使用约量条款，双方应事先在合同中明确允许增加或减少的百分比，否则不宜采用。但在采用信用证付款方式时，根据《跟单信用证统一惯例》（UCP600）规定："凡'约''近似''大约'或类似意义的词语，用于信用证金额或信用证规定的数量或单价时，应解释为允许对有关金额或数量或单价有不超过 10%的增减幅度。"

3. 合同中未明确规定数量机动幅度

在合同未明确规定数量机动幅度的情况下，卖方应严格按照合同中规定的数量履行交货义务。但如果采用信用证付款方式，根据《跟单信用证统一惯例》（UCP600）的规定，除非信用证中规定货物数量不得增减外，在支取金额不超过信用证金额的情况下，货物数量允许有 5%的机动幅度。但此规定只适用于散装货物，对交货数量以包装单位或个数计数的商品不适用。

## 五、订立数量条款的注意事项

### （一）正确掌握成交货物的数量

1. 对出口商品数量的掌握

（1）国外市场的供求情况。要正确分析研究市场供求变化规律，按照国外市场实际需要合理确定成交量，以保证出口商品卖出适当的价钱，对于主销市场和常年稳定供货的地区与客商,应经常保持一定的成交量,防止因成交量过小,或供应不及时,使国外竞争者乘虚而入,以致失去原来的市场和客户。

(2) 国内货源情况。在生产能力和货源充足的情况下,可适当扩大成交量。反之,则不应盲目成交,以免给生产企业和履行合同带来困难。

(3) 国际市场的价格动态。当价格看跌时,在仍有利可图的情况下应多成交;在价格看涨时,初期不宜急于大量成交,应争取在有利时机出售。

(4) 国外客户的资信状况和经营能力。对资信好和经营能力强的客户可以大量成交;对资信情况不了解和资信欠佳客户,不宜轻易签订成交数量较大的合同,但大客户成交数量过小,将缺少吸引力;对小客户也要适当控制成交数量。总之,要根据客户的具体情况确定适当的成交数量。

2. 对进口商品数量的掌握

(1) 国内的实际需要和供求情况。应根据实际需要和供求情况确定成交量,以免盲目成交,造成供大于求。

(2) 国内的支付能力。当外汇充裕而国内又有需要时,可适当扩大进口商品数量。如外汇短缺,应控制进口,以免浪费外汇和出现不合理的贸易逆差。

(3) 市场行情的变化。当行情有利时,可适当扩大成交数量,反之应适当控制成交数量。

**(二) 数量条款的各项内容应明确具体**

在数量条款中,对计量单位的规定,以"吨"计量时,要订明是长吨、短吨还是公吨,最好用公吨(MT);以罗为单位时,要注名每"罗"的打数,力求避免使用含混不清和笼统的字句,以免引起争议。对于"溢短装"和"约"量必须在合同中订明增减或伸缩幅度的具体百分比。

## 第四节 商品的包装及其条款

包装条款是国际货物买卖合同的主要条款之一。按照各国法律规定,买卖双方对包装条款一经确定,卖方所交货物的包装必须符合合同的约定。《联合国国际货物销售合同公约》规定:卖方必须按照合同规定的方式装箱或包装;如果合同未规定,货物按照同类货物通用方式装箱或包装,如果没有此种通用方式,则按照足以保全和保护货物的方式装箱或包装。

### 一、商品包装的含义

商品包装是指在流通过程中保护商品,方便运输,促进销售,按一定的技术方法而采用的容器、材料及辅助等的总体名称。也指为了上述目的而在采用容器材料和辅助物的过程中施加一定技术方法的操作活动。

商品包装的含义包括两方面的意思:一方面是指盛装商品的容器,通常称作包装物,如箱、袋、筐、桶、瓶等;另一方面是指包扎商品的过程,如装箱、打包等。

### 二、商品包装的功能

**(一) 包装的自然功能**

(1) 保护功能。即保护产品的内容、形态、质量、性能,保护消费者安全使用产品。

(2) 方便功能。便于搬运装卸;方便生产加工、周转、装入、封合、贴标、堆码等;方便仓储保管与货物、商品信息识别;方便商店货架陈列展示与销售;方便消费者携带、开启;方便消费使用;方便包装废弃物的分类和回收处理。

### (二)包装的社会功能

(1) 促进商品销售。

(2) 通过包装的图文说明,引导消费者正确地消费产品。

(3) 通过包装体现特定商品的文化品位,给人以愉悦的感受,创造附加值。

(4) 通过包装体现企业的品牌信誉和一个国家或地区的政治、经济、文化艺术面貌。

(5) 包装设计与包装治理,关系到人们生活方式的变化与生态环境的保护。

## 三、商品包装的种类

商品的包装按其在流通过程中所起的作用不同,可以分为运输包装和销售包装两大类。

### (一)运输包装

1. 运输包装的含义

运输包装(transport packing)是为了尽可能降低运输流通过程对产品造成损坏,保障产品的安全,方便储运装卸,加速交接点验,人们将包装中以运输储存为主要目的的包装称为运输包装。又称外包装,其主要作用在于保护商品,防止在储运过程中发生货损、货差,并最大限度地避免运输途中各种外界条件对商品可能产生的影响,方便检验、计数和分拨。

2. 运输包装的种类

运输包装根据包装方式不同,主要分为单件运输包装和集合运输包装两类。

(1) 单件运输包装。单件运输包装是指货物在运输过程中作为一个计件单位的包装。单件运输包装按造型可以分为箱装、捆装、袋装、桶装、灌装和瓶装等。常见的单件运输包装如下。

① 箱(case)。不能紧压的货物通常装入箱内。按不同材料,箱子有木箱、塑料箱、板条箱、纸箱、瓦楞纸箱、漏孔箱等。

② 桶(drum、cask)。液体、半液体以及粉状、粒状货物,可用桶装。桶有木桶、铁桶、塑料桶等。

③ 袋(bag)。粉状、颗粒状和块状的农产品及化学原料常用袋装。袋有麻袋、布袋、纸袋、塑料袋等。

④ 包(bundle、bale)。羽毛、羊毛、棉花、生丝、布匹等商品可以先经机压打包,压缩体积后,再以棉布、麻布包裹,外加箍铁或塑料带,捆装成件。

国际贸易中常见单件运输包装的中英文对照见表 2-3。

表 2-3 国际贸易中常见单件运输包装的中英文对照

| 单件运输包装 | 常见的包装类型 |
| --- | --- |
| 箱(case) | 纸箱(carton)、瓦楞纸箱(corrugated carton)、木箱(wooden case)、板条箱(crate)、木条箱(wooden crate)、竹条箱(bamboo crate)、胶合板箱(plywood case) |
| 桶(drum、cask) | 木桶(wooden cask)、大木桶(hogshead)、小木桶(keg)、粗腰桶(barrel)、胶木桶(bakelite drum)、塑料桶(plastic drum)、铁桶(iron drum)、镀锌铁桶(galvanized iron drum)、镀锌闭口钢桶(galvanized mouth closed steel drum)、镀锌开口钢桶(galvanized mouth opened steel drum)、铝桶(aluminum drum) |

续表

| 单件运输包装 | 常见的包装类型 |
|---|---|
| 袋(bag) | 布袋(cloth bag)、草袋(straw bag)、麻袋(gunny bag/jute bag)、尼龙袋(nylon bag)、聚丙烯袋(polypropylene bag)、聚乙烯袋(polythene bag)、塑料袋(poly bag)、塑料编织袋(polywoven bag)、纤维袋(fibre bag)、玻璃纤维袋(glass fibre bag)、玻璃纸袋(callophane bag)、防潮纸袋(moisture proof pager bag)、乳胶袋(emulsion bag)、锡箔袋(fresco bag)、特大袋(jumbo bag) |
| 包(bundle、bale) | 麻布包(gunny bale)、蒲包(mat bale)、草包(straw bale)、紧压包(press packed bale)、铝箔包(aluminium foil package)、铁机包(hard-pressed bale)、木机包(half-pressed bale) |

(2) 集合运输包装是指将若干个单件包装组合成一件大包装或装在一个大的包装容器内,又称为成组合运输包装。集合运输包装主要包括集装箱、集装袋和托盘。

① 集装箱(container)是指具有一定强度、刚度和规格专供周转使用的大型装货容器。使用集装箱转运货物,可直接在发货人的仓库装货,运到收货人的仓库卸货,中途更换车、船时,无须将货物从箱内取出换装。

按国际标准化组织(ISO)第 104 技术委员会的规定,集装箱应具备下列条件:第一,能长期反复使用,具有足够的强度;第二,途中转运不用移动箱内货物,就可以直接换装;第三,可以进行快速装卸,并可从一种运输工具直接方便地换装到另一种运输工具;第四,便于货物的装满和卸空;第五,具有 1 立方米(即 35.32 立方英尺)或以上的容积。满足上述五个条件的大型装货容器才能称为集装箱。

按所装货物种类分,有杂货集装箱、散货集装箱、液体货集装箱、冷藏箱集装箱等;按制造材料分,有木集装箱、钢集装箱、铝合金集装箱、玻璃钢集装箱、不锈钢集装箱;按结构分,有折叠式集装箱、固定式集装箱等,在固定式集装箱中还可分为密闭集装箱、开顶集装箱、板架集装箱等;按总重分,有 30 吨集装箱、20 吨集装箱、10 吨集装箱、5 吨集装箱、2.5 吨集装箱等。

国际通用的干货集装箱规格见表 2-4。

表 2-4 国际通用的干货集装箱规格

| 规 格 | 长×宽×高/米 | 配货毛重/吨 | 体积/立方米 |
|---|---|---|---|
| 20 尺 | 5.69×2.13×2.18 | 17.5 | 26.4 |
| 40 尺 | 11.8×2.13×2.18 | 24.5 | 54.8 |
| 40 尺高柜 | 11.8×2.13×2.72 | 26 | 68 |
| 45 尺高柜 | 13.58×2.34×2.71 | 29 | 86 |
| 20 尺开顶柜 | 5.89×2.32×2.31 | 20 | 31.5 |
| 40 尺开顶柜 | 12.01×2.33×2.15 | 30.4 | 65 |
| 20 尺平底货柜 | 5.85×2.23×2.15 | 23 | 28 |
| 40 尺平底货柜 | 12.05×2.12×1.96 | 36 | 50 |

关于集装箱箱号，标准集装箱箱号由 11 位编码组成，包括三个部分：第一部分由 4 位英文字母组成。前三位代码（owner code）主要说明箱主、经营人，第四位代码说明集装箱的类型。例如，CBHU 开头的标准集装箱表明箱主和经营人为中远集运（中远海运集装箱运输有限公司，COSCO）。第二部分由 6 位数字组成，是箱体注册码（registration code），用于一个集装箱箱体持有的唯一标识。第三部分为校验码（check digit），由前 4 位字母和 6 位数字经过校验规则运算得到，用于识别在校验时是否发生错误，即第 11 位数字。

20 尺标准集装箱见图 2-1，液体货集装箱见图 2-2。

图 2-1　20 尺标准集装箱

图 2-2　液体货集装箱

② 集装袋（flexible container）又称柔性集装袋、吨装袋、太空袋等，是集装单元器具的一种，配以吊车、起重机或叉车搬运装卸，就可以实现集装单元化运输，它适用于装运大宗散状粉粒状物料。集装袋是一种柔性运输包装容器，广泛用于食品、粮谷、医药、化工、矿产品等粉状、颗粒、块状物品的运输包装。集装袋见图 2-3。

③ 托盘（pallet）是用于集装、堆放、搬运和运输作为单元负荷货物和制品放置的水平平台装置。托盘现已广泛用于生产、运输、仓储和流通等领域。托盘作为物流运作过程中重要的装卸、储存和运输设备，与叉车配套使用在现代物流中发挥着巨大的作用。托盘有多种类型，如木托盘、纸托盘、塑料托盘、金属托盘、胶合板免熏蒸托盘、四向托盘、双面托盘、方墩托盘、单面胶合板托盘、双面胶合板托盘、双面免熏蒸托盘、双面田字塑料托盘等。另外还有各种专用托盘，如平板玻璃集装托盘、轮胎专用托盘、长尺寸物托盘和油桶专用托盘等。

木托盘见图 2-4，塑料托盘见图 2-5，纸托盘见图 2-6。

图 2-3　集装袋

图 2-4　木托盘

图 2-5 塑料托盘

图 2-6 纸托盘

### (二) 销售包装

1. 销售包装的含义

销售包装(sales packing)又称内包装或小包装,是在销售过程中使用的包装。销售包装需要直接接触商品,并随商品进入消费市场,与消费者直接见面。销售包装的主要目的是保护、美化、宣传、介绍商品,便于消费者识别、选购、携带和使用。在国际贸易中,对销售包装的用料、造型结构、装潢画面和文字说明都有较高的要求。

2. 销售包装的种类

根据商品的特征和形状,销售包装可采用不同的包装材料和不同的造型结构与样式。常见的销售包装有以下几种。

(1) 挂式包装。可在商店货架上悬挂展示的包装,其独特的结构如吊钩、吊带、挂孔、网兜等,可充分利用货架的空间陈列商品。

(2) 堆叠式包装。堆叠式包装通常是指包装顶部和底部都设有吻合装置,使商品在上下堆叠过程中可以相互咬合,其特点是堆叠稳定性强,大量堆叠可节省货位,常用于听装的食品罐头或瓶装、盒装商品。

(3) 便携式包装。包装造型和长宽高比例的设计均适合消费者携带使用的包装,如有提手的纸盒、塑料拎包等。

(4) 一次用量包装。又称单份包装、专用包装或方便包装,经使用一次为目的的较简单的包装。如一次用量的饮料、调味品等。

(5) 易开包装。包装容器上有严格的封口结构,使用者不需另备工具即可容易地开启。易开包装又分为易开罐、易开瓶和易开盒等。

(6) 喷雾包装。在气性容器内,当打开阀门或压按钮时,内装物由于推进产生的压力能喷射出来的包装。例如,香水、空气清新剂、清洁剂等包装。

(7) 配套包装。将消费者在使用时有关联的商品搭配成套,装在同一容器内的销售包装。如工具配套袋、成套茶具的包装等。

(8) 礼品包装。专作为送礼用的销售包装。礼品包装的造型一般美观大方,有较高的艺术性,有的还使用彩带、花结、吊牌等。使用礼品包装的范围极广,如糖果、工艺品、滋补品和玩具等。

3. 销售包装的装潢和说明

(1) 包装的画面。销售包装的画面要美观大方,富有艺术吸引力,并突出商品特点。在出口商品中,图案和色彩应适应有关国家的民族习惯和爱好,在设计画面时,应投其所好,以利扩大销售。

(2) 文字说明。在销售包装上应有必要的文字说明,如商标、品名、产地、数量、规格、成分、用途和使用方法等。文字说明要与画面紧密结合,互相衬托,彼此补充,以达到宣传和促销的目的。使用的文字必须简明扼要,并让销售市场的顾客能看懂,必要时也可以中外文同时并用。在销售包装上使用文字说明或制作标签时,还应注意有关国家的标签管理条例的规定。

(3) 条形码。条形码简称条码,是将宽度不等的多个黑条和空白,按照一定的编码规则排列,用以表达一组信息的图形标识符。通过光电设备扫描条形码,可以准确判断出该产品的产地、厂家及商品的某些属性,因此在商品流通、图书管理、邮政管理、银行系统等许多领域条形码技术都得到广泛的应用。

商品条形码分为两大类:一是由"国际物品编码协会"制定的 EAN 条码;二是由美国和加拿大共同成立的"统一编码委员会"制定的 UPC 条码。我国目前所用的多为 EAN 条码。

EAN 条码有标准版和缩短版两种。标准版有 13 位数字,称为 EAN-13 条形码;缩短版有 8 位数字,称为 EAN-8 条码。EAN-13 条形码一般由前缀码、制造厂商代码、商品代码和校验码组成。第一,前缀码由最前面的三位数组成,表示国家或地区。前缀码是用来标识国家或地区的代码,赋码权在国际物品编码协会。我国的前缀码为 690-695。第二,制造厂商代码由第 4 位数到第 7 位数组成,一厂一码。制造厂商代码的赋码权在各个国家或地区的物品编码组织,我国由国家物品编码中心赋予制造厂商代码。第三,商品代码由第 8 位数到第 12 位数组成,表示商品品种。商品代码是用来标识商品的代码,赋码权由产品生产企业自己行使,生产企业按照条件自己决定在自己的何种商品上使用哪些阿拉伯数字为商品代码。第四,商品条码最后用 1 位校验码来校验商品条码中左起第 1~12 数字代码的正确性。EAN-13 条形码见图 2-7。

图 2-7　EAN-13 条形码

## 四、运输包装的标志

运输包装的标志是为了便于货物交接、防止错发错运,便于识别,便于运输、仓储和海关等有关部门进行查验等工作,也便于收货人提取货物,在进出口货物的外包装上标明的记号。按其用途不同,运输包装的标志可分为运输标志、指示性标志和警告性标志三种。

### (一) 运输标志

1. 运输标志的含义

运输标志(shipping mark)又称唛头,它通常是由一个简单的几何图形和一些字母、数字及简单的文字组成,其作用是使货物在装卸、运输、保管过程中容易被有关人员识别,以防错发错运。唛头包括正唛和侧唛。

运输标志在国际贸易中还有其特殊的作用。按《联合国国际货物销售合同公约》规定,在商品特定化以前,风险不转移到买方承担。而商品特定化最常见的有效方式,是在商品外包装上标明运输标志。此外,国际贸易主要采用的是凭单付款的方式,在主要的出口单据如发票、提单、保险单上,都必须显示运输标志。商品以集装箱方式运输时,运输标志可被集装箱号码和封口号码取代。

2. 运输标志的主要内容

运输标志的内容繁简不一,由买卖双方根据商品特点和具体要求商定。鉴于运输标志的内容差异较大,有的过于繁杂,不适应货运量增加、运输方式变革和电子计算机在运输与单据流转方面应用的需要,因此,联合国欧洲经济委员会简化国际贸易程序工作组在国际标准化组织和国际货物装卸协调协会的支持下,制定了一项标准化运输标志向各国推荐使用。标准化运输标志包括以下内容。

（1）收货人或买方名称的英文缩写字母或简称。

（2）参考号,如运单号、订单号或发票号。

（3）目的地名称。

（4）件号。件号一般用 $m/n$ 表示,$n$ 为总件数,$m$ 为整批货物中每件的顺序号。

3. 正唛和侧唛

正唛是指在箱子码放时正面对着外面,让人看到的一面,一般是长方形箱子的两头。正唛可以有以下方面的内容。

（1）收货人或买方名称缩写或标志。

（2）参考号码。

（3）目的港（地）名称。

（4）件数、批号。

（5）制造国别、产地等,甚至还可以把收货人的地址、电话等内容注明。

正唛格式举例：

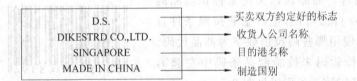

侧唛是指运输标志所需包括的其他内容。例如,合同号、许可证号、款号、订单号等和毛净重、体积、装箱搭配、箱子的顺序号、质量等级等内容,具体由买卖双方根据商品特点和具体要求商定,一般这些内容刷在两侧。

侧唛格式举例：

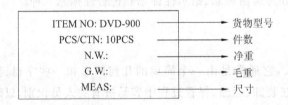

（二）指示性标志

指示性标志（indicative mark）是根据商品的特性,对易损、易碎、易变质的商品,在搬运装卸操作和存放保管条件方面所做出的要求和注意事项,用图形或文字表示的标志。例如,"小心轻放""此端向上""保持干燥""谨防潮湿""禁止用钩""请勿践踏"等。使用文字时,最好是使用进口国或出口国的文字,但一般使用英文。指示性标志见图 2-8。

（三）警告性标志

警告性标志（warning mark）又称危险品标志,是指在易燃品、爆炸品、有毒品、腐蚀性物品、放射性物品的运输包装上标明其危险性质的文字或图形说明。其作用是警告有关装卸、

图 2-8 指示性标志

运输和保管人员按货物特性采取相应措施,以保障人身和物资安全。在我国出口危险货物的运输包装上,要标明我国和国际上所规定的两套危险品标志。警告性标志见图 2-9。

图 2-9 警告性标志

## 五、中性包装

### (一) 中性包装的含义

中性包装(neutral packing)是指商品和内外均不标明生产国别、地名和厂商的名称,也不标明商标或牌号的包装。主要是为了适应国外市场的特殊要求,如转口销售,有可能你的买家不是最终的买家,只是一个中间商,所以要使用中性包装。或者为了打破某些进口国家的关税或非关税壁垒,并适应交易的特殊需要,它是出口国厂商加强对外竞销和扩大出口的一种手段。

### (二) 中性包装的分类

1. 无牌中性包装

无牌中性包装是指在商品和包装上均不使用任何商标/牌名,也不注明生产国别。

2. 定牌中性包装

定牌中性包装是指在商品和/或包装上使用买方指定的商标/牌名,但不注明生产国别。在我国出口业务中,定牌中性包装有下列几种情况。

(1) 接受客户指定的商标,但在商标、牌名下标明"中华人民共和国制造"或"中国制造"字样。定牌可以用"××公司进口""××公司经销""××公司特制"等字样。

(2) 接受客户指定的商标,并根据对方要求不加注生产国别标志。

(3) 在定牌生产的商品和/或包装上,标明我国的商标或品牌,同时也加注国外商号名称或其商号的标记。

### (三) 使用中性包装的注意事项

1. 加强商标的海外注册

采用中性包装、定牌、无牌等做法,一般是由于我国产品在国外尚未建立品牌信誉,或者是在海外未经注册,得不到当地市场保护。如能在争创品牌和海外注册等方面下功夫,将更有利于我国产品市场的巩固和扩大。

2. 注意买方指定的商标是否具有合法性

对国外客户提供的商标牌名,要进行审查,凡属反动的、黄色的、丑恶的、迷信的,一概不应接受。不得采用未经商标注册人许可的商标和牌名。要求我国出口业务,特别是使用定牌生产(OEM)出口的,一定要按照国家商标法严格把关,禁止仿冒商标,防止产生侵权问题。

中性包装的做法是国际贸易中常见的方式,在买方的要求下,可酌情采用。但随着许多商品的全球性配额制逐渐取消,中性包装的实际意义越来越小。

## 六、包装条款的基本内容

国际货物买卖合同的包装条款,一般包括两个方面的内容:一是包装材料和方式,如木箱装、纸箱装、铁桶装、麻袋装等,并根据需要加注尺寸、每件重量或数量、加固条件等;二是运输标志,按国际惯例,一般由卖方设计确定,也可由买方决定。但在签约时,进口单位必须提出明确的要求和责任,以减少运输过程中不必要的损失。

包装条款举例:

木箱装,每箱装30匹,每匹40码

To be packed in wooden cases, 30 pieces per case of 40 yard each

单层新麻袋装,每袋净重约100公斤

In new single jute bags, about 100kgs net each

## 七、订立包装条款的注意事项

(1) 对有些包装术语如"适合海运包装""习惯包装"等,因可以有不同理解容易引起争议,除非买卖双方事先取得一致认识,应避免使用。尤其对设备包装条件,应在合同中做出具体明确的规定,如对特别精密的仪器设备包装,除了必须符合运输要求外,还应规定防震措施等要求。

(2) 包装费用一般都包括在货价内,合同条款不必列入。但如买方要求特殊包装,则可增加包装费用,如何计费及何时收费也应在条款中列明。如果包装材料由买方供应,则条款中应明确包装材料到达时间,以及逾期到达时买方应负的责任。同时要注明包装物是否回收。

(3) 运输标志如由买方决定,也应规定标志到达时间(标志内容须经卖方同意)及逾期不到时买方应负的责任等。

## 本章提要

（1）本章介绍了商品的品名条款、品质条款、数量条款、包装条款，这四个条款是国际货物买卖合同的主要交易条件，是买卖双方交接货物的重要依据。

（2）在国际贸易中，买卖双方交易的商品种类繁多，表示商品品质的方法也不相同，主要有实物样品表示法和文字说明表示法两大类。

（3）在国际贸易中，对于某些质量变化大、难以规定统一标准的农副产品，往往采用"良好平均品质"（F. A. Q）和"上好可销品质"（G. M. Q）来表示交易货物的质量。

（4）品质机动幅度条款主要适用于初级产品，品质公差条款主要适用于工业制成品。

（5）在国际贸易中，按重量计量的商品很多。根据一般商业习惯，通常计算重量的方法有按毛重计、按净重计、按公量计、按理论重量计、按法定重量计、按实物净重计。

（6）运输包装根据包装方式不同，主要分为单件运输包装和集合运输包装两类。常见的单件运输包装有箱、桶、袋、包等；集合运输包装主要包括集装箱、集装袋和托盘。

## 思考与练习　技能证书考试与专业竞赛训练

（一）分析判断题（判断命题的正确或错误，正确的打"√"，错误的打"×"）

1. 在国际贸易洽谈时，为了节省时间、提高工作效率，对品名条款可以笼统规定。　　　　　　　　　　　　　　　　　　　　　　　　　　（　　）

2. 为了争取国外客户，凭样品成交时应选择质量最好的样品给对方，以达成交易。　　　　　　　　　　　　　　　　　　　　　　　　　（　　）

3. 活牲畜、汽车等商品出口按重量法计算运费。　　　　　　　　（　　）

4. 某外商来电要我方提供芝麻一批，按含油量45%，含水分12%，杂质3%的规格订立合同。对此，在一般情况下，我方可以接受。　　　　　　　　　　　　（　　）

5. 在任何情况下，卖方所交货物的数量都必须与合同规定的数量相符，否则买方有权拒收所有的货物并提出索赔。　　　　　　　　　　　　　　　　（　　）

6. 在国际货物买卖合同中，约定包装时，"习惯包装""适合海运包装"等是常用的、比较好的规定方法。　　　　　　　　　　　　　　　　　　　　（　　）

7. 对棉花、生丝等商品，一般采用公量计算重量。　　　　　　　（　　）

8. 集装箱运输是以集装箱作为运输单位进行运输的一种现代化的运输方式，适用于海洋运输、铁路运输、公路运输和国际多式联运等。　　　　　　　　（　　）

9. 运输包装上的标志就是运输标志，也就是通常说的唛头。　　　（　　）

10. 货物外包装上的运输标志必须在有关托运单、商业发票、装箱单、提单上显示，但指示性、警告性标志无须在上述单据上显示。　　　　　　　　　　（　　）

（二）单项选择题（每题只有1个答案是正确的，请选择正确的答案填入括号内）

1. 信用证在表达数量时，如果使用了"ABOUT"字样，应理解为有关数量的增减幅度为（　　）。

A. 5%  B. 10%  C. 15%  D. 20%

2. 我国法定的度量衡制度是（　　）。
   A. 公制  B. 国际单位制  C. 英制  D. 美制

3. 货物外包装标志上有白底黑字：Poison 和骷髅图案，这种标志属于（　　）。
   A. 有毒危险性标志  B. 有腐蚀危险性标志
   C. 易爆危险性标志  D. 易燃危险性标志

4. 下列不属于唛头内容的是（　　）。
   A. 收货人简称或代号  B. 参照号
   C. 件号  D. 装运港

5. 在商品及其包装上不注明生产国的包装是（　　）。
   A. 中性包装  B. 无牌包装  C. 非使用包装  D. 使用包装

6. 某公司出口惠普计算机共 1 000 台，合同和信用证都规定不准分批装运。装船时有 30 台包装破裂，外观变形，不能出口。根据《UCP600》规定，只要货款不超过信用证总金额，交货数量可以有 5％的增减。据此，该公司发货时，可以装运（　　）台。
   A. 1 000  B. 970  C. 950  D. 1 050

7. "龙口粉丝"中用来表示商品品质的方法是（　　）。
   A. 凭商标或品牌  B. 凭标准  C. 凭规格  D. 凭产地名称

8. 下列包装标志中，属于指示性标志的是（　　）。
   A. 小心轻放  B. 有毒品  C. 易燃物  D. 爆炸物

9. 对溢短装部分货物的价格，如果合同中无其他规定，一般按（　　）计算。
   A. 装船时国际市场价格  B. 合同价格
   C. 买方国家市场价格  D. 买卖双方议价

10. 国外来证两份，均规定不允许分批装运。①棉布 10 万码，每码 0.40 美元，信用证总金额 42 000 美元；②服装 1 000 套，每套 20 美元，信用证总金额 21 000 美元。根据《跟单信用证统一惯例》(UCP600)的规定，两证出运的最高数量和金额可分别掌握为（　　）。
    A. 棉布 100 000 码，40 000 美元；服装 1 000 套，20 000 美元
    B. 棉布 105 000 码，42 000 美元；服装 1 000 套，20 000 美元
    C. 棉布 100 000 码，40 000 美元；服装 1 050 套，21 000 美元
    D. 棉布 105 000 码，42 000 美元；服装 1 050 套，21 000 美元

（三）多项选择题（每题有 2 个及以上答案是正确的，请选择正确的答案填入括号内）

1. 国际标准化组织推荐的标准运输标志，应包括的内容是（　　）。
   A. 收货人名称的缩写或简称  B. 参考号（订单号、发票号）
   C. 目的地  D. 件号或箱号
   E. 信用证号

2. 采用中性包装的目的是（　　）。
   A. 避开进口国家地区的关税和非关税壁垒
   B. 适应交易特殊需要
   C. 使出口厂商加强对外竞销

D. 使出口厂商扩大出口

3. 一卖方同意以每吨 300 美元的价格向买方出售 1 200 吨一级大米,合同和信用证金额都为 36 万美元。但卖方实际交付货物时,大米的价格已发生了上涨波动。因价格波动,一级大米的价格是 350 美元/吨,而三级大米的价格为 300 美元/吨,则( )。

  A. 卖方可交三级大米
  B. 卖方应按合同规定交货
  C. 因价格波动卖方可少交一些货物
  D. 只要卖方的交货符合合同和信用证的规定,卖方就能收回 36 万美元的货款

4. 品质机动幅度的规定方式有( )。

  A. 规定一定的范围      B. 规定一定的极限
  C. 规定上下差异      D. 规定品质公差

5. 如果采用 CIF 价格条件成交,数量的机动幅度一般由( )来确定。

  A. 卖方    B. 买方    C. 船方    D. 保险公司

6. 我国某公司出口 500 台电冰箱,合同中没有规定卖方交货的数量可溢短装 5%,卖方实际交货时多交了 20 台,买方可就卖方多交的 20 台做出( )的决定。

  A. 收取 520 台      B. 拒收 520 台
  C. 收取多交货物中的 10 台    D. 拒收多交的 20 台

7. 在卖方同意接受买方提供的包装时,合同中条款除一般内容外还要订明( )。

  A. 寄送包装的方法      B. 包装送达的日期
  C. 送交包装迟延的责任     D. 运费,包括包装费用的负担
  E. 包装的技术性能

8. 销售包装中的文字说明包括( )。

  A. 商标、品牌      B. 品名、产地、数量、规格
  C. 成分        D. 用途和使用方法

## (四)思考题

1. 什么是凭样品买卖?凭样品买卖应注意哪些问题?
2. 为什么说商品数量也是主要的交易条件之一?
3. 国际贸易中常用的度量衡制度有哪几种?我国采用的是哪一种?
4. 在国际货物买卖合同中约定品质机动幅度和品质公差的意义何在?
5. 在合同未规定溢短装条款的情况下,能否多装或少装?
6. 表示商品品质的方法有哪些?常用的表示商品品质的方法是什么?
7. 包装标志有哪几种?有何作用?
8. 订立国际货物买卖合同中的品质条款应注意哪些问题?
9. 订立国际货物买卖合同中的数量条款应注意哪些问题?
10. 订立国际货物买卖合同中的包装条款应注意哪些问题?

## 案例分析及讨论

### 出口贸易货物品质条款争议的解决办法及启示

我国某出口公司向英国出口一批大豆,合同规定:"水分最高为14%,杂质不超过2.5%。"在成交前,该出口公司曾向买方寄过样品,订约后该出口公司又电告买方成交货物与样品相似,当货物运至英国后买方提出货物与样品不符,并出示了当地检验机构的检验证书,证明货物的品质比样品低7%,但未提出品质不符合合同的品质规定。买方以此要求该出口公司赔偿其15 000英镑的损失。

请思考分析及讨论:

(1) 该出口公司是否应赔偿买方损失?

(2) 本案例给人们什么启示?

## 教学互动

1. 讨论商品品质的重要性以及哪些因素会影响商品品质的高低。

2. 联系实际说出国际贸易中四种常用计量单位的中英文名称及英文缩写,并分别指出适用于什么货物的交易(每种举出两个例子)。

# 第三章

# 国际贸易交货价格术语条款

**知识要求**

掌握国际贸易价格术语的基本概念;了解贸易价格术语的国际惯例;掌握《2010年国际贸易术语解释通则》适用于海运和内河水运的四个贸易术语的义务、责任和风险划分;适用于任何单一运输方式或多种运输方式的七个贸易术语的义务、责任和风险划分;掌握选用国际贸易价格术语的方法和注意事项。

**应用要求**

能区分和应用《2010年国际贸易术语解释通则》,特别是 EXW、FOB、CFR、CIF、FCA、CPT、CIP 和 DAP 等贸易术语;了解《2000年国际贸易术语解释通则》的应用;会运用各个贸易术语的价格构成报价,把握买卖双方责任、费用、风险的划分;能结合实际选用合适的贸易术语开展国际贸易。

## 第一节 国际贸易交货价格术语概述

### 一、国际贸易术语的基本概念

贸易术语(trade terms)又称价格术语或交货条件,它是用一个简短的概念或三个字母的缩写来说明价格的构成和交货地点,明确货物交接过程中买卖双方的有关责任、费用、风险划分的专门用语。这些术语在国际贸易中被长期广泛使用,并不断修改补充完善,形成一种重要的国际商事惯例,被称为国际贸易术语。

国际贸易作为跨越国境的商业活动,涉及的方面很广泛。从事国际商品买卖的当事人,应主要考虑的问题如下。

(1) 在何处买进商品货物、卖到何处去?
(2) 在什么地方、以什么形式办理货物的交接?
(3) 由谁负责租船订舱与支付运费?
(4) 由谁负责办理货物运输保险并支付保险费?
(5) 货物在运送途中发生毁损或灭失的风险应由谁承担?
(6) 与交易有关的单据由谁负责提供?
(7) 货款如何结算与收付?

(8) 发生贸易纠纷怎样处理？

在每一笔具体的交易中，都会面临以上问题，为了规范买卖双方的交易行为，提高国际贸易的成功率，国际商会等组织制定了国际贸易的相关规则并形成惯例。

## 二、贸易术语的国际惯例

有关贸易术语的国际惯例，主要有以下三种，其中《国际贸易术语解释通则》应用最为广泛。

### （一）《国际贸易术语解释通则》

《国际贸易术语解释通则》原文为 *International Rules for the Interpretation of Trade Terms*，缩写为 INCOTERMS，它是国际商会为了统一对各种贸易术语的解释而制定的。最早的通则产生于 1936 年，后来为适应国际贸易发展的需要，国际商会先后作了七次修改和补充。

INCOTERMS 的历次修改如下。

（1）INCOTERMS 1953。有 9 种贸易术语：Ex works、FOR/FOT、FAS、FOB、C&F、CIF、DCP、Ex ship、Ex quay。

（2）INCOTERMS 1967。有 11 种贸易术语，在 1953 年版的基础上，为适应边境贸易的发展，增加了 DAF 和 DDP。

（3）INCOTERMS 1976。有 12 种贸易术语，在 1967 年版的基础上，为适应航空货运业务的发展，增加了发运地机场交货术语 FOA。

（4）INCOTERMS 1980。有 14 种贸易术语，在 1976 年版的基础上，为适应集装箱多式联运业务的要求，增加了 FRC 和 CIP。

（5）INCOTERMS 1990。有 13 种贸易术语，删除了只适用单一运输方式的 FOR/FOT、FOA，新增了 DDU；首次将贸易术语的名称规范为三个字母代码，把 FRC 改为 FCA、C&F 改为 CFR、DCP 改为 CPT、Ex ship 改为 DES、Ex quay 改为 DEQ；首次将 13 种贸易术语按英文缩写开头分 E、F、C、D 四组；首次列出买卖各自对应的 10 项义务；首次确立电子单据与纸质单证具有同等效力。

（6）INCOTERMS 2000。有 13 种贸易术语，与 1990 年版相比，只在 FAS 和 DES 术语下关于清关和支付关税的义务，以及在 FCA 术语下关于装货和缺货的义务涉及内容作实质性变更。INCOTERMS 2000 沿用了 INCOTERMS 1990 的分组方式，把 13 组贸易术语分成 E、F、C、D 四组，目前该通则还在使用，但需要注明，《2000 年国际贸易术语解释通则》（简称《2000 年通则》）见表 3-1。

表 3-1  INCOTERMS 2000 的 13 种贸易术语

| | | |
|---|---|---|
| E 组<br>（启运术语） | EXW（Ex works） | （卖方）工厂交货 |
| F 组<br>（主要运费未付术语） | FCA（free carrier）<br>FAS（free alongside ship）<br>FOB（free on board） | 货交承运人<br>装运港船边交货<br>装运港船上交货 |

续表

| | | |
|---|---|---|
| C组<br>(主要运费已付术语) | CFR(cost and freight)<br>CIF(cost insurance and freight)<br>CPT(carriage paid to)<br>CIP(carriage and insurance paid to) | 成本加运费<br>成本加运费加保险费<br>运费付至<br>运费加保险费付至 |
| D组<br>(到达术语) | DAF(delivered at frontier)<br>DES(delivered Ex ship)<br>DEQ(delivered Ex quay)<br>DDU(delivered duty unpaid)<br>DDP(delivered duty paid) | (指定)边境交货<br>目的港船上交货<br>目的港码头交货<br>未完税交货<br>完税后交货 |

(7) INCOTERMS 2010。有11种贸易术语,删除了2000年版中内容交叉重复的DAF、DES、DEQ和DDU四个贸易术语,经过整合后,增加了DAT和DAP两个贸易术语。

INCOTERMS 2010将11种贸易术语按照适用范围分为两类:一类为适用于任何单一运输方式或多种运输方式的术语,包括EXW、FCA、CPT、CIP、DAT、DAP、DDP;另一类为适用于海运和内河水运的术语,包括FAS、FOB、CFR和CIF。目前使用最多的是《2010年国际贸易术语解释通则》(简称《2010年通则》),见表3-2。

表3-2 INCOTERMS 2010的11种贸易术语

| | | |
|---|---|---|
| 适用于任何单一运输方式或多种运输方式 | EXW | Ex works (insert named place of delivery) INCOTERMS 2010① (卖方)工厂交货(指定交货地点) |
| | FCA | free carrier (insert named place of delivery) INCOTERMS 2010 货交承运人(指定交货地点) |
| | CPT | carriage paid to (insert named place of destination) INCOTERMS 2010 运费付至(指定目的地) |
| | CIP | carriage and insurance paid to (insert named place of destination) INCOTERMS 2010 运费和保险费付至(指定目的地) |
| | DAT | delivered at terminal (insert named terminal at port or place of destination) INCOTERMS 2010 运输终端交货(指定港口或目的地的运输终端) |
| | DAP | delivered at place (insert named place of destination) INCOTERMS 2010 目的地交货(指定目的地) |
| | DDP | delivered duty paid (insert named place of destination) INCOTERMS 2010 完税后交货(指定目的地) |
| 适用于海运和内河水运 | FAS | free alongside ship (insert named port of shipment) INCOTERMS 2010 装运港船边交货(指定装运港) |
| | FOB | free on board (insert named port of shipment) INCOTERMS 2010 装运港船上交货(指定装运港) |
| | CFR | cost and freight (insert named port of destination) INCOTERMS 2010 成本加运费(指定目的港) |
| | CIF | cost insurance and freight (insert named port of destination) INCOTERMS 2010 成本、保险费加运费(指定目的港) |

注①:贸易术语的规范表述应包括术语、地点、适用的INCOTERMS版本。例如,FOB TIANJIN INCOTERMS 2010。

INCOTERMS 2010涉及买卖双方的责任、费用和风险的划分继续沿用INCOTERMS 2000通则的规定,主要包括10个方面,见表3-3。

表 3-3　INCOTERMS 2010 买卖双方义务、责任和风险划分对照表

| A 卖方义务、责任和风险划分 | | B 买方义务、责任和风险划分 | |
|---|---|---|---|
| A1 | 提供符合合同的货物 | B1 | 支付价款 |
| A2 | 许可证、批准、安全通关及其他手续 | B2 | 许可证、批准、安全通关及其他手续 |
| A3 | 运输合同与保险合同 | B3 | 运输合同与保险合同 |
| A4 | 交货 | B4 | 受领货物 |
| A5 | 风险转移 | B5 | 风险转移 |
| A6 | 费用划分 | B6 | 费用划分 |
| A7 | 通知买方 | B7 | 通知卖方 |
| A8 | 交货凭证 | B8 | 交货证据 |
| A9 | 检查、包装、标记 | B9 | 货物检验 |
| A10 | 信息帮助和相关费用 | B10 | 信息帮助和相关费用 |

**(二)《1932 年华沙-牛津规则》**

《1932 年华沙-牛津规则》是国际法协会(International Law Association)专门为解释 CIF 而制定的。19 世纪末到 20 世纪初，CIF 贸易术语在国际贸易中广泛运用，但是买卖双方对使用这一贸易术语需要承担的义务，没有统一规定。1928 年，国际法协会在波兰华沙召开会议，讨论并制定了有关 CIF 合同规范的《1928 年华沙规则》；之后又在 1932 年的牛津会议上对《1928 年华沙规则》进行了修改，同时定名为《1932 年华沙-牛津规则》。该规则全文 21 条，主要说明 CIF 条件下合同的性质，买卖双方所承担的费用、风险、责任、所有权的转移等，解释的内容比较详细，在国际贸易中有一定的影响。

**(三)《1990 年美国对外贸易定义修正本》**

1919 年，由美国商会、美国进口商全国协会、全国对外贸易协会等 9 个商业团体的联合委员会在纽约制定了《美国出口报价及其缩写条例》，解释了有关对外贸易定义。1941 年在美国第 27 届全国对外贸易会议上作了修订，并改名为"1941 年美国对外贸易定义修订本"(Revised American Foreign Trade Definitions 1941)。这一修订本经美国商会、美国进口商协会和全国对外贸易协会所组成的联合委员会通过，由全国对外贸易协会予以公布并生效。1990 年该惯例再次进行了修改，称为"1990 年美国对外贸易定义修正本"(Revised American Foreign Trade Definitions 1990)。

该惯例在美洲国家影响较大。在与采用该惯例的国家进行贸易时，要特别注意与其他惯例的差别，双方应在合同中明确规定贸易术语所依据的惯例。

# 第二节　《2010 年国际贸易术语解释通则》国际贸易交货价格术语条款

《2010 年国际贸易术语解释通则》简称《2010 年通则》。

## 一、《2010年通则》的水运交货价格术语(适用内河与海洋运输)

### (一) FAS

FAS(free alongside ship)为指定装运港"船边交货"价格,是指当卖方在指定的装运港把货物交到买方指定的船边(例如置于码头或驳船上)即为交货。货物灭失或损坏的风险在货物交到船边时发生转移,同时买方承担自那时起的一切费用。

由于卖方承担在指定地点交货前的风险和费用,而且这些费用和相关作业费可能因各港口惯例不同而变化,所以双方要尽可能清楚地约定指定装运港的具体装货点。

在采用时,FAS要求卖方办理出口清关手续,但卖方无义务办理进口清关、支付任何进口税或办理任何进口海关手续。

FAS价格条件买卖双方的主要义务如下。

1. FAS卖方义务

(1) 在合同规定的时间和装运港口,把合同规定的货物交到买方所派船只的旁边,并及时通知买方。

(2) 承担货物交至装运港船边的一切费用和风险。

(3) 取得出口许可证或其他官方批准证件,并且办理货物出口的商检及报关、通关等一切手续。

(4) 提交商业发票或具有同等作用的电子信息,并且提供通常的交货凭证和负担费用。

2. FAS买方义务

(1) 订立从指定装运港口运输货物的合同,支付运费,并将船名、装货地点和要求交货的时间及时通知卖方。

(2) 在合同规定的地点和时间,接收卖方提交的货物,并按合同规定支付货款。

(3) 承担接收货物之后所发生的一切费用和风险。

(4) 取得进口许可证或其他官方批准证件,并且办理货物进口的商检及报关、通关等一切手续。

在实际业务中,当买方指定的载货船舶能直接靠岸时,"船边"是指码头装卸工具所及的范围,如果买方所派的船只不能靠岸,卖方则要负责用驳船把货物运至船边,完成船边交货。

FAS价格条件买卖双方的具体义务、责任和风险划分见表3-4。

表3-4 FAS价格条件买卖双方的具体义务、责任和风险划分

| A 卖方义务、责任和风险 | B 买方义务、责任和风险 |
| --- | --- |
| A1 卖方一般义务 | B1 买方一般义务 |
| 卖方必须提供符合买卖合同约定的货物和商业发票,以及合同可能要求的其他与合同相符的证据。A1~A10中所指的任何单证在双方约定或符合惯例的情况下,可以是同等作用的电子记录或程序 | 买方必须按照合同约定支付价款。B1~B10中所指的任何单证在双方约定或符合惯例的情况下,可以是同等作用的电子记录或程序 |
| A2 许可证、授权、安检通关和其他手续 | B2 许可证、授权、安检通关和其他手续 |
| 卖方必须自负风险和费用,取得所有的出口许可或其他官方授权,办理货物出口所需的一切海关手续 | 由买方自负风险和费用,取得所有进口许可或其他官方授权,办理货物进口和从他国过境运输所需的一切海关手续 |

续表

| A 卖方义务、责任和风险 | B 买方义务、责任和风险 |
|---|---|
| A3　运输合同与保险合同 | B3　运输合同与保险合同 |
| a）运输合同<br>卖方对买方无订立运输合同的义务。<br>但若买方要求，卖方可以按照通常条件签订运输合同，由买方负担风险和费用。<br>b）保险合同<br>卖方对买方无订立保险合同的义务。<br>但应买方要求并由其承担风险和费用，卖方必须向买方提供后者取得保险所需信息 | a）运输合同<br>除了卖方按照 A3 a）签订运输合同情形外，买方必须自付费用签订自指定的装运港起运货物的运输合同。<br>b）保险合同<br>买方对卖方无订立保险合同的义务 |
| A4　交货 | B4　收取货物 |
| 卖方必须在买方指定的装运港内的装船点，以将货物置于买方指定的船舶旁边交货 | 当货物按照 A4 交付时，买方必须收取 |
| A5　风险转移 | B5　风险转移 |
| 除按照 B5 的灭失损坏情况外，卖方承担按照 A4 完成交货前货物灭失或损坏的一切风险 | 买方承担按照 A4 交货时起货物灭失或损坏的一切风险 |
| A6　费用划分 | B6　费用划分 |
| 卖方必须支付：<br>a）按照 A4 交货前与货物相关的一切费用，但按照 B6 应由买方支付的费用除外；<br>b）在采用时，货物出口所需海关手续费用，以及出口应缴纳的一切关税、税款和其他费用 | 买方必须支付：<br>自按照 A4 交货之时起与货物相关的一切费用，在采用时，按照 A6 b）为出口所需的海关手续费用，以及出口应缴纳的一切关税、税款和其他费用除外 |
| A7　通知买方 | B7　通知卖方 |
| 由买方承担风险和费用，卖方必须就其已经按照 A4 交货或船舶未在约定时间内收取货物给予买方充分的通知 | 买方必须就船舶名称、装船点和其在约定期间内选择的交货时间向卖方发出充分的通知 |
| A8　交货凭证 | B8　交货证据 |
| 卖方必须自付费用向买方提供已按照 A4 交货的通常证据 | 买方必须接受按照 A8 提供的交货凭证 |
| A9　查对—包装—标记 | B9　货物检验 |
| 卖方必须支付为了按照 A4 进行交货所需要进行的查对费用，以及出口国强制进行的装运前检验所发生的费用。以适合该货物运输的方式对货物进行包装，应作适当包装标记 | 买方必须支付任何强制性装船前检验费用，但出口国有关机构强制进行的检验费用除外 |
| A10　协助提供信息及相关费用 | B10　协助提供信息及相关费用 |
| 应买方要求并由其承担风险和费用，卖方必须及时向买方提供或协助其取得相关货物进口和/或将货物运输到最终目的地所需要的任何文件和信息，包括安全相关信息。<br>卖方必须偿付买方按照 B10 提供或协助取得文件和信息时所发生的所有花销和费用 | 买方必须及时告知卖方任何安全信息要求，以便卖方遵守 A10 的规定。<br>买方必须偿付卖方按照 A10 向买方提供或协助其取得文件和信息时发生的所有花销和费用 |

## (二) FOB

FOB(free on board)为指定装运港"船上交货"价格,是指卖方在指定装运港将货物装上买方指定的船舶上即完成交货。货物损坏或灭失的风险在货物交到船上时转移,同时买方承担自那时起的一切费用。

FOB价格条件买卖双方的主要义务如下。

1. FOB卖方义务

(1) 在合同规定的时间和装运港口,将合同规定的货物交到买方指派的船上,并及时通知买方。

(2) 承担货物交至装运港船上之前的一切费用和风险。

(3) 取得出口许可证或其他官方批准证件,并且办理货物出口所需的商检及报关、通关等一切海关手续。

(4) 提交商业发票和自费提供证明卖方已按规定交货的清洁单据,或具有同等作用的电子信息。

2. FOB买方义务

(1) 订立从指定装运港口运输货物的合同,支付运费,并将船名、装货地点和要求交货的时间及时通知卖方。

(2) 根据买卖合同的规定受领货物并支付货款。

(3) 承担受领货物之后所发生的一切费用和风险。

(4) 自负风险和费用,取得进口许可证或其他官方证件,并办理货物进口所需的商检、报关、通关等手续。

FOB价格条件买卖双方的具体义务、责任和风险划分见表3-5。

表3-5 FOB价格条件买卖双方的具体义务、责任和风险划分

| A 卖方义务、责任和风险 | B 买方义务、责任和风险 |
| --- | --- |
| A1 卖方一般义务 | B1 买方一般义务 |
| 卖方必须提供符合买卖合同约定的货物和商业发票,以及合同可能要求的其他与合同相符的证据。A1~A10中所指的任何单证在双方约定或符合惯例的情况下,可以是同等作用的电子记录或程序 | 买方必须按照买卖合同约定支付价款。B1~B10中所指的任何单证在双方约定或符合惯例的情况下,可以是同等作用的电子记录或程序 |
| A2 许可证、授权、安检通关和其他手续 | B2 许可证、授权、安检通关和其他手续 |
| 在采用时,卖方必须自负风险和费用,取得所有的出口许可或其他官方授权,办理货物出口所需的一切海关手续 | 由买方自负风险和费用,取得所有进口许可或其他官方授权,办理货物进口和从他国过境运输所需的一切海关手续 |
| A3 运输合同与保险合同 | B3 运输合同与保险合同 |
| a) 运输合同<br>卖方对买方无订立运输合同的义务。但若买方要求,卖方可以按照通常条件签订运输合同,由买方负担风险和费用。<br>b) 保险合同<br>卖方对买方无订立保险合同的义务 | a) 运输合同<br>除了卖方按照A3 a)订立了运输合同情形外,买方必须自付费用订立自指定的地点起运货物的运输合同。<br>b) 保险合同<br>买方对卖方无订立保险合同的义务 |

续表

| A 卖方义务、责任和风险 | B 买方义务、责任和风险 |
|---|---|
| A4　交货 | B4　收取货物 |
| 卖方必须在指定的装运港内的装船点,以将货物置于买方指定的船舶之上,或以取得已在船上交付的货物的方式交货 | 当货物按照 A4 交付时,买方必须收取 |
| A5　风险转移 | B5　风险转移 |
| 除按照 B5 的灭失或损坏情况外,卖方承担按照 A4 完成交货前货物灭失或损坏的一切风险 | 买方承担按照 A4 交货时起货物灭失或损坏的一切风险 |
| A6　费用划分 | B6　费用划分 |
| 卖方必须支付:<br>a) 按照 A4 完成交货前与货物相关的一切费用,但按照 B6 应由买方支付的费用除外;<br>b) 货物出口所需海关手续费用,以及出口应缴纳的一切关税、税款和其他费用 | 买方必须支付:<br>自按照 A4 交货之时起与货物相关的一切费用,如使用时,按照 A6 b) 为出口所需海关手续的费用,以及出口应缴纳的一切关税、税款和其他费用除外 |
| A7　通知买方 | B7　通知卖方 |
| 有买方承担风险和费用,卖方必须就其已经按照 A4 交货或船舶未在约定时间内收取货物给予买方充分的通知 | 买方必须就船舶名称、装船点和其他在约定期限内选择的交货时间,向卖方发出充分的通知 |
| A8　交货凭证 | B8　交货凭证 |
| 卖方必须自付费用向买方提供已按照 A4 交货的通常证据。卖方须协助买方取得运输凭证 | 买方必须接受按照 A8 提供的交货凭证 |
| A9　查对—包装—标记 | B9　货物检验 |
| 卖方必须支付为了按照 A4 进行交货,所需要进行的查对费用,以及出口国强制进行的装运前检验所发生的费用。以适合该货物运输的方式对货物进行包装,应作适当包装标记 | 买方必须支付任何强制性装船前检验费用,但出口国有关机构强制进行的检验除外 |
| A10　协助提供信息及相关费用 | B10　协助提供信息及相关费用 |
| 应买方要求并由其承担风险和费用,卖方必须及时向买方提供或协助其取得相关货物进口和/或将货物运输到最终目的地所需要的任何文件和信息,包括安全相关信息 | 买方必须及时告知卖方任何安全信息要求,以便卖方遵守 A10 的规定。<br>买方必须偿付卖方按照 A10 向买方提供或协助其取得文件和信息是所发生的所有花销和费用 |

3. FOB 价格术语的变形

FOB 价格术语下采用班轮运输时,货船从船边吊上船舶的装货费用,以及货物在船舱内整理的费用是包括在运费内的,由负责运费的买方承担。但大宗货物一般会采用程租船运输,在船方不愿意负担装船费的情况下,买卖双方往往在 FOB 术语后加上某些附加条件,即贸易术语的变形来说明装船费用的负担问题。

常见的 FOB 价格术语变形如下。

（1）FOB liner terms(FOB班轮条件)是指装船费用负担按照班轮运输的做法处理，装船费包含在运费中，即在装运港装船，在目的港卸货及装船后平舱，理舱费用均包含在程租船运费中，由买方负担。

（2）FOB under tackle(FOB吊钩下交货)是指卖方仅负担将货物交给买方所指派船只的吊钩所及之处的费用，包括装运港驳船在内，吊装入舱以及其他各项费用均由买方负责。

（3）FOB stowed 或 FOBS(FOB包括理舱费)是指卖方负责将货物装入船舱并承担包括理舱在内的装船费用，理舱是指为了使船上装载的货物放置妥善和分布合理，货物装船后，进行垫隔和整理的作业。这种变形多用于包装货物。

（4）FOB trimmed 或 FOBT(FOB包括平舱费)是指卖方负责将货物装入船舱并承担包括平舱在内的装船费用。平舱是指货物装船后，为了保持船舶承受压力均衡和航行安全，对成堆装入船舱的散装货物，如煤炭、谷物、矿石等，进行推动和平整的作业。这种贸易术语多用于散装货物。

（5）FOB stowed and trimmed 或 FOBST(FOB包括理舱费和平舱费)是指卖方负责将货物装上船，并支付包括理舱费和平舱费在内的装船费用。这种贸易术语变形多用于一部分是包装货物，一部分是散装货物的情况。

传统的观点认为：FOB的变形只是为了表明装船费用由谁来负担而产生的，在风险、责任划分上和正常的FOB术语没有任何区别。INCOTERMS 2010也没有禁止贸易术语的变形，但明确指出了使用贸易术语的变形有风险。

### （三）CFR

CFR(cost and freight)为指定目的港"成本加运费"价格，是指卖方在装运港将货物交至船上，卖方即完成交货，货物损坏或灭失的风险在货物交到指定装运港的船上时转移。卖方必须签订合同，并支付必要的成本和运费，将货物运至指定的目的港。指定装运港至指定目的港的保险费用由买方负担。

CFR价格条件买卖双方的主要义务如下。

1. CFR卖方义务

（1）签订从指定装运港将货物运往约定目的港的合同；在买卖合同规定的时间和港口，将合同要求的货物装上船并支付至目的港的运费；装船后及时通知买方。

（2）承担货物在装运港装上船之前的一切费用和风险。

（3）取得出口许可证或其他官方证件，并且办理货物出口所需的商检及报关、通关等一切海关手续。

（4）提交商业发票，以及自费向买方提供为买方在目的港提货所用的通常的运输单据，或具有同等作用的电子信息。

2. CFR买方义务

（1）接受卖方提供的有关单据，受领货物，并按合同规定支付货款。

（2）承担货物在装运港装上船以后的一切风险。

（3）取得进口许可证或其他官方证件，并且办理货物进口所需的商检、报关、通关等手续，支付关税及其他有关费用。

CFR价格条件买卖双方的具体义务、责任和风险划分见表3-6。

表 3-6　CFR 价格条件买卖双方的具体义务、责任和风险划分

| A 卖方义务、责任和风险 | B 买方义务、责任和风险 |
|---|---|
| A1　卖方一般义务 | B1　买方一般义务 |
| 卖方必须提供符合买卖合同约定的货物和商业发票,以及合同可能要求的其他与合同相符的证据。A1~A10 中所指的任何单证在双方约定或符合惯例的情况下,可以是同等作用的电子记录或程序 | 买方必须按照买卖合同约定支付价款。B1~B10 中所指的任何单证在双方约定或符合惯例的情况下,可以是同等作用的电子记录或程序 |
| A2　许可证、授权、安检通关和其他手续 | B2　许可证、授权、安检通关和其他手续 |
| 在采用时,卖方必须自负风险和费用,取得所有的出口许可或其他官方授权,办理货物出口所需的一切海关手续 | 由买方自负风险和费用,取得所有的进口许可或其他官方授权,办理货物进口和从他国过境运输所需要的一切海关手续 |
| A3　运输合同与保险合同 | B3　运输合同与保险合同 |
| a) 运输合同<br>卖方必须签订或取得运输合同,将货物自交货地内的约定交货点运送至指定目的港或该目的港的交付点。<br>b) 保险合同<br>卖方对买方无订立保险合同的义务 | a) 运输合同<br>买方对卖方无订立运输合同的义务。<br>b) 保险合同<br>买方对卖方无订立保险合同的义务,但应卖方要求,买方必须向卖方提供取得保险所需信息 |
| A4　交货 | B4　收取货物 |
| 卖方必须以将货物装上船,或者以取得已装船货物的方式交货 | 当货物按照 A4 交付时,买方必须收取,并在指定的目的港自承运人收取货物 |
| A5　风险转移 | B5　风险转移 |
| 除按照 B5 的灭失或损坏情况外,卖方承担按照 A4 完成交货前货物灭失或损坏的一切风险 | 买方承担按照 A4 交货时起货物灭失或损坏的一切风险 |
| A6　费用划分 | B6　费用划分 |
| 卖方必须支付:<br>a) 按照 A4 完成交货前与货物相关的一切费用,但按照 B6 应由买方支付的费用除外;<br>b) 按照 A3 a)所发生的将货物装上船的运费和其他一切费用,包括将货物装上船和根据运输合同规定的由卖方支付的在约定卸载港的卸货费;<br>c) 由卖方支付货物出口所需海关手续费用,出口应缴纳的一切关税、税款和其他费用,按照运输合同规定,货物从他国过境运输的费用 | 在不与 A3 a)冲突的情况下,买方必须支付:<br>a) 自按照 A4 交货时起与货物相关的一切费用,在采用时按照 A6 c)为出口所需的海关手续费用,以及出口应缴纳的一切关税、税款和其他费用除外;<br>b) 货物在运输途中直至到达约定目的港为止的一切费用,按照运输合同该费用应由卖方支付的除外;<br>c) 包括驳运费和码头费在内的卸货费,除非合同约定运输费用应由卖方支付 |
| A7　通知买方 | B7　通知卖方 |
| 卖方必须向买方发出所需通知,以便买方采取收货物通常所需要的措施 | 当有权决定货物运输时间和/或指定目的港内收取货物点时,买方必须向卖方发出充分的通知 |

续表

| A 卖方义务、责任和风险 | B 买方义务、责任和风险 |
|---|---|
| A8　交货凭证 | B8　交货凭证 |
| 卖方必须自付费用,不得延迟向买方提供到约定目的港的通常的运输凭证。当此类运输凭证以可转让形式签发并有数份正本时,则必须将整套正本凭证提交给买方 | 如果凭证与合同相符,买方必须接受按照 A8 提交的运输凭证 |
| A9　查对—包装—标记 | B9　货物检验 |
| 卖方必须支付为了按照 A4 进行交货所需要进行的查对费用,以及出口国强制进行的装运前检验所发生的费用。以适合货物运输的方式对货物进行包装,应作适当包装标记 | 买方必须支付任何强制性装船前检验费用,但出口国有关机构强制进行的检验除外 |
| A10　协助提供信息及相关费用 | B10　协助提供信息及相关费用 |
| 应买方要求并由其承担风险和费用,卖方必须及时向买方提供或协助其取得相关货物进口和/或将货物运输到最终目的地所需要的任何文件和信息,包括安全相关信息 | 买方必须及时告知卖方任何安全信息要求,以便卖方遵守 A10 的规定。买方必须偿付卖方按照 A10 向买方提供或协助其取得文件和信息时所发生的所有花销和费用 |

3. CFR 价格术语的变形

CFR 价格术语下采用班轮运输时,其在装运港的装货费用和在目的港的卸货费用均包含在班轮运费中,由支付运费的一方负担,而大宗货物通常采用程租船运输。在 CFR 合同中,装船费用由卖方负担,而货物在目的港的卸货费用由何方负担,必须在合同中明确规定,也即是通过 CFR 的变形来说明。CFR 的变形是指在 CFR 术语的后面添加某些词句,用来说明程租船运输下卸货费用由谁负担的问题。

常见的 CFR 价格术语变形如下。

(1) CFR liner terms(CFR 班轮条件)是指卸货费用按班轮条件处理,由支付运费的一方承担,即卖方负担卸货费用。

(2) CFR Ex ship's hold(CFR 舱底交货)是指货物运到目的港后,由买方自行启舱,并负担货物从舱底卸到码头的费用。

(3) CFR Ex tackle(CFR 吊钩下交货)是指卖方负责将货物从船舱吊起卸到船舶吊钩所及之处(码头上或驳船上)的费用。在船舶不能靠岸的情况下,租用驳船的费用和货物从驳船卸到岸上的费用,都由买方负担。

(4) CFR landed(CFR 卸到岸上)是指由卖方负责卸货费,包括因船不能靠岸,需将货物用驳船运至岸上而支出的驳船运费在内。

CRF 价格术语的变形仅仅说明了卸货费用的负担,不影响买卖双方交货地点和风险界限的划分,但在 INCOTERMS 2010 中也明确指出,为了避免因理解不同而导致的争议,买卖双方应在销售合同中明确规定贸易术语的变形是仅限于费用的划分,还是包括风险在内。

(四) CIF

CIF(cost insurance and freight)为指定目的港"成本加运费加保险费"价格,是指在装运港当货物交至船上时卖方即完成交货。指定装运港至指定目的港的保险费用由卖方负担。货物损坏或灭失的风险在货物交到指定装运港船上时转移。卖方必须签订合同,交付商品货物的成本和运费及保险费,并把货物运至指定的目的港。

卖方要为买方在运输途中货物的损坏或灭失风险办理保险。买方应注意到,在 CIF 下卖方仅需投保最低险别。如买方需要更多的保险保护,则需与卖方明确达成协议,或者自行做出额外的保险安排。

CIF 价格条件买卖双方的主要义务如下。

1. CIF 卖方义务

（1）签订从指定装运港承运货物的合同;在合同规定的时间和港口,将合同要求的货物装上船并支付至目的港的运费;装船后需及时通知买方。

（2）承担货物在装运港装上船之前的一切费用和风险。

（3）按照买卖合同的约定,自负费用办理水上运输保险。

（4）取得出口许可证或其他官方批准证件,并办理货物出口所需的商检及报关、通关等一切海关手续。

（5）提交商业发票和在目的港提货所用的通常的运输单据或具有同等作用的电子信息,并且自费向买方提供保险单据。

2. CIF 买方义务

（1）接受卖方提供的有关单据,受领货物,并按合同规定支付货款。

（2）承担货物在装运港装上船之后的一切风险。

（3）取得进口许可证或其他官方证件,并且办理货物进口所需的商检、报关、通关等手续。

CIF 价格条件买卖双方的具体义务、责任和风险划分见表 3-7。

表 3-7 CIF 价格条件买卖双方的具体义务、责任和风险划分

| A 卖方义务、责任和风险 | B 买方义务、责任和风险 |
| --- | --- |
| A1　卖方一般义务 | B1　买方一般义务 |
| 卖方必须提供符合买卖合同约定的货物和商业发票,以及合同可能要求的其他与合同相符的证据。A1~A10 中所指的任何单证在双方约定或符合惯例的情况下,可以是同等作用的电子记录或程序 | 买方必须按照买卖合同约定支付价款。B1~B10 中所指的任何单证在双方约定或符合惯例的情况下,可以是同等作用的电子记录或程序 |
| A2　许可证、授权、安检通关和其他手续 | B2　许可证、授权、安检通关和其他手续 |
| 卖方必须自负风险和费用,取得所有的出口许可或其他官方授权,办理货物出口所需的一切海关手续 | 由买方自负风险和费用,取得所有的进口许可或其他官方授权,办理货物进口和从他国过境运输所需要的一切海关手续 |
| A3　运输合同与保险合同 | B3　运输合同和保险合同 |
| a) 运输合同<br>卖方必须签订或取得运输合同,将货物自交货地内的约定交货点运送至指定目的港或该目的港的交付点。由卖方支付费用,经由通常航线,由通常用来运输该类商品的船舶运输。<br>b) 保险合同<br>卖方必须自付费用取得货物保险。该保险需至少符合基本险的最低险别。保险最低金额是合同规定价格另加 10%(110%),并采用合同货币。卖方应向买方提供保单或其他保险证据 | a) 运输合同<br>买方对卖方无订立运输合同的义务。<br>b) 保险合同<br>买方对卖方无订立保险合同的义务。但应卖方要求,买方必须向卖方提供后者应买方按照 A3 b) 要求其购买附加险所需信息 |

续表

| A 卖方义务、责任和风险 | B 买方义务、责任和风险 |
|---|---|
| A4　交货 | B4　收取货物 |
| 卖方必须以将货物装上船,或以取得已经这样交付的货物的方式交货。在其中任何情况,卖方都必须在约定日期或期限内交货 | 当货物按照 A4 交付时,买方必须收取,并在指定的目的港自承运人收取货物 |
| A5　风险转移 | B5　风险转移 |
| 除按照 B5 的灭失或损坏情况外,卖方承担按照 A4 完成交货前货物灭失或损坏的一切风险 | 买方必须承担按照 A4 交货时起货物灭失或损坏的一切风险 |
| A6　费用划分 | B6　费用划分 |
| 卖方必须支付:<br>a) 按照 A4 完成交货前与货物相关的一切费用,但按照 B6 应由买方支付的费用除外;<br>b) 按照 A3 a)所发生的运费和其他一切费用,包括将货物装上船和根据运输合同规定由卖方支付的和在约定卸载港的卸货费;<br>c) 根据 A3 b)规定所发生的保险费用;<br>d) 在采用时,货物出口所需海关手续费用、出口应缴纳的一切关税、税款和其他费用,以及按照运输合同规定,由卖方支付的货物从他国过境运输的费用 | 在不与 A3 a)冲突的情况下,买方必须支付:<br>a) 自按照 A4 交货时起,与货物相关的一切费用,按照 A6 d)为出口所需的海关手续费用,以及出口应缴纳的一切关税、税款和其他费用除外;<br>b) 货物在运输途中直到到达目的港为止的一切费用,按照运输合同该费用应由卖方支付的除外;<br>c) 包括驳运费和码头费在内的卸货费,除非运输合同约定应由卖方支付 |
| A7　通知买方 | B7　通知卖方 |
| 卖方必须向买方发出所需通知,以便买方采取收取货物通常所需要的措施 | 当有权决定发货时间和/或指定目的地或目的地内收取货物的约定点时,买方必须向卖方发出充分通知 |
| A8　交货凭证 | B8　交货凭证 |
| 卖方必须自付费用,不得延迟向买方提供至约定目的港的通常的运输凭证,使买方能在指定目的港向承运人索取货物 | 如果凭证与合同相符,买方必须接受按照 A8 提交的运输凭证 |
| A9　查对—包装—标记 | B9　货物检验 |
| 卖方必须支付为了按照 A4 进行交货所需要进行的查对费用,以及出口国强制进行的装运前检验所发生的费用。以适合货物运输的方式对货物进行包装,应做适当包装标记 | 买方必须支付任何强制性装船前检验费用,但出口国有关机构强制进行的检验除外 |
| A10　协助提供信息及相关费用 | B10　协助提供信息及相关费用 |
| 应买方要求并由其承担风险和费用,卖方必须及时向买方提供或协助其取得相关货物进口和/或将货物运输到最终目的地所需要的任何文件和信息,包括安全相关信息。<br>卖方必须偿付买方按照 B10 提供或协助取得文件和信息时所发生的所有花销和费用 | 买方必须及时告知卖方任何安全信息要求,以便卖方遵守 A10 的规定。<br>买方必须偿付卖方按照 A10 向买方提供或协助其取得文件和信息时所发生的所有花销和费用 |

### 3. CIF价格术语的变形

CIF价格术语下采用班轮运输时,其在装运港的装货费用和在目的港的卸货费用均包含在班轮运费中,由支付运费的一方负担,而大宗货物通常采用程租船运输。在CIF合同中,装船费用由卖方负担,而货物在目的港的卸货费用由何方负担,就必须在合同中明确规定,也即是通过CIF的变形来说明。CIF的变形是指在CIF术语的后面添加某些词句,用来说明程租船运输下卸货费用由谁负担的问题。

常见的CIF价格术语变形如下。

(1) CIF liner terms (CIF班轮条件)是指卸货费用按班轮条件处理,由支付运费的一方承担,即卖方负担卸货费用。

(2) CIF Ex ship's hold (CIF舱底交货)是指货物运到目的港后,由买方自行启舱,并负担货物从舱底卸到码头的费用,即是卸货费用由买方负担。

(3) CIF Ex tackle (CIF吊钩下交货)是指卖方负责将货物从船舱吊起卸到船舶吊钩所及之处(码头上或驳船上)的费用。在船舶不能靠岸的情况下,租用驳船的费用和货物从驳船卸到岸上的费用,概由买方负担。

(4) CIF landed (CIF卸到岸上)是指由卖方负担将货物卸到目的港岸上的费用,包括驳船费和码头费。

CIF价格术语的变形仅仅说明了卸货费用的负担,不影响买卖双方交货地点和风险界限的划分,但在INCOTERMS 2010中也明确指出,为了避免因理解不同而导致的争议,买卖双方应在销售合同中明确规定贸易术语的变形是仅限于费用的划分,还是包括风险在内。

**教学互动与讲练结合三:**

### 应用CIF价格术语出口货物所致贸易纠纷的处理

> 我国山东省烟台市某出口贸易公司按CIF韩国釜山港的价格条件与韩国某进口贸易公司签订了一笔胡萝卜蔬菜的出口交易合同。在合同规定的装运期内,卖方备妥了货物,安排好了从装运港烟台到目的港釜山的海洋运输事项。在装船时,卖方考虑到从装运港到目的港距离比较近,且风平浪静,不会发生什么意外,因此,没有办理海运货物保险。实际上,货物也安全及时送达了目的港釜山,但卖方所提交的单据中缺少了保险单,买方因市场行情发生了对自己不利的变化,就以卖方所交的单据不全为由,要求拒收货物并拒付货款。
>
> **请思考分析并互动讨论:**
> (1) 卖方有无过错?
> (2) 买方的要求是否合理?
> (3) 该案应如何处理?

## 二、《2010年通则》的全能交货价格术语

适用任何单一运输方式或多种运输方法。

### (一) EXW

EXW(Ex works)为"工厂交货"价格,是指当卖方在其所在地或其他指定地点(如工厂、

车间或仓库等)与时间将货物交给买方处置并提交商业发票时,即完成交货。卖方不需将货物装上任何前来接收货物的运输工具,需要出境时,卖方也无须办理出口商检和报关通关手续(出口商检和报关通关手续与费用由买方负责)。EXW 代表卖方的最小责任(对卖方风险最小,对买方风险最大)。

EXW 价格条件买卖双方的主要义务如下。

1. EXW 卖方义务

(1) 在合同规定的地点和时间,把合同要求的货物交给买方处置。

(2) 承担将货物交给买方处置之前的一切费用和风险。

(3) 提交商业发票或具有同等作用的电子信息。

2. EXW 买方义务

(1) 在合同规定的时间、地点,接受卖方提交的货物,并按合同规定支付货款。

(2) 承担接受货物之后的一切费用和风险。

(3) 自负费用和风险,取得出口许可证和进口许可证或其他官方批准证件,并办理货物出口和进口的一切商检和报关通关手续。

EXW 价格条件买卖双方的具体义务、责任和风险划分见表 3-8。

表 3-8　EXW 价格条件买卖双方的具体义务、责任和风险划分

| A 卖方义务、责任和风险 | B 买方义务、责任和风险 |
| --- | --- |
| A1　卖方一般义务 | B1　买方一般义务 |
| 卖方必须提供符合买卖合同约定的货物和商业发票,以及合同可能要求的其他与合同相符的证据。A1~A10 中所指的任何单证在双方约定或符合惯例的情况下,可以是同等作用的电子记录或程序 | 买方必须按照买卖合同约定支付价款。B1~B10 中所指的任何单证在双方约定或符合惯例的情况下,可以是同等作用的电子记录或程序 |
| A2　许可证、授权、安检通关和其他手续 | B2　许可证、授权、安检通关和其他手续 |
| 经买方要求,并承担风险和费用,卖方必须协助买方取得出口许可或出口相关货物所需的其他官方授权 | 应由买方自负风险和费用,取得进出口许可或其他官方授权,办理相关货物的海关手续 |
| A3　运输合同与保险合同 | B3　运输合同与保险合同 |
| a) 运输合同<br>卖方对买方无订立运输合同的义务。<br>b) 保险合同<br>卖方对买方无订立保险合同的义务 | a) 运输合同<br>买方对卖方无订立运输合同的义务。<br>b) 保险合同<br>买方对卖方无订立保险合同的义务 |
| A4　交货 | B4　收取货物 |
| 卖方必须在指定的交付地点或该地点内的约定点,以将未置于任何接收货物的运输工具上的货物交由买方处置的方式交货 | 当卖方行为与 A4、A7 相符时,买方必须收取货物 |
| A5　风险转移 | B5　风险转移 |
| 除按照 B5 的灭失或损坏情况外,卖方承担按照 A4 完成交货前货物灭失或损坏的一切风险 | 买方承担按照 A4 交货时起货物灭失或损坏的一切风险 |

续表

| A 卖方义务、责任和风险 | B 买方义务、责任和风险 |
|---|---|
| A6 费用划分 | B6 费用划分 |
| 卖方必须支付按照 A4 完成交货前与货物相关的一切费用，但按照 B6 应由买方支付的费用除外 | 买方必须支付自按照 A4 交货时起与货物相关的一切费用；对卖方按照 A2 提供协助时产生的一切花销和费用的补偿 |
| A7 通知买方 | B7 通知卖方 |
| 卖方必须给予买方其收取货物所需的任何通知 | 当有权决定在约定期限内的时间和/或在指定地点内的接收点时，买方必须向卖方发出充分的通知 |
| A8 交货凭证 | B8 交货证据 |
| 卖方对买方无义务 | 买方必须向卖方提供其已收取货物的相关凭证 |
| A9 查对—包装—标记 | B9 货物检验 |
| 卖方必须支付为了按照 A4 进行交货所需要进行的查对费用。以适合该货物运输的方式对货物进行包装，应作适当包装标记 | 买方必须支付任何强制性装船前检验费用，包括出口国有关机构强制进行的检验费用 |
| A10 协助提供信息及相关费用 | B10 协助提供信息及相关费用 |
| 应买方要求并由其承担风险和费用，卖方必须及时向买方提供或协助其取得相关货物出口和/或进口、和/或将货物运输到最终目的地所需要的任何文件和信息，包括安全相关信息 | 买方必须及时告知卖方任何安全信息要求，以便卖方遵守 A10 的规定。买方必须偿付卖方按照 A10 向买方提供或协助其取得文件和信息时所发生的所有花销和费用 |

## （二）FCA

FCA(free carrier)为"货交承运人"价格，是指卖方在其所在地或其他指定地点将货物交给买方指定的承运人。由于风险在交货地点转移至买方，双方要尽可能清楚地写明具体交货的指定地点和时间。

在采用时，FCA 价格条件要求卖方负责办理出口货物的商检和报关通关手续。但卖方无义务办理货物进口的商检和报关通关手续，不负担支付任何进口税或办理任何进口海关手续的费用。

FCA 价格条件买卖双方的主要义务如下。

1. FCA 卖方义务

（1）在合同规定的地点和时间，把合同规定的货物交给买方指定的承运人，并及时通知买方。

（2）承担把货物交给承运人之前的一切费用和风险。

（3）取得出口许可证或其他官方批准证件，并办理货物出口所需的一切商检和报关通关手续。

（4）提交商业发票或具有同等作用的电子信息，并负责提供通常的交货凭证及其费用。

2. FCA 买方义务

（1）签订从指定地点承运货物的合同，支付有关的运费，并把承运人名称及有关情况及时通知卖方。

（2）根据买卖合同的规定接受货物并支付货款。
（3）承担接受货物之后所发生的一切费用和风险。
（4）取得进口许可证或其他官方证件，负责办理货物进口所需的商检和报关通关手续及其税费。

FCA价格条件买卖双方的具体义务、责任和风险划分见表3-9。

表3-9　FCA价格条件买卖双方的具体义务、责任和风险划分

| A 卖方义务、责任和风险 | B 买方义务、责任和风险 |
| --- | --- |
| A1　卖方一般义务 | B1　买方一般义务 |
| 卖方必须提供符合买卖合同约定的货物和商业发票，以及合同可能要求的其他与合同相符的证据。A1～A10中所指的任何单证在双方约定或符合惯例的情况下，可以是同等作用的电子记录或程序 | 买方必须按照买卖合同约定支付价款。B1～B10中所指的任何单证在双方约定或符合惯例的情况下，可以是同等作用的电子记录或程序 |
| A2　许可证、授权、安检通关和其他手续 | B2　许可证、授权、安检通关和其他手续 |
| 卖方必须自负风险和费用，取得所有的出口许可或其他官方授权，办理货物出口所需的一切海关手续 | 应由买方自负风险和费用，取得所有进口许可或其他官方授权，办理货物进口和从他国过境运输所需的一切海关手续 |
| A3　运输合同与保险合同 | B3　运输合同与保险合同 |
| a) 运输合同<br>卖方对买方无订立运输合同的义务。但若买方要求，卖方可以按照通常条件签订运输合同，由买方负担风险和费用。<br>b) 保险合同<br>卖方对买方无订立保险合同的义务 | a) 运输合同<br>除了卖方按照A3 a)订立运输合同情形外，买方必须自付费用订立自指定的交货地点起运货物的运输合同。<br>b) 保险合同<br>买方对卖方无订立保险合同的义务 |
| A4　交货 | B4　收取货物 |
| 卖方必须在约定的交货日期或期限内，在指定地点或指定地点的约定点，将货物交付给买方指定的承运人或其他人 | 当货物按照A4交付时，买方必须收取 |
| A5　风险转移 | B5　风险转移 |
| 除按照B5灭失或损坏情况外，卖方承担按照A4完成交货前货物灭失或损坏的一切风险 | 买方承担自按照A4交货时起货物灭失或损坏的一切风险 |
| A6　费用划分 | B6　费用划分 |
| a) 按照A4完成交货前与货物相关的一切费用，但按照B6应由买方支付的费用除外；<br>b) 在采用时，货物出口所需海关手续费用、出口应缴纳的一切关税、税款和其他费用 | 买方必须支付自按照A4规定交货时起与货物有关的一切费用，以及A6 b)中出口所需的海关手续费用，出口应缴纳的一切关税、税款和其他费用除外 |
| A7　通知买方 | B7　通知卖方 |
| 由买方承担风险和费用，卖方必须就其已经按照A4交货或买方指定的承运人或其他人未在约定时间内收取货物的情况给予买方充分的通知 | 买方必须通知卖方以下内容。<br>a) 按照A4所指定的承运人或其他人的姓名，以便卖方有足够时间按照该条款交货；<br>b) 在约定的交付期限内所选择的由指定的承运人或其他人收取货物的时间；<br>c) 指定人使用的运输方式；<br>d) 指定的交货地点 |

续表

| A 卖方义务、责任和风险 | B 买方义务、责任和风险 |
| --- | --- |
| A8 交货凭证 | B8 交货凭证 |
| 卖方必须自付费用向买方提供已按照 A4 交货的通常单据,需协助买方取得运输凭证 | 买方必须接受按照 A8 提供的交货凭证 |
| A9 查对—包装—标记 | B9 货物检验 |
| 卖方必须支付为了按照 A4 进行交货所需进行的查对费用,以及出口国强制进行的装运前检验产生的费用。以适合给货物运输的方式对货物进行包装,应作适当包装标记 | 买方必须支付任何强制性装运前检验费用,但出口国有关机构强制进行的检验除外 |
| A10 协助提供信息及相关费用 | B10 协助提供信息及相关费用 |
| 应买方要求并由其承担风险和费用,卖方必须及时向买方提供或协助其取得相关货物进口和/或将货物运输到最终目的地所需要的任何文件和信息,包括安全相关信息。卖方必须偿付买方按照 B10 提供或协助取得文件和信息时所发生的所有花销和费用 | 买方必须及时告知卖方任何安全信息要求,以便卖方遵守 A10 的规定。<br>买方必须偿付卖方按照 A10 向买方提供或协助其取得文件和信息时所发生的所有花销和费用 |

### (三) CPT

CPT(carriage paid to)为"运费付至"价格,是指卖方将货物在双方约定地点交给指定的承运人。卖方必须签订运输合同并支付将货物运至指定目的地所需的费用。

由于风险转移和费用支付的地点不同,该术语有两个关键点。双方要尽可能确切地在合同中明确交货的具体地点(风险在此转移至买方),以及指定的目的地(卖方必须签订运输合同运到该目的地)。

CPT 价格条件买卖双方的主要义务如下。

1. CPT 卖方义务

(1) 订立把货物运往指定目的地的运输合同,并支付有关运费。

(2) 在合同规定的时间、地点,把合同规定的货物交给承运人,并及时通知买方。

(3) 承担把货物交给承运人之前的风险。

(4) 取得出口许可证或其他官方批准证件,并办理货物出口所需的一切海关手续,支付关税及其他有关费用。

(5) 提交商业发票和负责向买方提供在约定目的地提货所需的运输单据及其费用,或具有同等作用的电子信息。

2. CPT 买方义务

(1) 接受卖方交给的有关单据与货物,并按合同规定支付货款。

(2) 承担自货物在约定交货地点交给承运人之后的风险。

(3) 负责取得进口许可证或其他官方证件的风险和费用,以及办理货物进口所需的商检和报关通关手续及其税费。

CPT 价格条件买卖双方的具体义务、责任和风险划分见表 3-10。

表 3-10  CPT 价格条件买卖双方的具体义务、责任和风险划分

| A 卖方义务、责任和风险 | B 买方义务、责任和风险 |
| --- | --- |
| A1　卖方一般义务 | B1　买方一般义务 |
| 卖方必须提供符合买卖合同约定的货物和商业发票,以及合同可能要求的其他与合同相符的证据。A1～A10 中所指的任何单证在双方约定或符合惯例的情况下,可以是同等作用的电子记录或程序 | B1～B10 中所指的任何单证在双方约定或符合惯例的情况下,可以是同等作用的电子记录或程序 |
| A2　许可证、授权、安检通关和其他手续费 | B2　许可证、授权、安检通关和其他手续费 |
| 卖方必须自负风险和费用,取得所有的出口许可或其他官方授权,办理货物出口和交货前从他国过境运输所需的一切海关手续 | 应由买方自负风险和费用,取得所有的进口许可或其他官方授权,办理货物进口和从他国过境运输所需要的一切海关手续 |
| A3　运输合同与保险合同 | B3　运输合同与保险合同 |
| a) 运输合同<br>卖方必须签订或取得运输合同,将货物自交货地内的约定交货点运送至指定目的地或该目的地的交付地点。由卖方支付费用,经由通常航线和习惯方式运送货物。<br>b) 保险合同<br>卖方对买方无订立保险合同的义务 | a) 运输合同<br>买方对卖方无订立运输合同的义务。<br>b) 保险合同<br>买方对卖方无订立保险合同的义务。但应卖方要求,买方必须向卖方提供其取得保险所需信息 |
| A4　交货 | B4　收取货物 |
| 卖方必须在约定日期或期限内,以将货物交给按照 A3 签订的合同承运人方式交货 | 当货物按照 A4 交付时,买方必须收取,并在指定目的地自承运人收取货物 |
| A5　风险转移 | B5　风险转移 |
| 除按照 B5 的灭失或损坏情况外,卖方承担按照 A4 完成交货前货物灭失或损坏的一切风险 | 买方承担按照 A4 交付时起货物灭失或损坏的一切风险 |
| A6　费用划分 | B6　费用划分 |
| 卖方必须支付:<br>a) 按照 A4 完成交货前与货物相关的一切费用,但按照 B6 应由买方支付的费用除外;<br>b) 按照 A3 a) 所发生的运费和其他一切费用,包括根据运输合同规定应由卖方支付的装货费和在目的地的卸货费用;<br>c) 货物出口所需海关手续费用、出口应缴纳的一切关税、税款和其他费用,以及按照运输合同规定,由卖方支付的货物从他国过境运输的费用 | 在不与 A3 a) 冲突的情况下,买方必须支付:<br>a) 自按照 A4 交付时起,与货物相关的一切费用,在采用时,按照 A6 c) 为出口所需的海关手续费用,以及出口应缴纳的一切关税、税款和其他费用除外;<br>b) 货物在运输途中直至到达约定目的地位置的一切费用,按照运输合同该费用应由卖方支付的除外;<br>c) 卸货费,除非根据运输合同该项费用应由卖方支付 |
| A7　通知买方 | B7　通知卖方 |
| 卖方必须向买方发出已按照 A4 交货的通知。卖方必须向买方发出任何所需通知,以便买方采取收取货物通常所需要的措施 | 当有权决定发送时间和/或指定目的地或目的地内收取货物的约定点时,买方必须向卖方发出充分的通知 |

续表

| A 卖方义务、责任和风险 | B 买方义务、责任和风险 |
|---|---|
| A8　交货凭证 | B8　交货凭证 |
| 依惯例或应买方要求，卖方必须承担费用，向买方提供其按照 A3 订立的运输合同通常的运输凭证。当此类运输凭证以可转让形式签发且有数份正本时，则必须将整套正本凭证提交给买方 | 如果凭证与合同相符，买方则必须接受按照 A8 提供的运输凭证 |
| A9　查对—包装—标记 | B9　货物检验 |
| 卖方必须支付为了按照 A4 进行交货所需要进行的查对费用，以及出口国强制进行的装运前检验所发生的费用。以适合该货物运输的方式对货物进行包装，应作适当包装标记 | 买方必须支付任何强制性装运前检验费用，但出口国有关机构强制进行的检验除外 |
| A10　协助提供信息及相关费用 | B10　协助提供信息及相关费用 |
| 应买方要求并由其承担风险和费用，卖方必须及时向买方提供或协助其取得相关货物进口和/或将货物运输到最终目的地所需要的任何文件和信息，包括安全相关信息 | 买方必须及时告知卖方任何安全信息要求，以便卖方遵守 A10 的规定 |

### （四）CIP

CIP(carriage and insurance paid to)为"运费加保险费付至"价格，是指卖方将货物在双方约定地点交给指定的承运人。卖方必须签订运输合同并支付将货物运至指定目的地的所需费用。

卖方还必须为买方在运输途中货物的灭失或损坏风险签订保险合同。买方应注意到，CIP 只要求卖方投保最低险别。如果买方需要更多保险保护，则需与卖方明确就此达成协议，或者自行做出额外的保险安排。

CIP 价格条件买卖双方的主要义务如下。

1. CIP 卖方义务

（1）订立把货物运往指定目的地的运输合同，并支付有关运费。

（2）在合同规定的时间、地点，把合同规定的货物交给承运人，并及时通知买方。

（3）承担把货物交给承运人之前的风险。

（4）按照买卖合同的约定，负担投保货物运输险的费用。

（5）取得出口许可证或其他官方批准证件，并办理货物出口所需的一切商检和报关通关手续，支付出口的有关费用。

（6）提交商业发票和在约定目的地提货所需的运输单据或具有同等作用的电子信息，并且承担向买方提供保险单据。

2. CIP 买方义务

（1）接受卖方提供的有关单据与货物，并按合同规定支付货款。

（2）承担自货物在约定地点交给承运人之后的风险。

（3）取得进口许可证或其他官方证件，并且办理货物进口所需的一切商检和报关通关手续，支付进口关税及其他有关费用。

CIP 价格条件买卖双方的具体义务、责任和风险划分见表 3-11。

表 3-11  CIP 价格条件买卖双方的具体义务、责任和风险划分

| A 卖方义务、责任和风险 | B 买方义务、责任和风险 |
|---|---|
| A1　卖方一般义务 | B1　买方一般义务 |
| 卖方必须提供符合买卖合同约定的货物和商业发票,以及合同可能要求的其他与合同相符的证据。A1~A10 中所指的任何单证在双方约定或符合惯例的情况下,可以是同等作用的电子记录或程序 | 买方必须按照买卖合同约定支付价款。B1~B10 中所指的任何单证在双方约定或符合惯例的情况下,可以是同等作用的电子记录或程序 |
| A2　许可证、授权、安检通关和其他手续 | B2　许可证、授权、安检通关和其他手续 |
| 卖方必须自负风险和费用,取得所有的出口许可或其他官方授权,办理货物出口和交货前从他国过境运输所需的一切海关手续 | 应由买方自负风险和费用,取得所有的进口许可或其他官方授权,办理货物进口和从他国过境运输所需的一切海关手续 |
| A3　运输合同和保险合同 | B3　运输合同和保险合同 |
| a) 运输合同<br>卖方必须签订或取得运输合同,将货物自交货地内的约定交货点运送至指定目的地或该目的地的交付点。必须按照通常条件订立合同,由卖方支付费用,经由通常航线和习惯方式运送货物。<br>b) 保险合同<br>卖方必须自付费用取得货物保险。该保险需至少符合基本险的最低级别。保险最低金额是合同规定价格另加 10%(即 110%),并采用合同货币。应向买方提供保单或其他保险证据 | a) 运输合同<br>买方对卖方无订立运输合同的义务。<br>b) 保险合同<br>买方对卖方无订立保险合同的义务。但应卖方要求,买方必须向卖方提供后者应买方按照 A3 b) 要求其购买附加险所需信息 |
| A4　交货 | B4　收取货物 |
| 卖方必须在约定日期或期限内,以将货物交给按照 A3 签订的合同承运人方式交货 | 当货物按照 A4 交付时,买方必须收取,并在指定目的地自承运人收取货物 |
| A5　风险转移 | B5　风险转移 |
| 除按照 B5 的灭失或损坏情况外,卖方承担按 A4 完成交货前货物灭失或损坏的一切风险 | 买方必须承担按 A4 交货时起货物灭失或损坏的一切风险 |
| A6　费用划分 | B6　费用划分 |
| 卖方必须支付:<br>a) 按照 A4 完成交货前与货物相关的一切费用,但按照 B6 应由买方支付的费用除外;<br>b) 按照 A3 a)所发生的运费和其他一切费用,包括根据运输合同规定由卖方支付的装货费和在目的地的卸货费;<br>c) 根据 A3 b)发生的保险费用;<br>d) 在采用时,货物出口所需海关手续费用、出口应缴纳的一切关税、税款和其他费用,以及按照运输合同规定,由卖方支付的货物从他国过境运输的费用 | 在不与 A3 a)冲突的情况下,买方必须支付:<br>a) 自按照 A4 交货时起,与货物相关的一切费用,如使用时,按照 A6 d)为出口所需的海关手续费用,以及出口应缴纳的一切关税、税款和其他费用除外;<br>b) 货物在运输途中直到到达约定目的地为止的一切费用,按照运输合同该费用应由卖方支付的除外;<br>c) 卸货费,除非根据运输合同该项费用应由卖方支付 |

续表

| A 卖方义务、责任和风险 | B 买方义务、责任和风险 |
|---|---|
| A7 通知买方<br>卖方必须向买方发出已按照 A4 交货的通知。<br>卖方必须向买方发出所需通知,以便买方采取收取货物通常所需要的措施 | B7 通知卖方<br>当有权决定发货时间和/或指定目的地或目的地内收取货物的交付点时,买方必须向卖方发出充分通知 |
| A8 交货凭证<br>依惯例或应买方要求,卖方必须承担费用,向买方提供按照 A3 订立的运输合同通常的运输凭证。当此类运输凭证以可转让形式签发且有数份正本时,则必须将整套正本凭证提交给买方 | B8 交货凭证、运输单据或有同等作用的电子信息<br>如果凭证和合同相符,买方必须接受按照 A8 提供的运输凭证 |
| A9 查对—包装—标记<br>卖方必须支付为了按照 A4 进行交货所需要进行的查对费用,以及出口国强制进行的装运前检验所发生的费用。卖方可以适合该货物运输的方式对货物进行包装,应作适当包装标记 | B9 货物检验<br>买方必须支付任何强制性装船前检验费用,但出口国有关机构强制进行的检验除外 |
| A10 协助提供信息及相关费用<br>应买方要求并由其承担风险和费用,卖方必须及时向买方提供或协助其取得相关货物进口和/或将货物运输到最终目的地所需要的任何文件和信息,包括安全相关信息。卖方必须偿付买方按照 B10 提供或协助取得文件和信息时发生的所有花销和费用 | B10 协助提供信息及相关费用<br>买方必须及时告知卖方任何安全信息,以便卖方遵守 A10 的规定。<br>买方必须偿付卖方按照 A10 向买方提供或协助其取得文件和信息时发生的所有花销和费用 |

### (五) DAT

DAT(delivered at terminal)为"运输终端交货"价格,是指当卖方在指定港口或目的地的指定运输终端将货物从抵达的载货运输工具上卸下,交由买方处置即为交货。

由于卖方承担在特定地点交货前的风险,双方要尽可能确切地约定运输终端,在约定的港口或目的地的运输终端的具体地点。卖方要取得完全符合协议的运输合同。

DAT 价格条件买卖双方的主要义务如下。

**1. DAT 卖方义务**

(1) 订立把货物运往指定港口或目的地运输终端的运输合同,并支付有关运费。

(2) 在指定港口或目的地的运输终端把符合合同约定的货物从抵达的运输工具上卸下交给买方。

(3) 通知买方,以便买方做好接收货物的准备。

(4) 承担在运输终端交货之前的一切风险和费用。

(5) 取得出口许可证或其他官方批准证件,并办理货物出口所需要的一切商检和报关通关手续,支付各种有关费用。

(6) 提交商业发票及买方能够收取货物的凭证或相等的电子信息。

**2. DAT 买方义务**

(1) 承担在运输终端交货之后的一切风险和费用。

(2) 取得进口许可证或其他官方证件,并且办理货物进口所需的一切商检和报关通关手续,支付关税及其他有关费用。

(3) 按合同约定收取货物,接受交货凭证,支付价款。

DAT 价格条件买卖双方的具体义务、责任和风险划分见表 3-12。

表 3-12　DAT 价格条件买卖双方的具体义务、责任和风险划分

| A 卖方义务、责任和风险 | B 买方义务、责任和风险 |
| --- | --- |
| A1　卖方一般义务 | B1　买方一般义务 |
| 卖方必须提供符合买卖合同约定的货物和商业发票,以及合同可能要求的其他与合同相符的证据。A1~A10 中所指的任何单证在双方约定或符合惯例的情况下,可以是同等作用的电子记录或程序 | 买方必须按照买卖合同约定支付价款。B1~B10 中所指的任何单证在双方约定或符合惯例的情况下,可以是同等作用的电子记录或程序 |
| A2　许可证、授权、安检通关和其他手续 | B2　许可证、授权、安检通关和其他手续 |
| 卖方必须自负风险和费用,取得所有的出口许可和其他官方授权,办理货物出口和交货前从他国过境运输所需的一切海关手续 | 买方必须自负风险和费用,取得所有进口许可或其他官方授权,办理货物进口的一切海关手续 |
| A3　运输合同与保险合同 | B3　运输合同与保险合同 |
| a) 运输合同<br>卖方必须自付费用签订运输合同,将货物运至约定港口或目的地的指定运输终端。<br>b) 保险合同<br>卖方对买方无订立保险合同的义务。但应买方要求并由其承担风险和费用,卖方必须向买方提供后者取得保险所需信息 | a) 运输合同<br>买方对卖方无订立运输合同的义务。<br>b) 保险合同<br>买方对卖方无订立保险合同的义务。但应卖方要求,买方必须向卖方提供取得保险所需信息 |
| A4　交货 | B4　收取货物 |
| 卖方必须在约定日期或期限内,以在 A3 a) 指定港口或目的地运输终端,将货物从抵达的运输工具上卸下向买方交货 | 当货物按照 A4 交付时,买方必须收取 |
| A5　风险转移 | B5　风险转移 |
| 除按照 B5 的灭失或损坏情况外,卖方承担按照 A4 完成交货前货物灭失或损坏的一切风险 | 买方承担按照 A4 交货时货物灭失或损坏的一切风险 |
| A6　费用划分 | B6　费用划分 |
| 卖方必须支付:<br>a) A3 a) 发生的费用,以及按照 A4 交货前与货物相关的一切费用,但按照 B6 应由买方支付的费用除外;<br>b) 在按照 A4 交货前发生的、货物出口所需海关手续费用,出口应缴纳的一切关税、税款和其他费用,以及货物从他国过境运输的费用 | 买方必须支付:<br>a) 自按照 A4 完成交货之时起,与货物相关的一切费用;<br>b) 买方未按照 B2 履行其义务或未按照 B7 发出通知导致卖方发生的任何额外费用,以及办理进口海关手续的费用,进口需缴纳的所有关税、税款和其他费用 |

续表

| A 卖方义务、责任和风险 | B 买方义务、责任和风险 |
| --- | --- |
| A7　通知买方 | B7　通知卖方 |
| 卖方必须向买方发出所需通知,以便买方采取收取货物通常所需要的措施 | 当有权决定在约定期间内的具体时间和/或指定运输终端内的收取货物的交付点时,买方必须向卖方发出充分的通知 |
| A8　交货凭证 | B8　交货证据 |
| 卖方必须自付费用,向买方提供凭证,以确保买方能够按照 A4/B4 收取货物 | 买方必须接受按照 A8 提供的交货凭证 |
| A9　查对—包装—标记 | B9　货物检验 |
| 卖方必须支付为了按照 A4 进行交货所需要进行的查对费用,以及出口国强制进行的装运前检验所发生的费用。以适合该货物运输的方式对货物进行包装,应作适当包装标记 | 买方必须支付任何强制性装船前检验费用,但出口国有关机构强制进行的检验除外 |
| A10　协助提供信息及相关费用 | B10　协助提供信息及相关费用 |
| 应买方要求并由其承担风险和费用,卖方必须及时向买方提供或协助其取得相关货物进口和/或将货物运输到最终目的地所需要的任何文件和信息,卖方必须偿付买方按照 B10 提供或协助取得文件和信息时所发生的所有花销和费用 | 买方必须及时告知卖方任何安全信息要求,以便卖方符合 A10 的规定。买方必须偿付卖方按照 A10 向卖方提供或协助其取得文件和信息时所发生的所有花销和费用 |

### (六) DAP

DAP(delivered at place)为"目的地交货"价格,是指当卖方在指定的目的地把货物交给买方处置的交货价格。卖方承担将货物运送到指定地点的一切风险。

由于卖方承担在特定地点交货前的风险,双方要尽可能清楚约定具体的指定交货地点。卖方要取得完全符合协议的运输合同。如果卖方按照运输合同在目的地发生了卸货费用,除非双方另有约定,卖方无权向买方要求偿付。

DAP 价格条件买卖双方的主要义务如下。

1. DAP 卖方义务

(1) 签订把货物运往指定目的地约定地点的运输合同,并支付有关运费。

(2) 在指定目的地把符合合同约定的货物从已抵达的运输工具上交给买方。

(3) 通知买方,以便买方做好接收货物的准备。

(4) 承担在指定目的地约定地点运输工具上交货之前的一切风险和费用。

(5) 取得出口许可证或其他官方批准证件,并办理货物出口所需要的一切商检和报关通关手续,支付各种有关费用。

(6) 提交商业发票及买方能够收取货物的凭证或相等的电子信息。

2. DAP 买方义务

(1) 承担在指定目的地运输工具上接收之后的一切风险和费用。

(2) 负担取得进口许可证或其他官方证件的风险和费用,并且办理货物进口所需的一切商检和报关通关手续,支付进口关税及其他有关费用。

(3) 按合同约定接收货物,接受交货凭证,支付货款。

DAP 价格条件买卖双方的具体义务、责任和风险划分见表 3-13。

表 3-13　DAP 价格条件买卖双方的具体义务、责任和风险划分

| A 卖方义务、责任和风险 | B 买方义务、责任和风险 |
| --- | --- |
| A1　卖方一般义务 | B1　买方一般义务 |
| 卖方必须提供符合买卖合同约定的货物和商业发票,以及合同可能要求的其他与合同相符的证据。A1~A10 中所指的任何单证在双方约定或符合惯例的情况下,可以是同等作用的电子记录或程序 | 买方必须按照买卖合同约定支付价款。B1~B10 中所指的任何单证在双方约定或符合惯例的情况下,可以是同等作用的电子记录或程序 |
| A2　许可证、授权、安检通关和其他手续 | B2　许可证、授权、安检通关和其他手续 |
| 卖方必须自付风险和费用,取得所有的出口许可和其他官方授权,办理货物出口和交货前从他国过境运输所需的一切海关手续 | 买方必须自付风险和费用,取得所有进口许可或其他官方授权,办理货物进口的一切海关手续 |
| A3　运输合同与保险合同 | B3　运输合同与保险合同 |
| a) 运输合同<br>卖方必须自付费用签订运输合同,将货物运至指定目的地或指定地内的约定地点。<br>b) 保险合同<br>卖方对买方无订立保险合同的义务。但应买方要求并由其承担风险和费用,卖方必须向买方提供后者取得保险所需的信息 | a) 运输合同<br>买方对卖方无订立运输合同的义务。<br>b) 保险合同<br>买方对卖方无订立保险合同的义务。但应卖方要求,买方必须向卖方提供取得保险所需信息 |
| A4　交货 | B4　收取货物 |
| 卖方必须在约定日期或期限内,在约定的地点或指定目的地,以将仍处于抵达的运输工具之上且已做好卸载准备的货物交由买方处置的方式交货 | 当货物按照 A4 交付时,买方必须收取 |
| A5　风险转移 | B5　风险转移 |
| 除按照 B5 的灭失或损坏情况外,卖方承担按照 A4 完成交货前货物灭失或损坏的一切风险 | 买方承担按照 A4 交货时起货物灭失或损坏的一切风险 |
| A6　费用划分 | B6　费用划分 |
| 卖方必须支付:<br>a) 因 A3 a) 发生的费用,以及按照 A4 交货前与货物相关的一切费用,但按照 B6 应由买方支付的费用除外;<br>b) 运输合同中规定的应由卖方支付的在目的地卸货的任何费用;<br>c) 在采用时,在按照 A4 交货前发生的货物出口所需海关手续费用、出口应缴纳的一切关税、税款和其他费用,以及货物从他国过境运输的费用 | 买方必须支付:<br>a) 自按照 A4 交货时起与货物相关的一切费用;<br>b) 在指定目的地从到达的运输工具上,为收取货物所必须支付的一切卸货费用,但运输合同规定该费用由卖方承担者除外;<br>c) 买方未按照 B2 履行义务或未按照 B7 发出通知导致卖方发生的任何额外费用,以及办理进口海关手续的费用,进口需缴纳的所有关税、税款和其他费用 |

续表

| A 卖方义务、责任和风险 | B 买方义务、责任和风险 |
| --- | --- |
| A7　通知买方 | B7　通知卖方 |
| 卖方必须向买方发出所需通知,以便买方采取收取货物通常所需要的措施 | 当有权决定在约定期间内的具体时间和/或指定目的地内的收取货物的交付点时,买方必须向卖方发出充分的通知 |
| A8　交货凭证 | B8　交货证据 |
| 卖方必须自付费用,向买方提供凭证,以确保买方能够按照 A4/B4 收取货物 | 买方必须接受按照 A8 提供的交货凭证 |
| A9　查对—包装—标记 | B9　货物检验 |
| 卖方必须支付为了按照 A4 进行交货,所需要进行的查对费用,以及出口国强制进行的装运前检验所发生的费用。以适合该货物运输的方式对货物进行包装,应作适当包装标记 | 买方必须支付任何强制性装船前检验费用,但出口国有关机构强制进行的检验除外 |
| A10　协助提供信息及相关费用 | B10　协助提供信息及相关费用 |
| 应买方要求并由其承担风险和费用,卖方必须及时向买方提供或协助其取得相关货物进口和/或将货物运输到最终目的地所需要的任何文件和信息,包括安全相关信息。<br>卖方必须偿付买方按照 B10 提供或协助取得文件和信息时发生的所有花销和费用 | 买方必须及时告知卖方任何安全信息要求,以便卖方遵守 A10 的规定。<br>买方必须偿付卖方按照 A10 向买方提供或协助其取得文件和信息时发生的所有花销和费用 |

### (七) DDP

DDP(delivered duty paid)为"完税后交货"价格,是指当卖方在指定目的地把仍处于抵达的运输工具上,但已完成进口清关,且已做好卸载准备的货物交由买方处置即为交货。卖方承担将货物运至目的地的一切风险和费用,并且有义务完成货物出口和进口清关,支付所有出口和进口的关税和办理所有海关手续。除非买卖合同中另行明确规定,任何增值税或其他应付的进口税款由卖方承担。DDP 代表卖方的最大责任(对卖方风险最大,对买方风险最小)。

DDP 价格条件买卖双方的主要义务如下。

1. DDP 卖方义务

(1) 订立把货物运到指定目的地的运输合同,并支付有关运费。

(2) 在合同规定的时间、地点,将合同规定的货物交给买方。

(3) 承担在指定目的地的约定地点把货物交给买方之前的风险和费用。

(4) 取得出口和进口许可证及其他官方批准证件,并且办理货物出口和进口所需的一切商检和报关通关手续,支付出口和进口的关税及其他有关费用。

(5) 提交商业发票和提货单或买方为提取货物所需的运输单证,或具有同等作用的电子信息,并负担有关费用。

2. DDP 买方义务

(1) 接受卖方提供的有关单据,在目的地约定地点接收货物,并按合同规定支付货款。

(2) 承担在目的地约定地点接收货物之后的风险和费用。

(3) 根据卖方的需要,并由卖方负担风险和费用的情况下,给予卖方一切协助,使其取得货物进口所需的许可证或其他官方批准证件。

DDP 价格条件买卖双方的具体义务、责任和风险划分见表 3-14。

表 3-14　DDP 价格条件买卖双方的具体义务、责任和风险划分

| A　卖方义务、责任和风险 | B　买方义务、责任和风险 |
| --- | --- |
| A1　卖方一般义务 | B1　买方一般义务 |
| 卖方必须提供符合买卖合同约定的货物和商业发票,以及合同可能要求的其他与合同相符的证据。A1~A10 中所指的任何单证在双方约定或符合惯例的情况下,可以是同等作用的电子记录或程序 | 买方必须按照买卖合同约定支付价款。B1~B10 中所指的任何单证在双方约定或符合惯例的情况下,可以是同等作用的电子记录或程序 |
| A2　许可证、授权、安检通关和其他手续 | B2　许可证、授权、安检通关和其他手续 |
| 卖方必须自负风险和费用,取得所有的进口许可和其他官方授权,办理货物出口、从他国过境运输和进口所需的一切海关手续 | 应卖方要求并由其承担风险和费用,买方必须协助卖方取得货物进口所需所有进口许可或其他官方授权 |
| A3　运输合同与保险合同 | B3　运输合同与保险合同 |
| a) 运输合同<br>卖方必须自付费用签订运输合同,将货物运至指定目的地或指定目的地内的约定地点。<br>b) 保险合同<br>卖方对买方无订立保险合同的义务。但应买方要求并由其承担风险和费用,卖方必须向买方提供后者取得保险所需的信息 | a) 运输合同<br>买方对卖方无订立运输合同的义务。<br>b) 保险合同<br>买方对卖方无订立保险合同的义务。但应卖方要求,买方必须向卖方提供取得保险所需信息 |
| A4　交货 | B4　收取货物 |
| 卖方必须在约定日期或期限内,在约定的地点或指定目的地,以将仍处于抵达的运输工具上且已做好卸载准备的货物交由买方处置的方式交货 | 当货物按照 A4 交付时,买方必须收取 |
| A5　风险转移 | B5　风险转移 |
| 除按照 B5 的灭失或损坏情况外,卖方承担按照 A4 完成交货前货物灭失或损坏的一切风险 | 买方承担按照 A4 交货时起货物灭失或损坏的一切风险 |
| A6　费用划分 | B6　费用划分 |
| 卖方必须支付:<br>a) 除 A3 a) 发生的费用,以及按照 A4 交货前与货物相关的一切费用,但按照 B6 应由买方支付的费用除外;<br>b) 运输合同中规定的应由卖方支付的在目的地卸货的任何费用;<br>c) 在按照 A4 交货前发生的,货物进出口所需海关手续费用、出口和进口应缴纳的一切关税、税款和其他费用,以及货物从他国过境运输的费用 | 买方必须支付:<br>a) 自按照 A4 交货时起与货物相关的一切费用;<br>b) 在指定目的地,从到达的运输工具上,为收取货物所必须支付的一切卸货费用,但运输合同规定该费用由卖方承担者除外;<br>c) 买方未按照 B2 履行义务或未按照 B7 发出通知导致卖方产生的任何额外费用 |

续表

| A 卖方义务、责任和风险 | B 买方义务、责任和风险 |
|---|---|
| A7 通知买方 | B7 通知卖方 |
| 卖方必须向买方发出所需通知,以便买方采取收取货物通常所需要的措施 | 当有权决定在约定期间内的具体时间和/或指定目的地内收取货物的交付点时,买方必须向卖方发出充分的通知 |
| A8 交货凭证 | B8 交货凭证 |
| 卖方必须自付费用,向买方提供凭证,以确保买方能够按照 A4/B4 收取货物 | 买方必须接受按照 A8 提供的交货凭证 |
| A9 查对—包装—标记 | B9 货物检验 |
| 卖方必须支付为了按照 A4 进行交货所需要进行的查对费用,以及进出口国强制进行的装运前检验和包装所发生的费用 | 买方对卖方不承担义务支付任何进出口国有关机构装运前强制进行的检验费用 |
| A10 协助提供信息及相关费用 | B10 协助提供信息及相关费用 |
| 应买方要求并由其承担风险和费用,卖方必须及时向买方提供或协助其取得自指定目的地将货物运输到最终目的地所需要的任何文件和信息,包括安全相关信息。卖方必须偿付买方按照 B10 提供或协助取得文件和信息时所发生的所有花销和费用 | 买方必须及时告知卖方任何安全信息要求,以便卖方遵守 A10 的规定。买方必须偿付卖方按照 A10 向买方提供或协助其取得文件和信息时产生的所有花销和费用 |

### 三、《2010 年通则》11 种价格术语交货示意图

11 种术语结构图如图 3-1 所示。

图 3-1  11 种术语结构

## 第三节  仍可使用的《2000 年国际贸易术语解释通则》其他术语简介

《2000 年国际贸易术语解释通则》简称《2000 年通则》。

### 一、《2000 年通则》中的其他价格术语

《2010 年通则》发布实施后,国际商会表明《2000 年通则》仍然可以继续应用,但要在使

用中注明。《2000年通则》与《2010年通则》有 EXW、FAS、FOB、CFR、CIF、FCA、CPT、CIP、DDP 九个价格术语的含义大体相同,但《2000年通则》有 DAF、DES、DEQ 和 DDU 四个价格术语在《2010年通则》中没有,现简介如下。

### (一) DAF

DAF(delivered at frontier)是指定地点的"边境交货"价格,是指当卖方在边境指定的具体地点交货,在毗邻国家海关规定的边界前,将仍处于交货的运输工具上尚未卸下的货物交给买方处置,办妥货物出口清关手续但尚未办理进口清关手续即完成交货。

### (二) DES

DES(delivered Ex ship)是在指定"目的港船上交货"的价格,是指卖方在指定的目的港船上把货物交给买方处置即完成交货,但不办理货物进口通关手续。卖方必须承担货物运至指定目的港卸货前的一切风险和费用。只有当货物经由海运或内河运输或多式联运到目的港船交货时,才能使用该术语。

### (三) DEQ

DEQ(delivered Ex quay)是在指定"目的港码头交货"的价格,是指卖方在指定的目的港码头把货物交给买方处置即完成交货,不办理进口通关手续。卖方应承担将货物运至指定的目的港并卸至码头的一切风险和费用。只有当货物经由海运、内河运输或多式联运且在目的港码头卸货时,才能使用该术语。

### (四) DDU

DDU(delivered duty unpaid)是在指定目的地"未完税交货"的价格,是指卖方在指定的目的地把货物交给买方处置,不办理进口手续,也不从交货的运输工具上将货物卸下,即完成交货。卖方应承担将货物运至指定目的地的一切风险和费用,不包括在需要办理海关手续时在目的地国进口应缴纳的任何"税费"(包括办理海关手续的责任和风险,以及缴纳手续费、关税、税款和其他费用)。买方必须承担此项"税费"和因其未能及时办理货物进口通关手续而产生的费用和风险。

## 二、《2010年通则》对《2000年通则》的修改补充分析

《2010年通则》在以下六个方面对《2000年通则》作了实质性的修改补充。

1. 贸易术语结构上的变化

贸易术语由13种减少为11种,贸易术语根据运输方式分为2组。《2010年通则》删除4个D组术语:DAF、DES、DEQ和DDU。新增2个D组术语:DAT(delivered at terminal,终端交货)和 DAP(delivered at place,指定地点交货)。

2. 术语义务项目上的变化

《2010年通则》中每种术语项下卖方在每一项目中的具体义务不再"对应"买方在同一项目中相应的义务,而是改为分别描述,并且各项目内容也有所调整。其中,第一项和第十项改动较大,尤其是第十项要求卖方和买方分别要帮助对方提供包括与安全有关的信息和单据,并因此向受助方索偿而发生的费用。

3. 新增 DAT 和 DAP 两个术语

《2010年通则》增加了 DAT 和 DAP 两个全新的术语,DAT 下卖方需要承担把货物由

目的地（港）运输工具上卸下的费用，DAP下卖方只需在指定目的地把货物处于买方控制之下，而无须承担卸货费。这有助于船舶管理公司理解货物买卖双方支付各种收费时的角色，弄清码头处理费的责任方，有助于避免现时经常出现的码头处理费（THC）纠纷。

4. "船舷"的变化

《2010年通则》取消了"船舷"的概念，不再设定"船舷"的界限，只强调卖方承担货物装上船为止的一切风险，买方承担货物自装运港装上船开始起的一切风险。此次修订最终删除了"船舷"的规定，强调在FOB、CFR和CIF下买卖双方的风险以货物在装运港口被装上船时为界，而不再规定一个明确的风险临界点。

5. 关于连环贸易的补充

大宗货物买卖中，货物常在一笔连环贸易下的运输期间被多次买卖，即"string sales"（连环贸易）。着眼于贸易术语在这种贸易中的应用，《2010年通则》对此连环贸易模式下卖方的交付义务做了细分，在相关术语中同时规定了"设法获取已装船货物"和将货物装船的义务，弥补了以前版本中在此问题上未能反映的不足。

6. 术语的内外贸适用的兼容性

考虑到对于一些大的区域贸易集团，如欧洲单一市场而言，国与国之间的边界手续已不那么重要了，《2010年通则》首次正式明确这些术语不仅适用于国际销售合同，也适用于国内销售合同。对于具体的义务，《2010年通则》在几处明确进出口商仅在需要时才办理出口/进口报关手续和支付相应费用，如A2/B2、A6/B6处。

除了以上几点重要变化之外，同时也增加了"guidance note"（指导性说明），赋予电子通信方式完全等同的功效，只要各方当事人达成一致或者在使用地是惯例；充分考虑了保险条款的变动，在各种术语条款内容中包含取得或提供帮助取得安全核准的义务；对码头装卸费用的分配做出了详细规定。

## 第四节　国际贸易交货价格术语条款的恰当选用

在国际贸易中，可供买卖双方选用的国际贸易术语有很多，由于每一种价格术语都有其特定的含义，不同的价格术语，买卖双方所承担的责任、义务、风险也不同，价格术语选择正确与否直接关系到买卖双方的经济利益，因此，它是双方都十分重视的合同条款之一。

在我国的对外贸易中，选用国际贸易价格术语时，要综合考虑以下九个因素。

### 一、选用价格术语必须体现我国的对外政策

必须按照平等互利的原则在双方自愿的基础上选择价格术语。选择双方熟悉的，对买卖双方都较为便利的价格术语，如FOB、CFR、CIF三种价格术语，已经成为各国商人经常使用的价格术语。双方风险的划分界限是以指定装运港的船上为分界点，这有利于双方履行合同。

### 二、选择价格术语时应考虑本国运输业和保险业的情况

出口贸易争取使用CIF术语，进口贸易争取使用FOB术语，这有利于促进我国运输业和保险业的发展，也有助于我方做好船货衔接，按时履行合同。但要同时考虑风险问题。

### 三、必须考虑国外港口装卸条件和港口惯例

各国港口装卸条件不同，装卸费和运费水平也不一样，有些港口还有一些习惯做法，交

易中往往难以把握。如果在进口时，国外装运港的条件较差，费用较高，风险较大，则力争采用 CFR 或 CIF 术语；出口时，如果目的港条件较差，费用较高，风险较大，我方应力争用 FOB 术语成交，如果必须使用 CFR 或 CIF 术语，则应选用其变形 CFR Ex ship's hold 或 CIF Ex ship's hold 交易。

## 四、选用适合的运输方式

按照贸易术语的国际惯例，每一种贸易术语都有其所适用的运输方式。如 FOB、CFR 和 CIF 术语只适用于海洋运输和内河运输，不适用于铁路运输、公路运输和航空运输。如果合同规定用铁路、公路或航空运送货物，则应选用 FCA、CPT 或 CIP 术语。

## 五、选用价格术语时应考虑海上风险的程度

在国际贸易中，出口人一般都不愿意用目的地交货类的价格术语，如 DES、DEQ、DDU、DDP；进口人一般不愿意用出口国内陆交货的价格术语，如 EXW。这主要是由于对国外情况不了解，谁都不愿意冒此风险。

## 六、有利于资金的融通和周转

如果以远期信用证或远期托收方式支付，则采用 CFR 或 CIF 条件对买方比较有利，因为 CFR 贸易术语的运费由卖方承担，CIF 贸易术语的运费和保险费都由卖方承担。卖方支出上述费用后，买方的付款却是远期的，这样做买方得到了资金融通。如果采用即期信用证或即期托收方式支付，在运费、保险费所占成本比较大时，选择 FOB 贸易术语对买方比较有利。因为在 FOB 贸易术语下，一般是运费到付，买方可以减少开证金额和费用。

在出口贸易中，卖方采用 CFR 或 CIF 贸易术语可以及时装运，加速收汇；如果采用 FOB 贸易术语方式，若买方船舶延期到达，将会影响卖方获取提单的时间，从而影响卖方的资金周转。

## 七、有利于安全收汇或安全收货

在贸易术语的选用方面，涉及如何保障出口收汇和进口收货问题。在出口贸易中，一般要求采用 CIF 术语而不是 FOB 术语，是有安全方面的考虑。如果采用 FOB 术语由买方租船订舱，有可能与承运人勾结，越过向银行赎单的正常渠道，向承运人无单提货，随后采用破产的手段，骗取货物。在进口贸易中，一般要求采用 FOB 术语而不是 CFR 或 CIF 术语，也是考虑风险问题。在 CFR 或 CIF 术语下，因为由国外卖方租船订舱，如果国外卖方所安排的船只不当，或与船方勾结出具假提单，将使我们进口方收不到货。

## 八、按实际需要灵活掌握

当国外买方在向我国购买大宗商品时，为了可以在运费和保险费上得到优惠，要求自行租船装运货物和办理投保，在控制好风险的情况下，我方出口企业也可以采用 FOB 价格术语交易。有些国家为了扶持本国保险业的发展，规定其进口贸易必须在本国投保，在这种情况下，可以同意使用 FOB 价格术语交易以示合作。在进口贸易中，如果我方进口的货物数量不多，或者为了更好地控制风险，也可以采用 CIF 价格术语交易。

## 九、重视规避和控制风险

国际贸易风险比国内贸易大，要随时牢记规避和控制风险，如我方进口大宗货物需要以租船方式装运时，原则上应采用 FOB 价格术语交易，由我方自行租船、投保，以避免卖方与

船方勾结,利用租船提单,骗取货款。

## 本 章 提 要

（1）贸易术语(trade terms),又称价格术语或交货条件,是用一个简短的概念或三个字母的缩写来说明价格的构成,说明交货地点,明确货物交接过程中买卖双方的有关责任、费用、风险划分的专门用语。

（2）贸易术语作为国际惯例,主要有三种:《国际贸易术语解释通则》《1932年华沙-牛津规则》《1990年美国对外贸易定义修正本》。其中,《国际贸易术语解释通则》应用最为广泛,国际商会对其先后作了七次修改和补充。

（3）《2010年通则》将11个贸易术语按照适用范围分为两类:一类为适用于任何单一运输方式或多种联合运输方式的术语,包括 EXW、FCA、CPT、CIP、DAT、DAP、DDP;另一类为适用于海运和内河水运的术语,包括 FAS、FOB、CFR 和 CIF。我国在进出口贸易中,最常用的贸易术语为以下6个:FOB、CFR、CIF、FCA、CPT、CIP。

（4）由于每一种价格术语都有其特定的含义,不同的价格术语,买卖双方所承担的责任、义务、费用和风险也不同,价格术语选择正确与否直接关系到买卖双方的经济利益。

## 思考与练习　技能证书考试与专业竞赛训练

（一）分析判断题(判断命题的正确或错误,正确的打"√",错误的打"×")

1. 从商业观点来看,可以说 CFR 合同的目的不是货物,而是与货物有关的单据的买卖。　　　　　　　　　　　　　　　　　　　　　　　　　　　　（　）
2. 国际贸易惯例对买卖合同当事人具有法律约束力。　　　　　　　　　　（　）
3. 按 CIF 术语成交时,卖方承担将货物运达目的港之前的一切费用和风险。（　）
4. 在 FOB 贸易术语成交条件下,由买方指定承运人并安排运输,因此如果合同中未规定"装船通知"条款时,卖方在装船后允许不发装运通知给买方。　　　　　（　）
5. 我国某公司从美国旧金山进口木材,如按 FOB 美国旧金山港条件成交,需我国某公司指定船只去旧金山港接运货物,而按 CIF 条件成交,则由旧金山供应商负责租船、订舱,将木材运往我国指定港口。由此可见,按 FOB 条件进口比按 CIF 条件进口风险大。
　　　　　　　　　　　　　　　　　　　　　　　　　　　　　　　　　　（　）
6. FCA、CPT 和 CIP 三种贸易术语,不仅适用于各种单一的运输方式,而且适用于多式联运。　　　　　　　　　　　　　　　　　　　　　　　　　　　　（　）
7. FCA 条件下卖方将货物交给承运人即完成交货义务,出口报关等手续由买方办理。（　）
8. FCA、CPT 和 CIP 就卖方承担的风险而言,FCA 最小,CPT 其次,CIP 最大。（　）
9. 按 FOB、CFR、CIF 条件成交,货物在指定装运港装上船后,风险即告转移。因此,货到目的港后买方如发现货物品质、数量、包装等与合同规定不符,卖方概不负责。（　）

10.《2010年通则》中的 CPT、CIP、CFR、CIF 术语属于象征性交货。　　　　（　　）

(二) 单项选择题(每题只有1个答案是正确的,请选择正确的答案填入括号内)

1.《1932年华沙-牛津规则》详细规定了双方责任、义务、费用和风险的贸易术语是(　　)。
   A. FOB　　　　B. CFR　　　　C. CIF　　　　D. FCA

2. 根据《2000年通则》的解释,由买方办理的出口手续的术语是(　　)。
   A. EXW　　　　B. FOB　　　　C. FCA　　　　D. CPT

3. 根据《2000年通则》,CPT贸易术语后应注明(　　)。
   A. 目的地名称　　B. 目的港名称　　C. 装运港名称　　D. 指定出口地点

4. 中国上海宝钢国际贸易公司出口一批钢铁到也门,按 CIF Port of HODEIDAH in Yemen(也门荷台达港)成交,合同规定,宝钢国际贸易公司不承担卸货费,该术语应变形为(　　)。
   A. CIF Liner Terms Port of HODEIDAH in Yemen
   B. CIF Landed Port of HODEIDAH in Yemen
   C. CIF Ex Ship's Hold Port of HODEIDAH in Yemen
   D. CIF Ex Tackle Port of HODEIDAH in Yemen

5. 我国广东省广州市某公司与外商按 CIF LANDED Port of LONDON in UK 条件出口一批货物,合同规定以信用证方式付款,货物顺利装运完毕后,广州市某公司在信用证规定的条件下办好了手续并收回货款,不久广州市某公司收到外商寄来的货物在伦敦港的缺货费和进口报关费收据,要求广州市某公司付款。为此广州市某公司(　　)。
   A. 应承担卸货费及报关费
   B. 不应承担卸货费,只承担报关费
   C. 只应承担卸货费,不承担报关费
   D. 应同外商协商,由外商承担卸货费及报关费

6. 按照《2010年通则》的解释,CIF与CFR术语的主要区别在于(　　)。
   A. 风险划分的界限不同　　　　B. 办理租船订舱的责任方不同
   C. 办理货运保险的责任方不同　D. 办理出口手续的责任方不同

7. 就卖方承担的责任和费用而言,下列各项排序正确的是(　　)。
   A. FOB＞CFR＞CIF　　　　B. FOB＞CIF＞CFR
   C. CIF＞CFR＞FOB　　　　D. CIF＞FOB＞CFR

8. 就买方承担的责任和费用来说,以下排序正确的是(　　)。
   A. CIP＞CPT＞FCA　　　　B. FCA＞CPT＞CIP
   C. CIF＞FCA＞CPT　　　　D. CPT＞CIP＞FCA

9. 根据 INCOTERMS 2010,DAT 和 DAP 术语的适用范围是(　　)。
   A. 仅适用于水上运输方式　　　B. 仅适用于单一运输方式
   C. 可适用于任何运输方式　　　D. 以上都对

10. 按照 INCOTERMS 2010,若以 CFR 条件成交,买卖双方风险划分是以(　　）

为界。

  A. 货物交给承运人保管   B. 货物交给第一承运人保管
  C. 货物在装运港置于船上   D. 货物在装运港越过船舷

（三）多项选择题（每题有2个及以上答案是正确的，请选择正确的答案填入括号内）

1. 当前有关贸易术语的国际惯例有（ ）。
  A.《2010年通则》
  B.《1932年华沙-牛津规则》
  C.《1990年美国对外贸易定义修正本》
  D.《汉堡规则》

2. 下列国际贸易术语中，在装运港完成交货的有（ ）。
  A. FOB   B. FAS   C. CFR   D. CIF

3. 在以下国际贸易术语中，风险转移界限在进口国的有（ ）。
  A. FCA   B. DES   C. DDU   D. CIP
  E. CPT

4. 风险划分以货交第一承运人为界，并适用于各种运输方式的贸易术语有（ ）。
  A. FAS   B. CPT   C. CIF   D. FCA
  E. DDP

5. CIF和DES的主要区别有（ ）。
  A. 进口报关的责任不同   B. 风险划分的界限不同
  C. 出口报关的责任不同   D. 交货地点不同
  E. 适用运输方式不同

6. 国际贸易术语属于国际贸易惯例，国际贸易惯例本身（ ）。
  A. 是法律   B. 不是法律
  C. 对贸易双方具有强制性   D. 对贸易双方不具有强制性

7. 下列对贸易术语变形的正确说法是（ ）。
  A. 不改变费用的负担   B. 不改变交货地点
  C. 不改变风险划分的界限   D. 不改变支付条件

（四）思考题

1. 什么是国际贸易术语？其作用是什么？
2. 有关贸易术语的国际惯例有哪些？最常用的有哪些？
3. 《2010年通则》与《2000年通则》有何不同？
4. 怎样理解采用FCA贸易术语时的"管装不管运、管运不管卸"？
5. 怎么理解采用DAT、DAP贸易术语时的"管卸不管运、管运不管卸"？
6. 买卖双方在FOB、CFR、CIF三个价格术语中各方的主要义务有哪些？
7. 买卖双方在FCA、CPT、CIP三个价格术语中各方的主要义务有哪些？
8. FCA、CPT、CIP与FOB、CFR、CIF相比，有哪些相同点和不同点？
9. FOB、CFR、CIF的变形用来说明什么问题？

10. 国际贸易中，应如何恰当选择应用贸易术语？

# 案例分析及讨论

## 应用 CFR 价格术语出口机器设备发生的问题及其处理

某年 6 月，我国江苏省常州市某外贸公司与阿联酋一公司以 CFR 价格术语签约外销一批工业缝纫机，支付方式为即期信用证付款，签约后不久，买方按期开来信用证，常州市某外贸公司凭证发货，在常州市装箱后，运往上海港装船，全套单据备齐后，交往中国银行常州市分行议付，中行常州市分行很快从开证行收回货款。

货物抵达阿联酋目的港后，客户提货时发现部分货物有锈损现象，当即请 SGS（瑞士通用检验公司）予以检验，检验结果证明：
(1) 集装箱内上方发现有一层水珠。
(2) 靠近集装箱内顶的货物外包装纸箱被浸湿。
(3) 部分缝纫机镀铬部分发生锈损。
(4) 集装箱顶部有砂眼，并拍摄了 18 张照片，以资证明。

客户根据此检验结果推断损失原因为：
(1) 载货集装箱本身潮湿，未事先经干燥处理。
(2) 货物在常州市装箱时，冒雨作业。
(3) 从常州市运往上海港途中遇暴风雨，水珠从砂眼渗入箱内。

客户进一步认为，货物损失发生在装箱后至装船前，即 CFR 价格术语规定的风险和责任转移前，因此认为常州市某外贸公司应负赔偿责任。

请思考分析及讨论：
(1) 为什么外商总是强调货损发生在装船前，而不提有可能发生在海运途中？
(2) 若货损发生在海运途中，应由谁负责？

# 教学互动

请对比分析《2010 年通则》的 11 个价格术语中 EXW、FAS、FOB、CFR、CIF、FCA、CPT、CIP、DAT、DAP、DDP 并回答各个价格术语的中文意思、交货地点、风险划分、租船订舱、投保、出口报检报关、进口报检报关、运输交货方式。

# 第四章

# 国际贸易方式与互联网工具

**知识要求**

认识并掌握国际贸易的各种方式方法,包括逐笔购销的现货贸易、经销贸易、包销贸易、代理贸易、寄售贸易、对销贸易、加工贸易、边境贸易、保税贸易、期货贸易、招标与投标等知识;懂得各种国际贸易方式的含义、利弊和适用的范围。

**应用要求**

大致掌握国际贸易各种方式的做法及其应用;能对各种国际贸易方式进行细分,根据不同的实际情况采用适当的国际贸易方式来正确处理国际贸易业务;掌握互联网工具在国际贸易中的应用,能开展跨境电子商务。

国际贸易方式是指国际买卖中采用的各种方法。随着国际贸易的发展,贸易方式也日趋多样化。除了采用逐笔购销的现货贸易方式外,还有经销、包销、代理、寄售、对销贸易、加工贸易、边境贸易、保税贸易、期货贸易、招标与投标等。

以互联网作为工具开展国际贸易即"互联网+外贸",突出的表现形式是跨境电子商务。

## 第一节 经销、包销、代理与寄售

### 一、经销

#### (一) 经销的含义和做法

经销是指经销商与生产厂家或供应商达成协议,在规定的期限和地域内购销指定商品的做法。在经销方式中,供应商和经销商之间是一种买卖关系。其做法是经销商以自己的名义购进货物,在规定的期限和区域内销售,货物价格涨跌等经营风险由经销商自己承担。

经销可以分为一般经销和独家经销。独家经销方式通常会规定经销商最低交易数量以及不得经销相竞争的其他供应商产品等。

#### (二) 经销方式的利弊

1. 经销的有利方面

对出口商来说,采用经销方式是巩固市场、扩大销售的有效途径之一。这是因为在经销方式下,出口商通常要在价格、支付条件等方面给予经销商一定的优惠,这有利于调动经销商的积极性,利用其经销渠道为推销出口商品服务。有的还可要求经销商提供售后服务和进行市场调研。但不同的经销方式对出口商品推销所发挥的作用不完全一样。

如果采用独家经销方式,由于经销商在经销区域内对指定的商品享有专营权,这在一定程度上可以避免或减少因同一商品多家竞争而造成损失。一般来说,经销商也愿意按协议的规定为所经销的商品登广告、做宣传,或者承担其他义务,使商品的经营额不断扩大,使双方在合作中共同受益。

2. 经销的弊端方面

如果在同一市场上采用多家经销商同时经营出口供应商的同一商品时,就可能出现弊端,当商品市场的销路不好时,一些资金不够雄厚的经销商可能会因资金周转困难而削价抛售,这样的做法有可能造成连锁反应,会使其他经销商仿效。且许多消费者的消费心理是买涨不买跌,多家经销商竞相降价,有可能把市场做坏。

## 二、包销

### （一）包销的含义和做法

1. 包销的含义

国际贸易的包销(exclusive sales/bought deal)是出口商将一种或一类商品在一定时期内向一定地区出口,交给外国合作伙伴承包销售的一种经营方式,是比较常用的一种方式之一。

2. 包销的做法

包销的一般做法是出口人与国外合作伙伴通过商务谈判达成包销协议,在一定时间内把指定商品在指定地区的独家经营权授予该合作伙伴,合作伙伴承诺不经营其他来源的同类或可替代的商品。包销协议的内容包括:协议的名称、日期与地点,协议双方的关系,包销商品的种类、名称、数量与品质、品牌和型号,包销国家与地区,包销期限,专营权,包销数量或金额,作价办法,其他权利和义务。要明确出口商和包销商之间的关系是买卖关系,包销商应自筹资金买断商品,并自负盈亏进行销售。要约定出口商只能通过包销商向指定地区出口指定的商品,不得向另外的商家报盘成交,包销商也应保证在一定期限内购足一定数量的指定商品,在指定地区内销售。通过包销协议,双方建立起一种稳定的长期买卖合作关系,而具体的每一笔交易,则以包销协议为基础,另行订立买卖合同。

### （二）包销方式的利弊

1. 包销的有利方面

在使用包销方式时,既要看到这种方式对卖方和买方有利的方面,同时也要看到对卖方和买方不利的方面,在实践中,尽量扬长避短,发挥包销方式的积极作用。包销方式有利的方面如下。

（1）对出口商来说,可以利用包销商的经营积极性,在广告促销和售后服务中作较多的投入,提高消费者购买出口商货物的信心,有利于扩大销售,使双方共赢。

（2）出口商可以利用包销商身居国外,对当地市场比较熟悉的有利条件,建立销售网络和渠道,随时取得国外消费者的反馈信息,以改善产品质量,扩大出口货物销售。

（3）对包销商来说,由于取得了独家专卖权,可以在指定商品的销售中处于有利地位,减少了在取得货源供应上的竞争,避免了因多头竞争而导致商品降价、减少盈利的问题发生。

(4) 包销协议有效期比较长，有利于出口商有计划地安排生产、组织货源和出口运输工作，有助于做到按市场需求出口，均衡供货。

2. 包销的弊端方面

(1) 包销方式对出口商约束较大。由于包销是包销商买断商品后再自行销售，所以包销商需要有一定的资金投入和承担销售风险，若包销商资金不足或缺少销售能力，或市场发生变化，可能出现"包而不销"或"包而少销"的问题，从而影响出口商的销售数量。为了防止这种问题发生，在签订包销协议时，可规定包销商在一定时期内，需完成的包销数量或金额，若不完成任务，出口商有权取消包销协议。

(2) 包销是一种垄断。容易造成包销商凭借享有独家专营权的地位，操纵或垄断市场价格，甚至对出口商进行压价。同时，减少出口商与其他客户业务联系的机会，对全面了解和掌握市场信息不利。所以，一般应在有一定的销售基础且市场竞争比较激烈的地区采用包销方式。

## 三、代理

### (一) 代理的含义和种类

1. 代理的含义

代理(agency)是指代理人(agent)按照委托人(principal)的授权，代表委托人与第三者订立合同或办理与交易有关的事宜的一种贸易做法。代理人是作为委托人的国外代表，他和委托人的关系是代理关系，而不是买卖关系。代理商在代理过程中不必垫付资金，不担风险和不负盈亏，他只获取佣金。代理与包销的性质是不相同的。代理和包销相比有以下不同点：①代理人只能在委托人的授权范围内代表委托人从事商业活动；②代理人一般不以自己的名义与第三者签订合同；③代理人通常是运用委托人的资金从事业务活动；④代理人不管交易中的盈亏，只获取佣金；⑤代理人只负责介绍客户，招揽订单，不承担履行合同的责任。

2. 代理的种类

按委托人授权的大小，代理可分为以下种类。

(1) 一般代理(agent)，又称普通代理，是不享有专营权的代理。在同一地区和期限内，委托人可以同时委托几个代理人负责推销商品服务。委托人也可以直接向代理地区销售货物而无须向代理人支付佣金。一般代理仅是为委托人在当地招揽生意或根据委托人的条件与买主洽谈交易，通常是由委托人签订买卖合同，代理人按协议收取佣金。

(2) 独家代理(exclusive agent or sole agent)，是指在指定地区内，由其单独代表委托人行为的代理人。委托人在该地区内不得委托其他另外的代理人。采用独家代理方式，委托人给予代理人在特定地区和一定期限内享有代销指定商品的专营权。在采用独家代理方式的情况下，一般也允许委托人直接和指定代理地区的买主进行交易。

(3) 总代理(general agency)，是指代理商在指定地区内，既有权独家代销指定的商品，还有代表委托人从事商务活动和处理其他事务的权利。由于这种代理权限很大，在出口业务中一般很少与外商签订总代理协议。但境外的香港地区华润(集团)有限公司及所属的德信行、五丰行和澳门地区的南光贸易公司(现改为南光集团有限公司)分别被指定为我国内地多家进出口公司在这些地区的总代理。

选择哪一种代理方式,应该根据市场情况、商品的竞争能力以及代理商的情况决定。

### (二)代理的做法

1. 签订代理协议

应用商务谈判签订代理协议,代理协议是明确规定委托人和代理人之间权利与义务的法律文件,主要内容包括:①明确协议双方当事人之间的法律关系。双方的当事人是委托人和代理人,代理人以货主的名义和资金从事业务活动,双方当事人是独立的、自主的法人或自然人;②协议的性质及代理人的职权范围。在代理协议中要确定协议的性质是委托代理关系,还要明确代理关系是一般代理、独家代理还是总代理;③代理人佣金条款。代理人的佣金条款是代理协议中的重要条款,在协议中要明确佣金的标准、计算方法和支付方式及时间。佣金率通常为1‰~5‰,计算佣金的基础一般以发票总金额或FOB(指定装运港船上交货)总价值为标准;④非竞争条款。非竞争条款指代理人在协议有效期内无权提供、购买与委托人商品相竞争的商品,也无权为该商品组织广告,还无权代表协议区内的其他相竞争的公司;⑤协议有效期和最低代销额及中止条款。按照国际上的习惯做法,代理协议既可定期,也可不定期;⑥其他条款。代理人在代理协议有效期内,有义务定期向委托人提供市场信息,以及有关外汇、海关规定等有关资料;应在委托人的指令下,组织广告宣传工作。

2. 明确代理双方职责

委托与受托双方签订的代理协议要明确规定经营商品、代理范围、商品交接、储存运输、费用负担、手续费率、外汇划拨、索赔处理、货款结算以及代理项目双方有关职责等。①出口代理。受托企业经办代理出口业务,不垫付商品资金,不负担基本费用,不承担出口销售盈亏,仅收取手续费。受托企业按出口销货发票的金额及规定的手续费率,向委托方收取手续费,作为经办代理出口业务的管理费用开支和收益。②进口代理。受托企业经办代理进口业务是指有货物进口需求的客户,由于对进口业务不熟悉或者其他原因,委托对外贸易公司、货代公司、船运公司、报关行(公司)等代办进口的贸易服务业务,在进口的过程中,进口代理商作为发货人和收货人之外的中间人,在操作过程中收取佣金,一般不承担信用、汇兑和市场风险,不拥有进口商品的所有权。

### (三)代理的优势与劣势

1. 代理的优势

(1)可以减少企业的投入,降低贸易销售成本。

(2)可以转嫁一部分贸易市场的风险。

2. 代理的劣势

(1)应有的利润被分摊了。

(2)在很大程度上丧失了商品的定价主动权。

### (四)代理与经销的区别

代理与经销的区别主要有以下四点。

(1)代理的双方是一种代理关系,经销的双方是一种买卖关系。

(2)代理商是以委托人如生产厂商的名义销售,签订销售合同,经销商则以本身的名义从事销售。

(3) 代理商的收入是佣金收入,经销商的收入是商品买卖的差价收入。

(4) 代理商和经销商的区别主要在有没有涉及商品所有权上。代理只是在买卖双方之间起到媒介作用,促成交易,从中赚取佣金。经销是指对所经营的商品有产权的独立经营。

## 四、寄售

### (一) 寄售的含义

寄售(consignment)是一种委托代售的贸易方式,也是国际贸易中习惯采用的做法之一。寄售是一种有别于代理销售的贸易方式。它是指委托人(如货主)先将货物运往寄售地,委托另外一个代销人(受委托人),按照寄售协议规定的条件,由代销人代替货主进行销售,货物出售后,由代销人向货主结算货款的一种贸易做法。

### (二) 寄售在国际贸易中的特点和做法

1. 寄售的特点

(1) 寄售是先出运、后成交的贸易方式;寄售货物在售出之前,包括运输途中和到达寄售地后的一切费用和风险,均由寄售人承担。但由于代销人的原因而使货物损失、丢失,代销人要承担责任。

(2) 出口商与寄售商之间是委托代销关系;出口方作为寄售人,与代销人的关系是委托代销关系,而非买卖关系。

(3) 寄售不是出售,在寄售商未将商品出售以前,商品的所有权仍属委托人(出口商)。

2. 寄售的做法

(1) 寄售人先将货物运至目的地市场(寄售地),然后经代销人在寄售地向当地买主销售。因此寄售是典型的凭实物进行买卖的现货交易。

(2) 寄售人与代销人之间是委托代销关系,而非买卖关系。代销人只根据寄售人的指示处置货物,货物的所有权在寄售地出售之前仍属寄售人。

(3) 寄售货物在售出之前,包括运输途中和到达寄售地后的一切费用和风险,均由寄售人承担。

(4) 寄售货物装运出口后,在到达寄售地之前也可使用出售路货的办法,先行预销,即当货物尚在运输途中,如有条件即成交出售,出售不成则仍运至原定目的地。

### (三) 寄售方式的利弊

1. 寄售的有利方面

(1) 寄售是一种先发运后销售的现货买卖方式。一般逐笔成交,往往买主对出口方的产品有所了解,批量成交,远期交货。寄售货物出售前,寄售人持有货物的所有权,有利于随行就市。

(2) 寄售方式是凭实物买卖,可以让商品在市场上与用户直接见面。按需要的数量随意购买,利于促进成交。

(3) 寄售代销人不负担风险与费用,一般由寄售人垫资,不占用寄售代销人资金,可以调动其经营的积极性。

2. 寄售的弊端方面

(1) 出口方承担的风险和费用比较大。货物在未售出之前发运,售后才能收回货款,资金负担较重。货物需在寄售地区安排仓储和提货,寄售代销人不承担费用和风险。

(2) 寄售货物的货款回收比较缓慢。

(3) 如果寄售代销人不守协议,不能妥善代管货物,或是出售后不及时汇回货款,都将给出口商带来损失。

(4) 假如寄售货物滞销,需要运回或转运其他口岸,出口商将遭受损失。

代销、寄售和赊销既有联系又有区别:代销、寄销和赊销都是销售贸易的方式,但三者是有区别的,代销是代理销售,是代理关系;寄售是把商品货物寄存在他人处销售,不是代理关系;赊销是用赊欠的方式销售,商品货物发出后所有权发生了转移。

在我国的进出口业务中,寄售方式运用并不普遍,但在某些商品的交易中,为促进成交,扩大出口的需要,也可适当运用寄售方式。

## 第二节 对销贸易、加工贸易、边境贸易与保税贸易

### 一、对销贸易

#### (一) 对销贸易的概念和分类

对销贸易(counter trade)在我国又称为"对等贸易""互抵贸易"等,也有人把它笼统地称为"易货贸易"或"大易货贸易"。其实对销贸易是一个松散的概念,现在还没有一个标准的定义和确定的界限,它是包括进出口结合、以出口和进口互为条件为共同特征的多种贸易方式的总称。在国际贸易实务中,对销贸易的基本形式有:易货贸易、互购贸易、回购贸易、补偿贸易、转手贸易等多种贸易方式。

1. 易货贸易

易货贸易(barter trade)是货物和服务的直接交换,为比较原始的贸易。一般在短时期内完成。如新西兰用冻牛肉换取中国的家用电器产品,越南用热带水果换取中国的温带水果等。

2. 互购贸易

互购贸易(counter purchase trade)又称"平行贸易"或"反向贸易",即交易双方相互购买对方的产品。互购贸易涉及使用两个既独立而又相互联系的合同,在这种方式下,交易双方先签订一个合同,约定由进口国(往往是发展中国家),用现汇先购买对方的货物(如机器、设备等),并由出口国(通常为发达国家)在此合同中承诺在一定时期内买回头货物。之后双方还需签订一个合同,具体约定由出口国使用所得货款的一部分或全部从进口国家购买回头货。可见互购贸易的两笔交易都用现汇支付,一般通过信用证或即期付款来进行。

3. 回购贸易

回购贸易(buyback)是指由出口成套设备的一方在将来购回一部分由这些机器设备生产的产品作为全部或部分付款。互购和回购的重要区别有两点:一是在回购贸易中购回的货物和劳务与原出口的商品有直接联系而在互购中两者却没有联系;二是回购贸易一般比互购贸易花费的时间要长(可长达 15 年或者 20 年),如美国施乐公司向中国出售制造小容量复印机的成套设备和技术并在合同中承诺购买中国工厂生产出来的复印机。

4. 补偿贸易

补偿贸易(compensation on trade)是指交易的一方在对方提供信贷的基础上,进口对

方的机器设备或技术,再用向对方返销进口机器设备或技术所生产的直接产品或相关产品或其他产品或劳务所得的款项分期偿还进口货款的一种贸易做法。补偿贸易的补偿形式主要有：返销、回购、混合抵偿。

5. 转手贸易

转手贸易(switch trade)为一种特殊的贸易方式。在记账贸易的条件下,人们采用转手贸易作为盈利的一种手段。最简单的转手贸易是根据记账贸易办法买下的货物运到国际市场转售,从中获取利润。复杂的做法是：在记账贸易项下,有顺差的一方将该项顺差(实际上是在相应的逆差国家购买货物的权利)转让给第三方,以换取所需要的商品或设备,然后由第三方利用该项顺差在相应的逆差国购买货物,运往其他市场销售,从中获利。

### (二) 对销贸易的利弊

1. 对销贸易的有利方面

对销贸易一般是在成熟的市场经济国家和不太发达的国家之间发生的贸易。在这种情况下对销贸易的有利方面有以下五点。

(1) 对销贸易可以促进出口。在贸易保护主义盛行的当代,通过对销贸易,有助于打破某些国家的贸易壁垒,为本国产品,尤其是发展中国家的工业制成品打开市场。

(2) 对销贸易有助于应对一个国家的外汇短缺。

(3) 对销贸易可减少出口收入的不确定性。

(4) 对销贸易可以避开国际价格协议,如石油输出国组织(OPEC)的价格协议。

(5) 对销贸易能帮助有严重债务的国家继续进口商品而实际上让债权人掩盖出口收入。

2. 对销贸易的弊端方面

对销贸易有可能是非常危险的业务。由于掩盖交易的真正价格和成本,对销贸易可以掩盖并促进一国长期在市场上保持低下的效益。公司因不能摆脱劣质产品将受到损失。对销贸易还可能被认为是贸易保护主义的一种表现形式。其弊端主要如下。

(1) 对销贸易带有浓厚的双边性和封闭性,这其实是以限制性的措施来反对贸易保护主义,结果反而会增加贸易保护主义的气氛。

(2) 在对销贸易模式中,决定交易的主要因素已不是商品的价格和质量,而是取决于回购的承诺,这就不可避免地削弱了市场机制的作用。

## 二、加工贸易

### (一) 加工贸易的概念和分类

加工贸易(processing trade)主要是指对外加工装配贸易、中小型补偿贸易和进料加工贸易。通常所说的"三来一补",是指来料加工、来样加工、来件装配和中小型补偿贸易。加工贸易的种类有以下几种。

1. 进料加工

进料加工又叫以进养出,是指用外汇购入国外的原材料、辅料,利用本国的技术、设备和劳力,加工成成品后,销往国外市场。这类业务中,经营的企业以买主的身份与国外签订购买原材料的合同,又以卖主的身份签订成品的出口合同。两个合同体现为两笔交易,它们都是以所有权转移为特征的货物买卖。进料加工贸易要注意所加工的成品在国际市场上有销路。否则,进口原料外汇很难平衡,可见进料加工要承担价格风险和成品销售风险。

2. 来料加工

来料加工是指加工一方由国外另一方提供原料、辅料和包装材料,按照双方商定的质量、规格、款式加工为成品,交给对方,加工一方收取加工费。有的全部由对方来料,或一部分由对方来料,一部分由加工方采用本国原料或辅料。

3. 来样加工

来样加工是指国外方只提出式样、规格等要求,由本国加工方用当地的原、辅料进行加工生产,产品再出口给国外方的做法,属于委托加工关系。

4. 装配业务

装配业务是指由一方提供装配所需机器设备、技术和有关元件、零部件,由另一方装配成成品后交货。来料加工和来料装配业务包括两个贸易过程:一是进口原料;二是产品出口。这两个过程是同一笔贸易的两个方面,而不是两笔贸易。原材料的提供者和产品的接受者是同一家企业,交易双方不存在买卖关系,而是委托加工关系,加工一方赚取的是劳务费,这类贸易属于劳务服务贸易范畴。

5. 协作生产

协作生产是指一方提供部分配件或主要部件,另一方利用本国生产的其他配件组装成一件产品出口。商标可由双方协商确定,既可用加工方的,也可用对方的。所供配件的价款可在货款中扣除。协作生产的产品一般规定由对方销售全部或一部分,也可规定由第三方销售。

## (二)加工贸易的合同内容及履行

加工贸易合同是规定委托方、承接方的权利和义务的法律性文件,主要内容如下。

(1) 合同标的。加工装配业务的合同标的与买卖合同的标的不同,它体现为原材料或零部件加工成指定成品而付出的劳动以及一定的技术或工艺。因此,合同的标的应规定与劳动或一定技术有关的产品种类及标准,以及委托加工的具体事项。

(2) 原材料供应。在合同中应具体规定委托方送交件的时间、地点,并列明对料件品质、数量的具体要求以及委托方来料、来件不符合合同要求的处理方法。

(3) 成品交付。在合同条款中,要对成品的品质、规格、数量、包装以及交付时间做出明确规定;同时还要规定违约的处理办法。

(4) 耗料和残次品率。委托方规定生产企业产品消耗原材料或零部件的具体数额,以及残次品的比例。

(5) 加工费用。加工费用是指承接方为委托方加工装配所收取的劳务报酬,支付的方法以下有两种。

① 对来料、来件和产品均不作价,加工装配完成后,由承接方按约定向委托方收取。

② 对来料、来件和产品分别作价,承接方对委托方的来料、来件先不付款,从成品出口的货款中扣除,成品的价格与来料、来件价格之间的差额就是加工费用。

(6) 对外运输。对外加工装配业务涉及原材料、零部件的运进及产成品的运出问题。按照对外加工装配业务的性质,这些运输责任及费用应由委托方承担。但在实际业务中,由委托方办理这些运输业务有困难,承接方应协助代办。

(7) 保险。我国的财产保险公司为开展对外加工装配业务的需要设立了来料加工一揽子综合险,投保这种险别,保险公司即承担这些运输及仓储库存财产险。

(8) 支付方式。在加工装配业务中,可运用国际贸易的各种惯常支付方式结算。

## 三、边境贸易

### (一) 边境贸易的含义

边境贸易(border trade)是指在两国边境地区一定范围内边民或企业与邻国边境地区的边民或企业之间进行的货物贸易。包括三种形式:边境小额贸易、边民互市贸易和边境地区对外经济技术合作。其中边境小额贸易是指边境地区的外贸公司或居民,与邻国边境地区的贸易机构或居民之间进行的贸易;边民互市贸易是指边境地区边民在边境线20千米以内、经政府批准的开放点或指定的集市上,在不超过规定的金额或数量范围内进行的商品贸易活动;边境地区对外经济技术合作是指边境地区经批准有对外经济技术合作经营权的企业与我国毗邻国家边境地区开展的承包工程和劳务合作项目。

### (二) 边境贸易的特点和分布

1. 边境贸易的特点

我国边境贸易的特点是企业规模比较小、合同金额不太大、地域较分散、容量不很大,经营商品比较杂、国别较分散等。

2. 边境贸易的分布

我国开展边境贸易的省、自治区有广西、云南、西藏、新疆、内蒙古、黑龙江、吉林、辽宁,分别与越南、老挝、缅甸、印度、尼泊尔、巴基斯坦、哈萨克斯坦、吉尔吉斯斯坦、塔吉克斯坦、俄罗斯、蒙古、朝鲜等国边境地区开展贸易活动;从个体户到国有贸易公司都参与做边境贸易,贸易方式从最原始的易货贸易到最现代化的无纸贸易都存在。

### (三) 边境贸易的开展和税收政策

经批准有边境小额贸易经营权的企业,通过国家指定的陆地边境口岸,与毗邻国家边境地区的企业或其他贸易机构之间的贸易活动统一纳入边境小额贸易管理,执行边境小额贸易的有关政策。我国根据边境贸易开展的实际情况,参照国际通行规则,按在中国边境线20千米以内、经政府批准的开放点或指定的集市上开展,在不超过规定的金额或数量范围内进行商品交换活动。目前规定每人每日交易价值在人民币8 000元以下的,免征进口关税和进口环节税;超过人民币8 000元的,对超出部分按法定税率照章征税。由海关总署据此调整有关监管规定。

### (四) 边境贸易的管理和贸易结算

国家对边境贸易和经济技术合作实行优惠鼓励政策,包括放宽经营范围,下放边境省、自治区一定的边境贸易管理权,灵活进出口许可证管理。同时对税收、结算货币的使用及从事边境贸易和劳务合作人员的出境手续等方面给予方便和照顾。随着边境贸易的不断发展和人民币在周边地区流通范围的扩大,国家支持边境贸易中采用人民币结算,鼓励我国商业银行参与边境贸易的人民币结算业务,也允许周边国家的货币参与结算及兑换。

## 四、保税贸易

### (一) 保税贸易的含义

保税贸易是保税制度中的一类贸易方式。保税制度是一种国际通行的海关制度,是指经过海关批准的境内企业所进口的货物,在海关监管下于境内指定的场所储存、加工、装配,并暂缓缴纳各种进口税费的一种海关监管业务制度。受海关监管的货物称为保税货物。

根据《中华人民共和国海关法》的规定,我国保税是对货物而言,一般保税货物是指经过海关批准未办理纳税手续进境,在境内储存、加工、装配后复运出境的货物。

（二）当前中国的保税贸易形式

当前中国主要的保税贸易形式有保税区、保税港区、出口加工区、跨境经济合作区、保税仓库及出口监管仓库等。

1. 保税区

保税区是经国务院批准,于境内特定地区建立的在区内进行加工、贸易、仓储和展览,由海关监管的特殊区域。区内实行关税减免和其他税收优惠政策,商品货物可以在保税区与境外之间自由出入,免征关税和进口环节税（如增值税）,免验许可证件,免于常规的海关监管手续,国家禁止进出口和特殊规定的商品货物除外。保税区的功能定位为"保税仓储、出口加工、转口贸易"三大功能。境外货物进入保税区,实行保税管理,视同货物仍在境外;境内其他地区货物进入保税区,视同出境;同时,外经贸、税收、外汇管理等部门对保税区也实行较区外相对优惠的政策。保税区享有"免证、免税、保税"政策,实行"境内关外"运作方式,是中国对外开放程度最高、运作机制最便捷、政策最优惠的经济区域。如上海外高桥保税区、天津保税区、深圳福田保税区、广西凭祥综合保税区等。

2. 保税港区

保税港区是在整合保税区的政策优势和港口的区位优势,在保税区和港区之间开辟直接通道、拓展港区功能的基础上建立起来的。海关通过区域化、网络化、电子化通关管理,简化相关手续,满足企业对货物快速流通和海关有效监管的要求,吸引企业投资,从而推动保税港区的发展。保税港区是目前中国发展保税贸易层次最高、政策最优惠、功能最齐全、区位优势最明显的海关特殊监管区域,具备国际贸易、国际中转、国际合作、国际转口贸易和出口（临港）加工等主要功能,国外货物进港保税,国内货物进港退税,港区内货物自由流动。如山东青岛保税港区、广西钦州保税港区、浙江宁波梅山保税港区、厦门海沧保税港区、广州南沙保税港区、深圳前海湾保税港区、海南洋浦保税港区等。

3. 出口加工区

出口加工区是由国务院批准设立从事产品外销加工贸易的区域,由海关实施封闭式监管的特殊区域。出口加工区的功能比较专一,特别适合以出口为主的加工企业进入。可以进入出口加工区的企业：一是出口加工企业；二是专为出口加工企业提供服务的仓储企业；三是经海关核准专门从事加工区内货物进、出的物流运输企业。海关在实行24小时监管的同时,为规范的出口加工企业提供更宽松的经营环境和更快捷的通关便利,实现出口加工货物在主管海关"一次申报,一次审单,一次查验"的通关要求。典型的如上海松江出口加工区、广西北海出口加工区、广东深圳出口加工区、广东南沙出口加工区、安徽合肥出口加工区、江苏昆山出口加工区等。

4. 跨境经济合作区

跨境经济合作区（Cross-Border Economic Corporation Zones, CBECZ）是指在沿边地区由两国或两国以上政府间共同建设的享有出口加工区、保税区、自由贸易区等优惠政策的次区域经济合作区。两国对跨境经济合作区赋予特殊的投资贸易、财政税收以及配套的产业政策,并对区内部分地区进行跨境海关特殊监管,吸引人流、商流、物流、资金流、技术流、信息流等各种生产要素的聚集,实现该区域加快发展,进而通过辐射效应带动周边地区发展。典型的如中国广西东兴—越南广宁芒街跨境经济合作区、中国广西凭祥和越南谅山同登跨境经济合作区、中国云南河口与越南老街的跨境经济合作区、中国内蒙古满洲里的中俄蒙跨境经济合作区等。

5. 保税仓库

保税仓库是经海关核准的并在海关监管下,专门存放已入境但暂时未纳进口税或者未领进口许可证(制造化学武器和制毒化学品除外)的货物,在海关规定的存储期内复运出境或办理正式进口手续的专用仓库。保税仓库分公用型和自用型两类。公用型保税仓库是根据公众需要设立的,可供任何人存放货物。自用型保税仓库是指只有仓库经营人才能存放货物的保税仓库,但所存放货物并非必须属仓库经营人所有。保税仓库是保税制度中应用最广泛的一种保税形式,在全国各地的口岸及海港都设有保税仓库。

6. 出口监管仓库

出口监管仓库是指经海关批准设立,对已办结海关出口手续的货物进行存储、保税物流配送、提供流通性增值服务的海关专用监管仓库。出口监管仓库分为出口配送型仓库和国内结转型仓库。出口配送型仓库是指存储以实际离境为目的的出口货物的仓库。国内结转型仓库是指存储用于国内结转的出口货物的仓库。如设在全国各地口岸和海港的出口监管仓库。

(三) 保税贸易操作的一般规则

(1) 国外(境外)商品货物进口到保税区域(保税区、保税港区、出口加工区、跨境经济合作监管区、保税仓、海关监管仓等),无须进口报关和缴纳关税,保税仓储库存,商品货物在保税区域内储存无时间限制。

(2) 国外(境外)商品货物进口后又直接出口国外,或加工后再出口国外,无须缴纳关税即可出口,只需与海关核销商品货物数据即可。

(3) 国外(境外)商品货物如需销售到国内(境内),需要报关进口,缴纳关税。

(4) 国内商品货物进入保税区,需报关,等同于出口,并可有效延续合同手册期限(如等待商机或等待船期)、有效解决报关困难等。

(5) 全球贸易的商品货物,可在淡季购进,保税仓储;旺季售出,全球配送,节约成本,以有利价格进入市场,获取收益。

(6) 参照保税区域的各项税收、外汇、海关、运作费用优惠政策办理,节省费用。

## 第三节 现货贸易与期货贸易

### 一、现货贸易

(一) 现货贸易概述

现货贸易(spot trading)是指买卖双方出自对实物商品的需求与销售实物商品的目的,根据商定的支付方式与交货方式,采取即时或在较短的时间内进行实物商品交收的一种贸易方式。在现货交易中,随着商品所有权的转移,同时完成商品实体的交换与流通。因此,现货交易是商品买卖运行的直接表现方式。当前的现货交易可见于商品货物贸易,如石油、食糖、玉米、大豆、天然橡胶等;也见于金融产品贸易,如股票、债券、基金等,金融产品的现货交易是各大金融机构之间,特别是大银行代理大客户的金融产品贸易,买卖约定成交后,最迟在两个营业日之内完成资金收付交割。现货交易有以下五个特点。

(1) 出现的时间最长。现货交易是一种最古老的贸易方式,同时也是一种在实践过程中不断创新、灵活变化的贸易方式。最早的物物交换就是一种现货贸易方式,随着社会经济的发展,商品交换的广度和深度不断扩大,现货贸易的具体做法也不断增多。从最初的物物交换,发展到后来普遍采用的批发、零售、代理交易、网购、现金、信用、票据、信托交易、电子无纸化结算等,都是现货贸易的具体应用形式。

(2) 覆盖的范围最广。由于现货贸易不受交易对象、交易时间、交易空间等方面限制,因此,它又是一种运用最广泛的贸易方式。任何商品都可以通过现货贸易来完成,人们在任何时候、任何地点都可以通过现货贸易获得自己所需要的商品。在人们的日常生活中接触最多的也是"一手交钱,一手交货"的现货贸易。

(3) 交易的随机性最大。由于现货贸易没有其他特殊的限制,交易又较灵活方便,因此,交易的随机性很大。

(4) 交收的时间最短。这是现货贸易区别于远期合同贸易与期货贸易的根本所在。现货贸易通常是即时成交,货款两清,或在较短的时间内实行商品的交收活动。应当指出,某些贸易方式,例如,信用交易中的赊销方式,虽然实物交割与货款交付在时间上有一定的间隔,但仍属于现货贸易的范畴。

(5) 成交的价格信号短促。由于现货贸易是一种即时的或在很短时间内就完成商品交收的贸易方式,因此,买卖双方成交的价格只能反映当时的市场行情,不能代表未来市场变化情况,因而现货价格不具有指导生产与经营的导向作用。如果生产者或经营者以现货价格安排未来的生产与经营活动,要承担很大的价格波动风险。现货贸易的这一特点是它的不足之处。

**(二) 传统现货贸易与当代现货贸易的比较**

**1. 传统现货贸易的做法与缺点**

传统现货贸易的形式是买卖双方直接见面,就商品的买卖达成一致,然后成交,一手交钱一手交货。传统现货贸易的大宗商品交易多采用合同的方式进行,买卖双方按签订合同的内容在约定的时间进行商品交易。传统现货贸易的缺点如下。

(1) 价格的形成欠公平,风险不能转移。由于合同价格签署是根据当时的供求情况等因素确定的,在执行合同过程中,市场价格发生变化是必然的,有利一方必然不利另一方,价格的形成很大程度上受到地域的限制,很难形成公平的价格。

(2) 贸易买卖双方比较少,难以形成集中的市场,买卖双方单独协商讨价还价达成协议,谈判技巧和技巧掌握的多少对形成价格影响很大。

(3) 贸易信用风险比较多。价格波动风险产生的必然性影响合同执行的有效性,贸易信用风险在价格波动情况下不可避免。

(4) 合同规范程度低。每次贸易签订合同都要重复寻找客户,经过询价、谈判、讨价还价、签约等一系列环节,都要就品种质量、交货时间、包装运输等因素进行洽商,对大宗商品来说,这种签约和执行都很复杂,交易成本相应增加。

### 2. 当代现货贸易的做法和优点

随着互联网的出现,当代现货贸易建立在信息化基础上的现货电子贸易。现货电子贸易(也称为大宗商品电子交易,或现货仓单贸易),是以现货仓单为贸易的标的物,采用计算机网络进行的集中竞价买卖,统一撮合成交,统一结算付款,价格行情实时显示的贸易方式,其本质就是现货商品的电子商务。2002年,国家质量监督检验检疫总局发布了《大宗商品电子交易规范》(GB/T 18769—2002),对大宗商品现货贸易做了明确的规定,即可进入流通领域,但非零售环节,具有商品属性用于工农业生产与消费使用的大批量买卖的物资商品。

国际大宗商品现货交易特指专业从事电子买卖交易套保的大宗类商品批发市场,又称为现货市场。点价交易是一种为现货贸易定价的方式,在大豆、铜、石油等一些大宗商品贸易中,点价交易得到了普遍应用。例如,在大豆的国际贸易中,通常以美国芝加哥期货交易所(CBOT)的大豆期货价格作为点价的基础;在有色金属中锑、锡、铜精矿和阴极铜的贸易中,通常利用英国伦敦金属交易所(LME)或美国纽约商品交易所(COMEX)的相同产品期货价格作为点价的基础。之所以使用期货市场的价格来为现货贸易定价,主要是因为期货价格是通过集中、公开竞价方式形成的,价格具有公开性、连续性、预测性和权威性。使用大家都公认的、合理的期货价格来定价,可以省去交易者搜寻价格信息、讨价还价的成本,提高交易的效率。

当代现货贸易的优点是以现货市场为基础进行的,利用网上现货商品进行交易。因为我国地域辽阔,资源丰富,人口众多,商品经济的发展突飞猛进,当前大约有半数的商品在网上进行贸易。从1997年以来,国内外成立了多种商品的专业交易市场,各现货商品贸易市场交易金额呈几何级增长。这说明当代现货贸易拥有了无限的发展空间。当前的传统现货贸易与当代现货贸易并存,各有所长和弊端,也各有风险,需随时加以防范与警惕。

## 二、期货贸易

### (一)期货贸易的含义

期货贸易(futures trading)也称期货交易,属期货合同交易,是指对某种商品(如钢铁、石油、橡胶、玉米、大米、食糖、鸡蛋等标的物)在未来某个时间(如3个月或6个月后)的价格变化情况,在目前进行合约买卖,在将来进行交收或交割的商品贸易方式。买卖双方交易的是将来某个时期的期货合同买卖,并不涉及实际的商品,期货合同由交易所制定,合同内规定了商品名称、等级、数量单位、期货交货时间和保证金等条件。买卖时只需确定价格、交货月份及合同数即可成交。期货贸易若能把握规律,顺势而为,在商品价格上涨时可以盈利,商品价格下跌时也可以盈利,如果把握不了趋势,则期货贸易风险极大。

### (二)期货的功能和期货市场

#### 1. 期货的功能

期货的基本功能主要有两点:一是发现价格。期货交易的过程实际上是综合反映商品供求双方对未来某个时间供求关系变化和价格走势的预期。这种价格信息具有连续性、公开性和预期性的特点,有利于增加市场透明度,使经营者发现价格。二是回避风险。期货的交易为现货市场提供了一个可以回避价格波动风险的场所和手段,主要原理是利用期货与现货两个市场进行套期保值交易。在实际的生产经营过程中,为避免商品价格的千变万化而导致的成本上升或利润下降,可利用期货交易进行套期保值,以回避价格涨跌风险,保住既得利润。

2. 期货市场

期货市场是专门交易期货的场所,称为期货交易所或商品交易所,国内比较著名的期货市场有上海期货交易所、大连商品交易所、郑州商品交易所;国外比较著名的期货市场有美国纽约商品交易所(COMEX)、芝加哥期货交易所(CBOT)、英国伦敦金属交易所(LME)等。

### (三) 期货贸易的做法

期货贸易的做法是:只需支付一定数额的定金(保证金),通过商品交易所买进或卖出期货合约,这种期货合约是商品交易所规定的标准化契约,通常期货贸易不涉及实物所有权的转移。只是转嫁与这种所有权有关的商品价格波动带来的风险。买卖双方在期货交易所内通过公开竞价方式,买卖标准数量的商品合约进行交易。商品期货贸易的做法根据交易者的目的不同,可分为"买空卖空"和"套期保值"两类不同性质的交易。

1. 买空卖空

买空又称多头期货(long futures),是指投机商在行情看涨时,买进期货,待行情实际上涨后将期货回抛出售获利。卖空又称空头期货(short futures),是指投机商在行情看跌时,先卖出期货,在行情实际下跌时再买进期货。可见买空和卖空是从两次交易的价格涨跌中追逐利润,是一种抓住时机进行买卖的投机活动。

2. 套期保值

套期保值又称为"海琴"(Hedging),是指在进行实物交易的同时,利用实际货物价格与期货价格的变动趋势基本一致的原理,转移价格风险的一种做法。

套期保值的基本做法是:在卖出(或买入)实际商品的同时,在商品交易所买入(或卖出)同等数量的期货。套期保值可以分为卖期保值和买期保值。

利用期货市场,采用套期保值可以规避商品价格波动的风险。例如,企业为了规避商品价格波动风险,可以通过期货市场,采用套期保值的方法来规避市场商品价格波动所带来的风险。套期保值是指买入(卖出)与现货市场数量相当但交易方向相反的期货合约,以期在未来某一时间通过卖出(买入)期货合约来补偿现货市场价格变动所带来的实际价格风险。这种方式相当于是给企业原材料的贸易买了个保险,可以较好地控制成本,降低原材料价格剧烈波动带来的风险。

比如,某一造船厂与购船方签订了船舶买卖合同,约定3个月后交货,之后钢铁价格暴涨,这对于该造船厂而言损失是巨大的。但如果该造船厂在订立合同的同时在期货市场购买了三个月等量的钢材,那么现货涨价的损失可以通过期货所获得盈利抵消。原材料价格的波动风险因此而得到化解。

## 第四节 招标与投标

### 一、招标与投标概述

招标与投标是通过招标和投标方式寻找最好合作伙伴的一类贸易方式。我国早在1999年8月30日第九届全国人民代表大会常务委员会第十一次会议通过了《中华人民共和国招标投标法》,并从 2000 年 1 月 1 日起施行。为了进一步规范我国的招标投标做法,国务院又于 2011 年 11 月 30 日第 183 次常务会议通过并颁布了《中华人民共和国招标投标法实施条例》,从 2012 年 2 月 1 日起施行。

### (一) 招标和投标的基本含义

招标和投标(invitation to tender & submission of tender)是一种贸易方式的两个方面。该贸易方式既适用于商品货物设备采购,也适用于工程服务项目发包。招标投标形式在我国的发展历史不长,起源于 20 世纪 80 年代。从那时开始,我国先后在国家基本建设项目、机械成套设备制造、出口商品、机电设备进口、科研课题、项目融资等领域广泛推行招标投标制度。

#### 1. 招标

招标是由招标人(购买方或工程项目的业主)发出招标通告,说明需要购买的商品货物或发包工程项目的具体内容,邀请投标人(货物供应商或工程承包商)在规定的时间、地点和方式投标,并与对招标人最为有利的投标人订约的一种贸易行为。国际招标是指在国际相适应的领域范围内公开货物、工程或服务采购的条件和要求,邀请众多投标人参加投标,并按照规定程序从中选择交易对象的一种国际通用市场交易行为。

#### 2. 投标

投标是投标人(货物供应商或工程承包商)应招标人的邀请,根据招标人规定的条件,在规定的时间、地点和方式向招标人递盘(报价)以争取贸易成交的行为。

### (二) 招标的种类

目前,国际上采用的招标方式归纳起来有三类、四种方式。

#### 1. 竞争性招标

竞争性招标(competitive bidding)是指招标人邀请几个乃至几十个投标人参加投标,通过多数投标人竞争,选择其中对招标人最有利的投标人成交,这属于兑卖的方式。

竞争性招标又可进一步分为公开招标和选择招标两种做法。

(1) 公开招标(open bidding)是指招标人以招标公告的方式邀请不特定的投标者,是一种无限竞争性招标。采用这种做法时,招标人要在国内外主要的报刊等媒体上刊登招标广告,凡对该项招标内容有兴趣的人均有机会购买招标资料进行投标。

(2) 选择招标(selected bidding)又称邀请招标,是以投标邀请书的方式邀请特定的投标者,为有限竞争性招标。采用这种做法时,招标人不在报刊等媒体上刊登广告,而是根据自己具体的业务关系和情报资料由招标人对投标人进行邀请,经过资格预审以后,再由他们进行投标。

#### 2. 谈判招标

谈判招标(negotiated bidding)又称议标,是一种非公开和非竞争性的招标。这种招标由招标人物色几家货物供应商直接进行贸易谈判,如谈判成功,就达成交易。

#### 3. 两段招标

两段招标(two-stage bidding)是指无限竞争招标和有限竞争招标的综合方式,采用这类方式时分两段进行,先用公开招标,再用选择招标。

## 二、招标与投标的优点

招标与投标是在众多贸易供应商的情况下选择最优贸易供应商的有效方法。其优点主要有以下五个。

1. 有利于发现真实价格

招标与投标贸易通过招标竞价，公开竞争报价，容易发现商品货物的真实价格。

2. 有利于发现新的货物供应商

招标与投标通过广泛宣传招揽供应商参加投标，扩大贸易合作范围，有利于发现新的货物供应商。

3. 体现公开、公平和公正原则

招标与投标的操作过程全部公开，接受公众的监督，防止了暗箱操作。这样做使所有投标者放心，不必走歪门邪道、费尽心思探听信息，只需专心致志搞好投标业务，提高了投标质量。同时信息公开，也可以防止舞弊行为、行贿受贿和腐败违法，维护了公平和公正。保证了整个贸易活动的正常进行。

4. 体现竞争原则

招标与投标活动是若干投标人公开竞标的过程，是一场实力的比拼。利用竞争机制，能够调动众多货物供应商的积极性和智慧，造成一种力争上游的局面，使投标活动生气勃勃，提高了投标的水平和质量。

5. 体现优化原则

由于投标竞争比较激烈，众多的投标者通过竞争，最后只能有一个或少数中标者，平等竞争、方案优越者才能取胜。所以，每个投标者必然会调动全部的智慧、竭尽全力制定和提供最优的方案参与竞争。可以说每个投标者提供的方案都是各自的最优方案。评标小组又在这些优化方案的基础上，进一步分析比较选出更优的方案。这就保证了最后的中标方案是在集中了众多投标者集体智慧的基础上所形成的最优方案。

## 三、招标与投标的适用情况

招标与投标是一项比较庞大的活动，牵涉面广、费时间、耗精力、成本比较高，因此并不是什么情况都适用招标投标的方式。即使采用，也不应频繁使用，一般只适用于比较重大的贸易合作项目，或者影响比较深远的贸易合作项目。招标与投标比较适用于下列情况。

（1）适用于寻找长期持续的商品货物供应商。如某类出口前景看好的商品生产供应，为了寻找未来长期稳定的商品货物供应伙伴而采用招标方式。

（2）适用于寻找购买商品品种比较少、规格质量相同，一次购买批量比较大的商品货物供应商。

（3）适用于寻找项目比较大的建设工程承包商和商品货物供应商。特别是在国际经济技术合作过程中，经常有国际的重大项目，如交通运输基础设施项目、能源电力建设项目、水利建设项目及其机械设备进出口等，采用招标与投标方式解决贸易问题。

（4）招标与投标最适合企业和政府的大批量采购。政府采购商品物资，大部分采用竞争性的公开招标办法。因为政府采购的批量大，约占整个社会采购总量的15%，要求公开、公平和公正。世界贸易组织（WTO）要求所有的成员国都采用招标采购，2001年中国加入世界贸易组织之后，政府采购广泛铺开，招标与投标采购得到了很大的发展。

对于小批量的商品货物贸易或者比较小的建设工程，一般少用或不用招标与投标方式，因为对这类小项目运用招标与投标，贸易成本高、不合算。

## 四、招标与投标的基本过程

招标与投标是一个复杂的系统工程,涉及多个方面和多个环节,一个完整的招标与投标过程,大致可以分为五个阶段。

### (一)策划

招标与投标活动是一项涉及范围比较广的大型活动。开展一次招标与投标活动,需要进行很认真的周密策划。招标与投标策划主要做以下工作。

(1)明确招标与投标的内容和目标,对招标与投标的必要性和可行性充分进行研究和论证。

(2)认真仔细研究,确定招标书的标底。

(3)对招标与投标的方案、操作步骤、时间进度等进行研究确定。例如,是采用公开招标还是邀请招标,是自己亲自主持招标与投标还是委托代理招标与投标,分哪些具体步骤,每一步怎么进行等。

(4)对评标小组的组成和评标方法进行讨论研究。

(5)经过讨论把招标与投标实施方案形成文件,便于开展招标与投标活动。

以上的策划活动有很多诀窍,有些企业为了慎重起见,特意请招标与投标咨询公司来代理进行策划。

### (二)招标

在招标与投标实施方案确定之后,就可以进入实际操作阶段,即招标阶段。招标阶段的工作主要有以下两个方面。

#### 1. 写作招标书

招标书是招标活动的核心文件,要认真起草写好招标书。对招标书的标底进行仔细研究,有些要召开专家会议,甚至邀请一些招标与投标咨询公司代理。

#### 2. 发送招标书

要采用适当的方式,将招标书传送到所期望的投标人手中。例如,对公开招标,可以在媒体上发布;对选择性招标,可以用挂号或特快专递把招标书直接送交所选择的投标人。现实中许多标书是要用钱购买的,有些标书规定要交一定的保证金,这些招标书要交钱以后才能得到。

### (三)投标

投标人在收到招标书以后,如果愿意投标,就进入投标程序。

(1)投标书、投标报价需要特别认真研究、仔细论证才能完成。这些内容是要和许多货物供应商进行竞争比较的,既要先进,又要合理,还要有利可图。

(2)投标文件要在规定的时间内写好,一份正本、若干份副本,并且分别封装签章,信封上分别注明"正本""副本"字样,送到或寄到招标单位。

### (四)评标

(1)招标方收到投标书之后,不得事先开封。只有当招标会开始,投标人到达会场,才能将投标书邮件交投标人检查签封完好后,当面开封。

(2)开封投标书后,投标人可以拿着自己的投标书当着全体评标小组陈述自己的投标书并接受全体评委的质询,或者参加投标辩论,陈述辩论完毕,投标者退出会场,全体评标人员进行分析评比,最后通过投票或打分评比选出中标人。

（五）定标

在全体评标人员投票或打分评比选出中标人以后,交给投标方,通知中标方。同时对于未中标者也要明确通知他们,并表示感谢。

以上是一般情况下招标与投标的全过程。在特殊的场合,招标与投标的步骤和方法也可以有某些改变。

**教学互动与讲练结合四:**

**中国大陆与台港澳地区的贸易有哪些方式可用？如何选用适当的贸易术语**

> 台湾、香港和澳门地区是中国不可分割的重要部分,中国大陆与台港澳地区的贸易自改革开放以来发展很快,1978年中国大陆与台湾地区的贸易额仅为0.5亿美元,到2016年两岸的贸易额已达1 796亿美元,30多年来增长了3 592倍,从2003年以来,中国大陆多次成为台湾地区的第一大贸易伙伴。中国内地与香港和澳门地区的贸易同样发展很快,中国内地多年占据香港地区进口额第一的位置,是香港最大的贸易伙伴,2016年内地与香港贸易额为3 052.5亿美元,占内地对外贸易总额的8.3%。自1999年澳门回归以来到2016年,中国内地与澳门地区的贸易额年均增长率都在两位数以上。可见中国大陆与台港澳地区的贸易都在稳步发展,前景广阔。
>
> 请思考分析并互动讨论:
> (1) 中国大陆与台港澳地区的贸易可用哪些方式？
> (2) 中国大陆与台港澳地区的贸易是不是对外贸易？如何选用适当的贸易术语？

## 第五节 跨境电子商务作为互联网工具在国际贸易中的应用

### 一、从电子商务到跨境电子商务的发展

电子商务(electronic commerce,EC)是互联网络时代的新型经济贸易活动,是通过互联网络、现代通信网络和广播电视网络等电子信息网络进行商业贸易的活动,是利用电子计算机信息技术的电子化、数字化和网络化进行商务活动的一种先进手段。

跨境电子商务(cross-border e-commerce 或 cross-border electronic commerce)从电子商务发展而来,跨境电子商务是指分属不同关境的贸易成员,通过互联网电子商务平台达成交易、进行支付结算,并通过跨境物流运送商品、完成交易的一类国际商业贸易活动。电子商务和跨境电子商务有广阔的发展前景,当前跨境电子商务作为"互联网＋外贸"已发展成为国际贸易和国际物流最为有用的重要工具之一,任何从事国际贸易和国际物流的活动都离不开跨境电子商务。

## 二、跨境电子商务的作用及应用模式

### 1. 跨境电子商务的作用

跨境电子商务有推动国际经济一体化和贸易全球化的作用,是非常重要的技术工具。跨境电子商务不仅冲破了国家间的障碍,使国际贸易走向无国界贸易,同时也正在引起世界经济贸易的巨大变革。对企业来说,跨境电子商务构建的开放、多维、立体的多边经济贸易合作模式,极大地拓宽了进入国际市场的路径,大大促进了多边资源的优化配置与企业间的互利共赢;对消费者来说,跨境电子商务使他们能够非常容易地获取其他国家的信息并买到其物美价廉的商品。

### 2. 跨境电子商务的应用模式

(1) B2B 或 B to B,即企业(公司)与企业(公司)之间的跨境电子商务模式,是最常见的跨境电子商务交易模式。企业或公司使用互联网络与国外或境外企业或公司进行洽谈、订货和付款等一系列贸易活动。B2B 模式下,企业运用跨境电子商务以广告和信息发布为主,企业(公司)与企业(公司)之间可在网上进行谈判、订货、签约、付款以及索赔处理、商品货物发送和物流运输等运营全过程的商务活动,包括信息传递、运输物流跟踪、支付结算等功能,通过应用这些功能减少购货费用、缩短贸易时间、安全及时地传递订单与发票及进行网上电子货币支付等业务。

B2B 模式的商流、物流和资金流方案:①商流贸易平台。主要有:阿里巴巴国际站(www.alibaba.com)、环球资源网、中国制造网、敦煌网、浙江网盛生意宝等。特别是阿里巴巴国际站集中服务全球进出口商,它基于阿里巴巴国际站跨境贸易平台,帮助中小企业开展国际贸易,为出口营销推广服务,向海外买家展示、推广企业的产品,获得贸易商机和订单,是出口企业拓展国际贸易的网络平台。②物流运输解决方案。目前,跨境电子商务的物流运输方式主要有 5 种模式:快递、邮政小包、海外仓、专线速递、中欧铁路多式联运。越来越多的跨境物流运输采用"跨境电商+海外仓"模式。海外买家(企业)首先通过跨境电商网站完成产品的在线购买,然后利用卖家在全球范围内布局的本地化海外仓储、物流系统实现货物的及时运输、配送。③支付服务。B2B 目前主要支付方式是信用卡、银行转账如西联汇款。④全流程的 B2B 跨境电商服务平台模式。涵盖了销售、物流、金融、通关、退税、外汇兑换、售后服务等外贸所有环节,平台通过整合银行、保险、商检等外贸上下游资源,结合海外仓和海外营销网络,将传统外贸公司的优势与现代电子商务结合,为企业提供全球营销推广、出口代理、物流运输等一站式外贸服务。

(2) B2C 或 B to C,即企业(公司)对消费者之间的跨境电子商务模式,又称外贸 B2C、跨境电子商务零售等,是指直接面向消费者销售产品和服务的商业零售模式,其特点是以网络零售业为主,通过网上商店实现在线销售,主要借助于互联网开展在线销售活动。如一国企业通过互联网和电子信息技术向国外消费者提供商品和服务的贸易活动,作为一种新型国际贸易形式,与传统国际贸易交易过程相似,包括交易前的准备、交易谈判和签订合同、合同的履行和后期服务等过程。B2C 模式下,我国企业直接面对国外或境外消费者,以销售个人消费品为主,物流方面主要采用航空小包、邮寄、快递等方式,其报关主体是邮政或快递公司。网上商店的买卖可以是实体化的商品物资,如电视机、计算机、冰箱、食品、服装、鞋帽、书籍等;也可以是数字化的产品,如新闻、电影、音乐、软件、数据库及各类知识性商品;还有提供的各类服务,如出差或旅游车票、机票购买、安排住宿、在线医疗诊断、远程教育等。

B2C 跨境电子商务主要使用线上支付方式完成交易,第三方支付工具得到了广泛应用。具体如全球速卖通、Amazon(亚马逊)、当当、淘宝网、天猫网、携程网、去哪儿网、Dell(戴尔)、eBay(电子湾、易贝)等。

其中比较好的 B2C 跨境电子商务平台是我国浙江杭州的阿里巴巴全球速卖通 AliExpress,速卖通作为国际电子商务平台,跨境贸易在全球占有份额非常大。该商务平台能帮助中小企业接触终端批发零售商,小批量多批次快速销售,拓展利润空间并全力打造融合订单、支付、物流于一体的外贸在线交易平台。该平台适合体积较小、附加值较高的产品。

(3) C2C 或 C to C,即消费者与消费者之间的跨境电子商务,是指通过为买卖双方提供一个在线交易平台,使卖方可以主动提供商品上网拍卖,买方可以自行选择商品进行竞价。其代表是易趣网、淘宝电子商务网等。

(4) M2C 或 M to C,即生产厂家直接对消费者的跨境电子商务,是指生产厂家直接对消费者提供自己生产制造的产品或服务的一种商业模式。其特点是减少流通环节,降低销售成本,保障售后服务质量。

(5) O2O 或 O to O(online to offline),为线上线下交易,是指将线下的贸易机会与互联网结合,让互联网成为线上线下交易的平台,O2O 最早来源于美国。其概念非常广泛,只要在产业链中既涉及线上,又涉及线下,都可称为 O2O。O2O 跨境电子商务模式需具备五大要素:独立的跨境网上商城、国际权威行业可信任网站认证、在线网络广告营销推广、全面社交媒体与客户在线互动、线上线下跨境一体化的营销系统。

如广交会电子商务公司推出的"广交会+电商"O2O 模式,把全球第一大商品展览会的线下资源和电子商务平台的线上资源紧密融合,在跨境电商领域实现了规模化的 O2O。又如苏宁易购将 O2O 触角延伸到国外,通过收购日本零售连锁品牌乐购仕布局国内外 O2O 业务,其平台的商品可以在乐购仕的门店出售,乐购仕为其组建海外直接采购队伍,为其国内平台供货。常见的如阿里巴巴天猫国际、携程网、顺丰快递、洋码头、聚美优品等开展的四种模式:①线上下单、跨境采购、机场提货;②国外采购,在保税区开店:融合展示与购买功能;③国际采购,在闹市区开设体验店:线下展示、线上购买;④进出口公司与线下商家合作:互相渗透等跨境电子商务 O2O 模式,使跨境电子商务的 O2O 模式得到了快速发展。

## 本 章 提 要

本章介绍了国际贸易的多种方式方法,其中有逐笔购销方式的现货贸易,还有经销贸易、包销贸易、代理贸易、寄售贸易、对销贸易、加工贸易、边境贸易、保税贸易、期货贸易、招标与投标等。还介绍了以互联网作为重要工具开展国际贸易,即"互联网+外贸"的跨境电子商务及其 B2B、B2C、C2C、M2C 和 O2O 五种模式。

## 思考与练习　技能证书考试与专业竞赛训练

(一) 分析判断题(判断命题的正确或错误,正确的打"√",错误的打"×")

1. 一般经销也叫定销,拥有专营权,出口企业可以在一个地区指定几个经销商。

(　　)

2. 独家经销商享有独家专营权。( )
3. 代理人在承担经营风险的基础上,按交易量的比率收取佣金。( )
4. 独家代理的当事人与经销一样都是买卖关系。( )
5. 寄售人与代销商之间是买卖合同关系,代销商要承担销售畅滞的风险和费用。
( )
6. 期货的基本功能是发现价格和回避风险。( )
7. 边境小额贸易比边民互市贸易更便于监督管理。( )
8. 补偿贸易最基本的形式是混合抵偿。( )
9. 跨境电子商务是"互联网+国际贸易"的突出表现。( )
10. B2B 是最常见的跨境电子商务交易模式。( )

(二)单项选择题(每题只有 1 个答案是正确的,请选择正确的答案填入括号内)
1. 属于委托代售的贸易方式是( )。
   A. 代理          B. 经销          C. 寄售          D. 回购
2. 包销协议实质上是一份( )。
   A. 买卖合同      B. 代理合同      C. 寄售合同      D. 拍卖合同
3. 依据合同收取佣金,不承担经营风险的是( )。
   A. 经销商        B. 代理商        C. 销售商        D. 包销商
4. 不适合采用拍卖方式销售的商品是( )。
   A. 裘皮、茶叶、纺织品            B. 花卉、畜牧
   C. 古玩                          D. 艺术品
5. 期货交易市场买卖的对象是( )。
   A. 期货                          B. 标准的期货合同
   C. 大豆                          D. 石油
6. 关于边境贸易说法错误的是( )。
   A. 便于监督管理
   B. 一般以易货贸易为主,不动用外汇,结算方式较为先进
   C. 批量小,灵活方便
   D. 是我国西南边境与东盟国家进行贸易的一种重要形式
7. 招标投标业务的特点之一是( )。
   A. 买主之间的竞争                B. 卖主之间的竞争
   C. 买主与卖主之间的竞争          D. 是一种独特的方式
8. 关于寄售贸易方式,下列说法错误的是( )。
   A. 在寄售业务中,代销人只享有对货物的控制权而不享有所有权,因此,货物出售前的风险应由寄售人承担
   B. 在寄售业务中,货物售出前,其所有权属寄售人
   C. 在寄售业务中,代销人不得以自己的名义出售货物,收取货款
   D. 代理人在不低于最低限价的前提下,可以任意出售货物,否则必须事先征得寄售人同意

9. 关于期货贸易方式,下列说法错误的是( )。
   A. 通过商品交易所做套期保值,其目的是要通过期货交易转移现货交易的价格风险,并获得这两种交易相配合的最大利润
   B. 套期保值与投机最大的区别是:前者是为了转移价格风险;后者为了争取投机利润
   C. 经营者买进一批实物,为避免因价格下跌遭受损失而在交易所预售同等数量的期货合同,进行保值,称为买期保值
   D. 同一商品的实物价格与期货价格变化的趋势是基本一致的
10. 补偿贸易与易货和反购方式的主要区别在于( )。
    A. 补偿贸易仅仅适用于机械设备的采购业务中
    B. 补偿贸易是以信贷作为基础的
    C. 补偿贸易以对开信用证方式进行结算
    D. 开展补偿贸易时要分别签订两个合同

(三) 多项选择题(每题有 2 个以上答案是正确的,请选择正确的答案填入括号内)

1. 边境贸易主要分为( )。
   A. 边境小额贸易　　　　　　　B. 边民互市贸易
   C. 边境对外经济技术合作　　　D. 边境官方贸易
2. 按照经销商权限的不同,经销可以分为( )类型。
   A. 一般经销　　B. 独家经销　　C. 零售
   D. 分销　　　　E. 批发
3. 加工贸易主要是指( )。
   A. 对外加工装配贸易　　　　　B. 进料加工贸易
   C. 中小型补偿贸易　　　　　　D. 来样加工贸易
4. 在国际销售代理中,按代理人享有的代理权大小,可将代理分为( )。
   A. 总代理　　B. 独家代理　　C. 分代理　　D. 一般代理
5. 独家代理与经销的主要区别是( )。
   A. 当事人关系不同　　　　　　B. 履行合同义务主体不同
   C. 承担的风险不同　　　　　　D. 承担的销售义务不同
6. 竞争性招标又可进一步分为( )。
   A. 公开招标　　B. 选择招标　　C. 谈判招标　　D. 两段招标
7. 当前中国的保税贸易方式有( )。
   A. 保税区和保税港区　　　　　B. 物流中心和物流园区
   C. 出口加工区和跨境经济合作区　　D. 保税仓库及进出口监管仓库
8. 国际贸易中采用寄售方式的特点有( )。
   A. 寄售人和代销人是委托代售关系
   B. 先发货,后成交,凭实物进行现货交易
   C. 货物售出前的风险和费用均由寄售人承担
   D. 货物的所有权在货物发运时转给代销人
   E. 寄售相当于一般的代理业务

9. 商品期货交易的特点是( )。
   A. 以标准期货合同作为交易的标的    B. 特殊的清算制度
   C. 严格的保证金制度              D. 严格的保管金制度
   E. 普遍的清算制度
10. 跨境电子商务的应用模式主要有( )。
    A. B2B      B. B2C      C. C2C
    D. M2C      E. O2O

## (四) 思考题

1. 采用经销方式出口应注意的问题是什么？
2. 国际贸易的包销方式如何正确操作？
3. 独家代理与经销的主要区别是什么？
4. 寄售与代理有什么区别？
5. 补偿贸易的特征是什么？
6. 保税贸易操作的一般规则有哪些？
7. 招标与投标的基本过程包括哪些？
8. 对销贸易的分类有哪些？
9. 中国的边境贸易分布在哪些省和自治区？
10. 跨境电子商务常见的交易模式有哪些？

# 案例分析及讨论

### 应用独家经销贸易方式经营应如何避免经济纠纷？

中国上海 A 服装进出口公司与日本东京 B 株式会社（股份公司）签订了"长白牌"服装的独家经销协议，授予 B 株式会社"长白牌"服装产品在日本的独家经销权，但"长白牌"服装产品并非上海 A 服装进出口公司的自产商品，而是由我国江苏常州 C 公司生产、由上海 A 服装进出口公司销往日本东京 B 株式会社。江苏常州 C 公司在向上海 A 服装进出口公司供货出口的同时，也自营服装进出口业务，又向另一家日本横滨 D 株式会社授予了"长白牌"服装产品在日本的独家经销权。这样，在日本就有了同一服装品牌产品的两个独家经销商，这两家经销商发现这种情况后，都向上海 A 服装进出口公司和江苏常州 C 公司提出索赔的要求。

**请思考分析及讨论：**
该起服装出口经销贸易纠纷的原因是什么？如何处理？

# 教 学 互 动

1. 请比较和讨论边境贸易与正规国际贸易的共同点和区别点有哪些？
2. 联系实际讨论"互联网＋外贸"在国际贸易中的作用与发展，谈谈跨境电子商务未来的发展趋势。

# 第五章

# 商品货物价格制定与成本核算

**知识要求**

　　了解进出口商品货物价格制定的基本原则和方法；熟悉计价货币选用的参考因素；掌握佣金、折扣的含义；熟知不同贸易术语的价格构成和换算；掌握出口换汇成本和出口盈亏率的概念与计算方法；熟悉国际贸易买卖合同中的价格条款。

**应用要求**

　　掌握含佣价与净价的换算关系、折扣价和成交价的计算关系；掌握 FOB、CFR、CIF 三种贸易术语条件下出口商品货物价格的构成以及彼此间的换算关系与应用；能够掌握出口换汇成本和出口盈亏率的核算及其应用；掌握买卖合同中价格条款的签订方法。

## 第一节　价格制定的原则与方法

　　从事任何贸易都必须了解和掌握价格，国际贸易中比较常用的价格有：①工厂交货价（EXW）；②装运港价（FOB）；③目的港价（CIF）；④货交承运人价（FCA）；⑤目的地交货价（DAP）；⑥完税后交货价（DDP）等多种，详见第三章。

　　在国际贸易中，进出口商品货物的价格是交易双方最关心的一个重要问题。这是因为，成交价格的高低和作价方法的差异，直接关系到买卖双方的经济利益。因此，在实际业务中，正确掌握影响进出口商品货物价格的因素，灵活运用价格制定原则，合理采用各种作价方法，并订立好合同中的价格条款，具有十分重要的意义。

### 一、影响价格的因素

#### （一）商品货物的质量和档次

　　在国际市场上，一般都贯彻"优质优价、劣质劣价、同质同价"的原则，即"一分钱一分货"。品质的优劣，档次的高低，包装的好差，式样的新旧，商标、品牌的知名度，都会影响商品货物的价格。在进出口商品货物作价时，应该充分考虑商品货物的品质与档次。

#### （二）运输物流距离的远近

　　国际货物买卖，一般都要经过长途运输物流。运输距离的远近，会影响运费和保险费的开支，从而影响商品货物的价格。因此，确定商品货物价格时，必须认真核算运输物流成本，做好比价工作，以体现地区差价。例如，欧洲基本港口与小港口和一般港口的运费差距很大。

### （三）交货地点和交货条件

在国际贸易中，由于所应用的贸易术语不同，交货地点和交货条件也就不同，买卖双方承担的责任、费用和风险就有差别。确定进出口商品货物价格时，必须考虑到这些因素。例如，同一运输物流距离内成交的同一商品货物，按 CFR 价格条件成交的货物与按 CIF 价格条件成交的货物，其价格是不同的。

### （四）供求关系

经济理论清楚地表明，价格主要是由市场供求关系决定的，全球经济运行景气程度或周期循环变动、通货膨胀或通货紧缩等都会影响商品货物价格的涨跌变化。如当国际采购的商品货物供不应求时，价格就上涨；当国际采购的商品货物供过于求时，价格就下跌。

### （五）包装情形

商品货物用包装物装运和用散装船装运，价格会不同，过度包装可加大商品货物的成本，使价格提高。通常品牌包装价格比较高，中性包装价格比较低，散装或裸装价格最低。

### （六）季节性需求的变化

在国际市场上，对于一些供求关系受季节影响的商品货物，根据淡旺季节的不同，所作价格也应有所差别。如某些时令性商品货物，要赶在时令前到货，抢行应市，即能卖上好价格。过了时令的商品货物，往往售价很低，甚至会以低于成本的"跳楼价"出售。因此，贸易应充分利用季节性需求的变化，掌握好季节性差价，争取按对我方有利的价格成交。

### （七）成交数量和交易规模

按贸易的通常做法，成交数量的多少和交易规模的大小会影响价格高低。即成交量多和交易规模大时，在价格上可以给予适当优惠，例如采用数量折扣的办法；反之，如成交量过少和交易规模小，甚至低于起订量时，则可以适当提高售价。不论成交多少，都是同一个价格的做法是不当的，贸易实践应当掌握好数量多少的价格差别。

### （八）支付条件和汇率变动

支付条件是否有利和汇率变动情况，都会影响商品货物的价格。例如，同一商品货物在其他交易条件相同的情况下，采取预付货款和凭信用证付款方式，其价格就应当有所区别。一般来说，客户采取现金、预付 T/T 付款方式时，价格可以适当优惠一些；采取 D/P、D/A、L/C 等付款方式时，价格就应该稍高一些，因为银行会收取较高的费用。同时，确定商品货物价格时，一般应争取采用对自身有利的货币成交，如采用对自身不利的货币成交时，应当把汇率变动的风险考虑到货价中，即适当提高出售价格或压低购买价格。

另外，国际市场商品货物价格的变动，还会受全球商品货物供求关系的影响，同时受垄断、竞争、投机、自然灾害、罢工、战争、交货期的远近、市场销售习惯和消费者爱好等多种因素的影响。研究分析国际市场商品货物价格变动的影响因素，预测其发展变化趋势，密切观察跟踪和利用商品货物市场行情，对合理把握好进出口商品货物价格有重要作用，在实际业务中，必须通盘考虑和正确掌握。

## 二、价格制定的原则

我国进出口商品货物的作价原则，是随行就市，以国际市场价格水平为依据，根据不同的商品货物货源情况，结合购销意图，按照国别地区政策，贯彻平等互利原则，统一掌握制定。国际贸易中的商品货物价格受多种因素的影响,在确定进出口商品货物价格时,需要注意贯彻以下三项原则。

### (一) 按照国际市场价格水平作价

国际市场价格是以商品货物的国际价值为基础并在国际市场竞争中形成的,它是交易双方都能接受的价格,是我们确定进出口商品货物价格的客观依据。因此,我国对外成交的价格,一般都参照国际市场价格水平来确定。

### (二) 结合国别、地区政策作价

为了使外贸配合外交,在参照国际市场价格水平的同时,也可适当考虑国别、地区政策,即在平等互利的基础上,由双方约定按比较优惠的价格成交。

### (三) 结合购销意图作价

进出口商品货物价格在国际市场价格水平的基础上,可根据购销意图来确定,即可略高或略低于国际市场价格。

商品货物国际市场价格因受供求关系的影响而上下波动,有时甚至瞬息万变,因此,在确定成交价格时,必须密切注意商品货物市场供求关系的变化和国际市场价格涨跌的趋势。当商品货物市场供不应求时,国际市场价格就会呈上涨趋势;当商品货物市场供过于求时,国际市场价格就会呈下跌趋势。可见,切实了解商品货物国际市场的供求状况,有利于对国际市场价格的走势做出正确判断,也有利于合理确定进出口商品货物的成交价格,该涨则涨,该降则降,避免价格把握上的盲目性。

## 三、商品货物的定价方法

在国际贸易中,商品货物价格由交易双方自主磋商确定。进出口商品货物价格的确定会直接影响企业的经济效益和产品的市场竞争力,是企业对外开展业务时必须面临的问题。从出口商的角度,出口商品货物的定价方法主要有以下三种。

### (一) 成本加成定价法

成本加成定价法是成本导向定价法中最主要的一种定价形式,为外贸企业广泛使用。采用成本加成定价法时,只需要了解有关进出口商品货物的成本和相对于成本的利润率(或利润),并以相应的外币表示,即能获得基本价格。

以出口商品货物为例,出口商品货物的基本成本要素包括如下内容。

(1) 出口商品货物生产成本或采购成本。

(2) 装运前融资贷款利息成本。

(3) 出口成本及费用(包括采购差旅费用、出口包装费用、国内运输费用、保险费用、仓储费用、码头费用、各种国内税费、商品检验费用、海关关税及费用、出口企业管理费用等)。

(4) 装运后的融资贷款利息成本和银行手续费用。

(5) 可能的汇率变动成本。

(6) 国外运费(自装运港至目的港的海上运输费用)。

(7) 国外保险费(海上货物运输保险)。

(8) 如果有中间商,还应包括支付给中间商的佣金费用。

(9) 出口商预期利润率等。

出口商在采用成本加成定价方法时,应根据买卖双方所确定的贸易术语,先确定出口商品货物的总成本,并在此基础上,再计算出口商品货物应得的利润,出口商品货物的总成本加上应得的利润,即得到出口商品货物的价格。

### (二) 竞争导向定价法

竞争导向定价法是一种结合国际市场行情和产品成本两方面的情况来确定价格的方法。在竞争激烈的市场中,此种定价方法以对付竞争对手为目标,在定价前,出口企业广泛搜集竞争对手的各种信息,并与本企业生产和出口的同类商品货物加以比较,根据对比的情况确定己方的价格。

### (三) 市场导向定价法

市场导向定价法是一种以国际市场价格作为自身产品出口的参照价格、随行就市的定价方法。这种方法以市场为导向,根据市场目标的特点制定己方的价格,主要有推定价值定价法和区别定价法等。①推定价值定价法是指根据产品和市场营销因素的组合,以及消费者对产品价值的认可程度决定己方的价格,采用该种定价方法的关键是预测价格的准确性。②区别定价法是指按照不同的市场情况,服务于企业战略目标而采用的定价方法,具体又可分为客户差价、式样差价、地点差价、时间差价、数量差价和产品差价等。

## 四、合同中的作价方法

作价方法是在掌握作价原则的前提下,在合同中规定价格的方法。在国际贸易中,作价方法有以下两种,买卖双方可根据具体交易的情况磋商确定。

### (一) 固定价格

固定价格是指交易双方在协商一致的基础上,对合同价格予以明确、具体的规定。按照《联合国国际货物销售合同公约》的有关规定,合同中的价格可以由当事人用明示的方法规定,也可以用默示的方法规定。我国进出口合同中,绝大部分都是在双方协商一致的基础上,明确地规定具体价格,这也是国际上常用的做法。按照各国法律的规定,合同价格一经确定,就必须严格执行。除非合同另有约定,未经双方当事人一致同意,任何一方都不得擅自更改。例如,"每公吨 1 000 美元 CIF 大阪",如合同无其他规定,则被认为是固定价格。

在合同中规定固定价格是一种常规做法。它具有明确、具体、肯定和便于核算的特点。不过,由于市场行情瞬息万变,价格涨跌不定。因此,在国际货物买卖合同中规定固定价格,就意味着买卖双方要承担从订约到交货付款以致转售时价格变动的风险。况且,如果行市变动过于剧烈,这种做法还可能影响合同的顺利执行。一些不守信用的经营者很可能为逃避亏损,而寻找各种借口毁约。为了减少价格风险,在采用固定价格时,首先,必须对影响商品货物供需的各种因素进行仔细的研究,并在此基础上,对价格的前景做出分析判断,以此作为决定合同价格的依据;其次,必须对客户的资信进行了解和研究,慎重选择订约的贸易伙伴。但是,国际商品货物市场的变化往往受各种临时性因素的影响,变幻莫测。特别是在金融危机爆发时,由于各种货币汇价动荡不定,商品货物市场变动频繁,剧涨暴跌的现象时有发生。在此情况下,固定价格往往会给买卖双方带来巨大的风险,尤其是当价格前景捉摸不定时,更容易使客户裹足不前。因此,为了减少风险,促成交易,提高履约率,在合同价格的规定方面,也逐步采取一些变通的做法。

## (二) 非固定价格

非固定价格也称为"活价",买卖双方洽商交易时,如果价格变动趋势一时难以看准,可签订活价合同,即只约定成交数量、品种和交货期,具体价格则留待定价时间和订价方法确定后再订明。

采用非固定价格时,应注意明确规定作价的时间和定价方法,以免影响合同的稳定性。实际业务中通常可以这样约定:在规定的时间内双方协商或者以某时的国际商品货物交易所的价格为准。时间可以以装船前或者装船时为准。这类定价方法又可以分为下述几种。

1. 具体价格待定

具体价格待定即在合同中只规定时间和方法,没有具体的价格。例如,"以××××年××月××日某地某商品交易所某商品货物的收盘价为准""按提单签发日的国际市场价格计算""由双方在××××年××月××日协商确定具体价格"。

2. 暂定价格

暂定价格即在合同中先订立一个初步价格,作为开立信用证和初步付款的依据,待双方确定价格后再进行最后清算,多退少补。例如,"单价暂定 CIF 荷兰鹿特丹港,每公吨 5 000 欧元,作价方法:以英国伦敦金属交易所(LME)3 个月锑锭期货为准,按装船月份月平均价加 8 欧元计算,买方按本合同规定的暂定价开立信用证"。

3. 部分固定价格、部分暂不定价

为了照顾双方的利益,解决双方在采用固定价格或非固定价格方面的分歧,也可采用部分固定价格,部分非固定价格的做法,或是分批作价的办法,交货期近的价格在订约时固定下来,余者在交货前一定期限内作价。

4. 价格调整条款

在国际市场上,随着许多国家通货膨胀的加剧,有一些商品货物合同,特别是在某些生产周期较长的商品货物(如机器设备、大型船舶、飞机、原料性大宗商品货物)合同中,买卖双方约定初步价格的同时,还规定价格调整条款,即按原材料和工资变化水平来计算和确定最后价格。有时将物价指数作为调整价格的依据,即约定交货时物价指数变动超过一定范围,价格即做相应调整。这种做法有利于把价格变动风险限定在一定范围内,以利于提高客户的经营信心,促成合同的订立。

在价格调整条款中,通常使用下列公式来调整价格。

$$P = P_0 \cdot \left(a + b \cdot \frac{M}{M_0} + c \cdot \frac{W}{W_0}\right)$$

式中,$P$ 为调整后的最后价格;$P_0$ 为约定时的基础价格;$a$ 为管理费用,基础价格的固定部分;$b$ 为原材料成本,基础价格的可变部分;$c$ 为工资成本,基础价格的可变部分;$M$ 为若干月后交货时的原材料批发价指数;$M_0$ 为订约时原材料批发价指数;$W$ 为若干月后交货时的工资指数;$W_0$ 为订约时的工资指数。

其中,$a$ 指管理费用占货物单位价格的百分率;$b$ 指各种主要原材料成本率(=原材料成本/货物的单位价格);$c$ 指工资成本率(=工资成本/货物的单位价格)。$a$、$b$ 和 $c$ 各占价格的若干百分比,由买卖双方订约时商定。如 $a$ 为 10%,$b$ 为 60%,$c$ 为 30%;$a$、$b$ 和 $c$ 三者相加,应为 100%。

## 第二节 计价货币的选择

计价货币(money of account)是指买卖双方在合同中规定用来计算价格的货币。支付货币(money of payment)是双方当事人约定用来清偿货款的货币。如合同中的价格是用一种双方当事人约定的货币(如美元)来表示的,而没有约定用其他货币支付,则合同中规定的货币(美元),既是计价货币,又是支付货币。如在计价货币之外,还约定了用其他货币(如欧元)支付,则这种约定的货币(欧元)就是支付货币。

2015年12月1日,国际货币基金组织(IMF)宣布,人民币纳入了SDR(特别提款权)货币篮子,从2016年10月1日正式生效,成为可以自由使用的国际货币,因此,我国进出口商品货物计价尽可能选用人民币。

在国际贸易中,买卖双方的立场不同,选用货币的出发点不同,但双方考虑的问题确实相同的,那就是外汇风险的承担问题。在国际金融市场普遍实行浮动汇率制的情况下,买卖双方都承担着汇率变化的风险,因此在选择使用何种货币时,就不能不考虑货币汇率升降的风险。在国际贸易中,把具有上浮(升值)趋势的货币称为"硬币",把具有下浮(贬值)趋势的货币称为"软币"。通常情况下,卖方愿意选择"硬币"作为计价/支付货币,与之相反的是买方则希望选择"软币"作为计价/支付货币。

根据我国外贸实践,选择计价货币应注意以下原则。

### 一、选择流通广、可自由兑换的货币

在进出口业务中,选择使用何种货币计价或支付时,首先要考虑选择的货币是不是流通广、可自由兑换的货币。使用流通广、可自由兑换的货币,有利于调拨和使用,以及在必要时转移货币的汇率风险。

流通广、可自由兑换货币是指可以在国际市场上自由进行买卖的货币。在现汇交易下,一国出口商所收取来的可自由兑换货币,既可以用于支付从对方国家进口的货款,也可以自由支付给第三者,或换成其他货币,又可以根据汇率变化的趋势,在外汇市场上买卖以转移汇率变动的风险。这种在现汇交易下所收付的可兑换货币也称自由外汇。

### 二、"收硬付软"原则

"收硬付软"原则是指在国际贸易中,作为出口商的卖方应力争收取"硬币",作为进口商的买方应争取支付"软币"。然而如前所述,在实际业务中,货币选择不是一厢情愿的事,交易双方都希望选择对自己有利的货币,从而将汇率风险转嫁给对方。因此交易双方往往会在计价/支付货币的选择上产生异议,使谈判出现僵局。为打破僵局,促成交易,大多是双方妥协,选用较为稳定的货币计价。也可采用"硬币"和"软币"组合的方法,使升值的货币所带来的收益用以抵消贬值的货币所带来的损失。

### 三、进口、出口货币一致原则

在国际贸易中,一家企业在同一时期内,进口业务使用某种货币计价,出口业务也采用该货币计价,这样就可以将外汇风险通过一"收"一"支"相互抵消。

### 四、借、用、收、还货币一致原则

当今世界,任何一种货币都无法长期保持坚挺的地位,在企业借、用、收、还四个环节中,

只要发生货币兑换,就存在汇率风险。因此,应尽量争取使这四个环节币种相一致,避免汇率风险,保证按时偿还。

## 五、汇率和利率结合考察原则

国际贸易中,进出口商往往借助短期贸易融资开展业务,这时则应把利率和汇率变动趋势综合起来考虑。一般地说,硬币利率低,软币利率高。例如,一笔进口贸易融资贷款可以选择美元,年利率11%;也可以选择日元,年利率8%,但分析预测同期美元将贬值4%,日元将升值3%。这样,美元贷款的实际利率是7%,日元的实际利率是11%,这时进口合同选择美元计价/支付并贷款显然是有利的。

## 六、以本币作计价货币原则

使用本币计价、支付,进出口商结算时不发生买卖外汇,无汇率差损失,也无须承担汇率变动的风险。

# 第三节 佣金与折扣

在国际贸易合同的价格条款中,有时会涉及佣金(commission,或以 C 表示)和折扣(discount、rebate、allowance,或以 D、R 表示)的运用。价格条款中所规定的价格,可分为包含佣金或折扣的价格和不包含这类因素的净价(net price)。包含佣金的价格,在实际业务中通常称为"含佣价"。佣金与折扣直接关系到货物的价格,因此,正确运用佣金与折扣,能够扩大货物的销售,调动中间商与进口商的积极性。

## 一、佣金

### (一) 佣金的含义

佣金是指代理人或经纪人为委托人服务而收取的报酬。在国际贸易中,有些交易是通过中间代理商进行的。中间商在介绍生意或代买代卖中向出口商或进口商收取一定的酬金,此项酬金称为佣金。因此,它适用于与代理人或中间商签订的合同。

佣金的表示方法有三种:明佣、暗佣和双头佣金。凡在合同价格条款中,明确规定佣金百分比的,称为"明佣";如不标明佣金的百分比,甚至连"佣金"字样也不标示出来,有关佣金的问题由双方当事人另行约定,这种暗中约定佣金的做法,叫作"暗佣"。双头佣是指向买卖双方均收取的佣金。佣金直接关系到商品货物的价格,货价中是否包括佣金和佣金比例的大小,都影响商品货物的价格。显然,含佣价比净价要高。正确运用佣金,有利于调动中间商的积极性和扩大交易。

### (二) 佣金的规定方法

在国际贸易中,佣金的规定方法有以下几种。

1. 用文字说明

例如,"每公吨200美元CIF旧金山,包括2%佣金"(US $200 per metric ton CIF San Francisco including 2% commission)。

2. 在贸易术语上加注佣金的缩写英文字母"C"和佣金的百分比来表示

例如,"每公吨 200 美元 CIFC 2% 旧金山"(US $200 per M/T CIFC 2% San

Francisco)。

**3. 用绝对数来表示**

例如,"每公吨付佣金 25 美元"(Commission:US＄25 per M/T)。

如中间商为了从买卖双方获取"双头佣金"或为了逃税,有时要求在合同中不规定佣金。而另按双方暗中达成的协议支付。佣金的规定应合理,其比率一般掌握在 1%～5%,不宜偏高。

### (三) 佣金的计算

在国际贸易中,计算佣金的方法不一,有的按成交金额约定的百分比计算,也有的按成交商品货物的数量来计算,即按每一单位数量收取若干佣金计算。在我国进出口业务中,计算佣金的方法也不一致,按成交金额和成交商品货物的数量计算的都有。在按成交金额计算时,有的以发票总金额作为计算佣金的基数,有的则以 FOB 总值为基数来计算佣金。如按 CIFC 成交,而以 FOB 值为基数计算佣金时,则应从 CIF 价中减去运费和保险费,求出 FOB 值,然后以 FOB 值乘佣金率,即得出佣金额。如合同未订明,通常是以买卖双方的成交额或发票金额为基础计算佣金。计算佣金的公式如下:

$$单位货物佣金额 = 含佣价 \times 佣金率$$

$$净价 = 含佣价 - 单位货物佣金额 = 含佣价 \times (1 - 佣金率)$$

假如已知净价,则含佣价的计算公式为

$$含佣价 = \frac{净价}{1 - 佣金率}$$

【**例 5-1**】 某出口公司对外报价某商品货物每公吨 2 000 美元 CIF 美国纽约港,外商要求 4%佣金。在保持我方收入不变的情况下,应报含佣价为多少?

解:$含佣价 = \frac{净价}{1 - 佣金率} = \frac{CIF 净价}{1 - 4\%} = \frac{2\,000}{1 - 4\%} = 2\,083.33(美元)$

即应报含佣价为每公吨 CIFC 4%为 2 083.33 美元。

【**例 5-2**】 某出口公司向英国某进口商出口商品货物,对外报价为 FOB 2%上海每箱 600 英镑,客户要求将佣金增至 5%。出口公司考虑后同意,但为使净收入不减少,价格应该报多少?

解:$净价 = 含佣价 \times (1 - 佣金率) = 600 \times (1 - 2\%) = 588(英镑)$

调整佣金后的新报价为

$$含佣价 = \frac{净价}{1 - 佣金率} = \frac{净价}{1 - 5\%} = \frac{588}{1 - 5\%} = 618.9(英镑)$$

因此佣金调整后的报价为 FOBC 5%上海港每箱 618.9 英镑。

### (四) 佣金的支付方法

佣金的支付要根据中间商提供服务的性质和内容而定。一般来说,佣金的支付有以下三种做法:①由中间代理商直接从货价中扣除佣金。这是指出口企业收到的已经是扣除佣金后的货价。采用这种方法要注意防止重复付佣。②在委托人收清货款之后,再按事先约定的期限和佣金比率,另行汇付给中间代理商。这种做法有利于合同的圆满履行,因为中间商为了取得佣金,不仅会尽力促成交易,还会负责联系、督促实际买方履约,协助解决履约过程中可能发生的问题,使合同得以顺利履行。③中间商要求出口企业在交易达成后就支付佣金。这种做法因不能保证合同的顺利履行一般不能被接受。在我国出口业务中,常用的是第二种方法,即收到全部货款后再另行支付佣金,可以在合同履行后逐笔支付,也可以与中间商或代理商签订协议,按月、按季、按半年甚至一年汇总支付。

为了发挥佣金的作用,充分调动中间商的积极性,出口企业应按约支付佣金,防止错付、漏付和重付等事故发生。需要特别注意的是,按照一般惯例,在独家代理情况下,如委托人与约定地区的其他客户达成的交易,即使未经独家代理过手,也得按约定的比率付给其佣金。

## 二、折扣

### (一) 折扣的含义

折扣是指卖方按原价基础上给予买方一定百分比的减让,即在价格上给予适当的优惠。国际贸易中使用的折扣,名目很多,除一般折扣外,还有为扩大销售而使用的数量折扣(quantity discount),为实现某种特殊目的而给予的特别折扣(special discount),以及年终回扣(turnover bonus)等。

折扣的表示方法与佣金类似。凡在价格条款中明确规定折扣率的,叫作"明扣";凡交易双方就折扣问题已达成协议,而在价格条款中却不明示折扣率的,叫作"暗扣"。折扣直接关系到商品货物的价格,货价中是否包括折扣和折扣率的大小,都影响商品货物价格,折扣率越高,则价格越低。折扣和佣金一样,都是市场经济的必然产物,正确使用折扣,有利于调动采购商的积极性和扩大销路,在国际贸易中,它是加强对外竞争的一种手段。

折扣与佣金的区别:佣金为卖方给第三者的手续费,折扣为卖方直接给予买方的减让。

### (二) 折扣的规定办法

在国际贸易中,折扣的规定方法有以下两种。

1. 用文字明确表示出来

例如,"每公吨 200 美元 CIF 澳大利亚悉尼港折扣 3%"(US＄200 per metric ton CIF SydneyHarbour in Australia including 3% discount)。

此例也可这样表示:"CIF 澳大利亚悉尼港每公吨 200 美元,减 3%折扣"(US＄200 per metric ton CIF SydneyHarbour in Australia less 3% discount)。

2. 用绝对数来表示

例如,"每公吨折扣 6 美元"。在实际业务中,也有用"CIFD"或"CIFR"来表示 CIF 价格中包含的折扣,这里的"D"和"R"是"Discount"和"Rebate"的缩写。鉴于贸易往来中加注的"D"或"R"含义不清,可能引起误解,故最好不用此缩写。交易双方采取暗扣的做法时,则在合同价格中不作规定。

### (三) 折扣的计算

折扣通常是以成交额或发票金额为基础计算出来的。例如,CIF 加拿大温哥华港,每公吨 2 000 美元,折扣 2%,卖方的实际净收入为每公吨 1 960 美元。其计算公式如下:

$$单位货物折扣额 = 原价(或含折扣价) \times 折扣率$$

$$折扣价(卖方实际净收入) = 原价 - 单位货物折扣额$$

折扣价公式也可写成:

$$折扣价 = \frac{原价}{1+折扣率} \quad 或 \quad 折扣价 = 原价 \times (1-折扣率)$$

**【例 5-3】** 某出口公司出口报价某货物每公吨 2 000 欧元 CIF 法国马赛港,折扣 2%。求单位货物折扣额和卖方实际净收入。

**解**:单位货物折扣额=原价(或含折扣价)×折扣率=2 000×2%=40(美元)

卖方实际净收入=原价-单位货物折扣额=2 000-40=1 960(美元)

### (四) 折扣的支付方法

折扣一般是在买方支付货款时预先予以扣除。也有的折扣金额不直接从货价中扣除,而按双方当事人暗中达成的协议,由卖方以给"暗扣"或"回扣"的方式另行支付给买方。这种做法在实际业务中也常被采用。

## 第四节 价格成本换算与盈亏核算

### 一、出口商品的成本核算

出口商品货物价格的构成一般包括商品货物成本、出口费用和预期利润三部分。

#### (一) 出口商品货物的成本

商品货物成本通常称原价或基价,一般是生产制造工厂交货或仓库交货价,或者是专业出口商的采购成本。对于出口商而言,采购成本即购货成本,是贸易商向供货商购买货物的支出,也就是出口商品货物的购进价,但该项支出含有增值税。如果企业自营出口,购货成本即其生产成本。增值税是以商品货物进入流通环节所发生的增值额为课税对象的一种流转税。由于出口商品货物通常是进入国外流通领域,因此,许多国家为降低出口商品货物的成本,增强其产品在国际市场上的竞争力,往往对出口商品货物采取增值税额全额或按一定比例退还的做法(即出口退税制度)。在实施出口退税制度的情况下,出口商在核算价格时就应该将含税的采购成本中的税收部分根据出口退税予以扣除,从而得出实际购货成本。我国也实行出口退税制度。

实际购货成本=购货成本-出口退税额

购货成本=货物净价(不含税价)+增值税额

=货物净价+货物净价×增值税税率

=货物净价×(1+增值税税率)

货物净价=$\dfrac{购货成本}{1+增值税税率}$

出口退税额=货物净价×出口退税率

=$\dfrac{购货成本}{1+增值税税率}$×出口退税率

实际购货成本=购货成本-出口退税额

=购货成本-$\dfrac{购货成本}{1+增值税税率}$×出口退税率

=购货成本×$\dfrac{1+增值税税率-出口退税率}{1+增值税税率}$

**【例 5-4】** 全国最大的日用陶瓷生产企业广西北流三环集团国际贸易公司出口陶瓷茶杯,每套购货成本人民币 90 元(包括 17% 的增值税),出口退税率为 8%,请计算该公司的实际购货成本。

**解**：出口退税额 = $\frac{购货成本}{1+增值税税率} \times 出口退税率 = \frac{90}{1+17\%} \times 8\% = 6.15$（元人民币）

实际购货成本 = 购货成本 − 出口退税额 = 90 − 6.15 = 83.85（元人民币）

陶瓷茶杯的实际购货成本为每套 83.85 元人民币。

### （二）出口费用

出口费用是指货物从起运地到交付买方之前由卖方支付的费用。出口费用包括国内费用和国外费用两个方面。

#### 1. 国内费用

国内费用（expenses charges）是指货物出口时所发生的除货物购进价（或生产成本）和国外费用之外的所需费用。国内费用通常包括以下内容。

（1）包装费（packing charges），出口商品货物包装多与国内销售包装有所不同，此项费用可能包括在进货成本中，也可能需另外增加。

（2）仓储费（warehousing charges），货物离开工厂至装船前发生的存仓费用。

（3）国内运输费（inland transport charges），装船前的内陆运输费用，如汽车、火车、内河运输费、路桥费、过驳费及装卸费等。

（4）认证费（certification charges），办理出口许可、配额、产地证及其他证明所支付的费用。

（5）港杂费（port charges），货物装运前在港区码头发生的费用。

（6）商检费（inspection charges），出口商检机构检验货物的费用。

（7）捐税（duties and taxes），国家对出口商品货物征收、代收或退还有关税费。

（8）垫付利息（interest），出口商买进卖出期间垫付资金支付的利息。

（9）银行费用（banking charges），出口商委托银行向外商收取货款进行资信调查等支出的费用。

（10）国内保险费（domestic insurance charges），出口商在装船前国内运输段将风险转嫁给保险公司所支付的保险费用。

（11）经营费用（operating charges），出口商经营过程中发生的有关费用，也称经营管理费，如相关差旅费、通信费、交通费、交际费等。出口企业往往根据商品货物、经营状况等确定一个费用定额率，这个比率为 5%～10% 不等，一般在进货成本基础上核定，即

$$定额费用 = 进货价 \times 费用定额率$$

#### 2. 出口商品货物国内费用的核算

出口货物涉及的各种国内费用在报价时大部分还没有发生，因此该项费用核算实际是一种估算。其方法有以下两种。

一是将货物装运前的各项费用根据以往的经验进行估算并叠加，然后除以出口商品货物数量获得单位商品货物装运前的费用，即

$$单位出口商品货物国内总费用 = \frac{国内总费用}{出口商品货物数量}$$

二是因为该类费用在货价中占比重较低，并且繁杂而琐碎，贸易公司根据以往经营各种商品货物的经验，采用费用定额率的做法自行核定。所谓费用定额率，是指贸易公司在业务

操作中对货物在装运前发生的费用按公司年度支出规定一个百分比,一般为公司购货成本的 5%~10%。实际业务中,该费率由贸易公司按不同商品货物、交易额大小、竞争的激烈程度自行确定。

究竟用哪一种方法确定商品货物的国内总费用,应以采用数据的准确性、价格的竞争性及定价策略等综合考虑决定。但在实践中,因出口费用涉及的项目繁杂单位众多、各项费用不易精确计算,故而常以费用定额率的方法加以计算。

【例 5-5】 我国某出口企业向欧洲出口玩具 1×20FCL,需要支付国内运杂费 400 元,商检费 550 元,报关费 150 元,港口费 600 元,其他费用 1 400 元,请问这批货的出口玩具国内总费用是多少?

解:国内总费用=400+550+150+600+1 400=3 100(元)

【例 5-6】 我国某出口公司出口某商品货物 1 000 件,进货价每件 117 元,共计 117 000 元(含增值税 17%),费用定额率为 10%,该批货物的出口国内总费用是多少?

解:国内总费用=117 000×10%=11 700(元)

3. 国外费用

国外费用主要包括以下几项。

(1) 国外运费(freight charges),货物运往目的地所需支付的海运、陆运、空运及多式联运费用。

(2) 国外保险费(insurance premium),货物国际运输保险或信用保险所需支付的费用。

(3) 佣金及折扣。

### (三) 预期利润

生产厂家自营出口,利润已包含在商品货物成本中;专业出口商在计算出口价格时要加上自己的预期利润。预期利润可以用某一固定数额作为一批商品货物的利润,也可以用一定的比率来计算利润额。预期利润的大小往往由商品货物品种、行业、市场需求以及企业的价格策略等因素决定。与保险费、银行费用和佣金及折扣的计算不同,预期利润作为企业自己的预期收入,其核算方法由企业自行决定,通常采用一定百分比作为经营的预期利润。采用利润率核算利润时,一般以某一成本或某一销售价格为基数。

【例 5-7】 某商品货物的实际成本为 180 元,预期利润率为 15%,计算销售价格和利润额。

解:销售价格=成本×(1+利润率)=180×(1+15%)=207(元)

利润额=销售价格-实际成本=207-180=27(元)

## 二、主要贸易术语的价格构成

在国际贸易中,商品货物价格具体包括哪些部分,取决于国际货物买卖合同中所采用的贸易术语。贸易术语反映了交货条件,不同的交货条件下进出口商所承担的费用不同。例如,FOB 术语中不包括从装运港至目的港的运费和保险费;CFR 术语中则包括从装运港至目的港的通常运费;CIF 术语中除包括从装运港至目的港的通常运费外,还包括保险费。在对外洽商交易过程中,有时一方按某种贸易术语报价,而另一方不同意报价中使用的贸易术语,希望对方改用其他贸易术语报价。因此,外贸从业人员不仅要了解主要贸易术语的价格构成,还应了解主要贸易术语的价格换算方法。

## (一) FOB、CFR、CIF 的价格构成

FOB、CFR、CIF 这三种常用的贸易术语的价格构成包括购货成本、各项费用开支和净利润三方面内容,其中费用开支包括国内费用开支和国外费用开支两部分。

1. 国内费用

国内费用项目较多,主要包括加工整理费、包装费、保险费、国内运费、装船费、检验费、公证费、产地证费、领事签证费、许可证费、报检费、报关费、邮电费、贴现利息和手续费,以及预计损耗等。

2. 国外费用

国外费用主要包括从装运港至目的港的运输费用和海上货物运输保险费用,如有中间商,还应包括付给中间代理商的佣金。

FOB、CFR、CIF 三种贸易术语商品货物价格及关系见图 5-1。

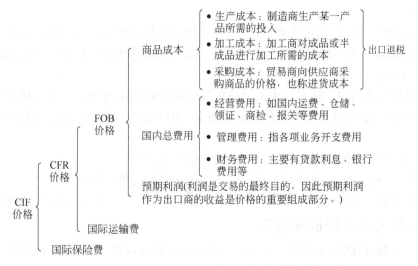

图 5-1 FOB、CFR、CIF 三种贸易术语商品货物价格及关系

以上表明,这三种贸易术语的价格构成计算公式如下:

FOB 价格＝生产/采购成本价＋国内费用＋净利润(预期利润)

CFR 价格＝生产/采购成本价＋国内费用＋国外运费＋净利润(预期利润)

CIF 价格＝生产采购成本价＋国内费用＋国外运费＋国外保险费
　　　　　＋净利润(预期利润)

【例 5-8】 我国某外贸公司出口某商品货物,采购成本为每件 165 元人民币,每件商品货物的国内各项费用共计 12.8 元人民币,该公司所定的预期利润率为 10%(以出口成本为基础),则对外报 FOB 价为多少美元?(汇率:1 美元＝6.80 元人民币)

**解**:FOB 价格＝采购成本价＋国内费用＋预期利润
　　　　　　＝165＋12.8＋(165＋12.8)×10%
　　　　　　＝195.58(元人民币)
　　　　　　＝195.58/6.80＝28.76(美元)

**答**:FOB 价为 28.76 美元。

【例5-9】 中国江苏省连云港某进出口公司出口鱼罐头到俄罗斯海参崴港(vladivostok),该鱼罐头的进货成本为每件1 000元人民币,国内总费用每件20元人民币,国际运费每件15元人民币,国际保险费每件3元人民币,该鱼罐头的预期利润率为出口成本的5%,试求该鱼罐头货物的FOB、CFR、CIF价分别为多少?

解:FOB 价=(1 000+20)÷(1−5%)=1 073.68(元人民币)

CFR 价=(1 000+20)÷(1−5%)+15=1 088.68(元人民币)

CIF 价=(1 000+20)÷(1−5%)+15+3=1 091.68(元人民币)

### (二)FCA、CPT、CIP 的价格构成

FCA、CPT、CIP 这三种贸易术语的价格构成与上述 FOB、CFR、CIF 三种贸易术语相类似,其价格构成也包括进货成本、各项费用开支和净利润三部分。由于这些贸易术语适用的运输方式不同,交货地点和交货方式也有别,故发生的具体费用不尽相同。

#### 1. 国内费用

通常包括加工整理费、包装费、报检费、报关费、国内运费(仓库至码头、车站、机场、集装箱货运站或堆场)、拼箱费、公证费、许可证费、邮电费、贴现利息和手续费以及预计损耗等。

#### 2. 国外运费

主要包括自出口国内陆起运地至国外目的地的运输物流费用和国外保险费用,在有中间商介入时,还应包括支付给中间代理商的佣金。因此,这三种贸易术语的价格构成的计算公式如下:

FCA 价格=生产/采购成本价+国内费用+净利润

CPT 价格=生产/采购成本价+国内费用+国外运费+净利润

CIP 价格=生产/采购成本价+国内运费+国外运费+国外保险费+净利润

## 三、主要贸易术语的价格换算

在磋商交易过程中,交易双方都希望选用于己有利的贸易术语,如一方对另一方提出的贸易术语不同意,而要求改用其他贸易术语时,则可采用下列价格换算方法。

### (一)FOB、CFR、CIF 三种价格的换算

FOB、CFR、CIF 三种价格的换算如表5-1所示。

表 5-1  FOB、CFR、CIF 三种价格相互换算公式

| 不同交货价格的换算 | 换算的公式 |
| --- | --- |
| FOB 价格换算为 CFR 价格 | CFR 价格=FOB 价格+国外运费 |
| FOB 价格换算为 CIF 价格 | CIF 价格=(FOB 价格+国外运费)/(1−投保加成×保险费率) |
| CFR 价格换算为 FOB 价格 | FOB 价格=CFR 价格−国外运费 |
| CFR 价格换算为 CIF 价格 | CIF 价格=CFR 价格/(1−投保加成×保险费率) |
| CIF 价格换算为 FOB 价格 | FOB 价格=CIF 价格×(1−投保加成×保险费率)−国外运费 |
| CIF 价格换算为 CFR 价格 | CFR 价格=CIF 价格×(1−投保加成×保险费率) |

现对 FOB、CFR、CIF 三种价格相互换算分析如下。

(1) CIF 的价格构成及计算方法。

CIF 价格=FOB 价格+国外运费+国外保险费

这里要特别注意的是,国外保险费是以 CIF 价格为基础计算的。所以,如果写明保险费的计算办法,则应为

　　　　CIF 价格＝FOB 价格＋CIF 价格×投保加成×保险费率＋国外运费

(2) 如已知 FOB 价格,需改报 CFR 价格或 CIF 价格,则 CFR 价格和 CIF 价格分别为

　　　　CFR 价格＝FOB 价格＋国外运费

　　　　CIF 价格＝(FOB 价格＋国外运费)/(1－投保加成×保险费率)

(3) 如已知 CIF 价格,需改报 FOB 价格或 CFR 价格,则 FOB 价格和 CFR 价格分别为

　　　　FOB 价格＝CIF 价格×(1－投保加成×保险费率)－国外运费

　　　　CFR 价格＝CIF 价格×(1－投保加成×保险费率)

(4) 如已知 CFR 价格,需改报 FOB 价格或 CIF 价格,则 FOB 价格和 CIF 价格分别为:

　　　　FOB 价格＝CFR 价格－国外运费

　　　　CIF 价格＝CFR 价格/(1－投保加成×保险费率)

**【例 5-10】** 中国上海市 A 进出口公司出口货物 1 000 吨,出口价格为每吨 2 000 美元 CIF 南非开普敦港,现在客户要求改报 FOB 上海港价格。已知该种货物每吨出口运费为 150 美元,原报 CIF 价中,投保险别为一切险,保险费率为 1%,按照 CIF 价的 110% 投保。试求 A 进出口公司 FOB 上海价。

解:FOB 价格＝CIF 价格×(1－投保加成×保险费率)－国外运费
　　　　　　＝2 000×(1－110%×1%)－150
　　　　　　＝1 828(美元)

答:此时 A 进出口公司改报 FOB 上海价为 1828 美元。

**【例 5-11】** 我国河北省唐山市佳卓公司对外报价牛肉罐头 2.2 美元/罐 CIF 荷兰鹿特丹港,按发票加成 10% 投保一切险,保险费率为 0.3%,现欧洲某客户要求唐山市佳卓公司改报 CFR 价格,请问唐山市佳卓公司该报价多少?

解:CFR 价格＝CIF 价格×(1－投保加成×保险费率)
　　　　　　＝2.2×[1－(1＋10%)×0.3%]
　　　　　　＝2.193(美元)

答:此时唐山市佳卓公司改报 CFR 荷兰鹿特丹港价格为 2.193 美元/罐。

**【例 5-12】** 中国福建省厦门 B 公司有一批货物出口到埃及用 CFR 亚历山大港价格为 250 000 美元,现客户要求改报 CIF 亚历山大港价格加成 20% 投保海运一切险,厦门 B 公司同意照办,如保险费率为 0.6% 时,厦门 B 公司应向客户报价多少?

解:CIF 价格＝CFR 价格÷(1－投保加成×保险费率)
　　　　　　＝250 000÷[1－(1＋20%)×0.6%]
　　　　　　＝250 000÷0.992 8
　　　　　　＝251 813.05(美元)

答:厦门 B 公司应报价 251 813.05 美元。

## （二）FCA、CPT、CIP 三种价格的换算

FCA、CPT、CIP 三种价格的换算如表 5-2 所示。

表 5-2　FCA、CPT、CIP 三种价格相互换算公式

| 不同交货价格的换算 | 换算的公式 |
| --- | --- |
| FCA 价格换算为 CPT 价格 | CPT 价格＝FCA 价格＋国外运费 |
| FCA 价格换算为 CIP 价格 | CIP 价格＝(FCA 价格＋国外运费)/(1－投保加成×保险费率) |
| CPT 价格换算为 FCA 价格 | FCA 价格＝CPT 价格－国外运费 |
| CPT 价格换算为 CIP 价格 | CIP 价格＝CPT 价格/(1－投保加成×保险费率) |
| CIP 价格换算为 FCA 价格 | FCA 价格＝CIP 价格×(1－投保加成×保险费率)－国外运费 |
| CIP 价格换算为 CPT 价格 | CPT 价格＝CIP 价格×(1－投保加成×保险费率) |

现对 FCA、CPT、CIP 三种价格相互换算分析如下。

(1) CIP 的价格构成及计算方法。

$$CIP 价格＝FCA 价格＋国外运费＋国外保险费$$

要特别注意的是，保险费应以 CIP 价格为基础计算，所以，如果写明保险费的计算办法，则应为

$$CIP 价格＝FCA 价格＋CIP 价格×投保加成×保险费率＋国外运费$$

(2) 如已知 FCA 价格，需改报 CPT 价格或 CIP 价格，则 CPT 和 CIP 价格分别为

$$CPT 价格＝FCA 价格＋国外运费$$
$$CIP 价格＝(FCA 价格＋国外运费)/(1－投保加成×保险费率)$$

(3) 如已知 CIP 价格，需改报 FCA 价格或 CPT 价格，则 FCA 和 CPT 价格分别为

$$FCA 价格＝CIP 价格×(1－投保加成×保险费率)－国外运费$$
$$CPT 价格＝CIP 价格×(1－投保加成×保险费率)$$

(4) 如已知 CPT 价格，需改报 FCA 价格或 CIP 价格，则 FCA 和 CIP 价格分别为

$$FCA 价格＝CPT 价格－国外运费$$
$$CIP 价格＝CPT 价格/(1－投保加成×保险费率)$$

【例 5-13】　中国辽宁省 D 进出口公司按每公吨 1 200 美元 FCA 大连对外报价某出口商品货物，国外客户要求改报 CIP 俄罗斯莫斯科。已知该商品货物运费为每公吨 130 美元，按 10％投保加成率投保一切险，保险费率为 1％，问 D 进出口公司应改报价为多少？

解：CIP 价格＝(FCA 价格＋国外运费)/(1－投保加成×保险费率)
　　　　　　＝(1 200＋130)/(1－110％×1％)
　　　　　　＝1 344.80(美元)

答：D 进出口公司应改报 CIP 俄罗斯莫斯科为 1 344.80 美元。

## 四、不同货币之间的价格换算

不同货币之间的价格换算涉及两种货币之间的汇率及买入价和卖出价之间的差价。汇率是一个国家的货币折算成另一个国家的货币的比率。在国际金融市场中，关于汇率标价的表示方法常见的有直接标价法和间接标价法。我国采用的是直接标价法，即以一定单位的外币(1 个单位或者 100 个单位)作为基准，折合成若干单位本币的汇率表示方法。例如，

100 美元＝657.61 元人民币或者 1 美元＝6.576 1 元人民币。

国家外汇管理局对外公布的外汇牌价通过商业银行发布，以经营外汇为主的中国银行为准。银行的外汇牌价一般有 5 种，现汇买入价、现汇卖出价、现钞买入价、现钞卖出价和中间价。现汇买入价是指存放于银行账户的外汇，换成人民币时执行的外汇交易价格；现汇卖出价格是指银行将外汇货币卖给客户的牌价，或者说是客户到银行购买外汇货币的价格；现钞买入价是指银行买入外币现钞、客户卖出外币现钞的价格；现钞卖出价是指客户拿人民币向银行买外币现钞的价格；银行的现钞买入价都低于现汇买入价，银行的现钞卖出价都高于现汇卖出价。中间价又叫中间汇率（或折算价），是买入汇率和卖出汇率的平均数。计算公式为：中间汇率＝（买入汇率＋卖出汇率）÷2。中间价是衡量一国货币价值的重要指标，所以外贸企业在报价和财务结算时都是用中间价。

不同货币之间的价格换算一般用买入价和卖出价。买入价是指银行买入外汇的价格；卖出价是指银行卖出外汇的价格。出口公司将出口结汇结售给银行，银行付出本国货币而买入外币，故用买入价；进口付汇时银行买进本国货币，卖出外币，故用卖出价。

### （一）把人民币换算成外币用买入价

出口商把外汇卖给银行换回本币，对银行来说是买入外币，故用买入价。所以出口商以外币报价时，就只能以当日银行买入价进行本币与外币的换算。

$$外币价格＝人民币底价÷外汇汇率（买入价）$$

**【例 5-14】** 中国 E 公司出口一批货物，价值人民币 50 000 元，现外商客户要求 E 公司以美元报价。当日外汇汇率买入价为 100 美元＝657.61 元人民币，卖出价为 100 美元＝659.37 元人民币。请问 E 公司对外美元报价为多少？

解：外币价格＝人民币价值÷外汇汇率（买入价）
　　　　　　＝50 000÷6.576 1
　　　　　　＝7 603.29（美元）

### （二）将外币换算成人民币用卖出价

我国企业进口时向银行购买外汇，银行卖出外汇时用银行当日的卖出折算价。

$$人民币价格＝外币价值×外汇汇率（卖出价）$$

**【例 5-15】** 中国 F 公司进口一批货物，价值为 28 000 美元。当时外汇汇率买入价为 100 美元＝657.61 元人民币，卖出价为 100 美元＝659.37 元人民币。该公司付汇时应向银行支付多少元人民币？

解：人民币价格＝外币价值×外汇汇率（卖出价）
　　　　　　＝28 000×6.593 7
　　　　　　＝184 623.6（元人民币）

### （三）一种外币换算成另一种外币价

无论是用直接标价法还是间接标价法，都是将外汇市场所在国家的货币为本币。通常按照银行外汇牌价（用买入价时都用买入价）将两种外币折算成人民币，然后间接地算出两种外币的兑换率。

**【例 5-16】** 我国 G 公司出口某种商品货物，对外报价每公吨 300 英镑 CIF 德国不来梅港，国外客户要求改按美元报价。当时银行外汇牌价为：100 英镑＝1 063.82 元人民币（买入价)/1 072.37元人民币(卖出价);100美元＝657.61元人民币(买入价)/659.37元人民币(卖出价)。计算G公司改报价格为多少？

解：1英镑＝10.638 2÷6.576 1＝1.62(美元)

1.62×300＝486(美元)

因此，G公司对外报价改为每公吨CIF德国不来梅港486美元。

### 五、出口盈亏核算

在国际贸易中，商品货物买卖的盈亏核算对于企业十分重要，它是达成交易的关键问题，也是衡量一个企业经济效益的重要指标。盈亏核算的指标主要有以下三种。

#### (一)出口换汇成本

出口换汇成本是指出口商品货物净收入1单位外汇所需的人民币成本。也就是指当出口净收入为1美元时，得用多少元人民币才能换回1美元。换汇成本越低，出口的经济效益越好，反之越差。其计算公式为

出口换汇成本＝出口总成本(人民币)÷出口销售外汇净收入(美元)

这里的出口总成本是指出口企业为出口商品货物所支付的国内总成本，包括购货成本(生产成本)和国内费用。出口外汇净收入是指出口商品货物的外汇总收入中减去运费、保险费等外汇费用，即按FOB价格销售商品货物时应得的外汇收入。

出口总成本＝出口商品货物购货成本＋定额费用－出口退税收入

【例5-17】 我国某出口企业出口某商品货物1 000件，每件26.30美元CIF美国洛杉矶港，总价为26 300美元(USD)，其中运费2 160美元，保险费112美元。购货成本每件117元，共计117 000元(人民币,CNY,含增值税17%)，费用定额率为10%，出口退税率9%，当时银行美元买入价为6.30元。求该笔业务的出口换汇成本。

解：出口总成本＝出口商品货物购货成本＋定额费用－出口退税额入

＝117 000＋117 000×10%－117 000÷(1＋17%)×9%

＝117 000＋11 700－9 000

＝119 700(CNY)

出口换汇成本＝出口总成本(CNY)÷出口销售外汇净收入(USD)

＝119 700÷(26 300－2 160－112)

＝4.98(CNY/USD)

出口换汇成本是衡量外贸企业和净出口盈亏的重要指标，与外汇牌价相比较能直接反映出商品货物出口是否盈利。换汇成本如果高于银行外汇牌价，说明出口为亏损；换汇成本如果低于银行外汇牌价，说明出口为盈利。在例5-17中，出口换汇成本为4.98元人民币换1美元，比当时银行外汇牌价6.30元低1.32元，表明该商品货物每出口1美元能取得1.32元盈利，这笔出口业务总的盈利额为34 716元。

#### (二)出口盈亏额与盈亏率

出口盈亏额是指出口销售的人民币净收入与出口总成本的差额。如差额是正数，为盈余额；如差额是负数，则为亏损额。计算公式为

出口盈亏额＝出口销售人民币净收入－出口总成本

出口盈亏率是盈亏额与出口总成本的比例，用百分比表示。它是衡量出口盈亏程度的

一项重要指标。其计算公式为

$$出口盈亏率 = 出口盈亏额 \div 出口总成本 \times 100\%$$

**【例 5-18】** 我国某出口商品货物国内实际收购成本为 5 600 元，经营费用为 100 元，财务费用 220 元，管理费用 130 元，出口销售外汇净收入 1 000 美元，假如外汇牌价为 100 美元折合 637 元人民币，求这笔出口交易盈亏率。

解：出口盈亏额 = 出口销售人民币净收入 − 出口总成本
　　　　　　　= 1 000 × 6.37 − (5 600 + 100 + 220 + 130)
　　　　　　　= 320(元人民币)

　　出口盈亏率 = 出口盈亏额 ÷ 出口总成本 × 100%
　　　　　　　= 320 ÷ 6 050 × 100%
　　　　　　　= 5.29%

答：这笔出口交易的盈亏率为 5.29%。

### （三）出口创汇率

出口创汇率是进料加工、以进养出、补偿贸易等方式常用作计算外汇实际收益的指标，它的含义是指加工后成品出口的外汇净收入与原料外汇成本的比率。如原料为国产品，其外汇成本可按原料的 FOB 出口价计算；如原料是进口的，则按该材料的 CIF 价计算。出口外汇净收入应按 FOB 净价计算。通过出口的外汇净收入和原料外汇成本的对比，可以看出成品出口的创汇情况，从而确定出口成品是否有利，特别是在进料加工的情况下，核算出口创汇这项指标更有必要。其计算公式如下：

$$出口创汇率 = \frac{成品出口外汇净收入 - 原料外汇成本}{原料外汇成本} \times 100\%$$

**【例 5-19】** 我国广东省东莞市某工厂有一笔进料加工业务，付出进料外汇 180 万美元，加工出口成品 50 万件，外销价格每件 5.6 美元 CIF 德国汉堡港，共支付海运费 364 400 美元，保险费 30 800 美元。试计算该笔业务的成品出口创汇率。

解：出口创汇率 $= \dfrac{成品出口外汇净收入 - 原料外汇成本}{原料外汇成本} \times 100\%$

$$= \frac{5.6 \times 500\ 000 - 364\ 400 - 30\ 800 - 1\ 800\ 000}{1\ 800\ 000} \times 100\%$$

$$= 33.6\%$$

答：该笔进料加工业务的出口创汇率为 33.6%。

## 六、出口退税及计算方法

### （一）出口退税的含义

出口退税是出口货物退税(export rebate)的简称，出口退税是指对出口商品已征收的国内税部分或全部退还给出口商的一种做法，这是国际惯例，对出口商品实行零关税是国际通行的做法，已经征收的实行出口退税。出口退税是通过退还出口货物在国内已纳的税款，使本国产品以不含税成本进入国际市场，与国外产品进行竞争，扩大出口创汇能力。

### （二）出口退税的条件

我国规定，外贸企业出口的货物必须要同时具备 4 个条件才可以办理出口退税。

(1) 必须是增值税、消费税征收范围内的货物。
(2) 必须是报关离境出口的货物。
(3) 必须是在财务上作出口销售处理的货物。
(4) 必须是已收汇并经核销的货物。

### (三) 出口退税率

出口退税率是出口货物的实际退税额与计税依据之间的比例。它是出口退税的中心环节，体现国家在一定时期的经济政策，反映出口货物实际征税水平，退税率是根据出口货物的实际整体税负确定的，同时，也是零税率原则和宏观调控原则相结合的产物。

我国从 2004 年 1 月 1 日起，对不同出口货物主要分有 17%、13%、11%、8%、5% 五档退税率。外贸出口企业若从小规模纳税人购进货物出口准予退税的，规定出口退税率为 5% 的货物，按 5% 的退税率执行，规定出口退税率高于 5% 的货物一律按 6% 的退税率执行。

我国的出口退税政策及出口退税率处于时有变动中，如新近的变动是 2016 年 11 月财政部、国家税务总局发布《关于提高机电、成品油等产品出口退税率的通知》，提出将照相机、摄影机、内燃发动机、汽油、航空煤油、柴油等产品的出口退税率提高至 17%，从 2016 年 11 月 1 日起执行。货物适用的出口退税率，以出口货物报关单上注明的出口日期界定。

从事进出口贸易要密切跟踪观察国家税收政策的变化，特别是关税、进口环节增值税和出口退税的变化。

### (四) 出口退税的计算方法

外贸企业的出口退税计算公式如下：

$$出口退税额 = \frac{增值税发票金额}{1+增值税税率} \times 出口退税率$$

出口退税金额是根据 FOB 价格条件为基础的，以国内生产企业开具的增值税发票或消费税发票来计算。如果发票价格已经包含运费或保险费的（如 CFR 或 CIF 价格条件），必须首先减去运费或保险费，再计算退税金额。

【例 5-20】 我国广西钦州市某外贸企业出口一批商品到越南海防市，FOB 中国广西钦州港 100 万元人民币，增值税税率为 17%，出口退税率为 13%，则这批商品的出口退税额为多少？

解：$出口退税额 = \dfrac{增值税发票金额}{1+增值税税率} \times 出口退税率$

$= \dfrac{1\,000\,000}{1+17\%} \times 13\%$

$= 111\,111.11 (元人民币)$

### (五) 出口退税可增加企业的利润

我国税法上对出口退回的增值税记入"应交税金——应交增值税（出口退税）"，不并入企业利润。但是出口退回的增值税，要冲减"主营业务税金及附加"账户中的成本费用，相应就增加了企业的会计利润。因此，外贸企业的出口退税可增加盈利。

**教学互动与讲练结合五：**

为什么出口退税会降低经营成本增加利润？

> 出口退税是指对出口货物退还其在国内生产和流通环节实际缴纳的增值税、消费税。出口退税分两种情况：①外贸企业的出口退税采用免退税办法，由于外贸企业不从事货物的生产，它的出口退税主要是采取免退税的方式，即免收货物出口环节的增值税，并退还其采购环节支付的增值税进项税额，外贸企业的出口退税其实是退购进环节的进项税额；②生产企业的出口退税采用免抵退税办法，"免"是指生产企业出口自产货物免征生产销售环节的增值税；"抵"是指以本企业本期出口产品应退税额抵顶内销产品应纳税额；"退"是指生产企业出口的自产货物在当月内应抵顶的进项税额大于应纳税额时，对未抵顶完成的部分予以退税。
>
> 增值税属于价外税，利润表中的经营收入项目及经营成本项目均不含增值税，但是退税不影响经营收入，影响经营成本。如果不予退税，则购进环节的进项税全额结转到经营成本，如果予以退税，则购进成本就会降低，所以退税降低经营成本，从而影响到利润。
>
> **请思考分析并互动讨论：**
> (1) 国际通行的出口退税对商品货物出口有什么作用？
> (2) 出口退税可降低成本增加利润，如何根据出口退税率的高低不同优化商品货物出口？

## 七、进口商品的成本核算

进口成本包括商品货物国外进价和进口税以及货物运至目的地的费用总和。

进口成本＝国外进价＋进口税＋进口国国内总费用

### （一）国外进价核算

国外进价＝CIF 价×结算日的外汇买入价

FOB 方式进口货物时：

国外进价＝FOB 进口合同价＋运费＋保险费

CFR 方式进口货物时：

国外进价＝CFR 进口合同价＋保险费

进口合同价格在进口合同成立之前是一种估价，是买卖双方通过磋商可以取得一致意见的合同价格，有时也是进口方争取以此为基础交易的价格。在合同成立后，就是确定的商品货物交易价格。

### （二）进口国国内总费用核算

进口国国内费用包括的内容主要如下。

(1) 卸货费、驳船费、码头建设费、码头仓租费等费用。

(2) 进口商品货物的检验费和其他公证费用。

(3) 报关及提货费。

(4) 银行费用，如开证费及其他手续费。

(5) 国内运费、仓租费。

(6) 从开证付款至销售收回货款之间所发生的利息支出。

(7) 其他费用。

其核算与出口国内费用核算是一致的。在 FOB 条件下进口运输和保险由进口方办理，并支付运费和保险费，其计算方法和出口中运费与保险费的核算方法相同。尽管采用不同的价格术语，进口方承担的费用不同，但进口方最终实际支出的费用相同，主要包括货价、运费、保险费、国内总费用。另外，进口货物还要缴纳进口关税和海关代征的商品货物流转税，如增值税、消费税等。

### （三）进口税核算

**1. 进口关税的计算**

海关在征收关税的工作中，要做到依税计征，除了要对进口货物进行税则归类，确定按哪个税号的适用税率征税外，还要正确审计征收关税的计税价格，计税价格即海关完税价格，是海关征收关税的依据。

(1) 进口货物的完税价格。进口货物价格由海关以进口货物的成交价格为基础审核确定。一般包括货价、货物运抵中华人民共和国海关境内输入地点起卸前的运费和保险费。通常以 CIF 价格为基础。若货物在交易的过程中，卖方付给买方正常的折扣，则应在成交价格中扣除。

进口货物采用 CFR 价格术语成交，应加保险费组成完税价格。其计算公式为

$$完税价格 = \frac{CFR}{1 - 保险费率}$$

进口货物采用 FOB 价格术语成交，应加保险费和运费组成完税价格，其计算公式为

$$完税价格 = \frac{FOB 价 + 运费}{1 - 保险费率}$$

(2) 进口货物应纳关税计算。完税价格确定后，查出适用的税率就可以直接进行计算了。其计算公式为

$$应纳关税税额 = 应纳关税进口货物数量 \times 完税价格 \times 适用税率$$

**2. 消费税的计算**

从国外进口应税消费品，海关要征收消费税。消费税的计算执行从价税和从量税两种计征办法。

(1) 从价税率的消费税征收。我国消费税采用价内税，即计税价格组成中包括消费税税额。其计算公式为

$$单位货物应纳消费税税额 = 组成计税价格 \times 适用消费税税率$$

$$组成计税价格 = 关税完税价格 + 关税 + 消费税$$

其中，关税完税价格即上述进口货物完税价格。故上述公式可整理为

$$组成计税价格 = \frac{关税完税价格 \times (1 + 适用关税税率)}{1 - 使用消费税税率}$$

(2) 从量定额消费税征收。实行从量定额征收应税消费税，以海关核定的应税消费品进口数量为计税依据，其计算公式为

$$应纳消费税税额 = 应纳税进口数量 \times 适用定额税率$$

3. 增值税的计算

增值税属于价外税，其大小由组成应纳增值税计税价格与适用的增值税税率计算所得。即

$$应纳增值税税额 = 组成计税价格 \times 适用的增值税税率 \times 应税进口数量$$

$$组成增值税计税价格 = 关税完税价格 + 关税 + 消费税$$

若组成货物非应税消费品，则不征消费税。

【例5-21】 我国某公司进口雪茄烟100箱，每箱价格为人民币1 500元FOB英国伦敦港，设每箱运费为人民币100元，保险费率为1%，要求计算该批货物的应纳关税税额、消费税税额、增值税税额。（已知海关税则，雪茄烟进口关税为65%，消费税率为40%，增值税税率为17%）

解：(1) 进口关税完税价格 $= \dfrac{\text{FOB价} + \text{运费}}{1 - \text{保险费率}}$

$$= \frac{1\,500 + 100}{1 - 1\%}$$

$$= 1\,616.161\,6(元人民币)$$

应纳关税税额 = 应纳进口货物数量 × 单位完税价格 × 适用关税税率

$$= 100 \times 1\,616.161\,6 \times 65\%$$

$$= 105\,050.51(元人民币)$$

(2) 组成消费税计税价格 $= \dfrac{\text{关税完税价格} \times (1 + \text{适用关税税率})}{1 - \text{适用消费税税率}}$

$$= \frac{1\,616.161\,6 \times (1 + 65\%)}{1 - 40\%}$$

$$= 4\,444.444\,4(元人民币)$$

应纳消费税税额 = 组成消费税计税价格 × 适用消费税率 × 应纳进口数量

$$= 4\,444.444\,4 \times 40\% \times 100$$

$$= 177\,777.78(元人民币)$$

(3) 组成增值税计税价格 = 关税完税价格 + 关税 + 消费税

$$= [1\,616.161\,6 \times (1 + 65\%)] \div (1 - 40\%)$$

$$= 4\,444.444\,4(元人民币)$$

应纳增值税税额 = 组成增值税计税价格 × 适用增值税税率 × 应纳税进口数量

$$= 4\,444.444\,4 \times 17\% \times 100$$

$$= 75\,555.56(元人民币)$$

该批进口雪茄烟货物应纳关税税额为105 050.51元人民币，应纳消费税额为177 777.78元人民币，应纳增值税税额为75 555.56元人民币。

### （四）进口总成本核算

将以上各项加总即得到进口总成本。其计算公式为

进口总成本 = FOB合同价 + 运费 + 保险费 + 进口货物国内总费用 + 关税 + 消费税 + 增值税

= CFR合同价 + 保险费 + 进口货物国内总费用 + 关税 + 消费税 + 增值税

= CIF合同价 + 进口货物国内总费用 + 关税 + 消费税 + 增值税

国内总费用有时采用定额费率的方法，比如确定为合同价格的3%。

## 第五节 合同中价格条款的应用

### 一、价格条款的基本内容

#### （一）国际贸易合同中价格条款的内容

国际贸易合同中的价格条款，一般包括商品货物的单价和总值两项基本内容，同时，确定单价的作价方法、与单价有关的佣金与折扣的运用，也属于价格条款的内容。

1. 单价

商品货物的单价通常由计量单位、单位价格金额、计价货币和贸易术语四个部分组成。例如，每公吨100美元FOB上海港（USD100 per M/T FOB Shanghai Port）。即每公吨M/T（计量单位）、100美元（单位价格金额）、美元USD（计价货币）、FOB上海港（贸易术语）。

（1）计量单位。由于各国度量衡制度不同，合同中的计量单位必须明确规定并清楚载明。单位条款中的计量单位应与数量条款中的计量单位一致。

（2）单位价格金额。单位价格金额是指以一单位商品货物的价格。根据双方协定的价格，单位价格金额应正确地写进书面合同。如果合同中出现金额错误，而对方将错就错不愿意修改，则可能出现己方遭受损失的情况。因为根据国际贸易法律，合同中的单位价格金额或书面合同的条款如果写错，而又经当事人双方签署确认，因此可以否定或改变磋商时谈定的条件。在书写单位价格金额时，必须小心谨慎，多人反复核对无误。

（3）计价货币。计价货币常用的有美元、英镑、欧元、日元等，要正确写明计价货币的名称。对同一金额，计价货币不同，价值千差万别。在简写时应采用习惯标准或国际货币标准名称。还需要特别注意合同、单据、信用证方面的一致性。国际主要货币代码如表5-3所示。

表5-3 国际主要货币代码

| 货币名称 | ISO国际标准 | 编号 | 习惯表示 |
| --- | --- | --- | --- |
| 美元 | USD | 502 | US $ |
| 欧元 | EUR | 300 | € |
| 英镑 | GBP | 303 | £ |
| 港币 | HKD | 110 | HK $ |
| 日元 | JPY | 116 | JP ¥ |
| 加拿大元 | CAD | 501 | Can $ |
| 新加坡元 | SGD | 132 | S $ |
| 澳大利亚元 | AUD | 601 | A $ |
| 人民币 | CNY | 142 | ¥ |

（4）贸易术语。在国际贸易中，不同贸易术语代表不同的风险划分、责任承担以及费用支付。因此，在制定价格条款时，贸易术语的选用对双方都很重要。

2. 总值

商品货物总值是指单价与成交商品货物数量的乘积,即一笔交易的货款总金额。总价使用的货币应与单价使用的货币一致。

(二) 价格条款示例

1. 净价条款举例

单价:每公吨 100 英镑 CIF 美国纽约港

总价:100 000 英镑

Unit Price: at GBP 100 per metric ton CIF USA NEW YORK Port

Total Value: GBP 100,000 (Say Pounds Sterling one hundred thousand only)

2. 含佣价条款举例

单价:每公吨 100 美元 FOB 天津港含 2% 佣金

总价:100 000 美元

Unit Price: at USD 100 per metric ton FOB Tianjin Port including 2% commission

Total Value: USD 100,000 (Say US Dollars one hundred thousand only)

3. 含折扣价条款举例

单价:每件 30 美元 CFR 汉堡港折扣 2%

总价:45 000 美元

Unit Price: at USD 30 per piece CFR Hamburg Port less 2% discount

Total Value: USD 45,000 (Say US Dollars forty-five thousand only)

4. 价格调整条款举例

如果在交货前劳动力、原材料成本或其组成部分发生任何变化,卖方有权调整合同价格。

Seller reserves the right to adjust the contracted price, if prior to delivery, there is any variation in the cost of labor or raw material or component parts.

## 二、约定价格条款的注意事项

为了使价格条款的规定明确合理,外贸业务人员对外洽商价格和约定价格条款时必须注意下列事项。

(1) 应在充分调查研究的基础上,根据国际市场供求状况和价格走势,并遵循我国进出口商品货物作价原则和每笔交易的经营意图,合理约定适当的价格。定价过高,影响商品货物出口的销路;定价过低,则会降低出口的收益。

(2) 考虑货物安全和收汇安全因素,结合经营意图和实际情况,在权衡利弊的基础上选用适当的贸易术语。

(3) 争取选择有利的计价货币,以避免遭受币值变动带来的风险。如根据当时市场情况和自身经营意图,不得已采用不利的计价货币时,应当加订保值条款,以维护自身的经济利益。或者把币值可能变动的风险考虑到成交价格中。

(4) 根据成交商品货物的种类、数量、交货期限和市场行情变化等因素,灵活运用各种不同的作价方法,以避免价格变动的风险。

(5) 参照国际贸易的习惯做法,注意佣金和折扣的合理运用。

(6) 如果合同中的品质条款或数量条款涉及机动幅度问题,则应考虑在价格条款中订立品质增减价条款或对溢短装部分的定价做出规定。

(7) 报价中涉及的计量单位、计价货币、装卸地点名称等,必须书写正确、清楚,以利合同的履行。

## 本 章 提 要

(1) 本章介绍了国际贸易中商品货物价格制定的原则,作价办法和定价方法的应用,计价货币的选择,佣金与折扣的合理应用,以及贸易术语的使用与换算等方面的内容。特别是在贸易术语的构成和换算上,需要注意 FOB、CFR、CIF 三种贸易术语条件下出口商品货物价格的构成以及相互换算关系,还介绍了商品货物价格的盈亏核算和不同贸易术语的成本换算。

(2) 国际贸易中,商品货物的作价原则有:按照国际市场价格水平作价,结合国别、地区政策作价,结合购销意图作价三种。常用的作价办法有:固定价格、非固定价格、部分固定价格、部分暂不定价、暂定价格、价格调整条款等。

(3) 国际贸易常用的定价方法有:成本加成定价法、竞争导向定价法、市场导向定价法。

(4) 国际贸易中买卖双方必须考虑选择应用何种货币计价,才能最大限度地减少外汇风险。计价货币选择的一般原则有:"收硬付软";进口、出口货币一致;借、用、收、还货币一致;汇率和利率结合考虑;以本币作计价货币等。

(5) 商品货物价格换算方法以及出口价格的核算。国际商品货物价格的计算,涉及的国际贸易价格术语不同,其价格构成要素也不尽相同。同是一种商品货物,由于采用不同的价格术语,其成交价格就不一样。

## 思考与练习　技能证书考试与专业竞赛训练

(一) 分析判断题(判断命题的正确或错误,正确的打"√",错误的打"×")

1. 出口商品货物的盈亏额指标体现为正数,提示公司盈利。　　　　　　　　(　　)
2. 佣金是卖方或买方给予第三方的手续费,折扣是卖方给予买方价格的减让。(　　)
3. "收硬付软"原则是指在国际贸易中,作为出口商的卖方应力争收取"硬币",作为进口商的买方应争取支付"软币"。　　　　　　　　　　　　　　　　　　　(　　)
4. 采用固定价格的好处是合同稳定,不利方面是买卖双方要承担价格波动的风险。
　　　　　　　　　　　　　　　　　　　　　　　　　　　　　　　　　(　　)
5. 出口换汇成本与出口总成本成正比,与出口外汇净收入成反比。　　　　(　　)
6. 采用外汇保值条款,如果计价货币用硬币,支付货币用软币,按付款时汇率计算货款,则卖方不易遭受损失。　　　　　　　　　　　　　　　　　　　　　(　　)
7. 如合同中未规定计价货币与支付货币的换算方法,按惯例两种货币的换算应按支付时的汇率换算。　　　　　　　　　　　　　　　　　　　　　　　　　　(　　)

8. 出口销售外汇净收入的 FOB 总值,就是 CIF 的总值扣除国外运费和保险费。
( )

9. 银行的现钞买入价都低于现汇买入价,银行的现钞卖出价都高于现汇卖出价。
( )

10. 买卖双方在合同中规定:"按交货日的英国伦敦金属交易所的结算价计算。"这是固定作价的方法。
( )

(二) 单项选择题(每题只有 1 个答案是正确的,请选择正确的答案填入括号内)

1. 我国出口商品货物的基本作价原则是( )。
   A. 按收购价格加有关费用确定　　B. 按国际市场价格水平确定
   C. 按国内批发价格确定　　D. 按核定的商品货物换汇成本确定

2. 合同规定,"如卖方对其他客户的成交价高于或低于合同价格 5%,对本合同未执行的数量,双方协商调整价格",这属于( )。
   A. 固定价格　　B. 待定价格　　C. 暂定价格　　D. 价格调整条款

3. 在出口贸易中,采用( )计价对卖方有利,在进口贸易中,采用( )计价对买方有利。
   A. 硬币,硬币　　B. 硬币,软币　　C. 软币,软币　　D. 软币,硬币

4. 下列关于我国出口单价表述正确的为( )。
   A. 每公吨 1 000 英镑 FOB 英国伦敦港
   B. 每打 100 法国法郎 FOB 净价减 1% 折扣
   C. 每码 3.50 美元 CIFC 2% 新加坡港
   D. 500 英镑 CFR 净价英国利物浦港

5. 某公司对外报价为每公吨 100 美元 CIF 香港,外商要求改报 CIFC 5% 香港,改报价格为( )美元。
   A. 157.0　　B. 105.3　　C. 110.8　　D. 157.9

6. 佣金的支付方式多采用( )。
   A. 汇付　　B. 托收　　C. 信用证　　D. 银行保函

7. 商品货物的出口总成本与出口所得的外汇净收入之比为( )。
   A. 出口商品货物盈亏率　　B. 出口商品货物盈亏额
   C. 出口商品货物换汇成本　　D. 出口创汇率

8. 出口商的出口总成本是指( )。
   A. 进货成本
   B. 进货成本加出口前的一切费用
   C. 进货成本加出口前的一切费用和税金
   D. 进货成本加出口前的一切费用和国外费用

9. 某合同价格条款规定为"每公吨 FOB 澳大利亚悉尼港 280 美元",这种价格是( )。
   A. 净价　　B. 含佣价　　C. 到岸价　　D. 成本价

10. 在一笔出口交易中,以下表述正确的是( )。
    A. 如果换汇成本高于银行外汇买入价,表明出口企业盈利
    B. 如果换汇成本低于银行外汇买入价,表明出口企业盈利

C. 如果换汇成本高于银行外汇买入价,表明出口企业亏损
D. 如果换汇成本低于银行外汇买入价,表明出口企业亏损

**(三) 多项选择题**(每题有 2 个以上答案是正确的,请选择正确的答案填入括号内)

1. 确定进出口商品货物成交价格的原则包括( )。
   A. 按照国际市场价格水平作价　　B. 结合国别、地区政策作价
   C. 结合购销意图作价　　　　　　D. 凭主观意图定价

2. 确定进出口商品货物的价格除了要考虑商品货物的质量和档次、运输物流的距离、成交数量和交易规模外,还要考虑( )。
   A. 交货地点和交货条件　　　　　B. 季节性需求的变化
   C. 包装情形　　　　　　　　　　D. 支付条件和汇率变动的风险
   E. 注意国际市场商品货物供求关系变化和价格走势

3. 固定价格多用于( )。
   A. 成交数量不大的商品货物　　　B. 近期交货的商品货物
   C. 远期交货的商品货物　　　　　D. 大量成交商品货物

4. 非固定价格包括( )。
   A. 合同价格　　　　　　　　　　B. 待定价格
   C. 暂定价格　　　　　　　　　　D. 部分固定价格、部分非固定价格

5. 国际贸易中的计价货币可以是( )。
   A. 出口国货币　　B. 进口国货币　　C. 第三国货币　　D. 记账货币

6. 可以用于成本核算的计算公式有( )。
   A. 出口换汇成本　　　　　　　　B. 出口商品货物盈亏率
   C. 出口创汇率　　　　　　　　　D. 出口商品货物退税率

7. 出口成交价为 CIFC 价格时,计算外汇净收入需扣除的是( )。
   A. 国内运费　　B. 国外佣金　　C. 国外运费　　D. 国外保险费

8. 国际市场价格通常是指( )。
   A. 集散地市场的商品货物价格　　B. 主要出口国家(地区)的出口价格
   C. 主要进口国家的价格　　　　　D. 国际上具有代表性的成交价格

9. 进出口合同中的单价内容包括( )。
   A. 计量单位　　B. 单位价格金额　　C. 计价货币　　D. 贸易术语

10. 降低出口换汇成本的方法有( )。
    A. 降低出口总成本　　　　　　　B. 增加出口总成本
    C. 增加出口销售外汇净收入　　　D. 减少出口销售外汇净收入

**(四) 思考题**

1. 影响商品货物价格的因素有哪些?
2. 我国进出口商品货物的作价办法有哪几种?在选用作价办法时应注意什么问题?
3. 在我国进出口合同中为什么要正确选择计价货币?
4. 国际贸易中佣金和折扣的含义和作用是什么?
5. 什么是出口换汇成本和出口盈亏率?

6. 如何计算出口商品货物盈亏率、出口商品货物换汇成本和出口创汇率？
7. 我国进出口商品货物的作价原则是什么？
8. FOB、CFR、CIF 和 FCA、CPT、CIP 的价格有哪些区别？它们之间如何进行换算？
9. 国际贸易合同中的商品货物单价包括哪几个部分？
10. 进出口合同中的价格条款包括哪些内容？确定价格条款时应注意什么问题？

# 案例分析及讨论

### 香皂出口成本、出口退税额和出口利润的计算方法

我国广东省深圳市某进出口公司向澳大利亚墨尔本某公司出口一批高级海藻香皂，每块香皂的进货成本是 9.30 元人民币，其中包括 17% 的增值税，该类香皂的出口退税率为 3%，纸箱包装，数量总共 450 箱，每箱装 72 块，外箱体积为 36 厘米×27.5 厘米×28 厘米，毛重为 12.5 千克，净重为 10.8 千克，交货期为 2017 年 8 月底之前，即期不可撤销信用证支付，定额费用率为进货成本的 16%。成交时美元兑人民币的汇率为 1∶6.80。

试计算：
(1) 该批货物的出口退税额为多少？
(2) 该批货物的实际成本是多少？

# 教 学 互 动

1. 在开展国际贸易业务过程中，怎样制定恰当的商品货物价格并向外商报价？
2. 如果你是一名外贸业务员，同时有来自泰国、日本、法国三个不同国家的贸易商用不同的贸易术语向你所在的贸易公司询盘广西特产罗汉果的买卖，你该怎样进行采购、计算成本及还盘报价？

# 第六章

## 国际货物运输物流条款及报检、报关

**知识要求**

掌握国际货物运输物流的各种运输方式,特别是海洋运输的特点、种类及运费的计算;掌握各种运输单据的含义、作用及单据记载的内容,特别是海运提单的主要性质和分类;了解在国际货物运输物流过程中报检报关的重要性;掌握外贸合同中装运条款的应用。

**应用要求**

能区分国际货物各种运输物流方式的特点及适用范围,初步认识各种运输单据的作用及内容,会选择恰当的运输物流方式开展国际货物运输;能认识、了解货物进出口中报检及报关两个环节在外贸业务中必不可少的重要性,并能熟练掌握外贸合同中装运条款的应用及签订要求。

## 第一节 运输物流方式

在国际货物运输物流中,涉及的运输方式很多,主要包括五种基本的物流运输方式:海洋运输、铁路运输、公路运输、航空运输和管道运输;以及派生的多种物流运输方式:集装箱运输、邮包运输、大陆桥运输、国际多式联合运输(由各种运输方式组合)等。具体选用哪种运输物流方式主要取决于货物自身的特点、运送地区、运费高低以及在途时间长短等因素。

### 一、海洋运输

#### (一)海洋运输概述

海洋运输(ocean transport)是指借助连接世界各地的大洋,利用国际航行船舶所进行的货物运输,属于水路运输范畴。在国际货物运输物流中,运用最广最多的就是海洋运输。目前,海运量占国际货物运输物流总量的80%以上。

#### (二)海洋运输的特点

海洋运输之所以被如此广泛采用,是因为它与其他国际货物运输物流方式相比,具有以下明显的优点。

1. 运量大分布广

海洋运输船舶的运输能力,远远大于铁路和公路运输车辆的运载能力。如一艘万吨船舶的载重量一般相当于250~300节车皮的载重量,目前世界大型油船运载能力高达60万吨级,干散货船最大载重量也接近 40 万吨,大型集装箱船可装载 14 000 多个标准集装箱(TEU)。在通常情况下,一节火车车厢的载重量约为 60 吨,汽车的载重量一般不超过 55 吨,飞机的载重量不超过 250 吨。

港口是水路运输的基础设施,由港地、船道、码头、库场、起重机械、交通运输物流信息联络等各种建筑物和设备组成,是水路运输的起点和终点。港口的经济价值大小,取决于港口的经济地理位置、港口腹地大小及其经济发达程度、港口的自然条件等多种因素。

2. 通过能力强

地球表面70%是海洋,洋面辽阔,港口多,航道四通八达,因此海洋运输物流没有公路或者铁路那样多的路线约束,在偶遇突发事件时,海洋运输可根据显示情况随时调整航线以完成运输任务,通过能力强。

水路运输最适于大型、笨重、大宗货物的长距离运输。在承运的货物上,水运与铁路运输有一定分工,水运更适于煤炭、矿石、谷物散货运输,铁路适于承运需要迅速、准时到达、并以捆包成件的货物为主。随着集装箱运输的发展和船舶的大型化、高速化,运输条件大大改善,水路运输占有相当重要地位,特别是国际运输物流使用水路运输尤其多。

3. 运费少、成本低

由于货船船体的增大、往返周期加快、船只管理改良,使海洋运输物流产生了较好的规模经济效益,海运的单位货物运费比其他运输方式低很多,海运的单位货物运输成本只相当于铁路运输的 1/20,公路运输的 1/53,航空运输的 1/30。在国际货物运输实践中,运费少、成本低是其最受欢迎的主要原因之一。

4. 适货能力强

海洋运输物流可以利用四通八达的天然航道,它不像汽车、火车受道路和轨道的限制,故其通过能力很强。此外,远洋运输的船舶可适应多种运输的需要。现在许多船舶是专门根据货物需要设计的。如多用途船舶,专用化船舶的产生,为不同货物的运输提供了条件。

海洋运输虽有上述优点,但也存在不足之处。主要缺点是:①受自然条件和气候的影响较大;②运输的速度相对比较慢,一般大船的运速为每小时 15～16 节(1 节约等于 1 海里),无法做到门对门;③灵活性较差,风险比较大。因而,对不能经受长途、长时间运输的货物和易受气候条件影响,以及急需的货物,一般不宜采用海运。海洋运输见图 6-1。

图 6-1　海洋运输

### (三) 海洋运输的种类

国际货物运输中使用的商船类型主要分为三类:班船、不定期货船和专用船(如油船)。具体采用哪种类型的船舶,主要取决于货物运输量,对于一些零散的货物,一般采用班船运输;不定期货船或杂货船,主要是整装运输,适用于煤炭、谷物、木材、食糖、矿石等的运输;油船等专用船主要用于原油及成品油等的运输。

按照不同标准划分,海洋运输有不同分类,按船舶经营方式来划分,海洋运输的经营方式主要有班轮运输和租船运输两大类。

1. 班轮运输

班轮运输（liner transport）是指船舶在特定的航线上和既定的港口之间，按照事先规定的船期表（sailing transport）进行有规律的、反复的航行，以从事货物运输业务并按照事先公布的费率表收取运费的一种运输方式。其服务对象是非特定的、分散的众多货主，班轮公司具有公共承运人的性质。班轮运输具有以下特点。

（1）班轮运输具有"四固定"的基本特点：固定的航行时间表，沿着固定的航线，按照固定的港口顺序，收取相对固定的运费，经常从事航线上各港口之间运输的船舶。

（2）班轮运输由船方负责配载装卸，装卸费包括在运费内，货方不需另付装卸费，船货双方也不计算滞期费和速遣费。

（3）船、货双方的权利、义务与责任豁免，以船方签发的提单条款为依据。并受同一的国际公约约束。

（4）班轮承运货物的品种、数量比较灵活，货运质量较有保证，而且一般采取在码头仓库交接货物，为货主提供比较便利的条件。

2. 租船运输

租船运输（charter transport）又称不定期船运输（tramp transport）。在租船运输业务中，没有预定的船期表，船舶经由航线和停靠的港口也不固定，需按船租双方签订的租船合同来安排，有关船舶的航线和停靠的港口、运输货物的种类以及航行时间等，都按承租人的要求，由船舶所有人确认，运费或租金也由双方根据租船市场行情在租船合同中加以约定。

租船运输按照具体租船的方式不同，一般可以分为定程租船、定期租船和光船租船三种。

（1）定程租船（voyage charter 或 trip charter）又称航次租船或者程租船，是指由船舶所有人负责提供船舶，在指定港口之间进行一个航次或数个航次，承运指定货物的租船运输。定程租船就其租赁方式的不同，又可以分为单程租船、来回航次租船、连续航次租船和包运合同等多种方式。

定程租船的特点：①船舶的经营管理及费用由船主负责；②船舶运行的航线以及装运货物的种类、名称、数量、装卸港口等在租船合同中有明确规定；③船主除对船舶航行、驾驶、管理负责外，还对货物运输负责；④运费按照承运货物总量计算或包干运输支付；⑤租船人和船主一般在合同中明确规定装卸日期和装卸率，并计算滞期费和速遣费；⑥租船人和船主之间的权利、义务关系以双方签订的定程租船合同为准。

（2）定期租船（time charter）是指由船舶所有人将船舶出租给承租人，供其使用一定时间的租船运输。承租人也可将此期租船作为班轮或者程租船使用。

定期租船的特点：①船舶租赁期间，船舶的经营管理由租船人负责；②在定期租船合同中不规定航线和装运港，只规定船舶航行区域；③船主负责维护船舶的维护、修理和机器设备的政策运转；④租金按租期每月每吨若干金额计算；⑤在定期租船中不规定装卸率、滞期费、速遣费；⑥租船人和船主之间的权利、义务关系以双方签订的定期租船合同为主。

（3）光船租船（demise or bareboat charter）是指船舶所有人将船舶出租给承租人使用一个时期，但船舶所有人所提供的船舶是一艘空船，既无船长，又未配备船员，承租人自己要任命船长、船员，负责船只的给养和船舶营运管理所需的一切费用。实际上属于单纯的财产租赁。

### (四)海洋运输的运费

**1. 班轮运输的运费**

班轮运输的运费(liner freight)包括基本运费(base rate)和各种附加费(additional or surcharge)两部分。前者是指货物从装运港到卸货港所应收取的基本运费,它是构成全程运费的主要部分;后者是指对一些需要特殊处理的货物,或者由于突然事件的发生或客观情况变化等原因需另外加收的费用。

(1) 基本运费是按照"班轮运价表(liner freight tariff)"上规定的标准和运费率计收的,计收标准主要有以下八种方式。

① 按照货物毛重计收,又称重量吨(weight ton),运价表内用"W"表示。

② 按照货物的体积/容积计收,又称尺码吨(measurement ton),运价表中用"M"表示。

③ 按照货物的毛重或者体积计收,由船公司选择其中收费较高的作为计费吨,运价表中以"W/M"表示。

④ 按货物价格计收,又称为从价运费。在运价表中用"A.V."或"Ad. val."(拉丁文 Ad valorem 的缩写)表示。

⑤ 按照在货物毛重、体积或价值三者中选择最高的一种计收。在运价表中用"W/M or Ad. val."表示。

⑥ 按照货物重量或尺码选择其高者,再加上从价运费计算。在运价表中用"W/M plus Ad. val."表示。

⑦ 按每件货物作为一个计费单位收费,如卡车按辆"per unit"计收。

⑧ 由船方和货主临时议定价格。有些货物如谷物、煤炭等农、矿产品货价低、运量大、易装卸,可以由船货双方议价,议价货物的费率一般比较低。

上述计算运费的重量吨和尺码吨统称为运费吨,又称计费吨,现在国际上一般都采用公制。

(2) 附加费是指除基本运费外,另外加收的各种费用。附加费的计算办法,有的是在基本运费的基础上,加收一定百分比;有的是按每运费吨加收一个绝对数计算。常见的附加费有以下几种。

① 超重附加费(extra charges on heavy lifts)。

② 超长附加费(extra charges on over lengths)。

③ 选卸附加费(additional on optional discharging port)。

④ 直航附加费(additional on direct)。

⑤ 转船附加费(transshipment additional)。

⑥ 港口附加费(port additional)。

⑦ 燃油附加费(bunker surcharge or bunker adjustment factor)。

⑧ 绕航附加费(deviation surcharge)。

⑨ 码头作业费(terminal handing charge,THC)。

综上所述,班轮运费由基本运费和附加费两部分构成,如果附加费的计算办法是在基本运费基础上,加收一定百分比,则班轮运费的计算公式为

$$总运费 = 基本运费率 \times (1 + 附加费率) \times 货运量$$

如果附加费为绝对数值,则班轮运费的计算公式为

总运费＝货运量×基本运费＋附加费总额

**【例6-1】** 中国广州黄埔港运往肯尼亚蒙巴萨港口"门锁"一批计100箱，每箱体积为20厘米×30厘米×40厘米，毛重为25千克。当时燃油附加费为30％，蒙巴萨港口拥挤附加费为10％。门锁属于小五金类，计收标准是W/M，等级为10级，基本运费为每运费吨443美元，试计算应付运费多少？

**解**：（1）分清该批货物是按重量（W）收费还是按体积（M）收费［本例为按重量（W）收费］。

（2）公式：运费＝基本运费率×（1＋附加费率）×计费重量

（3）算出该批商品的总重量：

$$25 \times 100 = 2\,500（千克）$$
$$2\,500 \div 1\,000 = 2.5（吨）$$

（4）$443 \times (1 + 30\% + 10\%) \times 2.5 = 1\,550.5$（美元）

**答**：应付总运费1 550.5美元。

2. 租船运输的运费

租船运输的运费主要由租船协议议定。其计算方式主要有两种：一种是按运费率（rate of freight）计算，即规定每单位重量或每单位体积的运费额，同时规定按装船或卸船时的货物重量或体积来计算总运费；另一种是整船包价（lump-sum freight），即规定整船运费。但是，由于租船运输不像班轮运输那样，由船方负责装卸，因此，是否需要由船方负责装货和卸货，以及相关的装卸费用，必须在租船合同中确定。对定程租船的装卸费，一般有以下五种具体做法。

（1）船方负担装货费和卸货费，又称为"班轮条件"（gross terms、liner terms 或 berth terms）。

（2）船方管装不管卸（free out, FO）。

（3）船方管卸不管装（free in, FI）。

（4）船方装和卸均不管（free in and free out, FIO）。

（5）船方不管装卸、理舱和平舱（free in and free out, stowed and trimmed, FIOST）。

## 二、铁路运输

在国际贸易货物运输中，铁路运输（rail transport）是运量仅次于海洋运输的运输方式，具备运量较大、运速较快、运输风险明显小于海洋运输的优点。铁路运输在内陆国家的贸易中起着更为重要的作用。即使以海洋运输的进出口货物，也大都是靠铁路进行货物的集散。

### （一）铁路运输的特点

1. 运输能力较大

铁路在各种运输方式中，运输能力一般仅于水运，是普通卡车的数百倍甚至上千倍。

2. 运输速度较快

铁路运输速度仅次于飞机，时速平均可达100千米左右，高速列车时速可达400千米以上。

3. 运输成本较低

铁路运输成本略高于水运，长途运输成本低于公路，适宜中长距离的大宗货物运输。

4. 受气候影响小

铁路运输过程中受天气和气候变化影响小,安全准时,无特殊情况可保证一年四季昼夜不停地连续工作。

铁路运输的主要优点是载运量大、速度快、连续性强、时刻准、运输成本低、受自然条件限制小。主要缺点是灵活性差,只能在固定线路上实现运输,需要以其他运输手段配合和衔接,不适合短途运输。

#### (二) 我国国际铁路运输的分类

我国的国际铁路运输大致上分为两种:一种是国际铁路联运;另一种是我国港澳地区的国内境外铁路运输。

1. 国际铁路联运

国际铁路联运,发货人由始发站托运,使用一份铁路运单,铁路方面根据运单将货物运往终点站交给收货人。在由一国铁路向另一铁路移交货物时,不需收、发货人参加,亚欧各国按国际条约承担国际铁路联运的义务。

我国通往欧洲的国际铁路联运线有两条:一条是利用俄罗斯的西伯利亚大陆桥贯通东欧和西欧各国;另一条是由我国江苏连云港经徐州,穿越河南、陕西、甘肃、新疆,过中哈边境的阿拉山口,与哈萨克斯坦铁路连接,贯通西亚、俄罗斯、波兰、德国至荷兰的鹿特丹。后者称为新亚欧大陆桥,运程比海运缩短9 000千米,比经由西伯利亚大陆桥缩短3 000千米,进一步推动了我国与欧亚各国的经贸往来,也促进了我国沿线地区的经济发展。

采用国际铁路货物联运,有关当事国事先必须有书面约定。目前,国际铁路运输公约主要有两个:一个是《国际货约》;另一个是《国际货协》。

2. 对港澳地区的铁路运输

对港澳地区的铁路运输按国内境外运输办理,不同于一般的国内运输。货物由内地装车至深圳中转和香港卸车交货,为两票联运,由对外运输公司签发"货物承运收据"。京九铁路和沪港直达通车后,内地至香港的运输更为快捷,由于香港特别行政区为特别关税区和自由港,货物在内地和香港间进出,需办理进出口报检报关手续。

澳门目前还未通铁路,对澳门地区的铁路运输,先将货物运抵广州南站,再转船运至澳门。

#### (三) 国际铁路建设概况

世界上铁路总长度在5万千米以上的国家是:中国、美国、俄罗斯、加拿大和印度。西欧、北美各国间铁路相互衔接沟通。世界铁路发展的主要趋势是运输设备的现代化、运输管理的自动化及运行的高速化。当前世界许多国家都在加强铁路建设,比较著名的有泛亚铁路网、欧洲铁路网。世界各国采用的铁路轨距不尽相同,其中以1 435毫米的最多,称标准轨距,大于标准轨的为宽轨,其轨距多为1 520毫米(如俄罗斯等国),小于标准轨的为窄轨,其轨距有1 067毫米和1 000毫米两种,如越南等国的铁路轨距为1 000毫米。

### 三、航空运输

航空运输(air transport)是一种现代化的运输方式,它与海洋运输、铁路运输相比,具有运输速度快、货运质量高,节省包装、保险和储存费用,且不受地面条件限制等优点,但其运费贵,载重量受限制,适宜运送体积较小、重量较轻、时间较急、价值较高的物资、鲜活商品、精密仪器和贵重物品等。

### （一）航空运输方式分类

航空运输方式分类主要有班机运输（scheduled flight）、包机运输（chartered flight）、航空急件传送（air courier）和集中托运（consolidation）。集中托运是指航空货运公司把若干单独发运的货物组成整批货，用一份总运单整批发运到同一终点站，由航空货运公司在终点站的代理代为收货、报检、报关，分拨后交给实际收货人。其收取的运费比班机运价低7%～10%，对于一些时间要求不很强的货物，发货人都愿意采用这种方式。

### （二）航空运价

航空货物运输的运价是指从启运机场至目的机场的运价，不包括进出口报检、报关、提货、交接、仓储费用和其他额外费用。航空公司规定，在货物体积小、重量大的情况下，即货物的重量大于1千克/6000立方厘米，按该批货物的实际毛重作为计费标准，反之，则按货物的体积作为计费标准。

### （三）航空运单

航空运单简称"空运单"（air waybill），是航空公司或其代理人收到承运的货物后签发给托运人的货物收据，也是承运人与托运人之间签订的运输契约。它还是运费结算的凭证及运费收据。但空运单不是代表物权的凭证，不能背书转让，收货人也不能凭此提货，收货人只能凭航空公司的到货通知单提货。

航空运单按照签发人的不同，可分为主运单（master air waybill，MAWB）和分运单（house air waybill，HAWB）。主运单是由航空公司签发，分运单是由航空货运代理公司签发，通常情况下，只需使用主运单，但在采用集中托运时，则需同时使用主运单和分运单。在中国，只有航空公司才能颁发主运单，航空货运代理公司可颁发自己的分运单。

在我国，航空运单由三联正本、六联副本组成。其中正本1注明"Original for the Shipper"，交托运人；正本2注明"Original for the Issuing Carrier"，由航空公司留存；正本3注明"Original for the Consignee"，由航空公司随机带交收货人。其余副本由航空公司按规定和需要进行分发，作为报检、报关、结算、国外代理中转分拨等用途使用。

## 四、公路、内河和邮包运输

### （一）公路运输

公路运输（road transportation）是一种现代化的运输方式，它不仅可以直接运进或运出对外贸易货物，也是车站、港口和机场集散进出口货物的重要手段。是目前唯一的一种能够做到"门对门，Door to Door"的运输方式。

公路运输具有机动灵活、适应性强、快速、便利的优点，是连接铁路、水路、航空运输的起端和末端不可缺少的方式，在实现门到门运输服务中，更离不开公路运输。其缺点是载重量小、运输成本高、容易造成货损货差，因而不适宜长途运输。

### （二）内河运输

内河运输（inland water transportation）是水上运输的重要组成部分，它是连接内陆腹地与沿海地区的纽带，具有投资少、运量大、成本低等优点。在运输和集散进出口货物中起着重要的作用。我国内河全国通航里程达11万千米，有长江"黄金水道"和珠江的"黄金水道",对进出口贸易的作用也很大。澜沧江—湄公河是连接中老缅泰四国的"黄金水道",对中老缅泰的国际贸易货物运输作用突出。欧洲的莱茵河对西欧国家的国际贸易货物运输作用很大。

### (三) 邮包运输

邮包运输(parcel post transport)是一种优化组合汽车、火车、飞机多种运输方式较简便的运输方式。各国邮政部门之间订有协定与合约,通过这些协定与合约,各国的邮件包裹可以相互传递,从而形成国际邮包运输网。由于国际邮包运输具有国际多式联运和"门到门"运输的性质,加之手续简便,费用也不高,成为国际小额贸易中普遍采用的运输方式之一。

采用邮包运输,邮件的重量和体积都有限制,如每件包裹重量不得超过20千克,长度不得超过1米,因此邮政运输只适用于重量轻、体积小的商品传递。

## 五、集装箱运输和国际多式联运

### (一) 集装箱运输

集装箱运输(container transport)既是以集装箱作为运输单位进行货物运输的一种现代化运输,也是优化组合汽车、火车、飞机在一起的一种高效率、高效益、高质量的运输方式,适用于海洋运输、铁路运输、公路运输、内河运输、国际多式联运和航空运输等。

1. 集装箱运输的基本内容

集装箱(container)又称货柜、货箱。集装箱运输是指把分散的单一货物运输包装集中在集装箱内作为一个运送单元而进行的运输方式。

集装箱运输作为一种现代化的先进运输方式,具有装卸效率高、装卸费用省、船舶周转使用快、营运成本低等特点,广泛使用于海运、陆运,尤其适用于国际多式联运与大陆桥运输。空运时采用空运集装箱。国际上通用的集装箱共有13种,其中应用最广的有以下两种。

(1) 20英尺集装箱,为标准集装箱(TEU),体积为 $8 \times 8 \times 20$(英尺),一般载重量为17.5公吨,容积为30立方米。

一般常用20英尺集装箱为 $2.13 \times 2.18 \times 5.69$(米)$=25$(立方米)。

(2) 40英尺集装箱,体积为 $8 \times 8 \times 40$(英尺),一般载重量为24.5公吨,容积为67立方米(这是高(H)柜的立方数)。

一般常用40英尺集装箱普通柜容积为 $2.13 \times 2.18 \times 11.8$(米)$=55$(立方米)。

实际装载量为多少,以当地物流运输公司或船公司给出的尺寸为准。

为了方便统计集装箱运输的货运量,目前国际上都以20英寸集装箱作为计算衡量单位,称为标准集装箱,用"TEU"(twenty-foot equivalent unit,20英尺等量单位)表示,在统计不同型号的集装箱时,将集装箱的长度换算成TEU加以计算。

2. 集装箱货物的装箱方式

CY(container yard)是指集装箱堆场适合于整箱货的交运,由货方在工厂或仓库进行装箱后直接运交到集装箱堆场。CFS(container freight station)是指集装箱货运站。拼箱货的交运需由承运人在集装箱货运站负责将不同发货人的少量货物拼在一个集装箱内。

集装箱根据装箱的货量和方式不同可分成整箱托运和拼箱托运两种。

(1) 整箱货(full container load,FCL)是指一个集装箱内的货物装载量达到其容积的3/4以上或者重量达到其负荷量的95%以上,整箱货直接送往集装箱堆场等待装运。承运人也可在内陆货运站接箱。

(2) 拼箱货(less than container load, LCL)是指箱内货量达不到上述整箱货的容积或者重量标准的货物。发货人将货物送交集装箱货运站或内陆货运站,再由承运人负责装箱。运到目的港后,整箱货由收货人直接提走,拼装货则由承运人在集装箱的中转站或内陆货运站分拨给各收货人。

3. 集装箱货物的交接方式

集装箱交接方式可分为整箱交接(full container load, FCL)和拼箱交接(less than container load, LCL)。集装箱交接方式应在运输单据上予以说明。国际上通用的表示形式如下。

(1) 整箱交整箱接(FCL/FCL)。承运人以整箱为单位负责交接,货物的装箱和拆箱均由货方负责。

(2) 拼箱交拆箱接(LCL/LCL)。货物的装箱和拆箱均由承运人负责。

(3) 整箱交拆箱接(FCL/LCL)。货物的装箱由货方负责,拆箱由承运人负责。

(4) 拼箱交整箱接(LCL/FCL)。货物的装箱由承运人负责,拆箱由货方负责。

4. 集装箱运输货物的交接地点和交接条款

集装箱运输中,交接地点和交接条款有以下9种。

(1) 门到门(door to door)。由托运人负责装载的集装箱,在其货仓或厂库交承运人验收后,负责全程运输,直到收货人的货仓或工厂仓库交箱为止。这种全程连线运输,称为"门到门"运输。

(2) 门到场(door to CY)。由发货人货仓或工厂仓库至目的地或卸箱港的集装箱装卸区堆场(container yard, CY)。

(3) 门到站(door to CFS)。由发货人货仓或工厂仓库至目的地或卸箱港的集装箱货运站(container freight station, CFS)。

(4) 场到门(CY to door)。由起运地或装箱港的集装箱装卸区堆场至收货人的货仓或工厂仓库。

(5) 场到场(CY to CY)。由起运地或装箱港的集装箱装卸区堆场至目的地或卸箱港的集装箱装卸区堆场。

(6) 场到站(CY to CFS)。由起运地或装箱港的集装箱装卸区堆场至目的地或卸箱港的集装箱货运站。

(7) 站到门(CFS to door)。由起运地或装箱港的集装箱货运站至收货人的货仓或工厂仓库。

(8) 站到场(CFS to CY)。由起运地或装箱港的集装箱货运站至目的地或卸箱港的集装箱装卸区堆场。

(9) 站到站(CFS to CFS)。由起运地或装箱港的集装箱货运站至目的地或卸箱港的集装箱货运站。

目前,班轮公司主要从事整箱货的货运业务,在集装箱堆场和货主交接货物;集拼经营人主要从事拼箱货的货运业务,在集装箱货运站与货主交接货物。集装箱堆场(CY)见图6-2。

5. 集装箱运输的主要单证

集装箱运输单证不同于传统运输的货运单证,主要有场

图6-2 集装箱堆场(CY)

站收据、集装箱装箱单、集装箱提单、设备交接单。

(1) 场站收据(dock receipt,D/R)又称码头收据,是发货人在场站交货时,由承运人或其代理人签发给发货人的收据。

(2) 集装箱装箱单(container load plan,CLP)是根据已装进集装箱内的货物制作的详细记载集装箱和货物名称、数量和积载顺序等内容的单据,由装箱人负责填制。

(3) 集装箱提单(container B/L)的作用和普通的海运提单相同,都是承运人或其代理人签发的货物收据、运输合同的证明和物权凭证。但不同的是,集装箱提单不是凭收货单换取,而是由承运人或联合经营人凭场站收据签发。它不是已装船提单,而是收妥待运提单,承运人在集装箱提单上加注具体的船名和装船日期后,才成为已装船提单。

(4) 设备交接单(equipment receipt)又称设备收据,是集装箱及其他载货设备的交接证书。当集装箱或其他机械设备在集装箱码头堆场或货运站借出、回收时,由集装箱堆场或货运站制作设备交接单,经双方签字后,作为两者之间设备交接的证明。

6. 集装箱运输的费用

由于集装箱运输在采用国际多式联运时,承运人对货物承担的风险和责任有所扩大,因而其费用构成和计算方式与普通的海洋运输不同。它包括内陆或装运港市内运输费、拼箱服务费、堆场服务费、集装箱及其设备使用费、海运运费等。

(1) 内陆运输费(inland transport charge)或称装运港市内运输费。当由承运人负责内陆运输时,主要包括以下费用:区域运费、无效拖车费、变更装箱地点费用、装箱时间与延迟费、清扫费等;由货主负责内陆运输时,则包括集装箱装卸费、超期使用费、内陆运输费。这些费用若在出口地发生,由发货人负责,在进口地发生则由收货人负责。

(2) 拼箱服务费(LCL service charge)是对出口货装箱、进口货拆箱所产生的费用。

(3) 堆场服务费(terminal handling charge,THC)也称码头服务费,包括两部分,即在装运港堆场接受整箱货和堆存、搬运至装运桥下的运费,以及在卸货港从装卸桥下接收进口箱,将箱子搬运至堆场和堆存的费用。它还包括在装卸港的有关单证费用。

(4) 集装箱及其设备使用费(fee for use container and other equipments)是指当货主使用由承运人提供的集装箱及底盘车等设备时发生的费用。它还包括集装箱从底盘车上装卸的费用。

(5) 海运运费。集装箱海运运费的主要构成部分,由船舶运费和一些有关的杂费组成,目前有以下两种计算方法。

① 拼箱货按杂货基本费率加附加费计算,这种方法与普通的班轮运输计算方法相同,以每运费吨位为计费单位或按从价运费,再加收一定的附加费。

② 包箱费率(box rate),整箱货除了可能按上述方法计算之外,还有可能按包箱费率计算,以每个集装箱为计算单位。

(二) 国际多式联运

国际多式联运(international multi-modal transport)是指由多式联运经营人按照多式联运合同,优化组合海洋运输、铁路运输、公路运输、航空运输并以至少两种不同的运输方式将货物从一国境内接受货物的地点运至另一国境内指定地点交货的运输方式。根据《联合国国际货物多式联运公约》的解释,构成国际多式联运必须具备下列条件。

(1) 必须有一个多式联运合同。

(2) 必须是两种或两种以上不同运输方式的连贯运输。
(3) 必须是国际的货物运输。
(4) 必须使用一份包括全程的多式联运单据(multi-modal transport document, MTD),并由一个多式联运经营人对全程运输负总责。
(5) 必须是全程单一的运费费率。

采用国际多式联运,货主只要办理一次委托,支付一笔费用,即可取得包括全程运输单据、国际多式联运单据(MTD),凭此办理议付结汇。手续简便且责任统一,由总承运人对全程运输负总责。

迄今为止,我国已开办的多式联合运输路线有十几条,可以在我国内地或港口与日本、中东、西北欧、独联体、新西兰、美国、加拿大和东非等地港口和内陆之间采用多式联运方式进行货物的托运。在对外成交时,若采用多式联运方式,要考虑是否已开通联运路线,装运港和目的港之间是否有集装箱航线或支线,有无装卸搬运集装箱的机械设备,公路沿途桥梁的负荷能力以及集装箱点或启运地可否办理海关手续,货物性质是否适宜装集装箱等。

## 第二节 运输物流单证

运输物流单证主要是指国际货物运输单据,运输单据是承运人收到承运货物签发给出口商的证明文件,它是交接货物、处理索赔与理赔以及向银行结算货款或进行议付的重要单据。在国际货物运输中,运输单据的种类很多,其中包括海运提单、铁路运单、承运货物收据、航空运单和邮包收据等,现将主要运输单据简述如下。

### 一、海运提单

#### (一)海运提单的含义、性质和作用

(1) 海运提单(bill of lading, B/L)的含义。简称提单,是由船长或船公司或其代理人在收到其承运的货物后发给托运人的货物收据,也是承运人与托运人之间的海上运输合同证明,并作为承运人据此保证交货的凭证。另外,提单是货物所有权的凭证。提单持有人可凭正本提单在目的港办理提货,或在船舶到达目的港之前背书转让提单,从而达到转让货物所有权的目的。

(2) 海运提单的性质和作用。主要表现在三个方面。

① 海运提单是承运人或其代理人出具的货物收据,证实其已按提单的记载收到托运人的货物。

② 海运提单是代表货物所有权的凭证,提单的持有人拥有支配货物的权利,因此,提单可以提货,可以向银行议付货款,提单还可以转让或抵押。

③ 海运提单还是承运人与托运人之间订立的运输契约证明,其上面列明了双方当事人的权利与义务。货物装船完毕后,托运人即可持大副签章的收货单换取已装船提单。

#### (二)海运提单的主要内容

1. 提单正面的内容

提单正面内容分别由托运人、承运人或其代理人填写,通常包括托运人、收货人、被通知人、装运港或收货地、目的地或卸货港、船名、航次、货名及件数、毛重及体积、运费、提单签发

数、签单日期及签单人。需要注意的是,承运人签发的正本提单有若干份的,凭其中任何一份提货后,其余各份均告失效。

(1) B/L NO.(提单号码)。提单上除印有承运船公司的名字和徽标等信息外,通常在提单的右上角标有提单号码,以便核查,提单号码在装船通知、申报通关等很多环节均需要。

(2) Shipper(托运人)。有时也称发货人(consignor),通常是指出口商。

(3) Consignee(收货人)。可以填上具体的收货人名称,也可以填"TO ORDER"或空白。

(4) Notify Party(被通知人),货物到达目的港(或者卸货港)时船公司通知的人,通常是买方。

(5) Ocean Vessel(承运船舶的名称)及 Voy. NO.(航次)。

(6) Port of Loading(装货港)。

(7) Port of Discharge(卸货港),有时是目的港。

(8) Container NO.(集装箱号)和 Seal NO.(封志号)。

(9) Marks & Numbers(运输标记和唛头)。

(10) NO. of Container of Packages(pkgs.)(托运货物上的单一包装编号)。

(11) Kind of Packages;Description of Goods(包装种类与货物描述)。

(12) Gross Weight(货物毛重),毛重一般以千克(KGS)计算。

(13) Measurement(货物体积),体积一般以立方米(Cubic meter,CBM)计算。

(14) Total Number of Containers or Packages(in Words)(集装箱或者包装总数量,用大写字母表示)。

(15) Freight Prepaid(运费预付)或者 Freight Collect(运费到付)。

(16) Place and Date of Issue(提单签发地点和日期)。

(17) NO. of Original B(s)/L(正本提单分数)。通常正本提单是一式三份,其中一份提货后,其余两份自动失效。

除此之外,提单上有时还会标记以下内容。

(18) Shipped on Board(已装船)。后面加注装船的实际日期。

(19) Shipper's LOAD & COUNT(托运人装载与计数)。表示承运人只对表面上货物的数量或外包装负责,不对包装内容的货物质量或数量负责。

(20) ORIGINAL(正本)或 COPY NON-NEGOTIABLE(副本,不可议付)。

(21) Received by …as …(承运人或其代理人的签章)。

(22) "To Order"提单,是必须经过托运人背书后才可以转让,这种提单的持有人可以是托运人自己,也可以是其他合法取得者;可以凭此提取或转让货物。例如在海运提单收货人一栏内显示"To Order",表示该提单需经背书后可以转让。

2. 提单背面的条款

在正本提单背面印有许多条款,是处理承运人与托运人(或收货人、提单持有人)之间的有关运输过程中发生争议的依据。各船方公司提单背面的条款不尽相同。为了统一提单背面条款的内容,缓解船、货双方的矛盾,并照顾到船、货双方的利益,国际上先后签署了《海牙规则》《维斯比规则》《汉堡规则》《鹿特丹规则》四个国际条约。

海运提单样本见图 6-3。

图 6-3 海运提单样本

### (三)海运提单的种类

**1. 根据货物是否已装船分为已装船提单与备运提单**

(1) 已装船提单(shipped or on board B/L)是指承运人将货物装上船后签发的提单。提单上面有船名、装货日期及船长或其代理人签字。

(2) 备运提单(received for shipment B/L)是指承运人在收到托运的货物后准备装船期间签发给托运人的提单。

《UCP600》规定,在信用证无特殊规定的情况下,要求卖方提供已装船提单,银行一般不接受备运提单。

**2. 根据运输方式的不同分为直达提单、转船提单与联运提单**

(1) 直达提单(direct B/L)是指轮船装货后,中途不经过转船而直接驶往目的港。这种提单上不能出现"在某地转船"字样,但允许出现"将转运"或"可能转运"字样,如果信用证禁止转运,托运人必须凭此提单才能安全结汇。

(2) 转船提单(transshipment B/L)也称转运提单,是指货物在装运港装船后,需在中途某港口换装另一船只运往目的港。有时换船不止一次,这种提单是由第一承运人在装运港签发的,一般注明"在某港转船"字样。

(3) 联运提单(through B/L)也称全程提单,是指需经两种或两种以上的运输方式联运,由第一程海运承运人所签发的,包括运输全程的提单。

转运提单和联运提单的区别在于前者仅限于转船,后者可进行海陆、海空、海河、海海等联运。这两种提单虽包括全程,但各段承运人对各段内发生的货损分别负责任。

**3. 根据提单上对货物外表状况有无不良批注分为清洁提单或不清洁提单**

(1) 清洁提单(clean B/L)是指货物在装船时"表面状况良好",船公司在提单上未加任何有关货物受损或包装不良等批注的提单。"货物表面状况"一般是指货物的包装情况,如没有包装,则是指货物本身的外表状况。

(2) 不清洁提单(unclean B/L或foul B/L)是指轮船公司在提单上对货物表面状况或包装加有不良或存在缺陷等批注的提单,例如提单上批注"铁条松散"等。按《UCP600》规定,银行和买方可以拒绝接受不清洁提单。

但以下3种内容的批注,不能视为不清洁。

① 不明白地表示货物或包装不能令人满意,如批注"旧桶""旧包装"等。

② 强调承运人对于货物或包装性质所引起的风险不负责任。

③ 否认承运人知悉货物内容、重量、容积、质量和技术规格。

**4. 根据提单收货人(俗称抬头)一栏的记载分为记名提单、不记名提单和指示提单**

(1) 记名提单(straight B/L)是指提单上的抬头人(即收货人)栏内填明特定的收货人名称,只能由该特定收货人提货,不能用背书的方式转让给第三者,因此记名提单不能流通。

(2) 不记名提单(open B/L)是指在提单的收货人栏内,不填写具体的收货人或指示人的名称。这种提单不需要背书手续,仅凭交付提单就可以转让。因此,采用这种提单风险大。

(3) 指示提单(order B/L)是指提单上的抬头人栏内仅填写"凭指示"(to order)或"凭某某人指示"(to order of)字样,这种提单前者经托运人后者经指示人背书后可以转让。其中"TO ORDER"抬头,称为"空白抬头"。

背书(endorsement)是转让海运提单或汇票的一种方法。有"空白背书"和"记名背书",前者是指仅由背书人在提单背面签字,而不注明被背书人名称;后者是指背书人除在提单背面签字外,还列明被背书人名称。实际业务中,使用最多的是"空白背书"做法。

5. 根据船舶营运方式不同分为班轮提单和租船提单

(1) 班轮提单(liner B/L)又称全式提单(long form B/L),是经营班轮运输的船公司或其代理人签发的提单,提单上列有详细的条款,其背面列有承运人和托运人权利与义务的详细条款。

(2) 租船提单(charter party B/L)属简式提单(short form B/L)一种,是船方根据租船合同签发的一种提单,提单上批注"根据××租船合同出立"字样,不另列详细条款。

6. 根据提单的使用效力分为正本提单和副本提单

(1) 正本提单(original B/L)是指提单上有承运人、船长或其代理人签字盖章,并注明签发日期的提单。提单上必须标有"正本"(original)字样,是有效单证。

(2) 副本提单(copy B/L)是指提单上没有承运人、船长或其代理人签字盖章,仅供工作上参考使用的提单。提单上一般都有"Copy"或者"Non-Negotiable"(不作流通转让)字样。

7. 其他种类提单

(1) 过期提单(stale B/L)是指出口企业向银行交单办理议付结汇的时间已超出信用证规定的有效期或提单签发后 21 天,以及双方之间交易中货先到而提单晚到的情况。

(2) 甲板提单(on deck B/L)又称舱面提单,是指当货物装在甲板上,承运方在其出具的提单上加注"ON DECK"(货装甲板)字样。

《UCP600》规定,除非信用证另有相反规定,否则银行可以拒绝接受甲板提单,实际业务中,当成交活家禽、活牲畜、危险品或体积过于庞大不能入舱的货物时,合同及信用证中必须注明,不能拒绝接受甲板提单。此外,集装箱作为运输包装的货物,哪怕海运提单上注明货装甲板,也不视为甲板提单。

(3) 运输代理行提单(house B/L)是指运输代理行为了节省费用,简化手续,将不同出口人的小批量商品集中在一个提单上装运,由承运人签成组提单(group age B/L)给运输代理行,该行分别向出口商签发运输代理行提单,作为装运货物的收据。实际业务中,若需凭此提单办理结汇,须在信用证上注明"运输代理行提单可以接受"(house B/L acceptable)。

(4) 倒签提单(ante dated B/L)是倒填提单中的装船日期,是卖方为了掩盖真实的装船日期或为了符合信用证关于装船日期的规定,要求承运人(即船方)不按真实的装船日期签发提单。倒签提单属于卖方与承运人(船方)合谋欲骗买方的欺诈行为,按照国际贸易惯例,这种违法行为引起的法律后果无论对卖方还是对船方都是十分严重的。

(5) 预借提单(advanced B/L)是指还没有开船,甚至货还没有生产完成交到船公司指定仓库,先把提单从船公司"借"出来。对买方最大的风险是,船到港后什么都收不到,货物根本就没上船或者实际收到货物时,比实际的提单日期晚了很长时间。如果卖方串通船公司蓄意欺骗,买方是很难避免的。

预期提单和倒签提单均属于卖方和船方合谋欺诈买方,一旦被获悉,不但不能安全结汇,买方还有权力起诉船方、卖方共同违反国际贸易法,并扣下该运货船只。

(6) 不可转让海运单(non-negotiable sea waybill)是由船长或船公司或其代理人签发

的证明已收到特定货物并保证将货物运至目的港交付给指定收货人的一种凭证。不可转让海运单更多运用在近洋国家间的交易,它有利于进口商及时提货、简化手续、节省费用。

## 二、铁路运单

铁路运输可分为国际铁路联运和国内铁路运输两种方式,前者使用国际铁路联运运单,后者使用国内铁路运单。通过铁路对港、澳出口的货物,由于国内铁路运单不能作为对外结汇的凭证,故使用承运货物。

国际铁路联运运单(railway bill)是由参与国际铁路货物联运业务的铁路运输公司签发给发货人的货物收据和运输契约,是明确双方权利与义务关系的书面凭证。此外,还可以作为铁路运输公司与发货人收取运杂费用与处理索赔理赔的依据。国际铁路联运运单不是物权凭证,必须做成记名抬头,不能背书转让,不能凭以提货。货到目的地后,国际铁路联运运单抬头上记名的收货人接到承运人通知后,凭有效证件提货。

## 三、航空运单

航空运单(airway bill)是承运人与托运人之间签订的航空运输契约,也是承运人或其代理人签发的货物收据。航空运单还可作为核收运费的依据和海关查验放行的基本单据。但航空运单不是代表航空公司的提货通知单。在航空运单的收货人栏内,必须详细填写收货人的全称和地址,而不能做成指示性抬头,不能背书转让。收货人凭航空公司的到货通知书和有关证明提货。

## 四、邮包收据

邮包收据(parcel post receipt)是邮运输的主要单据,它既是邮局收到寄件人的邮包后所签发的凭证,也是收件人提取邮件的凭证,当邮包发生损坏或丢失时,它还可以作为索赔和理赔的依据。但邮包收据不是物权凭证。

## 五、多式联运单据

多式联运单据(combined transport documents, C. T. D.)是在多种运输情况下所使用的一种运输单据。这种运输单据虽与海运中的联运提单有相似之处,既是货物收据,也是运输契约的证明。在单据做出指示抬头或不记名抬头时,可作为物权凭证,经背书可以转让。多式联运单据如签发一份以上的正本单据应注明份数,其中一份完成交货后,其余各份正本即失效。副本单据没有法律效力。

五种主要运输单据比较见表 6-1。

表 6-1 五种主要运输单据比较

| 单 据 种 类 | 货物收据 | 物权凭证 | 运输契约 | 运输契约的证明 |
| --- | --- | --- | --- | --- |
| 海运提单 | 是 | 是 | 否 | 是 |
| 国际铁路联运运单 | 是 | 否 | 是 | 否 |
| 航空运单 | 是 | 否 | 是 | 否 |
| 邮包收据 | 是 | 否 | 是 | 否 |
| 多式联运单据 | 是 | 是 | 否 | 是 |

## 第三节　进出口商品的报检与报关

商品货物在进入国际物流运输之前,应对进出口商品货物进行报检和报关。报检环节需要在进出口检验检疫机构完成,报关则需要在海关部门完成。

### 一、进出口商品货物检验检疫概述

#### (一)商品检验的内容

商品检验简称商检,内容包括品质检验、规格检验、数量和重量检验、包装质量检验及安全、卫生检验等。

1. 品质检验

品质检验是根据买卖双方合同和有关检验标准规定或申请人的要求对商品的使用价值所表现出来的各种特性,运用人的感官或化学、物理的等各种手段进行测试、鉴别。目的是判别、确定该商品的质量是否符合买卖双方合同中规定的商品质量条件。包括外观品质和内在品质的检验。

(1)外观品质检验是指对商品外观尺寸、造型、结构、款式、表面色彩、表面精度、软硬度、光泽度、新鲜度、成熟度、气味等的检验。

(2)内在品质检验是指对商品的化学组成、性质和等级等技术指标的检验。

2. 规格检验

规格表示同类商品在量(如体积、容积、面积、粗细、长度、宽度、厚度等)方面的差别,与商品品质优次无关。如鞋类的大小、纤维的长度和粗细、玻璃的厚度和面积等规格,只表明商品在量上的差别,商品的品质取决于品质条件。商品规格是确定价格差别的重要依据之一。

由于商品的品质与规格是密切相关的两个质量特征,因此,贸易合同中的品质条款中一般都包括规格要求。

3. 数量和重量检验

数量和重量是买卖双方成交商品的基本计量和计价单位,直接关系到双方的经济利益,也是国际贸易中最敏感而且容易引起争议的因素之一。数量和重量具体包括商品个数、件数、双数、打数、令数、长度、面积、体积、容积和重量等。

4. 包装质量检验

商品包装本身的质量和完好程度不仅直接关系着商品的质量,还关系着商品数量和重量。一旦出现问题时,它是商业贸易部门分清责任归属、确定索赔对象的重要依据之一。如检验中发现有商品数量或重量不足的问题,若是包装破损者,责任在运输部门;若是包装完好者,责任在生产部门。包装质量检验的内容主要是内外包装的质量。如包装材料、容器结构、造型和装潢等对商品储存、运输、销售的适宜性,包装体的完好程度,包装标志的正确性和清晰度,包装防护措施的牢固度等,有些国家还要求经过消毒处理。

5. 安全、卫生检验

商品的安全检验是指电子电器类商品的漏电检验,绝缘性能检验和X光辐射等。商品的卫生检验是指商品中的有毒有害物质及微生物的检验。如食品添加剂中砷、铅、镉的检验,茶叶中的农药残留量检验,动植物的病虫害和寄生虫检疫等。

进出口商品的检验内容除了上述内容外,还包括集装箱检验、海损鉴定、进出口商品的残损检验、出口商品的装运技术条件检验、货载衡量、产地证明、价值证明以及其他业务的检验。

### (二) 商品检验的地点和时间

在国际货物买卖合同中,根据国际贸易习惯和我国的业务实践,有关检验地点和时间的规定办法可归纳如下。

1. 在出口国检验

(1) 产地(工厂)检验。是指货物在产地工厂出运前,由产地或工厂的检验部门或买方的验收人员进行检验和验收,并由买卖合同中规定的检验机构出具检验证书,作为卖方所交货物的品质、数量、包装等项内容的最后依据。卖方只承担货物离开产地或工厂前的责任,对于货物在运输途中所发生的一切变化,卖方概不负责。我国在出口重要商品和生产线一类设备时,一般采取工厂检验。此种做法已为我国《商检法》所确认。

(2) 装运港(地)检验。又称为"离岸品质、离岸重量"(shipping quality and weight),是指货物在装运港或装运地交货前,由买卖合同中规定的检验机构对货物的品质、重量(数量)和包装等项内容进行检验鉴定,并以该机构出具的检验证书作为最后依据。

2. 在进口国检验

(1) 目的港(地)检验。又称为"到岸品质、到岸重量"(landed quality and weight),是指货物运达目的港或目的地时,由合同规定的检验机构在规定的时间内,就地对商品进行检验,并以该机构出具的检验证书作为卖方所交货物品质重量(数量)和包装的最后依据。采用这种方法时,买方有权依据货物运抵目的港或目的地时的检验结果,对属于卖方责任的品质、重量(数量)和包装不符点,向卖方索赔。

(2) 买方营业处所(最终用户所在地)检验。对于一些因使用前不便拆开包装,或因不具备检验条件而不能在目的港或目的地检验的货物,如密封包装货物、精密仪器等,通常都是在买方营业处所或最终用户所在地,由合同规定的检验机构在规定的时间内进行检验。货物的品质、重量(数量)和包装等项内容以该检验机构出具的检验证书为准。

3. 出口国检验、进口国复验

出口国检验、进口国复验是指卖方在出口国装运货物时,以合同规定的装运港或装运地检验机构出具的检验证书,作为卖方向银行收取货款的凭证之一,货物运抵目的港或目的地后,由双方约定的检验机构在规定的地点和期限内对货物进行复验。复验后,买方凭该检验机构出具的检验证书,在合同规定的期限内向卖方索取相关单证。由于这种做法兼顾了买卖双方的利益,较为公平合理,因而它是一种国际货物买卖中最常用的规定检验时间和地点的方法,也是我国进出口业务中最常用的一种方法。

4. 装运港(地)检验重量、目的港(地)检验品质

在大宗商品交易的检验中,为了协调解决好买卖双方在商品检验问题上存在的矛盾,常将商品的重量检验证书,作为卖方所交货物重量的最后依据,以目的港或目的地检验机构出具的品质检验证书,作为商品品质的最后依据。货物到达目的港或目的地后,如果货物在品质方面与合同规定不符,而且该不符点是卖方责任所致,则买方可凭品质检验证书,对货物的品质向卖方提出索赔,但买方无权对货物的重量提出异议。这种规定检验时间和地点的方法就是装运港(地)检验重量、目的港(地)检验品质,习惯称为"离岸重量、到岸品质"

(shipping weight and landed quality)。

**5. 复验期的时间规定**

复验期的时间长短应根据商品特性、检验所需时间和港口情况来决定。

（1）对农副产品等品质比较容易发生变化的商品，复验期可以短一些；对于五金矿产等品质稳定的商品，复验期可以长一些。

（2）对检验程序简单的商品，复验期可以短一些；反之则可以长一些。

（3）对比较拥挤、装卸速度比较慢的港口，复验期可以适当放长一些。

### （三）商品检验检疫机构和商品检验检疫证书

**1. 商品检验检疫机构**

在国际货物买卖中，交易双方除了自行对货物进行必要的检验之外，通常还必须委托独立于买卖双方之外的第三方机构对货物进行检验，经检验合格后方可出境或入境。这种根据客户的委托或有关法律的规定对进出境商品进行检验检疫、鉴定和管理的机构就是商品检验检疫机构。

（1）我国的商品检验检疫机构。为了适应我国加入WTO和与国际接轨的需要，2001年4月10日，国务院宣布成立中华人民共和国国家质量监督检验检疫总局（General Administration of Quality Supervision, Inspection and Quarantine of the People's Republic of China, AQSIQ），由原质量技术监督局和原国家出入境检验检疫局（后者由原国家进出口商品检验局、原农业部动植物检疫局和原卫生部卫生检疫局于1998年3月组建）再合并组建。AQSIQ是主管全国出入境商品检验、卫生检验、动植物检疫、鉴定、认证和监督管理的行政执法机构。

中国检验认证（集团）有限公司（CCIC）是在原中国进出口商品检验总公司基础上改制重组，经国务院批准成立，国家质量监督检验检疫总局和国家认证认可监督管理委员会认可，以"检验、鉴定、认证、测试"为主业的跨国检验认证机构。

根据我国《商检法》规定，我国商检机构在进出口商品检验方面的基本任务有三项：实施法定检验；办理检验鉴定业务；对进出口商品的检验工作实施监督管理。

（2）国际上的商品检验检疫机构。国际贸易中从事商品检验检疫的机构大致可分为以下三类：

① 官方检验检疫机构：由国家或地方政府投资，按国家有关法律、法令对出入境商品实施强制性检验、检疫和监督管理的机构。如美国食品药品监督管理局（U. S. Food and Drug Administration, FDA）、美国农业部动植物检疫局（APHIS）、德国联邦消费者保护与食品安全办公室（BVL）、日本通商省检验所等。

② 半官方检验检疫机构：由国家政府授权、有一定权威、代表政府行使某项商品检验或某一方面检验管理工作的民间机构。如美国担保人实验室（UL）。

③ 非官方检验检疫机构：由私人创办、具有专业检验、强大技术能力的公证行或检验公司。如英国埃劳氏公证行、瑞士通用公证行等。

**2. 商品检验检疫证书**

（1）常见的检验检疫证书。检验机构对进出口商品进行检验、检疫、鉴定后所出具的证明文件称为检验证书（Inspection Certificate）。由于种类繁多，在国际贸易中，出口方究竟提供何种证书，要根据成交货物的种类、性质、有关法律和贸易惯例以及政府的涉外经济贸易政策而定。如我国出口冻禽、冻兔、皮张、毛类、猪鬃及肠衣等货物时，除规定出具品质证书、质量证书外，还需要提供卫生证书。国际贸易中常见的检验证书有以下 9 种。

① 品质检验证书(Inspection Certificate of Quality)。
② 重量检验证书(Inspection Certificate of Weight)。
③ 数量检验证书(Inspection Certificate of Quantity)。
④ 兽医检验证书(Veterinary Inspection Certificate)。
⑤ 卫生检验证书(Sanitary Inspection Certificate)。
⑥ 消毒检验证书(Disinfection Inspection Certificate)。
⑦ 产地检验证书(Inspection Certificate of Origin)。
⑧ 价值检验证书(Inspection Certificate of Value)。
⑨ 验残检验证书(Inspection Certificate on Damaged Cargo)。

(2) 检验证书的作用。
① 商品报关的凭证。
② 证明卖方履约的有效证件。
③ 办理索赔、仲裁与诉讼的有效证件。
④ 征税和退税的有效凭证。
⑤ 计算运费的有效凭证。
⑥ 明确责任的有效证件。
⑦ 双方计价的依据。

### （四）商品的检验程序

我国进出口商品检验程序一般分为 3 个阶段：即申请检验、实施检验、签发证书。

1. 申请检验

申请检验分为报验和商检机构受理两部分。

(1) 报验。报验人办理报验要填制检验申请单，申请单是报验人提出检验鉴定申请和检验机构受理并实施检验鉴定的凭证。申请单上要求填写的各个项目是检验、签证的重要依据之一。在实际工作中，对出口商品报验和进口商品报验有不同的要求。

① 出口商品报验。在"出口检验申请单"中，填明申请检验和鉴定项目的要求，并提供合同、信用证、来往函电等有关证件。报验时间一般在发运前 7～10 天，鲜货则应在发运前 3～7 天；如申请单位在不同商检部门所在地，则报验时间应为发运前的 10～15 天。

② 进口商品报验。在"进口检验申请单"中，填明申请检验和鉴定项目的要求，并附合同、发票、海运提单、公路、铁路或空运发票或邮运单、品质证书、装箱单、外运通知单、接货部门已验收的应附验收记录等资料。进口商品的报验时间，应在货物入境前或入境时和其他单证向到货口岸的检验检疫机构办理报检手续。其中，进口动物应在入境 15～30 日前报验，进口植物应在入境 7 日前报验。

(2) 商检机构受理。商检机构在收到进口商品报验申请后，受理报验人员须对申请单上所填内容逐项审核，并对所需附件的有关单证逐一核对。在审核无误的基础上，对报验申请进行登记编号，受理报验。之后，将全套单证移送有关检验部门，安排检验。

2. 实施检验

实施检验阶段分为现场抽样和检验或鉴定两个环节。

(1)现场抽样。抽样是按照规定的标准和方法,从整批商品中抽取一定数量的代表性样品,一般采用随机抽样。

(2)检验或鉴定。检验就是按照合同或者技术标准的规定,对样品有关特性进行检查、试验、测量或计量。检验和鉴定是进出口商品检验工作的中心环节。

3. 签发证书

对于进出口商品,经商检局检验合格后,签发"放行单"或在"进出口货物报关单"上加盖放行章。

### (五)合同中的检验条款

1. 检验条款的内容

商品检验是国际贸易合同的必要条款,也是买卖双方履行合同义务、行使合同权利和完成交易过程所必不可少的业务环节。品质条款是国际贸易合同不可缺少的重要内容之一,合同中都要规定必要的商品检验。国际货物买卖合同中的检验条款一般包括检验权的规定、检验机构、检验的内容、检验证书和检验时间等。

2. 订立检验条款的注意事项

(1)检验条款应与其他条款相互衔接,防止相互矛盾。货物品质、数量(重量)、包装等项条款是实施货物检验的重要依据,订立这些条款时,要考虑检验的需要和可能,切忌互相脱节,自相矛盾,尤其要把检验地点、时间的确定和贸易术语结合起来考虑。如按 CIF 术语成交,若规定"以到岸品质和重量由买方验货后付款",该检验条款的内容就改变了合同的性质,该合同已不具备 CIF 合同性质了。

(2)明确、具体规定检验标准和方法,以便分清责任。只有明确检验标准,才能具体实施检验,并出具公正的检验结果。检验方法不同,会得出不同的结果,容易引起争议和纠纷。为此,最好明确检验方法。

(3)明确规定复验地点、机构期限和时间。复验地点一般是在货物到达的目的地。如果目的地不是港口,而是内地,则延展到内地。复验机构一般指定对自己友好、业务能力强的检验或公证机构。这有利于保障卖方的权益。复验期时间长短的规定,应结合商品特点和港口因素综合确定。

## 二、进出口商品货物的报检

### (一)进出口商品货物报检的范围及要求

报检是指报检人依法向检验检疫机构申报检验检疫,办理相关手续,启动检验检疫流程的行为。凡是法定必须进行检验检疫的进出口商品货物、进出境动植物和其他检疫物、装载动植物及其产品和其他检疫物的装载容器和包装物、来自动植物疫区的运输工具、出入境人员、交通工具、运输设备以及与传染病可能有关的船舶、货物、行李、邮包等都必须向检验检疫机构报检。

1. 出境货物报检的范围

(1)国际法律、行政法规规定必须由出入境检验检疫机构实施检验检疫的。

(2)对外贸易合同约定须凭检验检疫机构签发的证书进行交接、结算的。

(3)输入国家或地区规定必须凭检验检疫机构出具的证书方准入境的。

(4)有关国际条约规定必须经检验检疫的。

(5) 申请签发一般原产地证明书、普惠制原产地证书等原产地证明书的。

2. 入境货物报检的范围

(1) 国际法律、行政法规规定必须由出入境检验检疫机构实施检验检疫的。

(2) 对外贸易合同约定必须凭检验检疫机构签发的证书进行交接、结算的。

(3) 有关国际条约规定必须经检验检疫的。

(4) 国际贸易关系人申请的其他检验检疫、鉴定工作。

进口商检的流程：对进口货物商检实施"先放行通关，后检验检疫"原则。

3. 法定检验及报检要求

(1) 商检和法定检验。商检是商品检验的简写，包括：商品检验、卫生检疫和动植物检疫，即"三检"。任何进出口货物都必须做商检，但不一定都是法定检验（法检），要了解进出口货物是否是法定检验货物，一是看是不是下列货物。①进出口商品目录内规定要求做法检的货物。②出口美国、日本、韩国及欧盟等国家和地区的货物。③进口特定减免税证明的货物。④其他需要法检的货物。属于这些货物的为法定检验商品。二是看报关单上的货物监管条件，海关报关单上的监管条件是 A（进口）或 B（出口）的货物，都是法定检验货物，在报关时必须向海关提供商检局的检验证书。如果海关报关单上的监管条件没有 A 或 B，报关时不需要提供通关单。

如果是法定检验货物，需要先提供资料到商检局做商检，商检人员对所提供的书面材料进行审核，根据书面资料对货物的描述，判定是否需要对货物进行场地查验。场地查验的项目通常为商品检验、卫生检疫和动植物检疫等。

(2) 货物进出境报检的五个要求。

① 报检单位必须在检验检疫机构注册登记，报检时填写登记号。

② 区别所检商品是否为法定检验货物。

③ 每份报检单限填一批货物，特殊情况下，对批量小的同一类货物，以同一运输工具，运往同一地点，同一收货、发货人，同一报关单的货物，可填写同一份报检单。

④ 应附材料：贸易合同、信用证、厂检单或检验检疫机构出具的换证凭单（正本）、包装性能合格单、发票、装箱单等。

⑤ 凭样品成交的应提供成交样品。

(二) 进出口商品货物报检的流程

我国的进出口企业在办理报检时，可以自行办理报检手续，也可以通过专业的报检经纪行、国际货运代理公司、国际运输物流公司或外轮代理公司来办理。办理进出口货物报检一般须经过进出口报检申报、计费和交费、抽样与采样、检验检疫、卫生除害处理、出具检验检疫证书、签证放行等环节。

(1) 报检申报是指报检申请人按照附录、法规或其他规章的规定向检验检疫机构申请检验检疫工作的申请报告。报检申请人要严格按照《HS》即（商品名称及编码协调制度）的商品货物编码要求认真填写报检申报书。

(2) 计费和交费是指对已受理报检的，检验检疫机构按照《出入境检验检疫收费办法》的规定计费后，由报检申请人缴纳检验检疫费用。

（3）抽样与采样是指检验检疫专业技术人员到现场对需要检验检疫的进出口商品货物进行抽取样品和采取样品，进行直观检验检疫。

（4）检验检疫是指检验检疫机构对报检的出入境货物，按照国家强制性标准、国家惯例或合同、信用证的要求等相关检验依据进行检验检疫，以判断所检对象的各项标准是否合格。

（5）卫生除害处理是检验检疫机构对有关出入境货物、动植物、运输工具、交通工具等实施卫生除害消毒处理。

（6）出具检验检疫证书是指检验检疫机构（进出口商品检验局、出入境检验检疫局）经过检验检疫后出具的证书。合格的检验检疫证书是报关通关放行的重要文件，因此按程序的先后来说应先报检再报关。

（7）签证放行和提出处理通知书。

① 对出境货物，经检验检疫合格的，出具"出境货物通关单"，作为海关核放货物的依据；买方要求出具检验检疫证书的，签发相关证书。经检验检疫不合格的，签发"出境货物不合格通知单"，就会影响货物的出口。

② 对入境货物，检验检疫机构受理报检并进行必要的卫生除害或检验检疫后，签发"入境货物通关单"，作为海关核放货物的依据。货物通关后，经检验检疫机构检验检疫合格的，签发"入境货物检验检疫证明"，作为销售、使用的凭证。检验检疫不合格的，签发"检验检疫处理通知书"。对外索赔的，签发检验检疫证书，作为向有关方面索赔的依据。

**教学互动与讲练结合六：**

出口商品货物检验争议影响付款的分析与处理

> 有一份以CIF术语成交的国际贸易合同，出售啤酒花30公吨。合同规定："买方凭卖方提供的装运单据支付现金"，"货物在出口国检验，到进口国目的港后允许买方复验"。但是，当货物运输到进口国目的港后，卖方向买方提供单据并要求其付款时，买方坚持要在货物检验后才付款。
> 
> 请思考分析并互动讨论：
> （1）买方的要求是否合理？为什么？
> （2）这种问题应如何正确处理？

## 三、进出口商品货物的报关

### （一）进出口商品货物报关概述

报关是指进出口商品货物的收发货人，进出境运输工具的负责人以及进出境货物的所有人或者代理人向海关办理货物、运输工具或者货物品进出境手续及海关相关事务的过程。其中进出境货物主要包括一般贸易进出口货物、保税货物、减免税进出口货物与暂时进出境货物、转关运输货物以及其他进出境货物。报关分为出口货物报关和进口货物报关。

### （二）进出口商品货物报关的流程

我国的进出口企业在办理报关时，可以自行办理报关手续，也可以委托专业的报关经纪行(如报关公司)、国际货运代理公司、国际运输物流公司或外轮代理公司来办理。办理进出口商品货物报关一般须经过进出口通关申报、海关查验、缴纳税费和海关放行四个环节。

1. 进出口通关申报

进出口商品货物收发货人或其代理人依据《海关法》或相关法律在规定的期限、地点,采用电子数据报关单和纸质报关单的形式,向海关报告实际进出口商品货物的情况,交验相关单据并接受海关审核(确认单据是否相符、申报是否属实)的行为。进出口通关申报简称为报关,是进出口商品货物通关的首要环节,所有的正规进出口商品货物都必须经过报关登记才能进出境。报关流程依次涉及申报地点、申报期限、申报提交的单据、申报方式以及申报后的修改或撤销等内容。

(1) 申报地点。一般情况下,进口的商品货物应由收货人或其代理人在商品货物的入境地(进口所在地)海关申报;出口的商品货物由发货人或其代理人在商品货物的出境地(出口所在地)申报。

(2) 申报期限。进口的商品货物收货人、受委托的报关代理企业应当自运输工作申报进境之日起14天内向海关申报。出口的商品货物发货人、受委托的报关代理企业应当在货物运抵海关监管区后、装货的24小时以前向海关申报。

(3) 申报提交的单据。申报单据包括基本单证、特别单证、预备单证和报关单。基本单证通常包括正本提单、商业发票、装箱单、出口装货单据、代理报关授权委托协议书;特殊单据包括进出口许可证、国家有关部门的批准文件、征(减)免税证明等;预备单据包括合同书、商品货物原产地证书、进出口企业的其他有关证明材料等;报关单是指进口或出口的报关单。

(4) 申报方式。进出口商品货物当事人按先后顺序,先以电子数据的报关单形式向海关申报,后提交纸质报关单。

2. 海关查验

海关查验是指海关依据报关申请人申报的单证,对实际进出境的商品货物实施检查核对,以确定当事人提供的单证与货物是否相符的过程。查验时货物所有人或其代理人应当到现场,配合海关进行查验,以便及时处理发现的问题。

3. 缴纳税费

进出口商品货物的收发货人或其代理人应当在规定的期限内向海关缴纳税款。缴纳税费的种类主要有三种:①关税(出口收的少,进口收的多,税率有高有低);②进口环节增值税(税率有高有低);③消费税(税率有高有低)。缴纳的时间,按照我国《海关法》规定:进出口商品货物的收发货人应当在海关签发"税款缴纳证"的次日起7日内缴纳税款。逾期不缴纳的,除依法追缴外,还要加收滞纳金。

4. 海关放行

进出口商品货物的申报人按照海关规定办妥申报手续,经海关审核单证和查验货物、办理纳税手续后,海关解除监管,准予货物进出国境。在放行前,海关派专人负责审查该批货物的全部报关单证及查验货物记录,并签署认可,然后在货运单据上盖放行章,进出口商品货物即可出入国境。

(三) 快速查找商品编码的方法

在进出口货物报检报关过程中,都会涉及商品编码。商品编码也称为 HS CODE、海关编码、海关商品编码和 HS 商品编码,即《商品名称及编码协调制度》的简称。

HS 编码共有二十二大类 98 章。国际通行的 HS 编码由 2 位码、4 位码及 6 位码组成。6 位码以上的编码及对应商品由各国自定。HS 编码和商品实物是一一对应的关系,一种商品只对应一个 HS 编码,但一个 HS 编码不只对应一种商品。如纺织品,两款模样差不多的商品,含同样成色的棉花和化纤,由于含量比例不同,HS 编码就会不一样。又如同样的商品,不同的用途。以不同的 HS 编码报关出口,HS 编码会不同,例如同样是塑料小凳子,以家居品的凳子出口和以渔具出口的商品就是不同的 HS 编码。由于商品种类和性质的复杂性,HS 编码不可能穷尽所有的商品分类,所以,HS CODE 规定了"6 位码以上的编码及对应商品由各国自定",各 HS 公约的缔约方国家,可以加列本国子目。

商品编码是各国海关、商品出入境检验检疫管理机构确认商品类别、进行商品分类管理、审核关税标准、检验商品品质指标和确定出口退税率的基本要素。目前,HS CODE 已成为进出口商品货物通用的身份证明。

快速地进行商品编码查询,可以缩短报关时间。方法是在进行 HS CODE 查询时,要学会用"词干分离法"查找。在互联网络工具快速发达的当今,快速利用"核心词汇+描述词汇"的方式,在线查找商品编码,可以大大提高报关通关的效率。

## 第四节 合同中装运条款的应用

在洽商交易时,买卖双方必须就交货时间、装运地和目的地、装运港和目的港、能否分批装运和转船、转运等问题商妥,并在合同中具体订明。明确、合理地规定装运条款,是保证进出口合同顺利履行的重要条件。

装运条款的内容及其具体订立与合同的性质和运输方式有着密切的关系。我国的进出口合同大部分应用 FOB、CIF 和 CFR 合同,大部分的货物是通过海洋运输。按照国际贸易惯例解释,在上述条件下,卖方只要将合同规定的货物在装运港履行交货手续,取得清洁的装船单据,并将其交全买方或其代理人,即算完成交货义务。因此,上述合同的装运条款应包括装运时间、装运港、目的港、是否允许转船与分批装运、装运通知,以及滞期、速遣条款等内容。

### 一、装运时间

装运时间又称为装运期(time of shipment)或交货期(time of delivery),是指卖方将合同规定的货物装上运输工具或交给承运人接管的期限。是买卖合同的重要交易条款,卖方能否按合同规定如期装运,直接关系到买方能否及时收到货物,以满足其生产、消费或转售的需要。如卖方未按合同规定时间交货,除非不可抗力免责外,买方有权撤销合同,并要求卖方赔偿其损失。

#### (一) 装运时间的规定方法

1. 明确规定具体的装运时间

(1) 规定一段时间内装运。例如,2017 年 5 月装运。(Shipment during May 2017.) 又如,2017 年 5/6/7 月装运。(Shipment during May/June/July 2017.)

(2) 规定最晚期限。例如,2017 年 5 月 31 日前装运。(Shipment on or before May

31st 2017.)

此类规定方法,明确具体,是最普遍采用的一种方法。

2. 规定收到信用证(或买方电汇)后一定时间内装运

如"收到信用证后45天内装运"(shipment within 45 days after receipt of L/C)。

此种规定,主要针对一些进口管制比较严的国家或地区、某些信用较差的客户或专为买方定做的特定化商品。采用这种规定方法,还需在合同中规定买方开到信用证或汇出货款的时间,如"买方必须不迟于某月某日将信用证开到卖方"(The relevant L/C must reach the seller not later than…),防止因买方拖延、拒绝开证(汇款)使卖方处于被动的境地。这种规定方法,对卖方较为有利。

### (二)具体装运期的理解

在信用证结汇情况下,为防止对装运日期理解的混淆,《UCP600》做出以下规定。

(1) Shipment on or about May 31st.——约于5月31日装运(银行将释为于规定的所述日期前后各5天之内装运,起讫日期均包括在内),即5月26日—6月5日装运。

(2) Shipment before May 31st.——5月31日前装运,"before"一词被理解为不包括所述日期。实际业务中,尽量不要出现5月前装运(Shipment before May)的表示方法,因为按《UCP600》对"before"的理解为不包括所述5月这段时间,而实际业务中,又往往按6月1日前出运来操作,所以,应避免采用。

(3) Shipment during(within)May.——5月装运,即指5月1日—5月31日装运。

(4) Shipment within May 31st.——5月31日或此前装运。此时的"within"等同于"at or before"。即包括5月31日这一天。

(5) Shipment after May 10th till May 31st.——5月11日—5月31日装运。"after"一词与"before"一词的用法相同,只是方向相反。

(6) 最迟装运日期、发运日期或接受监管日期不能根据国家法定假日的正常停业而顺延。

## 二、装运港和目的港

装运港(port of shipment)是指货物装运的起始港口。目的港(port of destination)是指最终卸货的港口。在国际货物贸易中,装运港一般先由卖方提出,目的港由买方提出,经双方同意后确认。

### (一)装、卸港的规定方法

(1) 装、卸港的表述规范,在一般情况下,装、卸港分别规定各一个,如装运港:中国广西防城港;目的港:泰国曼谷港。又如装运港:美国长滩港(LONG BEACH);目的港:中国上海港。在国际货物买卖合同中,如果载明了"CIF landed",则表示买卖双方货物在卸货港的卸货费。

(2) 同时规定大于或等于2个装、卸港,有时当货源来源地分散或最终消费市场超出1个时,合同中就可能出现2个或2个以上的装、卸港。如装运港:中国上海港/防城港;目的港:英国伦敦港/利物浦港。

(3) 采用选择港(optional ports)。在磋商交易时,若明确规定一个或若干装卸港有困难时,可以采用选择港办法。规定选择港有两种方式:一种是在两三个港口中选择一个,如

CIF 英国伦敦港/比利时安特卫普港/荷兰鹿特丹港；另一种是笼统规定某一航区为装运港，如"中国港口"，但目的港的规定一般不采用后一种规定方法。

### （二）规定装、卸港时的注意事项

（1）规定装运港与目的港必须明确具体，不能太笼统。如一般不能接受外商 CIF EMP（European Main Ports，欧洲主要口岸）的报价。

（2）对名称相同的港口注明所属的国家或地区，如 Liverpool（英国）、Liverpool（加拿大）；又如 SanFrancisco（美国）、SanFrancisco（巴西）等。

（3）了解港口的具体条件。如船舶是否可安全停泊；是否属季节性港口；有无直达班轮；港口的吃水深浅；对船舶的国籍有无限制等。

（4）装运港应接近货源来源地，卸货港应接近最终消费市场。

## 三、分批装运和转运

分批装运和转运直接关系到交易双方的利益，不仅是国际贸易合同运输条款的重要内容，也是信用证的重要条款之一。

### （一）分批装运

分批装运（partial shipment）是指将同一合同项下的货物分若干批次于不同航次装运。一般适用于大宗商品交易中，由于运输工具的限制，市场销售的需要或者货源的准备工作有困难，需要逐批生产，采用分批装运。合同中分批装运条款的规定方法主要有以下两种。

（1）规定允许或不允许分批装运，对允许分批装运的具体批次、时间和数量均不作具体要求。如"分批装运：允许/不允许"(Partial shipment：allowed/not allowed)。

（2）具体规定分批装运的时间和数量，如"3—6月四批，每月平均装运"(Shipment during March to June in four equal monthly lots)。

分批装运时应注意以下事项。

（1）若信用证未明确是否允许分批装运，根据《UCP600》的规定，应视为允许。

（2）区分"in two shipments"与"in two lots"的不同含义。其中"in two shipments"，"分两批"，要求两批货物出运的时间有先后，相当于分期装运。而"in two lots"，"分两批"，重点强调把提单做成两套，两批货物可以安排一起出运。

（3）如果同一船只，在不同的装运港进行相同航程的多次货物装运，只要运输单据注明的目的地相同，即使提单上有不同的装运日期及装运港口，也不视为分批装运。

（4）一个分批交货的合同，各批的交货可以分别看作几个独立的小合同。

（5）一个分批（或分期）交货的合同，若其中一批未按规定期限装运，根据《UCP600》第32条的规定，信用证自该批开始及以后各批货物均告失效。

### （二）转运

转运（transshipment）是指货物从装运港或发货地到目的港或目的地运输过程中，从某一运输工具上卸下，再装上同一运输方式的另一运输工具，或在不同运输方式情况下，从一种方式的工具卸下，再装上另一种方式的运输工具的行为。

货物在中途转运，难免会发生不必要的货损货差，而且会增加费用支出，延迟到达目的港或目的地的时间。所以，转运一般在无直达运输工具，或航班稀少的情况下才采用。

合同中转运条款和分批装运条款相似，通常仅规定允许或不允许，如"转运：允许/不允许(transshipment：allowed/not allowed)"。

由于转运与否关系到当事人的利益,就有必要在买卖合同及信用证中规定是否允许转运,有时还要规定在何地和以什么运输工具转运的条款,若信用证中对能否转运未作明确规定,按《UCP600》的规定,理解为允许。

随着运输工具的不断改进和大型化,集装箱船、滚装船、母子船的涌现和推广使用,以及各种新的运输方式,尤其是多式联合运输方式日益广泛使用,转运在实际业务中几乎成为经常发生,甚至不可避免的现象。《UCP600》对转运规定,凡装于海运集装箱、滚装船上的拖车,母子船上的驳船项下的转运,不视作转运;海运以外的其他各种运输方式,其中包括空运、公路、铁路或内河运输的转运,也均不被视作转运。这些规定在上述各种运输单据的条款中均分别明确:即使信用证不准转运,银行可接受表明转运或将予转运的运输单据,只要运输单据包括全程运输。

## 四、装运通知

装运通知是针对不同贸易术语下买卖双方的不同责任而言的,不论采用何种贸易术语成交,买卖双方都要承担相互通知的义务,以便各方相互协调,使船、货衔接以及及时办理货运保险。

装运通知(shipping advice)是指卖方将合同项下的货物装船完毕后,向买方发出的有关货物已装妥的通知,目的在便于卖方及时对货物进行投保。装运通知一般包括：装载货物的名称、数量、船名、航次、运输唛头、装运港、卸货港和目的港、预计离港时间(ETD)和预计到达时间(ETA)。

不同贸易术语,其装运通知的规定也不同。

在FOB贸易术语下,卖方在货物备妥后,一般是装运期开始前的30～45天,向买方发通知,以便买方及时派船接货。买方在联系好运输事项后,按约定时间,告知卖方船名、船期等,以便卖方做好装船的准备工作。当货物装船后,卖方应发一份已装船通知单电告买方有关合同号、货物名称、装船数量、重量、装船日期、发票金额等,以便买方办理保险并做好进口报关和接货等准备工作。

在CFR和CIF贸易术语下,卖方应在货物装船后及时向买方发一份已装船通知单,以便买方做好进口报关和接货的准备。在CFR术语下,发装运通知也是为了使买方及时办理保险,以免迟保而发生不必要的损失。

装运通知在合同条款中的示例如下。

Shipment advice：The Seller shall, within 7 days, advise by fax the buyer of the contract no., commodity, quantity, invoiced, gross weight, name of vessel, date of sailing, estimated time of arrival, packing list, invoice and bill of lading, etc.

装运通知：货物装船后7日内,卖方应以传真方式通知买方合同号码、货物名称、数量、发票金额、毛重、船名、预计开航日期、预计到达时间、装箱单、发票号码以及提单号码等相关信息。

## 五、装卸时间、装卸率和滞期、速遣条款

### (一) 装卸时间

装卸时间(lay time)是指允许完成装卸任务所约定的时间,它一般以天数或小时数来表

示。装卸时间主要有以下表示方法。

1. 日或连续日

以日表示装卸时间时,从装货或者卸货开始,到装货或者卸货结束,整个经历的天(日)数就是总的装货或者卸货时间。这种规定方法不论是实际不可能进行装卸货物的日子,还是周末或节假日,都计为装卸时间,即日历日,这种做法对租船人很不利。

2. 累计24小时好天气工作日

累计24小时好天气工作日指好天气情况下,不论港口习惯作业为几小时,均以累计24小时作为一个工作日。如果港口规定每天作业8小时,则一个工作日便跨及几天时间。这种规定对租船人有利,对船方不利。

3. 连续24小时好天气工作日

连续24小时好天气工作日指好天气情况下,连续作业24小时算一个工作日,中间因坏天气影响而不能左右的时间予以扣除。这种方法适用于昼夜作业的港口。当前国际上采用这种规定的较为普遍,我国一般采用此种规定方法,这种方法对船、货双方都比较公平,均愿意接受。

(二) 装卸率

装卸率是指每日装卸货物的数量。装卸率的具体确定,一般应按照习惯的正常装卸速度,掌握实事求是的原则。装卸率的高低,关系到完成装卸任务的时间和运费水平,装卸率规定过高或过低都不合适。规定过高,完不成装卸任务,要承担滞期费(demurrage)的损失;反之规定过低,虽能提前完成装卸任务,可得到船方的速遣费(dispatch money),但船方会因装卸率低,船舶在港时间过长而增加费用,致使租船人得不偿失。因此,装卸率的规定应适当。

(三) 滞期费和速遣费

(1) 滞期费是指在航次租船合同中,当船舶装货或卸货延期超过装卸货之前约定的时间时,由租船人向船东所支付的约定款项。

(2) 速遣费是指由于装卸所用的时间比之前约定的时间少,由船东向租船人、发货人或收货人按事先约定的费率支付的款项。

在程租船中,装卸时间的长短影响船舶的使用效率,直接涉及船方的利益,因而滞期费和速遣费成为程租船合同的重要条款。规定滞期费和速遣费,对于鼓励承租人提高效率,缩短船舶在港停留时间有一定的积极意义。

滞期费和速遣费的高低,按照国际惯例,速遣费一般为滞期费的一半。滞期费和速遣费通常约定为每天若干金额,不足一天,按比例计算。

## 六、装运合同与到达合同的含义和区别

(一) 装运合同与到达合同的含义

1. 装运合同

装运合同是指在国际贸易中,卖方只保证货物按时装运,不保证货物按时到达的合同。凡是按卖方在出口国国内完成交货义务的贸易术语所签订的买卖合同都属于"装运合同"。如 EXW(卖方工厂指定地点交货)、FCA(指定地点货交承运人)、FAS(指定装运港船边交货)、FOB(指定装运港船上交货)、CFR(成本加运费付至指定目的港)、CIF(成本加运费加

保险费付至指定目的港)、CPT(运费付至指定目的港)和CIP(运费和保险费付至指定目的地)这8个贸易术语都属于"装运合同",实际上除EXW属于"实际交货"方式以外,其他7种术语都属于"象征性交货"的方式。

2. 到达合同

到达合同是指卖方保证货物在约定的交货期内到达的合同。如不能按时到达,买方可根据合同拒收或索赔。凡是按卖方在两国边境或进口国内完成交货义务的贸易术语签订的买卖合同都属于"到达合同"。如《2000年国际贸易术语》中的DAF(边境指定地点交货)、DES(指定目的港船上交货)、DEQ(指定目的港码头交货)、DDU(指定目的地未完税交货)、DDP(指定目的地完税后交货)和《2010年国际贸易术语》中的DAT(指定目的港或目的地终点站交货)、DAP(指定目的地交货)和DDP(指定目的地完税后交货)都属到达合同。

(二) 装运合同与到达合同的区别

区别买卖合同(贸易合同)按照性质可以划分为"装运合同"和"到达合同",确定合同性质的关键是,看它们是属于象征性交货还是属于实际交货方式。装运合同属于象征性交货方式;到达合同属于实际交货方式。确定合同性质有助于使买卖双方的责任、费用和风险更加明确。

## 本 章 提 要

(1) 运输是国际贸易流程中的重要环节之一,在国际货物运输实践中,因海洋运输运量大、运费低和适应性强等优点,成为国际货物运输中最主要的运输方式。按照海洋运输的运营模式不同,海洋运输可以分为班轮运输和租船运输,各自的特点不一样。

(2) 国际铁路运输也是国际货物运输的主要方式之一,此外还有公路运输、航空运输、管道运输、内河运输、邮政运输、大陆桥运输以及由各种运输方式组合的国际多式联运等。

(3) 在国际货物运输过程中,运输单据具有非常重要的作用,其中海运提单是最主要的单证。在国际货物运输合同条款中,必须注意装运的时间、装运地和目的地、装运港和目的港、分批装运和转船、装运通知、装卸时间、装卸率和滞期、速遣条款等方面的具体规定,做到明确、具体、清楚、前后一致,避免贸易争议及纠纷的发生。

(4) 商品检验是指在国际货物买卖中,由权威性的专业商检机构对卖方交给买方的货物按照合同的规定进行质量、数量和包装检验,以确定所交货物是否符合合同的规定,以及对动植物进出境的卫生检疫,并出具检验检疫证书。

(5) 在国际货物运输之前,需要进行报检与报关,报检与报关环节是国际贸易进出境货物必经的关键环节,极为重要。一般流程是先报检,后报关。

## 思考与练习 技能证书考试与专业竞赛训练

(一) 分析判断题(判断命题的正确或错误,正确的打"√",错误的打"×")

1. 集装箱运输中的LCL是指拼箱运输。 (　　)
2. 某信用证规定装运期限为"after May 25,2016",则正本提单的装运日期应理解为在

2016 年 5 月 25 日或以后。（　　）

3. 凡装在同一船上的货物，即使装运时间或装运地点不同，也不视为分期发运。
（　　）

4. 通常表明货物已装船的方式是在信用证规定的装运港上具名只加以批注，并且在提单上加盖"已装船"戳记。（　　）

5. 货物由我国大连港出口至香港地区，提单上显示装运港"中国，大连"，目的港"中国，香港"，这种表述是正确的。（　　）

6. 海运托运单和海运提单都是托运人和承运人运输合同的契约，尽管形式不同，但作用是相同的。（　　）

7. 货物装船后，托运人凭船公司的装货单换取已装船提单。（　　）

8. 中国所有进出口的商品货物都要经过报检和报关。（　　）

9. 运输包装上的标志就是运输标志，也就是通常所说的唛头。（　　）

10. 不清洁提单是指承运人在提单上加注货物表面或包装状况有不良或存在缺陷等批注的提单。（　　）

（二）单项选择题（每题只有 1 个答案是正确的，请选择正确的答案填入括号内）

1. 以下关于海运提单的说法错误的是（　　）。
　　A. 货物收据　　　B. 运输合同证明　　C. 物权凭证　　D. 无条件支付命令

2. 在班轮运输中下列不计其中费用的是（　　）。
　　A. 装卸费　　　B. 速遣费　　　C. 理舱费　　　D. 平仓费

3. 在班轮运输中以下按照货物重量、体积或价值三者中较高标准计收运费的是（　　）。
　　A. W/M　　　　　　　　　　　B. W/M or Ad. val.
　　C. W & M or Ad. val.　　　　　D. W/M & Ad. val.

4. 根据《UCP600》的规定，如信用证条款未明确规定是否"允许分批装运""允许转运"时，应理解为（　　）。
　　A. 允许分批装运，但不允许转运　　　B. 允许分批装运，允许转运
　　C. 允许转运，但不允许分批装运　　　D. 不允许分批装运，不允许转运

5. 在我国的进出口贸易中使用最多的国际运输物流方式是（　　）。
　　A. 铁路运输　　B. 海洋运输　　C. 公路运输　　D. 航空运输

6. 国际货物买卖合同中载明："CIF landed"，则表示买卖双方对（　　）作了特别约定。
　　A. 货物交货地点　　　　　　　B. 货物风险转移界限
　　C. 货物在装运港的装货费　　　D. 货物在卸货港的卸货费

7. 在集装箱运输中能够实现门到门（door to door）的集装箱货物交接方式是（　　）。
　　A. LCL/LCL　　B. FCL/FCL　　C. LCL/FCL　　D. FCL/LCL

8. 在海运提单收货人一栏内显示"TO ORDER"表示该提单（　　）。
　　A. 不可转让　　　　　　　B. 经背书后，可以转让
　　C. 不经背书即可转让　　　D. 可以由持有人提货

9. 各种运输单据中能同时具有货物收据、运输合同证明和物权凭证作用的是（　　）。
　　A. 铁路运单　　B. 航空运单　　C. 海运提单　　D. 海运单

10. 以下( )不是检验证书的作用。
   A. 作为证明卖方所交货物的品质、数量(重量)、包装以及卫生条件等是否符合合同规定及索赔、理赔的依据
   B. 确定检验标准和检验方法的依据
   C. 作为卖方向银行议付货款的单据之一
   D. 作为海关验关放行的凭证

(三)多项选择题(每题有 2 个及以上答案是正确的,请选择正确的答案填入括号内)

1. 关于航空运单,叙述不正确的是( )。
   A. 是货物运输契约          B. 可凭以提取货物
   C. 是出口商结汇单据之一    D. 是运费结算凭证和运费收据
   E. 是物权证明

2. 下列为物权凭证的是( )。
   A. 铁路运单     B. 航空运单     C. 海运提单
   D. 多式联运单据  E. 公路运单

3. 提单的发货人 SHIPPER 一栏内通常可以记载( )。
   A. 销售合同下的供应商       B. 代表供应商与承运人签订合同的人
   C. 将货物交给承运人的人     D. 与托运人订立合同的人
   E. 买卖合同项下的购货商

4. 国际班轮运输的特点有( )。
   A. 固定时间、固定航线、固定港口   B. 有相对稳定的运费费率
   C. 以运送大宗货物为主             D. 不规定速遣费和滞期费
   E. 船方负责货物的装卸,运费中包括装卸费

5. 海运提单按照收货人可以分为( )。
   A. 记名提单     B. 直达提单     C. 联运提单
   D. 不记名提单   E. 指示提单

6. 商品检验的内容包括( )。
   A. 品质检验   B. 数量检验   C. 重量检验   D. 残损检验

7. 班轮运费包括基本运费和附加运费两个部分,基本运费的计算标准包括( )。
   A. 重量法   B. 体积法   C. 选择法
   D. 从价法   E. 按件法

8. 可以用于国际贸易货物运输的物流的方式有( )。
   A. 海洋运输   B. 铁路运输   C. 公路运输
   D. 航空运输   E. 管道运输   F. 多式联合运输

9. 多式联运应该具备的下列条件是( )。
   A. 必须一个多式联运合同
   B. 必须两种或两种以上不同运输方式
   C. 必须包括海运
   D. 必须使用一份包括全程的多式联运单据
   E. 必须是跨国运输

10. 集装箱运输的特点包括（　　）。
   A. 使用集装箱转运货物，实现门到门的运输
   B. 集装箱运输与传统海运相比还具有运输质量高，减少货损货差的优点
   C. 货运成本低，手续简化及方便联系运输等优点，它适合于海洋运输、铁路运输和国际多式联运等多种运输形式
   D. 装卸效率高，船舶周转快

（四）思考题
1. 班轮运输的含义及其特点是什么？
2. 租船运输分为哪些类别？
3. 班轮运输的计算标准有哪些？
4. 国际多式联运必须具备哪些条件？
5. 集装箱货物交接方式有哪几种？
6. 提单的分类和作用各有哪些？
7. 确定进出口商品检验的地点与时间的方法有哪些？
8. 进出口商品检验的程序包括哪些？
9. 进出口报关的一般程序有哪些？
10. 如何理解《UCP600》中关于分批装运和转运的条款？

（五）计算题
1. 我国江西省某工艺品生产企业向中东国家沙特出口小工艺品 100 箱，每箱体积为 40 厘米×30 厘米×20 厘米，毛重为 30 千克，该商品按货物分级表计算标准为 W/M，货物等级为 10 级；查得"中国—中东地区航线等级费率表"：10 级每运费吨的基本运费为 222 美元，另收燃油附加费 10%。请计算该工艺品生产企业应付给船公司多少运费？

2. 中国出口日本仙台港箱装货物共 100 箱，报价为每箱 4 000 美元 FOB 中国上海港，基本费率为每运费吨 26 美元或从价费率 1.5%，以 W/M or Ad. val. 选择法计算，每箱体积为 1.4 米×1.3 米×1.1 米，毛重为每箱 2 公吨，并加收燃油附加费 10%，货币贬值附加费 5%，转船附加费 20%。请计算总运费为多少？

## 案例分析及讨论

### 委托香港外商代理进口机器设备中途转运滞报损失分析

中国广西梧州 A 公司通过中国香港 B 公司进口德国 10 套食品加工设备，合同价格条件为 CFR 中国广西梧州港，装运港为德国汉堡港，装运期为开出信用证 90 天内，提单通知人是卸货港的中国外运广西梧州分公司。合同签订后，梧州 A 公司于 7 月 25 日开出信用证，10 月 18 日中国香港 B 公司发来装船通知，11 月上旬 B 公司将全套议付单据寄交给开证行，梧州 A 公司业务员经审核未发现不符并议付了货款，船运从德国汉堡港运到中国广西梧州港包括在中国香港正常转船时间应在 45～50 天。12 月上旬，梧州 A 公司屡次查询中国外运广西梧州分公司都无货物消息，公司怀疑倒签提单，随即电告中国香港 B 公司要求联系其德国发货方协助查询货物下落，梧州 A 公司仍未见货物，再次电告中国香港 B 公

司要求联系德国发货方协助查询货物下落。中国香港B公司回电说德国正处于圣诞节假期,德方无人上班,没法联系。梧州A公司无奈只好等待。到次年元月上旬,圣诞节假期结束,中国香港B公司来电称货物早已在去年12月初运抵中国广州黄埔港,请速派人前往黄埔港办理报关提货手续。此时货物在海关滞报已40多天,待梧州A公司办好所有报关提货手续已是次年元月底,发生的滞箱费、仓储费、海关滞报金、差旅费及其他相关费用达十几万元人民币。

**请思考分析及讨论:**
造成本案滞报结果的原因是什么?应如何处理比较好?

# 教 学 互 动

1. 请讨论在国际货物运输中应该注意哪些问题?
2. 报检和报关是所有进出口货物出入境必经的环节,请思考并讨论进出口货物报检和报关需要哪些流程?

# 第七章

# 国际货物运输保险及其条款

**知识要求**

学习并掌握国际货物运输保险的相关概念,国际货物运输保险的范围、险别、险种及其区分和作用,特别是海运货物保险中的基本险和附加险,尤其是基本险中的平安险、水渍险和一切险;了解伦敦保险协会海运货物保险的险别等知识;能用其指导和开展国际货物运输保险相关业务。

**应用要求**

掌握办理国际货物运输保险的一般程序、险种的恰当选择与投保、保险合同条款的审查、制定保险条款应注意的问题、保险索赔的办理程序和赔付金额的计算方法,正确办理国际贸易货物运输保险业务。

## 第一节 海洋货物运输保险的承保范围

国际贸易的货物运输物流绝大多数运用海洋运输,海洋货物运输保险仅对保险条款中列明的风险所造成的损失负赔偿责任,并不是赔偿所有的损失。因此,正确理解海洋货物运输保险的承保范围,对于选择恰当的投保险别和险种,确定损失原因,分清责任,正确处理索赔等方面问题具有重要的作用。海上货物运输保险的承保范围包括承保的风险、承保的损失和承保的费用三方面。本节在简要介绍保险的基本知识之后,将对海洋货物运输保险承保的风险、承保的损失和承保的费用三方面进行详细介绍。

### 一、保险概述

保险(insurance)是被保险人(投保人)对一批或若干批货物向保险人(保险公司)按一定金额投保一定的险别并缴纳保险费,保险人承保后,如果所保货物在运输过程中发生约定范围内的损失,应按照它所出立的保险单规定,给予被保险人经济上的补偿。

#### (一)保险的功能

(1)保险的基本功能:分摊损失和经济补偿两项功能。

(2)保险的派生功能:投融资功能和防灾防损功能。

#### (二)保险的原则

(1)最大诚信原则(utmost good faith)。海上保险人在签订保险合同时,往往远离船、货所在地,对保险的标的一般不作实际查勘,仅凭投保人的说明来承保。因此,特别强调投保人在作说明时要绝对诚实,实事求是,不能有欺骗行为。

(2) 可保利益原则(insurable interest)。可保利益原则是指保险人只允许对保险标的物具有可保利益的一方投保,对保险标的物具有可保利益的人才能与保险公司签订保险合同。但这一原则不是绝对的,如按 FOB、CFR 或 FCA 术语成交的合同,买方在还没有获得货物所有权时,就在货物装船或货交承运人之前对该货物办理投保。

(3) 补偿原则与代位追偿原则。

① 补偿原则(principle of indemnity)是指发生保险责任范围的损失时,保险人应按照保险合同条款的规定履行赔偿责任,但保险人的赔偿金额不能超过保单上的保险金额,保险人的赔偿不应使被保险人因保险赔偿而获得额外利益。

② 代位追偿原则是指当保险标的物发生了由第三者责任造成的保险责任范围内的损失,保险人履行了损失赔偿的责任后,有权获得被保险人在该项损失中向第三者责任方索赔的权利,即保险人可站在被保险人的地位向责任方进行追偿。

### (三) 保险的分类

保险根据业务保障对象不同分为财产保险、人身保险、责任保险和信用保险四个类别。

(1) 财产保险是指以物质财富及其有关的利益为保险标的的险种。主要有海上保险、货物运输保险、工程保险、航空保险、火灾保险、汽车保险、家庭财产保险、盗窃保险、营业中断保险(又称利润损失保险)、农业保险等。

(2) 人身保险是指以人的身体为保险标的的险种。主要有人身意外伤害保险、疾病保险(又称健康保险)、人寿保险(分为死亡保险、生存保险和两全保险)等。

(3) 责任保险是指以被保险人的民事损害赔偿责任为保险标的的险种。

(4) 信用保险是指以第三者对被保险人履约责任为标的的险种。主要有以下两种。

① 忠诚保证保险,承保雇主因雇员的不法行为所致损失。

② 履约保险,承保合同当事人中一方违约所负的经济责任。

## 二、海洋货物运输中的风险

国际货物运输过程中的风险主要包括海上风险和外来风险。其中,海上风险又包括自然灾害和意外事故,外来风险则包括一般外来风险和特殊外来风险。

### (一) 海上风险

海上风险(又称海难)是指发生在海洋运输过程中的自然灾害和意外事故。海上风险不局限于海上发生的灾害和事故,它还包括与海运相连接的陆运过程中(从卖方仓库至装运港)因洪水、地震、恶劣气候、火灾等引起的损失。但海上风险不包括海上的一切风险,如海运途中因战争引起的损失不含在内。

1. 自然灾害

自然灾害(natural calamity)是指恶劣气候、雷电、洪水、流冰、地震、海啸以及其他人力不可抗力的灾害。

2. 意外事故

意外事故(fortuitous accidents)主要是指船舶搁浅、触礁、沉没、碰撞、火灾、爆炸、失踪或其他类似事故。

(1) 搁浅。搁浅是指船舶与海底、浅滩、堤岸在事先无法预料到的意外情况下发生触礁,并搁置一段时间,使船舶无法继续行进以完成运输任务。但规律性的潮涨落所造成的搁浅不属于保险搁浅的范畴。

(2) 触礁。触礁是指载货船舶触及水中岩礁或其他阻碍物。

(3) 沉没。沉没是指船体全部或大部分已经没入水面以下,并已失去继续航行能力。若船体部分入水,但仍具航行能力,不视作沉没。

(4) 碰撞。碰撞是指船舶与船或其他固定的,流动的固定物猛力接触。如船舶与冰山、桥梁、码头、灯标等相撞等。

(5) 火灾。火灾是指船舶本身,船上设备以及载运的货物失火燃烧。

(6) 爆炸。爆炸是指船上锅炉或其他机器设备发生爆炸和船上货物因气候条件(如温度)影响产生化学反应引起的爆炸。

(7) 失踪。失踪是指船舶在航行中失去联络,音讯全无,并且超过了一定期限后,仍无下落和消息,即被认为是失踪。

### (二) 外来风险

外来风险是指海上风险以外由于其他各种外来的原因所造成的风险,包括一般外来风险和特殊外来风险。

1. 一般外来风险

一般外来风险通常是指偷窃、短量、破碎、雨淋、受潮、受热、发霉、串味、玷污、渗漏、钩损和锈损等。

2. 特殊外来风险

特殊外来风险主要是指由于战争、罢工、拒绝交付货物等政治、军事、国家禁令及管制措施所造成的风险与损失。如因政治或战争因素,运送货物的船只被敌对国家扣留而造成交货不到;某些国家颁布的新政策或新的管制措施以及国际组织的某些禁令,都可能造成货物无法出口或进口而造成损失。海上风险(海难)和外来风险的种类见表 7-1。

表 7-1 海上风险(海难)和外来风险的种类

| 风险种类 | 风险内容 |
| --- | --- |
| 海上风险(海难) | 自然灾害:恶劣气候、雷电、洪水、海啸、地震、流水等 |
| | 意外事故:船舶搁浅、触礁、沉没、互撞、失火、爆炸等 |
| 外来风险 | 一般原因:偷窃、雨淋、短量、玷污、渗漏、破碎、串味、受潮、钩损、包裂、锈损等 |
| | 特殊原因:战争、罢工、交货不到、拒收、关税等 |

## 三、海洋货物运输中的损失

海洋货物运输中的损失是指由于上述风险的发生所造成的货物损失。按照造成损失的程度不同,损失可以做如下分类。

### (一) 全部损失

全部损失(total loss)又称全损,是指整批或不可分割的一批货物在运输途中全部遭受损失。包括以下几种:①一个合同项下全部货物的损失;②一张保险单下全部货物的损失;③一个分批交货合同下其中一批货物的损失;④一个集装箱或一条驳船上全部货物的损失;⑤一张保险单下一类货物的损失。全损有实际全损(actual total loss)和推定全损(constructive total loss)之分。

(1) 实际全损是指货物完全灭失或变质而失去原有用途,即货物的全部损失已经发生或不可避免。例如,船舶触礁后船货同时沉入海底;水泥、茶叶经海水浸泡结块丧失使用价值;棉花浸水后改变了原有用途,折价当作了纸浆原料销售。此外,船舶失踪达到半年之久,也可视作实际全损。

(2) 推定全损是指由于保险责任原因造成货物的损失虽未达到全部程度,挽回的损失或支出大于全部损失。发生推定全损时,被保险人为获得按全部损失赔偿应及时办理"委付"(abandonment)手续。所谓委付,就是被保险人将保险货物的一切权利转让给保险人,并要求保险人按全损给予赔偿。委付必须经保险人明示或默示的承诺方为有效。否则,仍按部分损失给予赔偿。

### (二) 部分损失

部分损失(partial loss)按产生的原因和损失的性质可分为共同海损和单独海损。

1. 共同海损

共同海损(general average,G/A)是指载货运输的船舶在运输途中遭遇自然灾害、意外事故等,使船、货、运费收入方的共同安全受到威胁,为了解除共同危险,船方有意识地、合理地采取措施所造成的特殊的货物牺牲或支出的额外费用。

由于共同海损牺牲和费用都是为了使船舶、货物和运费免于遭受损失而支出的,因而应该由船舶、货物或运费方按最后获救价值共同按比例分摊,这就叫共同海损的分摊(G/A contribution)。

2. 单独海损

单独海损(particular average)是指除共同海损以外的部分损失,一般是由自然灾害、意外事故所引起的,这种损失仅仅属于特定方面的特定利益方,并不涉及其他货主和船方,该损失仅由各受损者单独承担。

单独海损与共同海损的主要区别如下。

(1) 造成损失的原因不同。前者是自然灾害、意外事件所直接导致的损失;后者是为了解除或减轻这些风险而人为造成的损失或费用。

(2) 损失的承担者不同。前者由受损方自己承担,后者由受益方按获益大小分摊。

(3) 损失的构成不同。前者仅有货物的损失,后者有货物的损失也可能有额外费用的支出。

海损的种类见表7-2。

表 7-2 海损的种类

| 海损<br>(海上损失) | 全部损失 | 实际全损 |
| --- | --- | --- |
| | | 推定全损 |
| | 部分损失 | 共同海损 |
| | | 单独海损 |

### 四、海洋货物运输中的费用

在被保险货物遇到风险时,除了会造成货物本身的损失外,还会导致一些费用的支出,保险人对此也承担赔偿责任。该费用主要有施救费用和救助费用两种。

#### (一)施救费用

施救费用(sue and labor expenses)又称劳务费用,是指在被保险货物遇到保险范围内的风险时,被保险人或其代理人或其受雇人等为抢救被保险货物所支出的合理的、直接的、额外的费用。保险人对这种合理的施救费用仍负责赔偿。

#### (二)救助费用

救助费用(salvage charge)是指在运输过程中,保险标的遭遇保险责任范围内的灾害事故时,由保险人和被保险人以外的第三者实施救助行为并获成功,而向其支付的劳务报酬。

## 第二节 我国海洋货物运输保险的险别

中国人民保险公司制定的《中国保险条款》(*China Insurance Clauses*,CIC)中的"海洋运输货物保险条款"(Ocean Marine Cargo Clause,OMCC),根据是否可以单独投保将海运货物保险险别分为基本险和附加险两大类。

### 一、基本险

在 CIC 条款中,共有三种基本险别:平安险、水渍险和一切险。基本险可以单独投保。

#### (一)平安险

平安险(free from particular average,FPA)是三种基本险中承保责任范围最小的一种基本险,其承保的具体责任范围如下。

(1) 货物在运输途中由于自然灾害造成的实际全损或推定全损。

(2) 由于运输工具发生意外事故而造成的全部损失或部分损失。

(3) 在运输工具发生搁浅、触礁、沉没、焚毁等意外事故之前或之后又在海上遭受恶劣气候、雷电、海啸等自然灾害而使货物造成的部分损失。

(4) 在装卸或转运过程中,一件或数件货物落海所造成的全损或部分损失。

(5) 由于共同海损所造成的牺牲、分摊和救助费用。

(6) 发生承保责任范围内的危险,被保险人对货物采取抢救,防止或减少货损的措施而支付的合理费用,但以不超过该批货物的保险金额为限。

(7) 运输工具遭受海难后,需在中途港口或避难港口停靠而引起卸货、装货、存仓以及运送货物而产生的特别费用。

(8) 运输契约中订有"船舶互撞责任"条款,根据该条款规定应由货方偿还船方的损失。

由此可见,在平安险项下,保险人只是对单纯的自然灾害造成的单独海损不负赔偿责任。

#### (二)水渍险

水渍险(with particular average,WPA 或 WA)的承保责任范围如下。

(1) 上述平安险的 8 项责任。

(2) 被保险货物由于恶劣气候、雷电、海啸、地震、洪水等自然灾害造成的部分损失。

由此可见,水渍险承保的责任范围比平安险大,它并不只是承保由于水渍引起的损失,同时,它也不承保所有水渍引起的损失;如淡水所致的损失不赔。

### (三) 一切险

一切险(all risk)的承保责任范围如下。

(1) 上述水渍险的9项责任。即平安险的8项责任加上被保险货物由于恶劣气候、雷电、海啸、地震、洪水等自然灾害造成的部分损失。

(2) 一般外来原因造成的全损或部分损失。

投保了一切险,并不是指保险公司承保了一切的风险,如海运中的特殊外来原因引起的损失并不含在内。此外,投保了一切险后不必再投保一般附加险,因为已含在内,以免增加不必要的保险费支出。

根据我国和国外保险业的习惯,任何一笔货物在投保时,必须选择上述三种基本险别中的一种办理投保。

上述三种基本险别承保责任的起讫,均采用国际保险业中惯用的"仓至仓条款"(warehouse to warehouse, W/W)规定的方法处理,即保险公司的保险责任自被保险货物运离保险单所载的起运地(港)发货人仓库或储存处所开始运输时生效,直至该项货物到达保险单所载明目的地收货人的最后仓库或储存处所为止。但是,当货物从目的港卸离海轮时起算满60天,不论保险货物有没有进入收货人的仓库,保险责任均告终止。

此外,保险人可以要求扩展或延长保险期。基本险的索赔时效则是从被保险货物在最后卸载港全部卸离海轮后起算,最多不超过2年。

在投保了一种基本险后,根据需要可再投保一些附加险。附加险都不能单独投保。

## 二、附加险

在投保了某个基本险后,才能加保附加险。附加险分为一般附加险、特殊附加险和特别附加险。

### (一) 一般附加险

一般附加险承保由一般外来风险造成的损失,主要有:偷窃提货不着险(TPND)、淡水雨淋险(FWRD)、短量险、混杂与玷污险、碰损破碎险、渗漏险、串味险、受潮险、钩损险、包装破裂险和锈损险共11种。

### (二) 特殊附加险

特殊附加险包括战争险和罢工险,战争险(war risks)和罢工险(strike risk)所承保的是由于战争、罢工所造成的直接损失,以及由上述原因引起的共同海损牺牲、分摊和救助费用。

在战争险下,保险公司的责任仅限于水面上产生的风险、损失和费用。若货物在海轮到达保险单指定的目的港后不卸离,保险公司承保责任最长期限为从海轮到达目的港当日午夜算起满15天为限。

### (三) 特别附加险

特别附加险包括:交货不到险、进口关税险、舱面险、拒收险、黄曲霉素险、出口货物到中国香港或澳门存仓火险责任扩展条款(FREC)。

## 三、除外责任

除外责任是指由保险公司明确规定不予承保的损失和费用。这是非意外的、偶然性的或比较特殊的风险或损失;例如,被保险人和发货人的故意行为或过失;保险责任开始前保险货物早已存在的品质不良和数量短差;保险货物的自然损耗、本质缺陷、保险货物的市价下跌、运输延迟等造成的损失和引起的费用等,保险公司都可以明确作为一种免责的损失和费用来规定。

有的保险条款对战争险、罢工险等承保的责任在一般货物运输中也作为除外责任。

# 第三节 英国伦敦保险协会海运货物保险条款

在国际海运保险业务中,英国是一个具有悠久历史和比较发达的国家。它所制定的保险规章制度,特别是保险单和保险条款对世界各国影响很大。目前世界上大多数国家在海上保险业务中直接采用英国伦敦保险协会所制定的"协会货物条款"(Institute Cargo Clause,ICC)。

## 一、伦敦保险协会海运货物保险条款的种类

"协会货物条款"最早制定于1912年,后来经过多次修改,最近一次的修改是在1981年完成的,从1983年4月1日起实施。伦敦保险协会新修订的保险条款一共有6种。

(1) 协会货物条款(A)[Institute Cargo Clause A,ICC(A)]。
(2) 协会货物条款(B)[Institute Cargo Clause B,ICC(B)]。
(3) 协会货物条款(C)[Institute Cargo Clause C,ICC(C)]。
(4) 协会战争险条款(货物)(Institute War Clause-Cargo)。
(5) 协会罢工险条款(货物)(Institute Strikes Clause-Cargo)。
(6) 恶意损坏条款(Malicious Damage Clause)。

以上6种保险条款中,前3种即协会货物条款(A)、(B)、(C)是主险或基本险,后3种则为附加险。其中,除了恶意损害险外,其他5种险别都可以单独投保。

## 二、协会货物保险条款主要险别的承保范围及除外责任

### (一) ICC(A)的承保风险范围及除外责任

1. ICC(A)的承保风险范围

ICC(A)的承保范围比较广,采用了"一切风险减去除外责任"的规定办法,即除了"除外责任"项下所列风险保险人不予负责之外,其他风险均予负责。即承保货物因一切风险所造成的损失、共同海损的牺牲及救助费用、船舶互撞导致的货方损失。具体来说,ICC(A)承保的风险如下。

(1) 火灾、爆炸所造成的灭失和损害。
(2) 船舶或驳船触礁、搁浅、沉没或倾覆。
(3) 陆上运输工具倾覆或出轨。
(4) 船舶、驳船或运输工具同任何外界物体碰撞。
(5) 在避难港卸货所造成的灭失和损害。
(6) 地震、火山爆发、雷电。

(7) 共同海损的牺牲引起保险标的的损失。

(8) 共同海损分摊和救助费用。

(9) 运输合同中签订"船舶互撞责任"条款,根据该条款的规定应由货方偿还船方的损失。

(10) 投弃(抛货)。

(11) 浪击落海引起保险标的的损失。

(12) 海水、湖水或河水进入船舱、驳船、运输工具、集装箱或储存处所引起保险标的的损失。

(13) 货物在装卸船舶或驳船时落海或跌落,造成任何整件的全损。

(14) 由于被保险人以外的其他人(如船长、船员等)的恶意行为所造成的损失或费用。

(15) 海盗行为。

(16) 由于一般外来原因所造成的损失。

2. ICC(A)条款的除外责任

(1) 一般除外责任:如归因于被保险人故意的不法行为造成的损失或费用;自然渗漏、自然损耗、自然磨损、包装不足或不当所造成的损失或费用;保险标的内在缺陷或特性所造成的损失或费用;直接由于延迟所引起的损失或费用;由于船舶所有人、租船人经营破产或不履行债务所造成的损失或费用;由于使用任何原子或核武器所造成的损失或费用。

(2) 不适航、不适货除外责任:指保险标的在装船时,被保险人或其受雇人已经知道船舶不适航,以及船舶、装运工具、集装箱等不适货。

(3) 战争除外责任:如由于战争、内战、敌对行为等造成的损失或费用;由于捕获、拘留、扣留等(海盗除外)所造成的损失或费用;由于漂流水雷、鱼雷等造成的损失或费用。

(4) 罢工除外责任:罢工者、被迫停工工人造成的损失或费用,以及由于罢工、被迫停工所造成的损失或费用等。

(二) ICC(B)的承保风险范围及除外责任

1. ICC(B)的承保风险范围

ICC(B)的承保风险范围是采用"列明风险"的方式,具体承保风险范围如下。

(1) 火灾、爆炸所造成的灭失和损害。

(2) 船舶或驳船触礁、搁浅、沉没或倾覆。

(3) 陆上运输工具倾覆或出轨。

(4) 船舶、驳船或运输工具同任何外界物体碰撞。

(5) 在避难港卸货所造成的灭失和损害。

(6) 地震、火山爆发、雷电。

(7) 共同海损的牺牲引起保险标的的损失。

(8) 共同海损分摊和救助费用。

(9) 运输合同中签订"船舶互撞责任"条款,根据该条款的规定应由货方偿还船方的损失。

(10) 投弃(抛货)。

(11) 浪击落海引起保险标的的损失。

(12) 海水、湖水或河水进入船舱、驳船、运输工具、集装箱或储存处所引起保险标的的损失。

(13) 货物在装卸船舶或驳船时落海或跌落，造成任何整件的全损。

2. ICC(B)险的除外责任

ICC(B)的除外责任是 ICC(A)的除外责任再加上 ICC(A)承保的"海盗行为"与"恶意损害险"。即 ICC(B)险的除外责任与 ICC(A)险的相同部分外，还包括任何的不法行为引起货物全部或部分的恶意损害以及"海盗行为"。

### （三）ICC(C)的承保风险范围及除外责任

1. ICC(C)的承保风险范围

(1) 火灾、爆炸所造成的灭失和损害。

(2) 船舶或驳船触礁、搁浅、沉没或倾覆。

(3) 陆上运输工具倾覆或出轨。

(4) 船舶、驳船或运输工具同任何外界物体碰撞。

(5) 在避难港卸货所造成的灭失和损害。

(6) 地震、火山爆发、雷电。

(7) 共同海损的牺牲引起保险标的的损失。

(8) 共同海损分摊和救助费用。

(9) 运输合同中签订"船舶互撞责任"条款，根据该条款的规定应由货方偿还船方的损失。

(10) 投弃（抛货）。

2. ICC(C)的除外责任与 ICC(B)完全相同

ICC(C)险近似于中国人民保险公司所规定的平安险，但比平安险的责任范围要小一些。仅承保"重大意外事故"造成的风险，而不承保自然灾害及非重大意外事故造成的风险。

综上所述，伦敦保险协会制定的条款从保险责任范围大小的顺序来看，保险责任 ICC(A)最大，其次是 ICC(B)、ICC(C)保险责任最小，类似于我国的一切险、水渍险、平安险。但是ICC(C)的责任范围比平安险要小得多。

从 ICC2009(A)、ICC2009(B)和 ICC2009(C)三种条款中保险人承保的风险对比，可见3种险别保险责任的不同，见表 7-3。

表 7-3　ICC2009(A)、ICC2009(B)和 ICC2009(C)条款中保险人承保的风险比较

| 责任范围 | ICC 险别 | | | 承保风险内容 |
| --- | --- | --- | --- | --- |
| 1 | (A) | (B) | (C) | 火灾、爆炸 |
| 2 | (A) | (B) | (C) | 船舶或驳船触礁、搁浅、沉没或倾覆 |
| 3 | (A) | (B) | (C) | 陆上运输工具倾覆或出轨 |
| 4 | (A) | (B) | (C) | 船舶、驳船或运输工具同除水以外的其他任何外界物体的碰撞或接触 |
| 5 | (A) | (B) | (C) | 在避难港卸货 |
| 6 | (A) | (B) | (C) | 地震、火山爆发或雷电 |
| 7 | (A) | (B) | (C) | 共同海损牺牲 |
| 8 | (A) | (B) | (C) | 共同海损分摊和救助费用 |

续表

| 责任范围 | ICC险别 | | | 承保风险内容 |
|---|---|---|---|---|
| 9 | (A) | (B) | (C) | 运输合同中签订"船舶互撞责任"条款,根据该条款的规定应由货方偿还船方的损失 |
| 10 | (A) | (B) | (C) | 投弃(抛货) |
| 11 | (A) | (B) | | 浪击落海 |
| 12 | (A) | (B) | | 海水、湖水或河水进入船舶、驳船、运输工具、集装箱或储存处所 |
| 13 | (A) | (B) | | 货物在装卸船舶或驳船时落海或跌落,造成任何整件的全损 |
| 14 | (A) | | | 由于被保险人以外的其他人(如船长、船员等)的恶意行为所造成的损失或费用 |
| 15 | (A) | | | 海盗行为 |
| 16 | (A) | | | 由于一般外来原因所造成的损失 |

(四)战争险、罢工险与恶意损害险的除外责任

1. 战争险

战争险大体上与我国的相同,但在除外责任方面,保险人对由于非敌对行为(如使用核武器等)所造成的灭失或损害必须负责。

2. 罢工险

罢工险与我国的基本一致,但在"一般除外责任"中增加了"航程挫折"条款。目的在于限制被保险人对由于罢工造成的额外费用(如存仓费、重新装船费等)提出赔偿要求。

3. 恶意损害险

恶意损害险是指承保被保险人以外的其他人(如船长、船员)的故意破坏行为(如沉船、纵火等)所致被保险货物的灭失或损害。但是,恶意损害如果处于有政治动机的人的行为,则保险人免责。

(五)协会货物保险主要险别的保险期限

保险期限(period of insurance)又称保险有效期,是指保险人承担保险责任的起止期限。英国伦敦保险协会海运货物条款[ICC(A)、ICC(B)、ICC(C)]与上节所述我国海运货物保险期限的规定大体相同,也是"仓至仓",但比我国条款规定更为详细。在我国进出口业务中,特别是以 CIF 或 CIP 条件出口时,有些国外商人如要求我国出口公司按伦敦保险协会货物条款投保,我国出口企业和中国人民财产保险公司也可通融接受。

## 第四节　合同中的保险条款应用

### 一、陆上运输货物保险(含火车、汽车)

(一)承保的责任范围

在国际保险业务中,除海洋运输货物需要保险之外,陆上运输、航空运输、邮包运输的货物也需要办理保险。因此各保险公司制定的保险条款,按照运输方式的不同,可分为海上运

输货物保险条款、陆上运输货物保险条款、航空运输货物保险条款和邮包保险条款等。

陆上运输货物保险(overland transportation cargo insurance)的险别分为陆运险和陆运一切险两种。

1. 陆运险

(1) 陆运险的承保责任范围与海洋运输货物保险条款中的"水渍险"相似。保险公司负责赔偿被保险货物在运输途中遭受暴风、雷电、洪水、地震等自然灾害;或由于运输工具遭受碰撞、倾覆、出轨;或在驳运过程中因驳运工具遭受搁浅、触礁、沉没、碰撞;或由于遭受隧道坍塌、崖崩或失火、爆炸等意外事故所造成的全部或部分损失。

(2) 被保险人对遭受承保责任内风险的货物采取抢救、防止或减少损失的措施而支付的合理费用,保险公司也负责赔偿,但以不超过该批被救货物的保险金额为限。

2. 陆运一切险

陆运一切险的承保责任范围与海上运输货物保险条款中的"一切险"相似。陆上运输货物保险的附加险别、责任起讫等都与海运货物保险基本相同。

### (二) 除外责任

陆上运输货物保险的除外责任与海上运输货物保险基本相同,陆运险对下列损失不负责赔偿。

(1) 被保险人的故意行为或过失所造成的损失。

(2) 属于发货人责任所引起的损失。

(3) 在保险责任开始前,被保险货物已经存在的品质不良或数量短差所造成的损失。

(4) 被保险货物的自然损耗、本质缺陷、特性以及市价跌落、运输延迟所引起的损失和费用。

(5) 陆上货物运输战争险条款和货物运输罢工险条款规定的责任范围和除外责任。

### (三) 责任起讫

陆上运输货物保险负"仓至仓"责任,自被保险货物运离保险单所载明的起运地仓库或储存处所开始运输时生效,包括正常运输过程中的陆上和与其有关的水上驳运在内,直至该项货物运达保险单所载目的地收货人的最后仓库或储存处所或被保险人用作分配、分派的其他储存处所为止,如未运抵上述仓库或储存处所,则以被保险货物运抵最后卸载的车站满60天为止。

## 二、航空运输货物保险

航空运输货物保险(air transportation insurance)也分为航空运输险和航空运输一切险两种。航空运输险的承保责任范围与海运水渍险大体相同。航空运输一切险与海运一切险基本相似,也是对被保险货物在运输途中由于一般外来原因所造成的全部或部分损失也负赔偿之责。由于电子商务和跨境电子商务快速发展,航空运输货物保险业务随之快速发展。

### (一) 承保的责任范围

(1) 凡在中国国内经航空运输的货物均可为航空运输货物保险的标的。

(2) 下列货物非经投保人与保险人特别约定,并在保险单(凭证)上载明,不在保险标的范围以内:金银、珠宝、钻石、玉器、首饰、古币、古玩、古书、古画、邮票、艺术品、稀有金属等珍贵财物。

(3) 下列货物不在保险标的范围以内:蔬菜、水果、活牲畜、禽鱼类和其他动物。

## （二）除外责任

由于下列原因造成保险货物的损失，保险人不负责赔偿。

（1）战争、军事行动、扣押、罢工、哄抢和暴动。

（2）核反应、核子辐射和放射性污染。

（3）保险货物自然损耗，本质缺陷、特性所引起的污染、变质、损坏，以及货物包装不善。

（4）在保险责任开始前，被保险货物已存在的品质不良或数量短差所造成的损失。

（5）市价跌落、运输延迟所引起的损失。

（6）属于发货人责任引起的损失。

（7）被保险人或投保人的故意行为或违法犯罪行为。

（8）由于行政行为或执法行为所致的损失。

（9）其他不属于保险责任范围内的损失。

航空运输货物保险的附加险别除外责任与海洋运输货物保险基本相同。

## （三）责任起讫

（1）航空运输货物保险负"仓至仓"责任，自被保险货物运离保险单所载明的起运地仓库或储存处所开始运输时生效，包括正常运输过程中的运输工具在内，直至该项货物运达保险单所载明目的地收货人的最后仓库或储存处所或被保险人用作分配、分派或非正常运输的其他储存处所为止。如未运抵上述仓库或储存处所，则以被保险货物在最后卸载地卸离飞机后满30天为止。如在上述30天内被保险的货物需转运到非保险单所载明的目的地时，则以该项货物开始转运时终止。

（2）由于被保险人无法控制的运输延迟、绕道、被迫卸货、重行装载、转载或承运人运用运输契约赋予的权限所做的任何航行上的变更或终止运输契约，致使被保险货物运到非保险单所载目的地时，在被保险人及时将获知的情况通知保险人，并在必要时加缴保险费的情况下，航空运输货物保险继续有效。

总之，航空运输货物保险的责任起讫也是"仓至仓"责任条款，但被保险货物在最后卸货地卸离飞机后满30天（海运是60天）。

## 三、邮运包裹保险

邮运包裹运输保险简称邮包保险，是指货物在邮运途中可能遭遇各种自然灾害或意外事故所引起损失，以及由于外来原因造成的损失。这与海运、陆运、空运货物所可能遇到的风险与损失是完全一样的。邮包保险基本险也分成邮包险和邮包一切险两种。此外，还有附加险，如邮包战争险。随着电子商务和跨境电子商务网购的快速发展，邮运包裹运输保险业务随之快速发展。

### （一）承保的责任范围

1. 邮包险承保的责任范围

（1）被保险邮包在运输途中由于恶劣气候、雷电、海啸、地震、洪水自然灾害或由于运输工具遭受搁浅、触礁、沉没、碰撞、倾覆、出轨、坠落、失踪，或由于失火、爆炸意外事故所造成的全部或部分损失。

（2）被保险人对遭受承保责任内危险的货物采取抢救、防止或减少货损的措施而支付的合理费用，但以不超过该批被救货物的保险金额为限。

## 2. 邮包一切险承保的责任范围

除包括上述邮包险的各项责任外,邮包一切险还负责被保险邮包在运输途中由于外来原因所致的全部或部分损失。

### (二) 除外责任

邮包运输保险对下列损失,不负赔偿责任。

(1) 被保险人的故意行为或过失所造成的损失。

(2) 属于发货人责任所引起的损失。

(3) 在保险责任开始前,被保险邮包已存在的品质不良或数量短差所造成的损失。

(4) 被保险邮包的自然损耗、本质缺陷、特性以及市价跌落、运输延迟所引起的损失或费用。

(5) 邮包保险运输条款、邮包战争险条款和邮包保险运输条款、货物运输罢工险条款规定的责任范围和除外责任。

### (三) 责任起讫

邮包运输保险责任的起讫是被保险货物经邮局收讫并签发邮包收据时开始生效,直至该项货物到达保险单所载明目的地邮局送发收件人为止。但保险货物到达目的地后在邮局保管的最长保险责任期限,以邮局发出通知书给邮件人当日午夜起算15天。但在此期限内邮包一经递交至收件人的处所时,保险责任即行终止。邮包运输保险索赔时效,从被保险邮包递交收件人时起计算,最多不超过2年。

**教学互动与讲练结合七:**

### 审核国际贸易货物运输保险条款不可掉以轻心

某年7月,我国广东省A进出口公司以CIF术语与英国B进口公司签订了一份出口合同(注:合同由英国B进口商制作)出口高温线缆2个标箱,合同总金额为30万美元,其中90%的货款采用即期信用证支付,10%货款待货到英国伦敦港目的地收货人仓库后,经买方查验无误后再付。合同的保险条款规定:Insurance is to be covered by the Sellers. Such Insurance shall be upon Terms and Conditions consistent with sound commercial practice for 110% of the full CIF value of the final Destination and for a period not later than 90 days after arrival of the buyer's warehouse. 我国广东省A进出口公司于9月收到英国银行开来的信用证金额为27万美元后,在交货前向中国人民财产保险公司广东省分公司国际业务部投保了一切险和战争险。

10月30日我国广东省A进出口公司将全部货物装船运往目的港英国伦敦港,并取得船公司签发的清洁已装船提单。12月10日船到伦敦港,全部货物卸下海轮,货物数量与提单相符,然后用汽车运到收货人英国B进口公司仓库,仓库出具了清洁仓库收据。

次年1月2日英国B进口公司收货人发现货物在仓库内有部分丢失,损失价值18.3万美元。于是买方英国B进口公司凭保险单向中国人民财产保险公司广东省分公司索赔。中国人民财产保险公司广东省分公司认为,保险单载明被保险人投保的是一切险和战争险,其责任起讫为"仓至仓"和"水面责任",此案中保险标的物已安全如数运抵收货人仓库,保险责任已告终止,所以拒赔。

> 2月底,英国B进口方来电通知我国广东省A进出口公司:在合同保险条款中规定保险期限不能少于货物到达买方仓库后90天,而贵公司只投保一切险和战争险,货物到达我方仓库后22天发生部分丢失,属于你方漏保而造成18.3万美元损失。现在通知你方,损失金额从尚未汇付的30万美元货款中扣除,其余11.7万美元现在汇付你公司。我国广东省A进出口公司无奈同意了。
>
> **请思考分析并互动讨论:**
> 我国广东省A进出口公司为何无奈承担该次贸易的损失?从该案例中应吸取什么教训?

## 第五节 中国国际货物运输保险实务应用

在国际贸易实务中,由我国进出口公司负责办理投保手续的交易合同,通常优先选择我国的保险公司和保险条款。若国外客户要求按照英国伦敦保险协会货物保险条款时,我国进出口公司也可酌情接受。我国有的保险公司在再保险业务中也接受美国协会货物保险条款(American Institute Cargo Insurance Clauses,AICC)。

我国从2001年成功加入国际贸易组织(WTO)以来,对外贸易量持续增长,国际货物运输量也因此得到增长。随着中国经济的快速发展,现在中国已经成为世界上最重要的海运大国之一。中国的港口货物吞吐量和集装箱吞吐量均已居世界第一位。中国进出口贸易的货运总量约90%是利用海上运输。因此,掌握正确应用海洋货物运输保险具有特别重要的意义。

### 一、正确选择保险公司和保险险别

保险公司承担的保险责任是以投保的险别为依据的,不同的险别,由于保险公司承担的责任范围不同,对被保险货物的风险损失的保障程度就不同,保险费率也不同。因此,为了达到既节省保险费支出,又能获得足够的经济保障,投保人在投保时,应根据具体情况正确选择合适的保险公司和险别。

选择保险公司应考虑信誉好、实力强、熟悉了解国际保险业务、保险费率合理的;选择保险险别时应考虑的主要因素有:①风险对货物致损的影响程度;②包装情况;③载货船舶的航行路线和停靠港口情况;④保险费率高低情况。若在以CIF(或CIP)达成的买卖合同中未规定投保的具体险别,那么按照有关国际惯例的规定,卖方只需投保一个最低保险人承担责任范围最小的险别,如CIC的平安险或ICC(C)即可。

### 二、计算并确定保险金额和支付保险费

1. 计算并确定保险金额

保险金额是投保人对保险标的的实际投保金额,是当被保险货物发生保险范围内的损失时,保险公司负责赔偿的最高限额,也是保险公司计收保险费的基础。

各国保险法及相关国际贸易惯例均规定,国际货物运输保险的保险金额,可以在CIF(或CIP)货价基础上适当加成。若买卖合同或信用证中未明确规定加成比率,则理解为加1成(10%)。若需要提高加成比率的需征得保险公司同意,额外增加的保险费应由买方

支付。

$$出口货物的保险金额 = CIF(CIP)价 \times (1+投保加成率)$$

由于保险金额一般是以 CIF 或 CIP 价格为基础加成确定的,因此,在以 CFR 或 FOB 价格成交的进口货物,可按下列公式先计算出 CIF 或 CIP 价,再计算出保险金额。

$$CIF 价或 CIP 价 = \frac{CFR 价或 CPT 价}{1-(1+投保加成率) \times 保险费率}$$

**2. 计算并支付保险费**

保险费是保险公司经营业务的基本收入,也是被保险人为了获得损失赔偿的代价。现行的保险费率是结合我国国情而确定的,因此,不同的货物、不同的险别、不同的目的地,保险费率也是不同的,在对外核算 CIF(CIP)价格中的保险费时,要考虑上述情况。

$$保险费 = 保险金额 \times 保险费率$$

$$出口货物的保险费 = CIF(CIP)价 \times (1+投保加成率) \times 保险费率$$

【**例 7-1**】 山东省青岛市某公司出口荷兰小方巾 7 000 打,原报价为 CFR Rotterdam(鹿特丹港),每打 0.512 美元,现外商要求改报为 CIF Rotterdam(鹿特丹港)价,按加 1 成投保一切险,保险费率为 0.8%。试问:

(1) 在保证我国出口公司外汇净收入不变的情况下应报 CIF Rotterdam 价多少?

(2) 保险金额及保险费为多少?

**解**:(1) $CIF 价 = \dfrac{CFR 价}{1-(1+投保加成率) \times 保险费率} = \dfrac{0.512}{1-1.1 \times 0.8\%}$

$= 0.517(美元/打)$

(2) 保险金额 $= 1.1 CIF \times 7\,000 = 1.1 \times 0.517 \times 7\,000 = 3\,980.9(美元)$

(3) 保险费 $=$ 保险金额 $\times$ 保险费率

$= 1.1 CIF \times 7\,000 \times 0.8\% = 3\,980.9 \times 0.8\% = 32(美元)$

## 三、取得保险单据

在我国,投保人需直接向保险公司投保,由被保险人提出保险要求,填写投保单,经保险人审核,决定是否承保并签发保险单据。

保险单据是保险人与被保险人之间订立保险合同的证明。在保险标的受损后,保险单是被保险人行使索赔权、保险人履行赔偿义务的依据。常用的保险单据如下。

### (一) 保险单

保险单(insurance policy)俗称大保单,是一种正规的保险合同,除载明被保险人(投保人)的名称、被保险货物(标的物)的名称、数量或重量、唛头、运输工具、保险的起讫地点、承保险别、保险金额、期限等项目外,还列有保险人的责任范围以及保险人与被保险人的各自权利、义务等方面的详细条款。保险单如同指示性的海运提单一样,也可由被保险人背书随物权的转移而转让。

### (二) 保险凭证

保险凭证(insurance certificate)俗称小保单,是一种简化的保险合同。与保险单一样具有同等的法律效力。但《UCP600》规定,当信用证要求保险单时,不得以保险凭证代替。此外,近几年来随着保险公司单据的规范化,已逐渐废弃此凭证。

### (三) 联合凭证

联合凭证(combined certificate)是一种更为简化的保险凭证,我国保险公司只在出口公司的商业发票上加注保险编号、险别、金额,并加盖保险公司印戳作为承保凭证,其他项目以发票所列为准。这种凭证不能转让,目前仅适用于中国香港地区 13 家中资银行由华商开来的信用证。效力等同于保险单。但《UCP600》规定,当信用证要求保险单时,不得以联合凭证代替。

### (四) 预约保单

预约保单(open policy)又称开口保单,是一种定期统保合同的证明,较多使用于在一定时期内以 CIF 条件成交的大批量的进口货物。货物一经起运,保险公司即自动按预约保单所订立的条件承保。被保险人应及时将装运通知书(包括品名、保险金额、船名、航程起讫地点、开航等内容)送交保险公司,缴纳保险费,完成投保手续。预保合同的好处是可以减少逐批投保逐笔签订保险单的手续,并可防止因漏保或迟保而造成的无法弥补的损失,而且国外保险公司对预保合同往往给予优惠费率。

### (五) 保险通知书或保险声明书

在应用 FOB 或 CFR 价格条件的交易中,保险由进口商(买方)办理。但有些进口商与国外保险公司订有预保合同,他们往往在信用证中订立条款,要求出口商在货物发运时向进口商指定的国外保险公司发出保险通知书(insurance declaration),通知书的内容除了出运货物的具体品名、数量(重量)、金额、运输工具、运输日期等以外,还要列明进口商品名称和预保合同号码。此项通知副本则被列为议付单据之一,必须在装运前备妥。

近几年来,为了简化手续,有的出口公司已征得银行的同意,以商业发票代替上述格式,但必须在该发票上加注"Insurance Declaration",以及信用证规定的内容。

### (六) 批单

批单(endorsement)是对原保险单内容的变更或补充。保险单据出立后,若保险内容需要变更或补充,被保险人可向保险人申请批改,批改内容如涉及保险金额的增加和保险责任范围的扩大,保险公司只有在证实货物未发生出险事故的情况下才同意出具批单,保险单据批改后,保险人即按批改后的内容承担保险责任,批单原则上需粘贴在保险单上,并加盖骑缝章,作为保险单不可分割的一部分。

## 四、保险索赔

当被保险货物遭受保险责任范围内的损失时,被保险人可以向保险公司提出索赔。索赔时应注意以下问题。

### (一) 索赔时效

中国保险条款的索赔时效为从货物遭受损失起算 2 年内有效。被保险人一旦获悉或发现货物遭受损失,应立即向所投保的保险公司报损。

### (二) 向承运人等有关方提出索赔

如货损货差涉及承运人、码头、装卸公司等有关责任的,还应及时以书面形式向承运人等有关责任方提出索赔,并保留追偿权利。

### (三) 采取合理的施救、整理措施

被保险货物受损后,在取得货损、货差证明,经过商检局、港务局等机构的检验,被保险人应迅速对受损货物采取必要的、合理的施救、整理措施,防止损失进一步扩大。因抢救、阻止或减少货损的措施而支付的合理费用,可由所投保的保险公司负责,但以不超过该批被救货物的保险金额为限。相反,因被保险人未采取合理施救、整理措施而导致货损进一步扩大的,扩大部分的损失由货主方承担。

### (四) 确定索赔金额

**1. 对保险货物发生数量损失时赔偿金额的计算**

保险货物中部分货物灭失或数量(重量)短少,以灭失或损失的数量(重量)占保险货物总量之比,按保险金额计算,公式如下:

$$赔偿金额 = 保险金额 \times \frac{损失数量(重量)}{保险货物总量}$$

**2. 保险货物遭受质量损失后赔偿金额的计算**

保险货物遭受质量损失后,应先确定货物完好的价值和受损的价值,计算出贬值率,以此乘以保险金额,即可得出赔款金额完好价值和受损价值,一般均以货物运抵目的地检验时的市场价格为准。如受损货物在中途处理不再运往目的地,则可按处理品的市价为准。处理地或目的地市价,一般按当地的批发价格计算,公式如下:

$$赔偿金额 = 保险金额 \times \frac{货物完好价值 - 受损后价值}{货物完好价值}$$

在实际业务中,往往由于一时难以确定当地市价,经协议也可按发票价值计算:

$$赔偿金额 = 保险金额 \times \frac{按发票价值计算的损失额}{发票金额}$$

【例 7-2】 某公司出口棉花 100 包,每包货价与保险金额均为 100 美元。货在途中被海水浸湿 20 包,已不能使用,求保险公司的赔偿金额是多少?

解:$$赔偿金额 = 保险金额 \times \frac{货物完好价值 - 受损后价值}{货物完好价值}$$
$$= 100 \times 100 \times \frac{100 \times 100 - 100 \times 80}{100 \times 100} = 2\,000 (美元)$$

### (五) 备妥索赔单证

索赔时应提交检验报告、保险单据、发票、装箱单或重量单、货损货差证明、向承运人等第三者责任方请求赔偿的函电及其他必要的单证和文件、海事报告摘录、列明索赔金额及计算索赔金依据的索赔清单。

### (六) 代位追偿

在保险业务中,为了防止被保险人双重获益,保险人在履行全损赔偿或部分损失赔偿后,在其赔付金额内,要求被保险人转让其对造成损失的第三者责任方要求全损赔偿或相应部分赔偿的权利。这种权利称为代位追偿权(right of subrogation)或称为代位权。在实际业务中,保险人需首先向被保险人进行赔付,才能取得代位追偿权。其具体做法是,被保险人取得代位权的证明。保险人便可凭此向第三者责任方进行追偿。

## 五、国际贸易合同中的保险条款

保险条款的内容因采用不同的国际贸易术语而有所区别。如按《2010年通则》中由买方负责办理投保的六个术语——EXW、FCA、FAS、FOB、CFR 或 CPT 成交,合同中只需规定:"保险由买方办理"(Insurance is to be covered by the buyer);如按 D 组的 DAT、DAP、DDP 三个术语成交,合同中应规定:"保险由卖方办理"(Insurance is to be covered by the seller);如按 CIF 或 CIP 条件成交,则需具体规定由卖方办理投保保险金额、保险险别和适用的保险条款。例如,"按1981年1月1日中国人民保险公司海洋运输货物保险条款规定,由卖方按发票金额的110%投保一切险和战争险"。

在《2010年通则》中,需要卖方承担保险费的术语有 CIF、CIP、DAT、DAP、DDP,其他术语如 EXW、FCA、FAS、FOB、CFR、CPT 都需要由买方承担保险费。

**教学互动与讲练结合八:**

### 远洋运输途中货轮遇险货物致损种类分析

> "东风"号远洋运输货轮满载货物驶离中国上海港运往意大利热那亚港(ITGOA, Genova, IT)。开航后不久,由于空气温度过高,导致老化的电线短路引发大火,经采取抢救措施,把火灭了,但火灾把装在第一货舱的1 000条出口毛毯完全烧毁。船到新加坡港卸货时发现,装在同一货舱中的烟草和茶叶由于羊毛燃烧散发出的焦糊味而不同程度受到串味损失。其中由于烟草包装较好,串味不是特别严重,经过特殊加工处理,仍保持了烟草的特性,但是进行登记时已被打折扣,售价下跌三成。而茶叶则完全失去了其特有的芳香,不能当作茶叶出售了,只能按廉价的填充物处理。
>
> 船继续航行途经印度洋时,不幸与另一艘货船相撞,船舶严重受损,第二货舱破裂,舱内有大量海水进入,剧烈的震荡和海水浸泡导致舱内装载的精密仪器严重受损。为了救险,船长命令动用亚麻临时堵住船的漏洞,造成了大量的出口亚麻损失。在船舶停靠斯里兰卡汉班托特港避难进行大修时,船方联系了岸上有关专家就精密仪器的抢修事宜进行了咨询,发现修理恢复费用巨大,已经超过出口货物的保险价值。为了方便船舶修理,不得不将第三舱和第四舱部分纺织品货物卸下,在卸货时又导致一部分货物有钩损。
>
> (原载国际货物运输保险网站,本文引用略进行改编)
>
> **请思考分析并互动讨论:**
> 上述各个船舱货物的损失各属于什么损失?

# 本 章 提 要

(1) 保险是被保险人(投保人)对一批或若干批货物向保险人(保险公司)按一定金额投保一定的险别并缴纳保险费,保险人承保后,如果所保货物在运输过程中发生约定范围内的损失,应按照它所出立的保险单的规定,给予被保险人经济上的补偿。

(2) 国际货物运输过程中的风险,主要包括海上风险和外来风险。其中,海上风险又包括自然灾害和意外事故,而外来风险则包括一般外来风险和特殊外来风险。

（3）中国人民保险公司中国保险条款（CIC）中海洋运输货物保险条款（OMCC）将海运货物保险险别分为基本险和附加险两大类。在 CIC 条款中，共有三种基本险别：平安险、水渍险和一切险。

（4）除了海运货物运输保险之外，还有陆运、空运和邮包货物运输保险，他们共同的特点是主险只有两个，如陆运险和陆运一切险，航空运输险和航空运输一切险，邮包险和邮包一切险等。

（5）《2010 年通则》的 11 种术语中，需要卖方承担保险费的术语有 CIF、CIP、DAT、DAP、DDP，需要买方承担保险费的术语有 EXW、FCA、FAS、FOB、CFR、CPT。

## 思考与练习　技能证书考试与专业竞赛训练

（一）分析判断题（判断命题的正确或错误，正确的打"√"，错误的打"×"）

1. 我国某进出口公司按 FOB 术语进口时，在国内投保了一切险，保险公司的保险责任起讫应为"仓至仓"。　　　　　　　　　　　　　　　　　　　　　　　（　　）
2. 载货船舶在运输途中搁浅，船长有意且合理地下令将部分货物抛入海中，使船舶得以继续航行至目的港。上述搁浅和抛货均属于共同海损。　　　　　　　（　　）
3. 运输途中部分纸箱受潮，纸箱中装的服装发生了水渍。由于该批货物投保了水渍险，所以货主可以向保险公司索赔。　　　　　　　　　　　　　　　　（　　）
4. 共同海损属于全部损失范畴。　　　　　　　　　　　　　　　　　　（　　）
5. 投保一切险意味着保险公司为一切风险承担赔偿责任。　　　　　　　（　　）
6. 基本险别中，保险公司责任最小的险别是水渍险。　　　　　　　　　（　　）
7. 淡水雨淋险属于平安险中的一种类别。　　　　　　　　　　　　　　（　　）
8. 出口茶叶最大的问题是在装运途中串味，因此在实际投保业务中，在投保一切险的基础上还应加保串味险。　　　　　　　　　　　　　　　　　　　　　　（　　）
9. 伦敦保险协会条款从保险责任范围大小的顺序来看，ICC(A)保险责任最大，其次是 ICC(B)、ICC(C)保险责任最小。　　　　　　　　　　　　　　　　　（　　）
10. 按国际保险市场惯例，大保单与小保单具有同等法律效力。　　　　（　　）

（二）单项选择题（每题只有 1 个答案是正确的，请选择正确的答案填入括号内）

1. 按国际保险市场惯例，投保金额通常在 CIF 总值的基础上（　　）。
   A. 加一成　　　　B. 加两成　　　　C. 加三成　　　　D. 加四成
2. 我方按 CIF 条件成交出口货物一批，卖方投保时，按（　　）投保是合理的。
   A. 平安险＋水渍险　　　　　　　B. 一切险＋偷窃提货不着险
   C. 平安险＋一切险　　　　　　　D. 水渍险＋偷窃提货不着险
3. 保险单出立后，保险公司根据投保人的需求为补充或变更保险内容而出具的凭证为（　　）。
   A. 保险凭证　　　B. 批单　　　　C. 预约保险单　　　D. 保险修改书
4. 中国甲公司与日本乙公司签订了一批金额 10 万美元 CIF KOBE（神户）的工艺品出口合同，付款方式为 30% 前 T/T（USD 30,000.00），70% 信用证（USD 70,000.00）。来证中对保险加成未做规定,按惯例,则保险单据上的保险金额应为( )。

A. USD 100,000.00　　　　　　　　B. USD 110,000.00
C. USD 77,000.00　　　　　　　　　D. USD 70,000.00

5. 我国某外贸公司以 CIF 条件与国外客户订立出口合同。根据《2010 年通则》的解释,买方对投保无特殊要求,我公司只需投保( )。

A. 平安险　　　B. 水渍险　　　C. 一切险　　　D. 一切险加战争险

6. "仓至仓"条款是( )。

A. 承运人负责运输起讫的条款　　　B. 保险人负责保险责任起讫的条款
C. 出口人负责交货责任起讫的条款　D. 进口人负责付款责任起讫的条款

7. 按照中国保险条款的规定,一切险的责任范围是( )。

A. 水渍险的责任范围加上一般外来原因所致的全部和部分损失
B. 平安险的责任范围加上一般外来原因所致的全部和部分损失
C. 平安险和水渍险的责任范围加上一切外来原因所致的全部和部分损失
D. 在履约期间内,所有外来原因造成的全部损失

8. 水泥受海水浸泡后结块,丧失原来的使用价值,属于( )。

A. 实际全损　　B. 推定全损　　C. 共同海损　　D. 单独海损

9. 一批货物在海上运输途中受损,修理费用超过货物修复后的价值,这种损失属于( )。

A. 实际全损　　B. 推定全损　　C. 共同海损　　D. 单独海损

10. 某货轮在航运途中失火,船长误将没有失火的 B 舱与失火的 A 舱同时灌水灭火。结果 A 舱内甲类货物全部焚毁,乙类货物全部被水浸,B 舱货物也同样受水浸。下述正确的是( )。

A. A 舱乙类货物与 B 舱货物同属共同海损
B. A 舱乙类货物与 B 舱货物同属单独海损
C. A 舱乙类货物属共同海损,B 舱货物属单独海损
D. A 舱乙类货物属单独海损,B 舱货物属共同海损

（三）多项选择题（每题有 2 个及以上答案是正确的,请选择正确的答案填入括号内）

1. 中国保险条款中属于一般附加险的有( )。

A. 淡水、雨淋险　　B. 短量险　　C. 钩损险
D. 黄曲霉素险　　　E. 拒收险

2. 中国海运货物条款中,适用"仓至仓"的险别是( )。

A. War Risk　　　B. Strike Risk　　　C. FPA
D. WPA　　　　　E. All Risk

3. 以下关于保险凭证的是( )。

A. 俗称"小保单"是一种简约化的保险单
B. 既有正面内容,又有背面内容
C. 与保险单具有同等效力
D. 在实务中,保险单可以代替保险凭证
E. 只在进口业务中使用

4. 以下属于一切险所承保的责任范围有（　　）。
   A. 淡水雨淋险　　B. 钩损险　　C. 拒收险　　D. 渗漏险
5. 为防止运输途中货物被偷窃，应投保（　　）。
   A. 偷窃提货不着险　　　　　　B. 一切险
   C. 一切险加保偷窃险　　　　　D. 水渍险加保偷窃险
   E. 平安险加保偷窃险
6. 按《2010年通则》规定，以 CIF 成交，如果合同没有明确规定，卖方投保（　　）即可。
   A. 一切险　　　　　　　　　　B. FPA
   C. 平安险　　　　　　　　　　D. 一切险加保战争险
7. 下列（　　）的做法合理。
   A. 平安险加保串味险　　　　　B. 水渍险加保淡水雨淋险
   C. 一切险加保串味险　　　　　D. 平安险加一切险
8. 根据我国现行《海洋货物运输保险条款》的规定能够独立投保的险别有（　　）。
   A. 平安险　　B. 水渍险　　C. 一切险
   D. 战争险　　E. 罢工险
9. 在海运保险业务中，构成共同海损的条件是（　　）。
   A. 共同海损的危险必须是实际存在的
   B. 消除船货共同危险而采取的措施是有意合理的
   C. 必须属于非常性质的损失
   D. 费用支出是额外的
   E. 必须是承保风险直接导致的船、货损失
10. 在海上保险业务中，属于意外事故的有（　　）。
    A. 搁浅　　B. 触礁　　C. 沉没
    D. 碰撞　　E. 失踪、失火、爆炸

（四）思考题

1. 我国海洋货物运输保险条款的基本险有哪些？
2. 我国海洋货物运输保险条款的一般附加险有哪些种类？
3. 在 CIC 条款中平安险、水渍险和一切险各承保的责任范围有哪些？
4. 对于自然灾害造成的部分损失，平安险应怎样负责？
5. 货运保险在对外贸易中有何作用？
6. 什么叫实际全损？构成实际全损有哪几种情况？
7. 共同海损和单独海损有哪些区别和联系？
8. 施救费用与救助费用的区别是什么？
9. 根据中国人民保险公司《海洋运输货物保险条款》的规定，特别附加险包括哪些？
10. 伦敦保险协会新修订的保险条款一共有哪几种？与我国海洋货物运输保险条款的基本险有哪些共同点？

# 案例分析及讨论

## 进口货运保险条款不明晰导致纠纷和损失的分析

中国浙江省杭州市 G 公司用 CIF 中国浙江宁波港价格条件引进一套英国产的检测仪器,因合同金额不大,合同采用简式标准格式,保险条款一项只简单规定"保险由卖方负责"。货到后,杭州市 G 公司发现有一个部件变形影响其正常使用。杭州市 G 公司向英国外商索赔,英国外商答复仪器出厂经严格检验,有质量合格证书,并非他们责任。后经中国宁波商检局检验认为是运输途中部件受到振动、挤压造成的。杭州市 G 公司于是向保险代理索赔,保险公司认为此情况属"碰损、破碎险"承保范围,但杭州市 G 公司提供的保单上只保了"协会货物条款"ICC(C),没有保"碰损、破碎险",所以无法索赔。杭州市 G 公司无奈只好重新购买此部件,既损失了金钱,又耽误了时间。

**请思考分析及讨论:**

杭州市 G 公司应从中吸取什么教训?应如何避免此类事件发生?

# 教 学 互 动

1. 国际贸易出口在海洋货物运输中发生货物损失怎么办?
2. 在进出口贸易合同中制定保险条款时应注意哪些问题?

# 第八章

# 国际贸易货款结算与支付条款

## 知识要求

掌握国际贸易货款的结算和支付手段；了解国际贸易货款结算的基本方式——信用证、汇付和托收；认识国际贸易货款各种支付方式的灵活运用，特别要了解信用证的支付方式，学会跨境电子商务货款支付的新方式和手段。

## 应用要求

能根据国际贸易方式选择货款结算方式；会分析国际贸易货款结算中信用证、汇付和托收等各种支付方式的优缺点；能对国际贸易货款支付方式进行灵活应用，尤其掌握信用证支付方式的应用；可以应用国际贸易货款结算与支付知识进行国际贸易货款的结算。

# 第一节 结算与支付工具

国际结算(international settlement)是指两个不同国家的当事人，因为商品买卖、服务供应、资金调拨、国际借贷等需要通过银行办理的两国间收付外汇的业务。国际贸易结算则是用货币清偿国际间因为国际贸易而产生的债权债务的行为，是在商品交易过程中货物与外汇两清的一种结算，又称为有形贸易结算，即国际贸易中的货款收付。国际贸易结算是国际贸易中的重要环节之一，关系着贸易是否能够顺利进行及出口商是否能获得货款。

国际结算由于其国际性，而与国内结算不同，主要表现在：①货币的活动范围不同，国内结算在一国范围内，国际结算是跨国进行的；②使用的货币不同，国内结算使用同一种货币，国际结算使用不同的货币；③遵循的法律不同，国内结算遵循同一法律，国际结算遵循国际惯例或根据当事双方事先协商约定的国际结算法规。

国际贸易货款的收付，采用现金结算越来越少，大多使用非现金结算，主要借助不同的支付工具来完成，是一种以票据为基础，单据为条件，商业银行为中枢，结算与融资相结合的非现金结算体系。票据是国际通行的结算和信贷工具，是可以流通转让的债权凭证。国际贸易中使用的票据主要有汇票、本票和支票，其中以汇票为主。

## 一、汇票

### （一）汇票的含义和作用

1. 汇票的含义

汇票(bill of exchange or draft)是一种无条件的书面支付命令。具体是指一个人向另一个人签发的,要求即期、定期或在将来可以确定的时间,对某人或其指定人或持票人支付一定金额的无条件的书面支付命令。

《中华人民共和国票据法》第十九条规定:"汇票是出票人签发的,委托付款人在见票时,或者在指定日期无条件支付确定的金额给收款人或者持票人的票据。"

2. 汇票的作用

汇票在国际结算中的作用主要体现在以下三个方面。

(1) 充当收付工具和凭证。汇票是出口商凭以向进口商要求付款的收款工具,也是进口商付款的重要凭证。

(2) 能防凭证丢失。为防止丢失,商业汇票一般为一式两联,这两张汇票具有同等效力,付款人只需付其中一张即可。同时,商业银行在寄送单据时一般将两张正本汇票分为两个连续的邮次寄往国外,以防在一个邮次中全部丢失。

(3) 可在多种国际贸易结算中使用。在国际贸易实务中,托收或信用证方式都可使用汇票。在信用证方式下,凡记载有"BY PAYMENT"字样的,都需要附有汇票。托收方式下必须使用汇票。

### (二) 汇票的当事人

汇票是一种委付证券,基本的法律关系最少有三个当事人:出票人、付款人、收款人。

1. 出票人

出票人(drawer)是指签发汇票的人,在国际贸易实务中,通常为出口商。

2. 付款人

付款人(drawee/payer)也称受票人,即汇票的付款方。在国际贸易实务中,通常为进口商或其指定的商业银行。在信用证结算方式下,如果信用证没有指定付款人,根据《UCP600》(跟单信用证统一惯例,国际商会第600号出版物)规定,付款人为开证银行。

3. 收款人

收款人(payee)也称受款人,是指收取汇票金额方。在国际贸易实务中,若信用证没有特别指定,收款人一般是出口商或其指定的商业银行。

除了上述基本当事人外,汇票在使用过程中,还可能出现其他一些当事人,例如:①持票人,是指持有汇票,有权收款的人;②承兑人,是指远期汇票中办理了承兑手续后,承诺汇票到期付款的付款人;③背书人,是指收款人或持票人在汇票背面签字,将收款的权利转让给他人的人;④被背书人,是指在汇票背面签字,接受汇票转让的人。

### (三) 汇票的内容

各国票据法对汇票内容的规定不同,《中华人民共和国票据法》第二十二条规定:缺少下列7项内容的,汇票无效。

(1) "汇票"字样。

(2) 无条件支付命令。

(3) 确定的金额。

(4) 付款人名称。

(5) 收款人名称。

(6) 出票日期和地点。

(7) 出票人签章。

除上述项目属于必备项目之外，汇票还可以有其他一些票据法允许的内容。但是按照各国票据法的规定，汇票的要项必须齐全，否则付款人有权拒绝。

汇票样本见图 8-1。

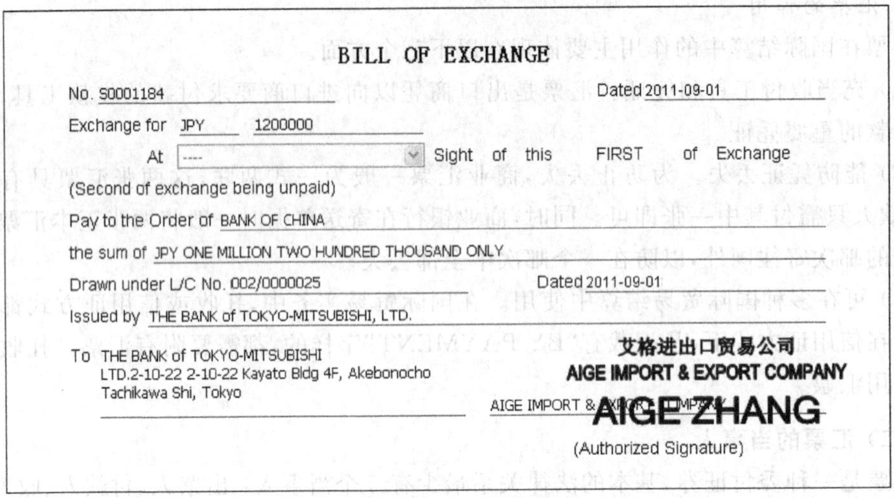

```
                    BILL OF EXCHANGE
No. S0001184                              Dated 2011-09-01
Exchange for  JPY     1200000
         At   ----          ∨ Sight of this   FIRST   of Exchange
(Second of exchange being unpaid)
Pay to the Order of  BANK OF CHINA
the sum of  JPY ONE MILLION TWO HUNDRED THOUSAND ONLY
Drawn under L/C No. 002/0000025            Dated 2011-09-01
Issued by  THE BANK of TOKYO-MITSUBISHI, LTD.
                                           艾格进出口贸易公司
To  THE BANK of TOKYO-MITSUBISHI            AIGE IMPORT & EXPORT COMPANY
    LTD.2-10-22 2-10-22 Kayato Bldg 4F, Akebonocho
    Tachikawa Shi, Tokyo                    AIGE ZHANG
                                           (Authorized Signature)
```

图 8-1 汇票样本

**（四）汇票的分类**

1. 按照出票人的不同分类，汇票可分为银行汇票和商业汇票

（1）银行汇票（banker's draft）是指出票人是银行，受票人也是银行的汇票。国际结算业务中，常用的是银行（汇出行）应汇款人要求而开立的，以汇入行为付款人的汇票。

（2）商业汇票（commercial draft）是指出票人是商号或个人，付款人可以是商号、个人，也可以是银行的汇票。

2. 按照付款时间的不同分类，汇票可分为即期汇票和远期汇票

（1）即期汇票（sight draft）是指在提示或见票时立即付款的汇票。

（2）远期汇票（usance bill or time bill）是指在一定期限或特定日期付款的汇票。远期汇票的付款时间，有以下几种规定方法。

① 见票后若干天付款（at ×× days after sight）。

② 出票后若干天付款（at ×× days after date）。

③ 提单签发日后若干天付款（at ×× days after date of bill of lading）。

④ 指定日期付款（fixed date）。

3. 按照承兑人的不同分类，汇票可分为商业承兑汇票和银行承兑汇票

（1）商业承兑汇票是企业（公司）或个人承兑的远期汇票，托收中使用的远期汇票即属于此种汇票。

（2）银行承兑汇票是银行承兑的远期汇票。银行对商业汇票进行承兑后，改变了汇票的信用基础，使商业信用转换为银行信用。信用证中使用的远期汇票即属于此种汇票。

4. 按照有无随附商业单据分类，汇票可分为跟单汇票和光票

（1）跟单汇票（documentary draft）是指附带有商业单据的汇票。商业汇票一般为跟单

汇票。

(2) 光票(clean draft)是指不附带商业单据的汇票。银行汇票多是光票。

汇票按其特性分类，并不意味着一张汇票只能具备一种特性。事实上，一张汇票往往可以同时具备几种性质。例如，一张商业汇票同时又可以是即期的跟单汇票；一张远期的商业跟单汇票，同时又是银行承兑汇票。

### (五) 汇票的使用

汇票在使用过程中，一般经过出票、提示、承兑、背书、付款等票据行为。票据行为是指在票据的流通过程中，依照票据上规定的权利和义务所确立的法律行为。汇票如需转让，通常应经过背书行为。如汇票遭拒付，还需做成拒绝证书和行使追索权。

1. 出票

出票(issue)是指出票人在汇票上填写付款人、付款金额、付款日期和地点以及受款人等项目，经签字并交给受票人的行为。在出票时，对受款人即收款人通常有三种写法。

(1) 限制性抬头。例如，仅付××公司(pay ×× co.)，仅付××公司不得转让(pay ×× co. not negotiable)，这种抬头汇票不能流通转让，只限××公司收取货款。

(2) 指示性抬头。例如，付××公司或其指定人(pay ×× co. or order 或 pay to the order of ×× co.)，这种抬头的汇票，除了××公司可以收取货款外，也可以经过背书转让给第三者。

(3) 持票人或来人抬头。例如，付给来人(pay bearer)，付给××公司或其来人(pay to ×× co. or bearer)，这种抬头的汇票只要交付相应汇票即可收取货款。

2. 提示

提示(presentation)是持票人将汇票提交付款人要求承兑或付款的行为，可以分为两种。

(1) 付款提示是指汇票持票人向付款人或者承兑人出示汇票要求付款的行为。

(2) 承兑提示是指远期汇票的持票人向付款人出示汇票，要求付款人承诺到期付款的行为。

3. 承兑

承兑(acceptance)是指付款人对远期汇票表示承担到期付款责任的行为。具体做法有以下两步。

(1) 付款人在汇票上写明"承兑"字样，注明承兑日期，并由付款人签字。

(2) 把已经承兑的汇票交还持票人。

经过上面的两步，承兑就是有效的和不可撤销的。付款人对汇票做出承兑，即成为承兑人，承兑人有在远期汇票到期时付款的责任。

4. 背书

背书(endorsement)是转让汇票权利的一种法定手续，就是由汇票持有人在汇票背面签上自己的名字，或再加上受让人的名字，并把汇票交给受让人的行为。汇票经过不同的背书，会出现以下三种情况。

(1) 记名背书，即转让时需要背书人在汇票背面写上被背书人的姓名并签上自己的名字。这种汇票被背书人必须经过再背书才能再转入。

(2) 不记名背书或空白背书，即转让时背书人仅在汇票背面签上自己的名字，而不填写被背书人的名字。这种汇票凭交付即可转让,再转入。记名背书汇票和不记名背书汇票可以经过不同背书相互转换。

(3)限制背书,即禁止再度转让的汇票。背书人在汇票背面签字,并写明"仅付××"或"付给××,不得转让"。这种汇票只能由被背书人收款,而不能将汇票再次转让。

经过背书后,汇票的收款权力转移给受让人。汇票可以经过背书不断转让下去。背书人对被背书人负有担保汇票必然会被承兑或付款的责任。背书样本见图8-2。

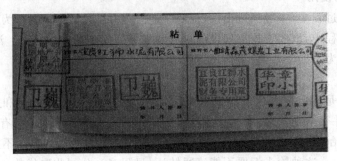

图8-2 背书样本

在金融市场上,最常见的背书转让是汇票的贴现,即远期汇票经承兑后,尚未到期,持票人背书后,由商业银行或贴现公司作为受让人。从票面金额中扣减按贴现率结算的贴息后,将余款付给持票人。

5. 付款

付款(payment)是指汇票的付款人或承兑人向持票人支付汇票金额的行为。付款后,付款人及所有票据债务人的债务便被解除。

6. 拒付

拒付(dishonour)也称退票,是指持票人提示汇票要求承兑时,遭到拒绝承兑,或持票人提示汇票要求付款时,遭到拒绝,均称为拒付。

除了拒绝承兑和拒绝付款外,付款人要求拒不见票、死亡或宣告破产,以致付款事实上已不可能时,也称拒付。

7. 追索

追索(recourse)是指汇票被拒付后,持票人要求背书人、出票人或者承兑人清偿汇票金额的行为。

若拒付的汇票已经承兑,出票人可凭以向法院起诉,要求承兑汇票的承兑人付款。若汇票经过转让,被拒付时,汇票的持有人有权向所有"前手"背书人追索,一直可追索到出票人。在追索前必须按规定做成拒绝证书和发出拒付通知。

此外,汇票的出票人或背书人为了避免承担被追索的责任,可以在出票时或背书时加注"不受追索"字样。凡加注不受追索字样的汇票,在市场上难以贴现。

## 二、本票

### (一)本票的含义和特点

1. 本票的含义

本票(promissory note)是一种无条件的书面支付承诺,是指由出票人签发的,保证见票时或定期或在将来可以确定的时间,对收款人或持票人支付一定金额的无条件书面承诺。

2. 本票的主要特点

(1) 自付票据。本票是由出票人本人对持票人付款。

(2) 基本当事人少。本票的基本当事人只有出票人和收款人两个。出票人即付款人,对收款人或持票人负有绝对清偿的责任。收款人一般是出口商或其指定的商业银行。

(3) 无须承兑。本票是由出票人本人承担付款责任,无须委托他人付款,所以,本票无须承兑就能保证付款。

本票样本见图 8-3。

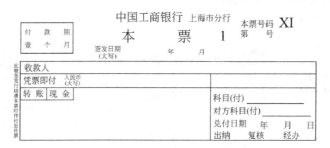

图 8-3 本票样本

(二) 本票的分类

本票可以根据不同标准分为不同种类。

1. 按受款人不同可分为记名本票和不记名本票

(1) 记名本票是指在票面上注明特定人或其指定人的本票。

(2) 不记名本票是指收款人即持票人的本票。

2. 按出票人不同可分为商业本票和银行本票

(1) 商业本票(commercial note)是指由企业或个人签发的本票。商业本票有即期和远期之分。

(2) 银行本票(banking note)是指由银行签发的本票。银行本票都是即期的。

3. 按付款日期不同可分为即期本票和远期本票

(1) 即期本票是见票即付的本票。

(2) 远期本票是指到未来约定的到期日才付款的本票。

(三) 本票的主要作用

(1) 用作金钱的借贷凭证,由借款人签发本票交给贷款人收执。

(2) 商品交易中的远期付款,可先由买主签发一张以约定付款日为到期日的本票,交给卖方,卖方可凭本票如期收到货款,如果急需资金,他可将本票贴现或转售他人。

(3) 企业向外筹集资金,可以发行商业本票,通过金融机构予以保证后,到证券市场销售获取资金,并于本票到期日还本付息。

(4) 代替存款提取,当存款者提取存款时,银行本应付给现金,如果现金不够,可发给存款银行开立的即期本票交给客户,以代替现钞支付。

## 三、支票

### (一) 支票的含义和当事人

支票(check or cheque)是指由出票人签发,委托银行或金融机构于见票时支付一定金额给收款人或其他指定人的一种票据,是存款人对银行签发的无条件支付一定金额的命令。

支票的当事人包括出票人、付款人和收款人。

(1) 出票人是指在银行开设有往来存款账户的存款人。

(2) 付款人一般为付款的银行。

(3) 收款人是支票的持票人或指定人。

支票样本见图8-4。

图8-4　支票样本

出票人在签发支票后,应对收款人担保支票的付款,而且应在付款银行存有不低于票面金额的存款。如有存款不足,支票持有人在向付款银行提示之票要求付款时,就会遭到拒付。这种支票叫作空头支票。开出空头支票的出票人要负法律上的责任。

### (二) 支票的分类

支票的分类有记名支票、不记名支票、划线支票和保付支票。

1. 记名支票

记名支票是指有限制性抬头的支票,在收款人一栏中注明收款人姓名,取款时须经过收款人签名。

2. 不记名支票

不记名支票是指支票的收款人可以是任意持票人,银行对持票人获得支票是否合法不负责任。

3. 划线支票

划线支票是指在支票证明印有两条横向平行线的支票。划线支票不得由持票人提取现款,只能由银行转账收款。划线支票可以起到防止遗失后被人冒领,保障收款人利益的作用。

4. 保付支票

保付支票是收款人或持票人要求银行保证付款,在支票上加盖"保付"戳记的支票。这种支票可以防止出票人开空头支票而银行拒付票款。

## 四、汇票、本票和支票的比较

汇票、本票和支票都是国际贸易货款结算中应用的票据,但是各自的特点不完全相同。三种票据的相同点和不同点对比见表8-1。

表 8-1　汇票、本票和支票的异同对比

| 异　同　点 | | 汇　票 | 本　票 | 支　票 |
| --- | --- | --- | --- | --- |
| 相同点 | 性质 | 以支付一定金额为目的的票据,都具有一定的票据行为 | | |
| | 流通方式 | 记名和指示式票据,经过背书可以转让;来人式票据,经过交付即可转让并在市场上流通 | | |
| 不同点 | 用途 | 结算工具、信贷工具 | 结算工具、信贷工具 | 结算工具 |
| | 当事人 | 出票人、付款人、收款人 | 出票人(付款人)、收款人 | 出票人、付款人、收款人 |
| | 付款人 | 可以是银行,也可以是企业或个人 | 可以是银行,也可以是企业或个人 | 必须是银行 |
| | 期限 | 即期、远期 | 即期、远期 | 即期 |
| | 承兑 | 远期汇票,尤其是见票后若干天付款汇票必须承兑 | 无 | 无 |
| | 贴现 | 可贴现 | 可贴现 | 无 |
| | 份数 | 通常一式两份(正本和副本)或多份 | 一份(正本) | 一份(正本) |
| | 责任 | 承兑前,出票人为主债务人;承兑后,承兑人为主债务人 | 出票人始终是主债务人 | 出票人始终是主债务人 |

# 第二节　信　用　证

国际支付方式是一国的债务人向另一国的债权人偿还债务的方式。国际贸易往来必然会产生债权债务关系,这就需要在一定条件下,使用某种货币,通过一定的方式来进行国际结算。国际贸易中货款的支付方式最常用和最主要的就是信用证。

## 一、信用证的含义与特点

### (一)信用证的含义

信用证(letter of credit,L/C)是指开证银行应申请人的要求并按申请人的指示,向第三者开具的载有一定金额,在一定期限内凭符合规定的单据付款的书面保证文件。

根据《跟单信用证统一惯例》(国际商会第 600 号出版物,简称《UCP600》)第二条对信用证的定义为:一项不可撤销的安排,无论其名称或描述如何,该项安排构成开证行对相符交单予以承付的确定承诺。

### (二)信用证的特点

(1)信用证是一项自足文件(self-sufficient instrument)。信用证是根据买卖合同开立的、不依附于买卖合同,银行在审单时强调的是信用证与基础贸易相分离的书面形式上的认证。信用证开立后，只要出口商严格按照信用证规定的条款执行，做到单证一致、单单一致，就能按约定收到货款。

（2）信用证是纯单据业务（pure documentary transaction）。信用证是凭单付款，不以货物为准，只要单据相符，开证行就应无条件付款。信用证结算方式将国际货物买卖转变成单据买卖。

（3）开证银行负首要付款责任（primary liabilities for payment）。信用证是一种银行信用，它是银行的一种担保文件，开证银行对支付有首要付款的责任。开证行以自己的信用做出付款保证，开证行即是首要付款人，即使进口人事后丧失偿付能力，只要出口人提交的单据符合信用证条款，开证行就要负责付款。

## 二、信用证的当事人

信用证涉及的当事人主要有四个：开证申请人、开证银行、通知银行和受益人。

### （一）开证申请人

开证申请人（applicant/opener）简称开证人，是指向银行申请开立信用证的人，即进口人或实际买主，在信用证中又称开证人。如银行自己主动开立信用证，此种信用证所涉及的当事人，则没有开证申请人。

### （二）开证银行

开证银行（opening bank/issuing bank）简称开证行，是指接受开证申请人的委托，开立信用证的银行，它承担保证付款的责任。开证行一般是进口人所在地的商业银行。

### （三）通知银行

通知银行（advising bank/notifying bank）简称通知行，是指受开证行的委托，将信用证转交出口人的银行。它只证明信用证的真实性，并不承担其他义务。通知银行是出口人所在地的银行。

### （四）受益人

受益人（beneficiary）是指信用证上所指定的有权使用该信用证的人，即出口人或实际供货人。

除基本当事人以外，信用证通常还需要议付行、付款行、保兑行等。

### （五）议付行

议付行（negotiation bank）是指愿意买入受益人交来跟单汇票的银行。议付银行可以是指定的银行，也可以是非指定的银行，由信用证的条款来规定。

### （六）付款行

付款行（paying bank/drawee bank）是指信用证上指定的付款银行。它一般是开证行，也可以是指定的另一家银行，根据信用证的规定来决定。付款行就是经开证行授权按信用证规定的条件向受益人付款的银行。

### （七）保兑行

保兑行（confirming bank）是对开证行开立的信用证进行保兑的银行，在国际贸易中，通常以通知行作为保兑行。保兑行与开证行一样承担第一性付款责任。

## 三、信用证的种类

根据性质、期限、流通方式、兑现方式的不同,信用证可分为14个种类。

### (一) 不可撤销信用证和可撤销信用证

1. 不可撤销信用证

不可撤销信用证(irrevocable L/C)是指在信用证有效期内,未经有关当事人即受益人(出口商)、开证人以及有关银行的同意,开证行或开证申请人不得撤销信用证或修改信用证的内容。此种信用证一经开立通知受益人后,开证行即承担按照规定条件履行付款的义务。不可撤销信用证是国际贸易实务中最常应用的结算方式。

《UCP600》第三条规定,信用证是不可撤销的,即使未如此标明。同时,第十条规定,除第三十八条另有规定者外,未经开证行、保兑行(如有)及受益人同意,信用证既不能修改,也不能撤销。

2. 可撤销信用证

可撤销信用证(revocable L/C)是指信用证在开立后、议付前,开证行可以不经受益人或者有关当事人的同意,有权随时修改或撤销的信用证。

鉴于国际上开立的信用证,绝大部分都是不可撤销的,因此,《UCP600》规定,如果信用证中无表明"不可撤销"或"可撤销"的信用证,应视为不可撤销信用证。

### (二) 保兑信用证和不保兑信用证

1. 保兑信用证

保兑信用证(confirmed L/C)是指除了开证行以外,还有另一家银行参加负责、保证兑付的信用证。保证兑付的银行被称为保兑行。这样的信用证,除开证行承担第一付款责任外,保兑行也承担第一付款责任,对受益人是有利的。保兑信用证上应注明"Confirmed"字样。

信用证的"不可撤销"是指开证行对信用证的付款责任。"保兑"则是指开证行以外的银行保证对信用证承担付款责任。不可撤销的保兑的信用证,则意味着该信用证不但有开证行不可撤销的付款保证,而且又有保兑行的兑付保证。两者都付第一性的付款责任。所以这种有双重保证的信用证对出口商最为有利。

2. 不保兑信用证

不保兑信用证(unconfirmed L/C)是指开证银行开出的信用证没有经另一家银行保兑。当开证银行资信好或者成交金额不大时,一般都是用这种不保兑的信用证。

### (三) 可转让信用证和不可转让信用证

1. 可转让信用证

根据《UCP600》的定义,可转让信用证(transferable L/C)是指特别注明"可转让(transferable)"字样的信用证。可转让信用证可应受益人(第一受益人)的要求转为全部或部分由另一受益人(第二受益人)兑用。

2. 不可转让信用证

不可转让信用证(untransferable L/C)是指受益人不能将信用证的权利转让给他人的信用证。凡信用证中未注明"可转让"字样的,应视为不可转让信用证。

### (四)即期付款信用证和延期付款信用证

1. 即期付款信用证

即期付款信用证(sight payment L/C)是指即期付款兑现的信用证。此种信用证一般不需要汇票,也不需要领款收据,付款行或开证行只凭货运单据付款。信用证中一般列有"当受益人提交规定单据时,即行付款"的保证文句。即期付款信用证的付款行通常由指定通知行兼任。

2. 延期付款信用证

延期付款信用证(deferred payment L/C)又称迟期付款的信用证。此种信用证不要求受益人出具远期汇票,因此,必须在证中要明确付款时间。由于此种信用证不适用远期汇票,故出口商不能利用贴现市场资金,而只能自行垫款或向银行借款。

### (五)承兑信用证和议付信用证

1. 承兑信用证

承兑信用证(acceptance L/C)是指使用远期汇票的跟单信用证,即当受益人向指定银行开具远期汇票并提示时,指定银行即行承兑,并于汇票到期日履行付款。

2. 议付信用证

议付信用证(negotiable L/C)是指开证行在信用证中邀请其他银行买入汇票或单据,即允许受益人向某一指定银行或任何银行交单议付的信用证。议付信用证一般都注明有"Available by Negotiation"(议付兑现)字样。

### (六)循环信用证、背对背信用证、对开信用证、备用信用证

1. 循环信用证

循环信用证(revolving L/C)是指信用证被全部或部分利用后,能够恢复到原金额再次使用,直至达到规定的次数或规定的总金额为止。

循环信用证可分为全自动循环、半自动循环和非自动循环三种:①全自动循环信用证,是指议付后不需要开证行通知就可以循环使用的信用证;②半自动循环信用证,是指议付后在规定的限期内,开证行不通知停止循环就可以循环使用的信用证;③非自动循环信用证,是指议付后必须经开证行通知才能循环使用的信用证。

2. 背对背信用证

背对背信用证(back to back L/C)又称为转开信用证,是指中间商收到进口商开来的信用证后,要求原通知行或其他银行以原证为基础,另外开立一张内容相似的新信用证给另一个受益人。新信用证开立后,原信用证仍然有效,由开立背对背信用证的开证行代原信用证受益人保管。原开证行及原开证申请人与新信用证毫无关系。

3. 对开信用证

对开信用证(reciprocal L/C)是指买卖双方在易货贸易中,同时以对方为受益人而开立的金额大体相等的信用证。

对开信用证的特点是第一张信用证的受益人和开证人就是第二张信用证(或称为回头证)的开证人和受益人;第一张信用证的通知行通常就是第二张信用证的开证行。

4. 备用信用证

备用信用证(standby L/C)是指开证行根据开证申请人的请求对受益人开立的承诺承

担某项义务的凭证。开证行保证在开证申请人并未履行其应履行的义务时,受益人只要凭备用信用证的规定向开证行开具汇票(或不开汇票),并提交开证申请人未履行义务的声明或证明文件,即可取得开证行的偿付。

## 四、信用证的业务流程

信用证在各当事人之间进行的业务流转,是信用证方式结算的过程。办理信用证业务具体流程见图 8-5。

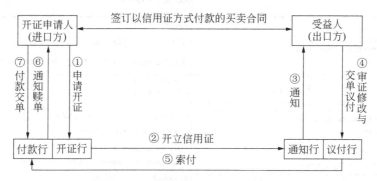

图 8-5　办理信用证业务的 7 个流程

### (一) 申请开证

买卖双方在贸易合同中商定以信用证方式结算货款时,需要由买方向所在国银行申请开立信用证。开证申请人依照合同的有关条款填写信用证申请书,并按照规定缴纳押金或提供其他保证,以申请开证行开立信用证。信用证申请书样本见图 8-6。

### (二) 开立信用证

开证行在认真审核开证申请人的资信后,给受益人开出以信用证申请书为准的信用证,并通过不同形式发送给受益人所在国的银行。这一银行作为通知行将信用证转交给受益人。通知行通常为开证行在国外的分支机构。

1. 信用证电开本的形式

信用证电开本是指开证行使用电报、电传、传真、SWIFT 等多种电讯方法将信用证条款传达给通知银行。电开本又可分为简电本、全电本、SWIFT 信用证。当前应用最多最广的是 SWIFT 信用证电汇方式,因为其使用成本比较低,使用安全性比较高。

(1) SWIFT 简介。SWIFT 全称"全球银行金融电讯协会"(Society for Worldwide Interbank Financial Telecommunication)的简称,是国际银行同业间的国际合作组织,该协会 1973 年在比利时布鲁塞尔成立,现已有 209 个国家的 9 000 多家银行、证券机构和企业客户参加,通过自动化国际金融电讯网办理成员银行间资金调拨、汇款结算、开立信用证、办理信用证项下的汇票业务和托收等业务。SWIFT 系统的使用,为商业银行的结算提供了安全、可靠、快捷、标准化、自动化的通信业务,大大提高了商业银行的结算速度。

(2) SWIFT 特点。

① SWIFT 需要会员资格。我国的大多数专业银行都是其成员。可查阅加入 SWIFT 组织的中国境内银行识别代码得知。

# IRREVOCABLE DOCUMENTARY CREDIT APPLICATION

**TO:** THE BANK of TOKYO-MITSUBISHI, LTD.　　　　　　　　　**DATE:** 2011-08-29

| | |
|---|---|
| [x] Issue by airmail　　[ ] With brief advice by teletransmission<br>[ ] Issue by express delivery<br>[ ] Issue by teletransmission (which shall be the operative instrument) | **Credit NO.**<br><br>Date and place of expiry　[2011093] [china] |
| Applicant<br>RIQING EXPORT AND IMPORT·COMPANY<br>P.O.BOX 1589, NAGOYA, JAPAN | Beneficiary (Full name and address)<br>AIGE IMPORT & EXPORT COMPANY<br>ROOM 2501, JIAFA MANSION, BEIJING WEST ROAD, SHANGHAI 200001, P.R.CHINA |
| Advising Bank<br>BANK OF CHINA<br>170 People Avenue, Shanghai, China | Amount<br>[JPY　　　　][1200000　　　　　　]<br>JPY ONE MILLION TWO HUNDRED THOUSAND ONLY |
| Parital shipments　　　　Transhipment<br>[x] allowed [ ] not allowed　　[x] allowed [ ] not allowed | Credit available with<br>ANY BANK IN CHINA<br>By<br>[x] sight payment　[ ] acceptance　[ ] negotiation<br>[ ] deferred payment at　select |
| Loading on board/dispatch/taking in charge at/from<br>SHANGHAI, CHINA<br><br>not later than 20110901<br>For transportation to : NAGOYA, JAPAN | against the documents detailed herein<br>[ ] and beneficiary's draft(s) for 100　% of invoice value<br>at　select　sight<br>drawn on　ISSUE BANK |
| [x] FOB　　[ ] CFR　　[ ] CIF<br>[ ] or other terms | |

Documents required: (marked with X)

1.( X ) Signed commercial invoice in 1　original(s) and 3　copy(copies) indicating L/C No. and Contract No. contract01
2.( X ) Full set of clean on board Bills of Lading made out to order and blank endorsed, marked "freight [ X ]to collect / [ ] prepaid
　　　　[ ] showing freight amount" notifying THE Applicant
　( ) Clean Air Waybill consigned to　　　　　　　　　marked "freight [ ] to collect/[ ] prepaid " notifying
3.( ) Insurance Policy/Certificate in　　original(s) and　　copy(copies) for　　% of the invoice value showing claims payable
　　　　in　　in currency of the draft, blank endorsed, covering
4.( X ) Packing List Memo in 1　original(s) and 3　copy(copies) indicating quantity, gross and weights of each package.
5.( X ) Certificate of Quantity/Weight in 1　original(s) and 3　copy(copies)
6.( X ) Certificate of Quality in 1　original(s) and 3　copy(copies)
7.( ) Certificate of Origin in　　original(s) and　　copy(copies)

Other documents, if any
1.( X ) Certificate of phytosanitary in 1　original(s) and 3　copy(copies)
2.( X ) Health Certificate in 1　original(s) and 3　copy(copies)
3.( X ) Certificate of Origin Form A in 1　original(s) and 3　copy(copies)

Description of goods:
01006
CANNED LITCHIS
850Gx24TINS/CTN
QUANTITY: 1000CARTONS
PRICE: JPY1200

Additional instructions:
1.( X ) All banking charges outside the opening bank are for beneficiary's account.
2.( X ) Documents must be presented within 7　days after date of issuance of the transport documents but within the validity of this credit.
3.( X ) Third party as shipper is not acceptable, Short Form/Blank B/L is not acceptable.
4.( X ) Both quantity and credit amount 5　% more or less are allowed.
5.( ) All documents must be forwarded in
　( ) Other terms, if any

图 8-6　信用证申请书样本

② SWIFT 的费用比较低。同样多的内容,SWIFT 的费用只有 TELEX(电传)的 18%左右,CABLE(电报)的 2.5%左右。

③ SWIFT 的安全性比较高。SWIFT 的密押比电传的密押可靠性强、保密性高,而且具有较高的自动化。

④ SWIFT 的格式具有标准化。对于 SWIFT 电文,SWIFT 组织有着统一的要求和格式。可查阅适用汇款的 SWIFT 格式。

(3) SWIFT 电文的表示方式。

① 项目表示方式。SWIFT 由项目(field)组成,如 59 BENEFICIARY(受益人),就是一个项目,59 是项目的代号,可以用两位数字表示,也可以用两位数字加上字母来表示,如 51a APPLICANT(申请人)。不同的代号,表示不同的含义。项目还规定了一定的格式,各种 SWIFT 电文都必须按照这种格式表示。

在 SWIFT 电文中,一些项目是必选项目(mandatory field),一些项目是可选项目(optional field),必选项目是必须要具备的,如 59 Beneficiary customer。可选项目是另外增加的项目,并不一定每个 SWIFT 都有的,如 71A details of charges。

② 日期表示方式。SWIFT 电文的日期表示为 YYMMDD(年月日),如 2000 年 3 月 15 日表示为 000315;2009 年 11 月 9 日表示为 091109;2016 年 8 月 6 日表示为 160806。

③ 数字表示方式。在 SWIFT 电文中,数字不使用分格号,小数点用逗号","来表示,如 5,152,286.36 表示为 5152286,36;4/5 表示为 0,8;5%表示为 5 PERCENT。

④ 货币表示方式。美元,USD;欧元,Euro;英镑,GBP;人民币元,CNY;日元,JPY;加拿大元,CAD;澳大利亚元,AUD;港元,HKD 等。

2. 信用证信开本的形式

信用证信开本是指开证银行采用印就的信函格式的信用证,开证后以航空邮寄送达通知行。现在这种形式已很少使用。

3. 信用证的主要内容

(1) 对信用证本身的说明。

(2) 信用证的种类和性质。

(3) 信用证当事人。

(4) 对汇票的说明。

(5) 货物描述。

(6) 单据条款。

(7) 装运条款。

(8) 保险条款。

(9) 开证行保。

(10) 跟单信用证统一惯例根据。

(三) 通知

通知行在收到信用证后,通知受益人到通知行领取信用证,以进行货款结算的准备工作。

(四) 审证修改与交单议付

受益人对信用证中的所有条款进行仔细审核,审核发现与合同不符,或者内容条件错误的需要及时与开证申请人沟通协商，并由开证申请人向开证行申请修改信用证。如果审核无误，按照信用证条款办事。在规定的装运期内装货，取得运输单据并备齐信用证所要求的其他单据，开出汇票，一并送交议付行进行议付。议付行按信用证的有关条款审核信用证和所附单证，确保单单一致、单证一致，按照汇票金额扣除应付利息后，垫付受益人。

#### （五）索付

议付行付款后，将汇票和有关单据寄交给开证行或其指定的付款行，以索取货款。开证行或其指定的付款行审核有关单据，如果符合信用证要求，即向议付银行偿付垫付的款项。

#### （六）通知赎单

开证行或其指定的付款行取得单证后，即通知开证申请人进行付款赎单。

#### （七）付款交单

开证申请人接到开证行通知后，向开证行支付货款，从而取得相应单证，以办理货物进口手续，提取货物。

## 第三节 汇付与托收

国际贸易结算的基本方式除了信用证外，还有汇付、托收。信用证方式属于银行信用，由银行保证付款的权益，而汇付和托收方式属于商业信用，由付款人保证付款的权益。

### 一、汇付

#### （一）汇付的含义

汇付（remittance）又称为汇款，是指付款人（进口商）主动通过商业银行或其他途径将货款汇交收款人（出口商）的结算方式。

#### （二）汇付的当事人

汇付的当事人包括汇款人、收款人、汇出行和汇入行。

（1）汇款人（remitter）即付款方，通常是买方（进口商）为付款人。

（2）收款人（payee）即受益人，通常为卖方（出口商）为收款人。

（3）汇出行（remitting bank）是指受汇款人（进口商，买方）的委托将货款付给收款人的银行，一般为买方进口地所在的银行。

（4）汇入行（paying bank）是指受汇出银行的委托将货款付给收款人（出口商，卖方）的银行，一般为卖方出口所在地的银行。

#### （三）汇付的种类和业务流程

汇付的种类有信汇（M/T）、电汇（T/T）和票汇（D/D）三种。

1. 信汇

信汇（mail transfer，M/T）是指汇款人把货款交给银行时，申请银行用信函格式开立汇款委托书并用航空邮寄给汇入银行的一种汇款方式。其特点是费用比较低、速度比较慢，应用不太广泛。

2. 电汇

电汇（telegraphic transfer，T/T）是指汇出银行应汇款人的申请，拍发加押电报或者电传给在另一个国家的汇入银行,指示解付一定金额给收款人的一种汇款方式。其特点是费用比较高、速度比较快,应用广泛。

信汇和电汇业务的 7 个流程见图 8-7。

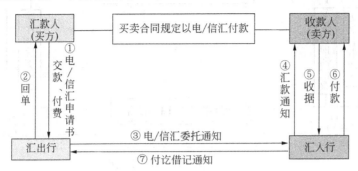

图 8-7  信汇和电汇业务的 7 个流程

信汇和电汇的具体业务流程如下。

(1) 进口商交付货款,委托汇款。进口商(汇款人)根据合同或经济事项将汇款交付汇出行,填写信汇或电汇申请书,委托汇款银行汇出款项,并向其交款付费。

(2) 汇出银行接受汇款委托,将信汇或电汇回执交给汇款人(进口商)。

(3) 汇出银行根据信汇或电汇申请人的指示,用电传或 SWIFT 方式向国外代理银行发出汇款委托书。

(4) 汇入银行收到国外用电传或 SWIFT 发来的汇款委托书,核对密押无误后将汇款通知单交付收款人。

(5) 收款人(出口商)持通知书及其他有效证件去取款,并在收款人收据上签字。

(6) 汇入银行借讫汇出银行账户,取出头寸,解付汇款给收款人(出口商)。

(7) 汇入行将付讫借记通知书邮寄给汇出行。

3. 票汇

票汇(demand draft,D/D)是指以汇款人向汇出行购买银行汇票寄给收款人,由收款人据以向汇票上指定的银行收取款项的结算方式,是以银行即期汇票作为支付工具的一种汇付方式。其特点是费用低、速度慢,但应用广泛。具体办理的流程如下。

(1) 合同约定以票汇支付。买卖双方签订以票汇的方式支付货款的合同。

(2) 交付款项购买银行汇票。汇款人(进口商)根据合同或经济事项向汇出行交付货款,购买银行汇票。

(3) 交付银行汇票。经汇出银行审核无误后,交付汇款人银行汇票。

(4) 寄交银行汇票。汇款人(进口商)把银行汇票邮寄给收款人(出口商)。同时,汇出银行将汇付通知书邮寄给汇入银行通知其付款。

(5) 凭银行汇票取款。收款人(进口商)凭银行汇票向汇入银行收取汇款。

(6) 汇入银行解付汇款。经汇入银行审核无误后,解付汇款。

(7) 汇入银行付讫借记通知。汇入银行向汇出银行寄交付讫通知,进行头寸结算。

票汇业务的 7 个流程见图 8-8。

电汇、信汇和票汇的比较见表 8-2。

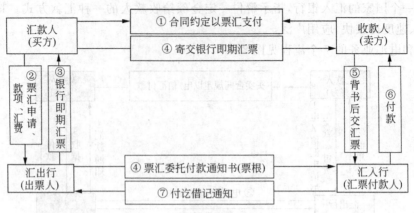

图 8-8 票汇业务的 7 个流程

表 8-2 电汇、信汇和票汇的比较

| 项 目 | 区 别 |
| --- | --- |
| 结算工具性质 | 电汇与信汇都是委托通知书,票汇是银行汇票 |
| 成本费用 | 电汇费用最高,票汇和信汇相对较低 |
| 安全性 | 电汇安全性较强,票汇和信汇相对较弱 |
| 汇款速度 | 电汇最快,票汇和信汇相对较慢 |
| 取款方式 | 票汇与电汇、信汇不同在于票汇中汇入银行无须通知收款人取款,而由收款人持票登门取款 |

### (四)汇付的应用

汇付的优点在于手续简便、费用低廉,汇款人或收款人不需要有银行账户。所以在极其信任的客户之间,汇款是比较理想的结算方式。

但是,汇付的缺点是风险大,资金负担不平衡。汇付过程中,银行只提供服务而不提供信用,是在买卖双方相互信任基础上的商业信用。例如,以汇付方式结算,如果是货到付款,卖方向买方提供信用并融通资金。而预付货款则买方向卖方提供信用并融通资金。不论哪一种方式,风险和资金负担都集中在一方。

因此,在我国的外贸实践中,汇付一般只用来支付订金、货款尾数、佣金等项费用,不是一种主要的结算方式。在分期付款和延期付款的交易中,买方往往用汇付方式支付货款,但通常需辅以银行保函或备用信用证。汇付方式主要用于以下三种情况。

1. 预付货款

预付货款(俗称前 T/T)是进口商先将货款的一部分或全部汇交出口商,出口商收到货款后,立即或在一定时间内发运货物的结算方式。预付货款有利于出口商,而不利于进口商。比如,合同中规定买方应在装船前××天支付全部或一定比例的货款给卖方。

2. 货到付款

出口商先发货,进口商后付款的结算方式。货到付款方式对出口商不利,要承担进口商不付款的风险,实际上就是赊销。比如,合同中规定买方应该在装船后若干天内支付全部或一定比例的货款给卖方。

3. 付清货款

付清货款(俗称后 T/T)是出口商发完货后,进口商付清余款。进口商根据 B/L 复印件来付清余款的。后 T/T 模式比较灵活,进口商可以先给一定比例的订金,另外货款是等进口商见提单复印件付清余款。这种方式既不会占用太多资金,又是买卖双方都承担了一定的风险,在国际贸易实践中比较常用。

## 二、托收

### (一) 托收的含义

国际商会制定的《托收统一规则》(URC522)定义托收(collection)是指接到托收指示的银行,根据所收到的金融票据或商业单据以便取得进口商付款或承兑,凭付款、承兑或其他条件交出商业单据的一种结算方式。

通俗地定义托收就是债权人(出口方)出具债权凭证(支付工具)委托银行向债务人(进口方)收取货款的一种支付方式。

### (二) 托收的当事人

托收涉及的当事人主要有四个,即委托人、托收行、代收行和付款人。

(1) 委托人(principal)是委托银行办理托收业务的一方。国际贸易实务中一般指出口方。

(2) 托收行(remitting bank)是指受委托人的委托办理托收的银行。托收行一般是出口方所在地的银行。

(3) 代收行(collecting bank)是指接受托收行的委托,向付款人收款的银行。托收行一般是进口方所在地的银行。

(4) 付款人(payer)是银行根据托收指示书提示单据要求支付货款的一方。一般是国际贸易合同中的买方(进口方)。

### (三) 托收的分类及业务流程

托收的分类见表 8-3。

表 8-3 托收的分类

| 1 | 光票托收 | | | | |
|---|---|---|---|---|---|
| 2 | 跟单托收 | (1) | 付款交单(D/P) | ① | 即期付款交单(D/P at sight) |
| | | | | ② | 远期付款交单(D/P after sight) |
| | | (2) | 承兑交单 (D/A) | | |

1. 光票托收

光票托收(clean collection)是指不附有商业单据的金融单据托收,金融单据主要包括汇票、本票和支票等。

2. 跟单托收

跟单托收(documentary collection)是指必须随附商业单据的托收方式。国际贸易中货款的收取大都采用跟单托收。在跟单托收的情况下,按要求进口方交单的条件不同,可分为付款交单和承兑交单。

(1) 付款交单(documentary against payment,D/P)是指出口方的交单以进口方的付款为条件。即出口方发货后,取得装运单据,委托银行办理托收,并在托收委托书中指示银行,只有在进口方付清货款后,才能把装运单据交给进口方。按付款时间的不同,付款交单又可分为即期付款交单和远期付款交单两种。

① 即期付款交单(D/P at sight)是指出口商开立即期汇票,银行提示即期汇票和单据,进口商见票时即应付款,并在付清货款后取得单据。

② 远期付款交单(D/P after sight)是指出口商开立远期汇票,银行提示远期汇票,进口商审核无误后进行承兑,于汇票到期日付清货款后再领取货运单据。

无论是即期 D/P 还是远期 D/P,代收银行均以进口方付款为条件才将全套托收单据交给进口方。在付款交单中卖方的最大风险是进口方拒绝付款,但货物仍归出口方所有。

(2) 承兑交单(documentary against acceptance,D/A)是指出口方的交单以进口方在汇票上承兑为条件。进口方承兑汇票后,即可向银行取得全部货运单据,待汇票到期日才付款。

由于承兑交单是进口方只要在汇票上承兑之后,即可取得货运单据,凭以提取货物。也就是说,出口方已交出了物权凭证,其收款的保障依赖进口方的信用,一旦进口方到期不付款,出口方便会遭到货物与货款全部落空的损失。因此,出口方对接受这种方式,一般采用很慎重的态度。

托收业务的 8 个流程见图 8-9。

图 8-9　托收业务的 8 个流程

### (四)托收的应用及其风险分析

托收是基于汇票基础上卖方对买方信任的一种支付方式。银行办理托收业务时,既没有检查货运单据正确与否或是否完整的义务,也没有承担付款人必须付款的责任。银行只是作为出口人的受托人行事,并没有承担付款的责任,进口人不付款与银行无关。出口人向进口人收取货款靠的仍是进口人的商业信用。

由于托收方式主要建立在商业信用的基础上,对出口商较为不利,且 D/A 比 D/P 的风险更大。在结算过程中出口商仅凭进口商的信用发货,发完货后才收款,风险较大,容易出现进口商承兑后拒付或延付货款的风险。如果进口人破产倒闭,丧失付款能力,或货物发运后进口地货物价格下跌,进口人借故拒不付款,或进口人事先没有领到进口许可证,或没有申请到外汇,被禁止进口或无力支付外汇等,出口人不但无法按时收回货款,还可能造成货与款两空的损失。

托收对进口人可以免去开证的手续以及预付押金,还可以预借货物的便利。但是,进口人付款后才取得货运单据,领取货物,如果发现货物与合同规定不符,或者根本就是假的,也会因此而蒙受损失,但总的来说,托收对进口人比较有利。

尽管如此,在当今国际市场出口竞争日益激烈的情况下,出口人为了占领市场推销商品,有时也不得不采用托收方式。如果进口人信誉较好,出口人在国外又有自己的办事机构,则风险可以相对小一些。托收在欧美等商业信用较好的国家和地区较为普及,而在亚太地区使用相对较少。

### 三、汇付、托收、信用证三种结算方式的优缺点比较

#### (一)汇付是付款人将款项直接付给收款人的一种结算方式

(1)优点:费用低廉,操作简单。

(2)缺点:①若作为预付货款,进口商有出口商不交货的风险;②若是交货后付款,出口商有交货后进口商不付款的风险;③汇付适合于小金额的交易,或者买卖双方有了深厚的合作基础,不会出现不交货或不付款的情况。

#### (二)托收是建立在商业信誉基础上的一种结算方式

托收即卖方在交货后,通过托收银行向买方所在地银行(代收行)托收单据,并指示代收银行做D/P(付款交单)或D/A(承兑交单)。

(1)优点:费用低廉,操作简单。

(2)缺点:①D/P(付款交单)托收情况下,若市场发生变化,或买方经营不善倒闭,进口商有可能不要货物,出口商就有收不到货款的风险;②D/A(承兑交单)托收情况下,除了D/P可能遇到的风险外,若进口商在提货后于汇票到期时不付款,出口商就有款货两空的风险。因此,D/A比D/P的风险要大得多。托收适合于买卖双方有了深厚的合作基础,不会出现不付款的情况。

#### (三)信用证是建立在银行信誉基础上的对买卖双方都比较公平的一种结算方式

(1)优点:只要受益人(出口商)按照信用证的规定提交了与信用证的规定相符的单据后,开证行将作为第一付款人保证向受益人付款,而不管开证申请人(进口商)情况如何,哪怕是开证申请人经营不善或者倒闭,开证行都要承担对受益人付款的责任;对进口商来说,付款的前提一定是出口商按照信用证的规定交了货物,并提交了包括代表货权凭证提单在内的单据,不必担心付款而得不到货物。

(2)缺点:费用比较高,操作需要有一定水平,否则有可能因为操作者操作不当而造成交单不符合信用证的规定被开证行拒付的风险。

## 第四节 跨境电子商务结算与支付

跨境电子商务(简称跨境电商)是在电子商务全球化的基础上发展起来的一种新型国际贸易方式,具有门槛低、环节少、成本低、周期短等方面的优势,能够帮助企业降低国际贸易成本,并能够帮助中小企业更便利地开展国际贸易,具有广阔的市场空间和良好的发展前景。近些年来,我国也出台了许多支持鼓励跨境电子商务发展的政策,当前我国跨境电商快速发展。跨境电子商务的结算与支付和传统国际贸易结算与支付有许多不同之处,现介绍

如下。

## 一、跨境电子商务支付

跨境电子商务支付(cross-border payment)是指支付机构通过银行为小额电子商务(货物贸易或服务贸易)双方提供跨境互联网支付所涉及的外汇资金集中收付及相关结售汇服务。跨境电子商务结算和支付方式与传统国际贸易支付方式不同,传统的线下支付方式由于付款周期长、手续烦琐等问题,不适应跨境电商小额、速度要求快、手续简便等需求,催生了各种跨境电商结算方式。跨境电子商务支付的特点如下。

### (一)金额比较小

跨境电子商务的交易额度相比传统贸易方式金额较小。目前我国跨境电子商务交易以B2C、M2C和O2O方式较为活跃,与传统贸易整个集装箱的货量相比,个人用户需求的货物量要小得多,交易金额也相对较小。

### (二)速度比较快

随着物联网络的进步和电子商务的快速发展,跨境电商的支付也因为其金额小而要求支付速度快。尤其是第三方支付平台支付,买卖双方都要求第三方支付平台对于货款支付做出迅速反应。

### (三)手续简便

跨境电商使买卖双方不出国门就能完成国际贸易,极大地改变了国际贸易的方式,使国际贸易变得更加便利。跨境电商的支付同样要求手续便捷,以促进在线交易成功率的提高。跨境电商支付手续的简便性也是跨境电商迅速发展的主要原因之一。

## 二、跨境电子商务支付的方式

从目前支付业务发展情况看,我国跨境电商支付的方式主要有以下两种。

### (一)进口支付方式

进口商在跨境电商平台采购商品需要购汇支付。跨境支付购汇方式包括:第三方支付平台统一购汇支付和境外电子支付平台支持人民币支付。前者主要是第三方支付平台向买卖双方直接提供结算业务,并由第三方支付平台进行外汇的兑换结算。例如,支付宝国际账户,将外币标价产品按实时外汇价格转换成人民币价格,进口商支付人民币到支付宝国际账户,支付宝再代理购汇支付。支付宝仅充当代理购汇的中间人。后者是境外的一些电子支付公司希望拓展我国巨大的网上支付市场,而支持用人民币银行卡实现境外网上支付。

### (二)出口支付方式

出口商向境外出售商品,收款时需要进行收入结汇。跨境收入结汇方式包括:境内外第三方支付平台收款结汇,汇款到国内银行集中结汇等。境内第三方支付平台收款结汇是由境内跨境电商平台提供的第三方进行货款的收款和换汇之后,再由第三方支付给出口商人民币货款。例如,支付宝。境外买家直接将货款汇入支付宝境内银行账户,支付宝系统集中统一到银行结汇,付款给国内商家。汇款到国内银行集中结汇是由境外买家将货款直接汇到卖家境内银行账户,由卖家或电商平台集中结汇。

## 三、跨境电商支付手段

### （一）传统跨境大额贸易支付

传统跨境大额交易平台主要是为中国外贸领域规模以上 B2B 电子商务企业服务，类似于阿里巴巴国际站、eBay、环球资源网、中国制造等。大宗 B2B 交易平台上不支持站内交易，主要以线下支付为主，金额较大。支付方式有 T/T、L/C、西联汇款等。

【动态信息链接】

### 西联汇款

西联汇款是西联国际汇款公司的简称，是世界上领先的特快汇款公司，可以在全球大多数国家的西联代理所在地汇出和提款。西联汇款的手续费由买家承担。需要买卖双方到当地银行实地操作。西联汇款在卖家未领取货款之前，买家随时可以将支付的货款撤回去。

西联汇款的优点：手续费由买家承担。对于卖家来说最划算，可先提钱再发货，安全性好，到账速度快。

西联汇款的缺点：由于对买家风险极高，买家不易接受。买家和卖家需要到西联汇款的线下柜台操作，手续费比较高。

适用范围：10 000 美元以下的小额支付。

### （二）第三方支付平台支付

第三方支付（escrow）一般是指第三方独立机构提供的交易支持平台，买方将货款付给买卖双方以外的第三方，第三方收到货款后通知卖方发货，买方通知第三方收到满意的货物后，第三方将货款付给卖方。常见的门户型 B2B 综合交易平台，例如，全球速卖通、敦煌网、慧聪网等，多采用第三方线上支付方式。目前大型跨境电商平台都开发有自己的支付平台。例如，全球速卖通是基于支付宝国际账户收付货款。2014 年国家外汇管理局宣布支付宝、财付通等 22 家第三方支付企业成为首批跨境电商外汇支付业务企业。

【动态信息链接】

### PayPal

PayPal（PayPal Holdings Inc.，在中国大陆的品牌为贝宝）是全球众多用户使用的国际贸易支付工具，其总部位于美国加利福尼亚州圣荷西市，它是世界上最大的在线支付提供商，也是全球最大的第三方支付平台和全球最安全的支付方式之一。2002 年 PayPal 成为 eBay 的全资子公司，在全球 190 个国家和地区有超过 1.43 亿用户，实现 24 种外币间的交易。

PayPal 不收开户费，使用费的费率为 2.9%～3.9%；结算每笔收取 $0.3 银行系统占用费，提现每笔收取 $35，如果跨境结算每笔收取 0.5% 的跨境费。

PayPal 的优点：①国际付款通道满足了部分地区客户付款习惯；②账户与账户之间可以买也可以卖，双方都拥有；③国际知名度比较高，尤其受美国用户的信赖。

PayPal 的缺点：①PayPal 用户中消费者（买家）利益大于 PayPal 用户中卖家（商户）的利益，双方权利不平等；②电汇费用，每笔交易除手续费外，还需要支付交易处理费；③账户容易被冻结,商家利益受损失,很多做外贸的人都遇到过。

PayPal 的适用范围:跨境电商零售行业,特别适合于几十到几百美元的小额交易。

### (三) 线上支付

线上支付是指卖方与买方通过互联网上的电子商务网站进行交易时,银行为其提供网上资金结算服务的一种业务。垂直小额跨境电商平台,例如,兰亭集势、大龙网、米兰网等,通常采用线上支付方式。跨境电商买卖双方通过外汇银行借记卡和信用卡进行交易及货款结算,包括信用卡在线支付、网络银行线上支付等。

## 第五节 支付方式的综合应用及支付条款

### 一、选择支付方式的原则

#### (一) 了解客户资信防控风险

要在国际贸易中安全收汇、安全用汇,就必须先做好对客户的资信调查,要根据客户的具体情况,选择适当的结算方式。在国际贸易实践中,如果贸易伙伴的资信不佳,则应尽量采用信用证结算以回避可能的风险;如果贸易伙伴坚持用托收结算,那么为了做好风险控制可以要求进口人加做银行保函。

#### (二) 明确经营意图

明确企业自身的经营意图,分析企业的自身条件,选择合适的支付方式,提高企业的进出口效益,促进企业的持续稳定发展。如为了扩大海外市场,可以应用托收的支付方式结算,但要充分考虑和提防风险。

#### (三) 慎选运输单据

在国际贸易中,有些运输单据属于物权凭证,有些运输单据不属于物权凭证,为了避免卖方既失去货物的所有权或控制权,又得不到货款的风险发生,一定要选择合适的支付方式。如用托收方式结算就不能用非物权凭证(包括海运单、铁路运单、航空运单等的运输单据),而必须应用提单和多式联运提单。

#### (四) 恰当的贸易术语

国际贸易中采用不同的贸易术语,表明其交货方式和使用运输工具不同,会影响不同的结算方式。因此,在选择支付方式时,同时要考虑所采用的国际贸易术语。

### 二、不同支付方式的结合应用

#### (一) 信用证与汇付相结合

信用证与汇付相结合通常使用在成交数量较大的大宗商品或成套设备的交易中。例如,在出口贸易中使用信用证与汇付结合,是指一笔出口合同金额的一部分由信用证支付,另一部分通过汇付方式(一般采用电汇,即 T/T)支付,但主要货款采用信用证方式支付。

#### (二) 信用证与托收相结合

信用证与托收相结合通常要求信用证上规定受益人凭光票支取信用证款项,凭跟单汇票采用 D/P 方式支取余额。即部分货款采用信用证支付,部分货款采用跟单托收支付。这种结合在交易中需要签发两张汇票,为了保证托收货款的安全收汇,一张用于信用证项下的部分货款凭光票支付,另一张随附全部规定的货运单据,按即期或远期付款交单托收方式支付。

### (三) 汇付与托收相结合

汇付与托收相结合是一种以即期跟单托收为主、汇付为辅的收付方式,采用这种方法时,先由进口商以预付货款的方式支付小部分货款作为卖方出运货物的条件,其余大部分金额采用即期跟单托收方式收款。这样,即使货物发运后,进口商不履行付款责任,出口商仍拥有货物所有权,所受损失可用预收的汇款来弥补。

**教学互动与讲练结合九:**

**怎样选择应用恰当的国际贸易支付方式**

> 《"一带一路"贸易合作大数据报告(2017)》显示,2016年中国与"一带一路"沿线国家的贸易总额约为9 535.9亿美元,占当年中国对外贸易总额的比重达25.7%,较2015年上升了0.4%。自2011年以来中国向"一带一路"沿线国家出口整体呈现上升态势,2016年向"一带一路"沿线国家出口5 874.8亿美元,达到近年来的高位。
>
> 在"一带一路"沿线主要贸易伙伴国中,中国是新加坡的第一大出口目的国,是马来西亚、越南、泰国、俄罗斯、沙特阿拉伯的第二大出口目的国,是印度、印度尼西亚、阿联酋、菲律宾的第三大出口目的国;新加坡、越南、马来西亚、泰国、菲律宾、印度尼西亚6个国家对中国出口额比重均超过10%。中国是"一带一路"沿线主要贸易伙伴国的第一大进口市场。越南自中国进口占其总进口额的比重最高,达到34.7%;其次为印度尼西亚和泰国。
>
> **请思考分析并互动讨论:**
>
> (1) 中国某外贸企业第一次出口大宗商品到越南市场,可以选择哪些货款结算方式?哪一种货款结算方式风险比较小?
>
> (2) 江苏省苏州市有一家长期从新加坡进口棕榈油的企业,在与新加坡长期合作的出口商洽商贸易合同时,可以选择哪一种支付方式?

## 三、支付费用

通过银行进行的国际贸易货款结算和支付通常要考虑汇率问题和银行的收费情况。人民币已成为国际货币,2015年10月8日中国人民币跨境支付系统CIPS上线运行,支付费用尽可能使用人民币。

### (一) 汇率

汇率也称"外汇牌价""外汇行市"或"汇价"等,是一种货币兑换另一种货币的比率,也是以一种货币表示另一种货币的价格。由于国际贸易结算多以外币结算,因此,汇率是货款结算时必须考虑的重要问题之一。汇率的表示方法有直接标价法和间接标价法。在国际外汇市场上,包括中国在内的世界绝大多数国家目前都采用直接标价法。直接标价法是指计算购买一定单位的外币所应支付多少本币。例如,1美元=6.78元人民币,即兑换1美元需要

6.78元人民币。间接标价法是指一定单位(如1个单位)的本国货币为标准,计算应收若干单位的外国货币。在国际外汇市场上,欧元、英镑、澳大利亚元等均为间接标价法。例如,欧元兑美元汇率为0.970 5,即1欧元兑0.970 5美元。在国际贸易实践中,经常需要进行汇率计算。计算公式为

$$需付的本币=应付的外币\times 本外币汇率$$

**【例8-1】** 假设我国某进出口公司从"金砖国家"之一巴西购买了35 000美元的商品,支付时外汇牌价为1美元=6.8元人民币,则我国该进出口公司支付货款时需要多少元人民币?

解:1美元=6.8元人民币

35 000×6.8=238 000(元人民币)

### (二)银行费用

银行费用是指货款结算时需要通过银行的支付手段或支付系统来完成,银行根据业务收取的一定费用。银行费用在银行机构网站的"费用查询"中一般都可以查询。通常银行手续费都有最低费用标准,当计算银行费用小于最低手续费用时,银行费用按最低手续费收取。不同的支付方式银行收取的费用是不同的,例如,应用L/C(信用证)结算发生的银行费用主要有信用证通知费、保兑费、议付费、寄单费、单据处理费、电报费、偿付费等。银行费用基本计算方法是以银行公布的费率或以交易次数为依据计算。计算公式为

$$银行费用=对外报价\times 手续费率$$

**【例8-2】** 某公司在阿里巴巴国际站上以T/T的方式出售了一批商品,货物总价为4 800美元。中国银行电汇入账手续费率为0.1%,换汇手续费为0。假设结算时的汇率为1美元=6.8元人民币。

解:该批货款需要银行手续费为

4 800×0.1%×6.8=32.64(元人民币)

## 四、支付条款

国际贸易买卖合同中对货款支付方式的规定称为支付条款。支付条款是对货款支付的货币、金额、方式、支付时间的规定。支付条款通常包括如下内容。

### (一)支付货币

在大多数情况下,支付货币就是计价货币,但也有计价货币与支付货币不一致的情况。对支付货币要妥善选择,并在合同中明确规定两者的比价,必要时还应规定外汇保值条款。在国际贸易实践中,应用比较多的支付货币是美元、欧元、人民币、英镑、日元等。

### (二)支付金额

通常支付金额是指合同规定的总金额。但是在履行合同过程中,分批交货、分批支付等交货方式下,支付金额和合同规定的总金额就会不一致。当合同规定有品质增减价条款、数量溢短装条款时,支付金额就应按实际交货的品质和数量确定。因此有必要在支付条款中明确规定支付金额。具体规定方法主要有以下两种。

(1)按全部发票金额支付。这适用于一般无附加费用或在交货前能够确定附加费用的交易。收款时要将应收的附加费在发票上具体列出,必要时另附费用证明或单据,由买方按发票金额付款。

(2) 货款按发票金额,附加费用另行结算。这适用于交货前无法确定附加费用金额的交易。例如,货款按全部发票金额,港口拥挤附加费由卖方支付,凭支付费用的正本收据向买方收取。

### (三) 支付方式和支付时间

支付方式和支付时间是支付条款的重要内容,就我国外贸业务中常见的不同支付方式举例说明如下。

1. 信用证方式和支付时间

信用证条款有各种不同的制定方法,例如,买方应于某年某月某日前(接到卖方通知后若干天内或签约后若干天内)通过某某银行开立以卖方为受益人的不可撤销的(可转让的)见票后若干天(或装船日后若干天)付款的银行承兑信用证,信用证议付有效期延至上述装运期后15天在中国到期。[The Buyer should open an irrevocable(or transferable) L/C before ××. × month. ×× year(or after receiving the Seller notice several days or several days after signing the contract within) by certain bank in favor of the Seller. The L/C should be pay for × days after sight (or × days after date of shipment) and by bank acceptance. The validity of the letter of credit negotiation until the 15 days after shipment in due China.]

2. 汇付方式和支付时间

在使用汇付时应明确规定汇付的时间、具体的汇付方式和汇付金额等内容。例如,买方应不迟于2月1日将100%的货款用票汇预付并抵达卖方。(The Buyer shall pay 100% of the sales proceeds in advance by demand draft to reach the Seller not later than Feb. 1.)

3. 托收方式和支付时间

由于托收的种类多种多样,在磋商和订立合同条款时,就要将具体情况明确规定清楚。简要举例说明远期付款交单的规定方法,例如,买方对卖方开具的见票后30天付款的跟单汇票,于第一次提示时即予承兑,并应于汇票到期日即予付款,付款后交单。(The Buyer shall duly accept the documentary draft drawn by the Seller at 30 days sight upon first presentation and make payment on its maturity. The shipping documents are to be delivered against payment only.)

# 本章提要

(1) 国际贸易支付是保证国际贸易顺利进行的重要步骤。票据是国际通行的结算和信贷工具,是可以流通转让的债权凭证。国际贸易中使用的票据主要有汇票、本票和支票,其中以使用汇票最多。

(2) 国际贸易结算的基本方式有信用证、汇付和托收三种。除此之外,还采用银行保函、保理业务等。其中,信用证属于银行信用;汇付和托收方式属于商业信用。

(3) 跨境电子商务的支付与传统国际贸易支付不同,具有金额小、速度快、手续简便等特点。跨境电子商务主要支付手段有传统贸易的电汇、信用证、第三方支付平台支付,线上支付等。

(4) 在实际工作中可以根据业务的具体情况,以客户资信、经营意图、运输单据、贸易术语等方面综合考虑,选择适当的支付方式。也可以进行信用证与汇付、信用证与托收、汇付与托收等多种支付方式的结合应用。

(5)国际货物买卖合同的支付条款内容包括支付货币、支付金额、支付方式和支付时间。

## 思考与练习　技能证书考试与专业竞赛训练

(一)分析判断题(判断命题的正确或错误,正确的打"√",错误的打"×")

1. 保兑行具有与开证行相同的责任和地位。保兑行自对信用证加具保兑之时起,即不可撤销地对受益人承担承付或议付的责任。　　　　　　　　　　　　　　　　(　　)

2. 信用证规定目的港为Japanese Port,缮制提单时,装运港一栏应照样填Japanese Port,以免单证不符。　　　　　　　　　　　　　　　　　　　　　　　　　　(　　)

3. 通知行的义务是合理审慎地鉴别信用证及其修改信用证的真实性并及时、准确地通知受益人。　　　　　　　　　　　　　　　　　　　　　　　　　　　　　　(　　)

4. 根据汇款委托通知传递的方式不同,汇付分为电汇、信汇和票汇三种,其中电汇是实际业务中主要采用的汇付方式。　　　　　　　　　　　　　　　　　　　　　(　　)

5. 采用汇付方式,有关单据一般不通过银行转递,而由出口人直接寄交进口人,所以出口人采用汇付方式一般没有什么风险。　　　　　　　　　　　　　　　　　(　　)

6. 对付款人而言,承兑就是承诺按票据文义付款。汇票一经承兑,付款人就成为汇票的承兑人以及汇票的主债务人,出票人成为汇票的从债务人。　　　　　　　(　　)

7. 如果汇票上加注"货物到达后支付",则构成支付的附加条件,根据我国《票据法》规定,该汇票无效。　　　　　　　　　　　　　　　　　　　　　　　　　　(　　)

8. 后T/T是一种有利于出口商的收汇方式。　　　　　　　　　　　　　　(　　)

9. 电开信用证是指开证行以标准格式缮制并通过电讯方式送达通知行的开立方式,目前广泛使用的是MT700/701标准格式和SWIFT报文传输。　　　　　　　　　(　　)

10. 信用证是银行与信用证受益人之间存在的一项契约,该契约以贸易合同为依据开立,所以信用证应受到贸易合同的牵制。　　　　　　　　　　　　　　　　　(　　)

(二)单项选择题(每题只有1个答案是正确的,请选择正确的答案填入括号内)

1. 对进口商而言,首选的结算方式是(　　)。
　　A. 前T/T　　　　B. D/A　　　　C. D/P at Sight　　D. 信用证

2. 信用证业务中不会涉及的当事人是(　　)。
　　A. Beneficiary　　B. Issuing Bank　　C. Applicant　　D. Collecting Bank

3. 信用证规定装运期限为3月,有效期为4月14日,没有规定交单期。出口公司装船后,提单签发日为3月8日,出口人应于(　　)前(包括当日)去交单。
　　A. 3月28日　　B. 3月31日　　C. 4月14日　　D. 3月23日

4. D/P after sigh是指(　　)。
　　A. 即期付款交单　B. 远期付款交单　C. 承兑交单　　D. 承兑远期汇票

5. 受开证行的指示或授权,对有关代付行或议付行的索偿予以照付的银行是(　　)。
   A. 保兑行　　　B. 偿付行　　　C. 承兑行　　　D. 转让行
6. 属于银行信用的国际贸易支付方式是(　　)。
   A. 汇付　　　B. 托收　　　C. 信用证　　　D. 票汇
7. 信用证的基础是买卖合同,当信用证与买卖合同不一致时,受益人应向(　　)提出修改。
   A. 开证行　　　B. 开证申请人　　　C. 通知行　　　D. 议付行
8. 下列汇票的抬头中可以经过背书转让的是(　　)。
   A. Pay to the order of ABC Company　　　B. Pay to ABC Company only
   C. Pay to the holder　　　D. Pay to bearer
9. 信用证的汇票条款注明"drawn on us",则汇票的付款人是(　　)。
   A. 开证申请人　　　B. 开证行　　　C. 议付行　　　D. 受益人
10. 出口贸易中,采用信用证和托收方式收汇时,常用的汇票是(　　)。
    A. 银行汇票　　　B. 商业汇票　　　C. 商业承兑汇票　　　D. 光票

（三）多项选择题（每题有 2 个及以上答案是正确的,请选择正确的答案填入括号内）

1. 信用证项下,制单的正确性从银行的角度来考虑要做到"三相符",具体是指(　　)。
   A. 单据与信用证相符　　　B. 单据与贸易合同相符
   C. 单据与单据相符　　　D. 单据与有关国际惯例相符
   E. 单据与实际货物相符
2. 托收的特点包括(　　)。
   A. 托收属顺汇　　　B. 托收属商业信用
   C. 卖方资金压力和风险较大　　　D. 对买方有利
   E. 托收属逆汇
3. 信用证的受益人通常是(　　)。
   A. 买卖合同的买方　　　B. 货运单据的发货人
   C. 汇票的出票人　　　D. 发票和装箱单的制作人
   E. 买卖合同的卖方
4. 采用 CIF 术语出口时,信用证项下单据至少包括(　　)。
   A. 商业发票　　　B. 汇票　　　C. 海运提单
   D. 保险单　　　E. 装箱单
5. 进口商申请开立信用证的程序包括(　　)。
   A. 递交有关合同副本及附件　　　B. 填写开证申请书
   C. 缴付保证金　　　D. 支付开证手续费
   E. 在开证申请书背面签字
6. 根据《UCP600》规定,在出口业务中,卖方可以凭以结汇的装运单据有(　　)。
   A. 提单　　　B. 不可转让的海运单
   C. 报关单　　　D. 装货单

E. 空运单
7. 本票与汇票的区别在于( )。
   A. 前者是无条件支付承诺,后者是无条件支付命令
   B. 前者的当事人有两个,后者一般有三个
   C. 对于远期票据,前者在使用过程中无须承兑,后者则需要承兑
   D. 前者的主债务人不会变化,后者的主债务人则因承兑而发生变化
   E. 前者只能一式一份,后者可以开出一套
8. 审核信用证项下进口货物单证的是( )。
   A. 开证行　　　　B. 代收行　　　　C. 开证申请人
   D. 汇入行　　　　E. 托收行
9. 下列属于信用证基本当事人的有( )。
   A. 开证行　　　　B. 通知行　　　　C. 委托人
   D. 议付行　　　　E. 受益人
10. 信用证与合同的关系,下列表述正确的是( )。
    A. 信用证以合同为基础开立　　　B. 信用证与合同相互独立
    C. 信用证是纯粹的单据买卖　　　D. 合同是审核信用证的依据
    E. 银行付款的依据是合同

## (四) 思考题

1. 国际贸易货款支付手段有哪些?
2. 汇票有哪些类型?汇票当事人有哪些?
3. 本票有哪些类型?本票当事人有哪些?
4. 支票有哪些类型?支票当事人有哪些?
5. 国际贸易货款支付方式有哪些?哪些支付方式对进口商有利?哪些支付方式对出口商有利?
6. 什么是信用证?信用证的特点有哪些?
7. 信用证的支付流程是怎样的?
8. 什么是汇付?汇付的流程是怎样的?
9. 什么是托收?托收的流程是怎样的?
10. 跨境电子商务支付手段有哪些?

# 案例分析及讨论

**中国公司从国外进口钢材发现问题要求开证行不付款遭到拒绝是否合理?**

中国福建省 A 公司向德国某外商进口一批钢材,货物分两批装运,支付方式为不可撤销即期信用证,每批分别由中国银行厦门分行开立一份信用证。第一批货物装运后,卖方在有效期内分别向中国银行厦门分行交单议付,议付行审单后,即向该外商议付货款,随后中国银行厦门分行对议付行作了偿付。中国福建省 A 公司在收到第一批货物后,发现货物品

质与合同规定不符合,因此要求开证行对第二份信用证的单据拒绝付款,但遭到开证行的拒绝。

**请思考分析及讨论:**
开证行这样做是否有理?

## 教 学 互 动

1. 中国广西壮族自治区桂林市 D 公司与美国旧金山 E 公司签订一批货物出口的买卖合同,合同中规定以汇票支付货款。桂林市 D 公司的往来银行为中国银行桂林市分行,美国旧金山 E 公司的往来银行为 ABC Bank。请根据业务分析及讨论汇票支付的流程。

2. 浙江省宁波市神州进出口公司欲出口一批茶叶到澳大利亚悉尼市,该进口商是神州进出口公司的新客户,且神州进出口公司对澳大利亚悉尼市的市场不太熟悉,请以神州进出口公司业务员的角色出发,选择恰当的结算支付方式,并说明理由。

# 第九章

# 进出口贸易纠纷、索赔、不可抗力与仲裁条款

**知识要求**

　　了解进出口贸易常见纠纷的主要原因；懂得进出口贸易常见纠纷的解决办法；掌握索赔与不可抗力等条款的制定；了解并知道国际贸易争议的解决方法；了解仲裁的特点、机构；掌握订立仲裁条款应注意的问题。

**应用要求**

　　能应用所学知识正确解决进出口贸易常见纠纷的实际问题；能办理索赔手续，解决索赔问题，恰当处理不可抗力问题；能掌握国际贸易争议的解决方法，掌握仲裁的办法，妥善解决进出口贸易常见的争端问题。

　　在进出口贸易中，情况复杂多变，买卖双方签订合同后，由于种种原因，使合同没有能够顺利履行，引起交易双方间的纠纷。买卖双方有时可能会因彼此之间的权利和义务问题引起争议(dispute)需要处理，或损失需要索赔、无法调解时运用仲裁办法解决。由于国别的差异以及贸易利益的冲突，合同条款订立得再详细也不能完全避免争议的出现，双方即使是严格履行了合同要求也有可能发生纠纷。所以，一个合格的外贸工作者不仅要注意合同的严谨性，严格履行其应该承担的责任和义务，还要学会对纠纷进行预防和恰当处理，包括贸易纠纷的预防与解决、损失的索赔、不可抗力的处理和仲裁的最终解决。

## 第一节　进出口贸易纠纷

### 一、进出口贸易纠纷概述

#### (一) 进出口贸易纠纷的概念

　　进出口贸易纠纷是指不同国家(地区)之间在商品和服务的交易过程中因合同履行、货物运输与保险、知识产权保护等产生的纠纷。本节主要从进出口货物质量纠纷、进出口货物数量纠纷、进出口货物包装纠纷、进出口货物运输纠纷、进出口贸易货物未保险所致损失纠纷以及进出口贸易的知识产权纠纷六个方面来阐述。

　　随着我国对外开放的不断扩大，跨国经济活动日益频繁，国际贸易量迅速增长，纠纷时有发生，若签订国际货物贸易合同时对所签合同内容把握不好，表达方式欠佳，甚至有违合

同成立条件,就可能给合同履行留下后患,给有关当事人造成重大经济损失。把握好合同的有关条款、选择明确恰当的表达方式,是订好合同的基本要求,可以避免出现纠纷,同时也为合同的顺利履行提供了基本的保证。

### (二)进出口贸易纠纷常见的原因

在进出口贸易中,产生争议、纠纷的原因很多,大致可归纳为以下五种情况。

(1)合同是否成立,双方国家法律和国际贸易惯例解释不一致。

(2)合同条款规定不够明确,双方对条款的解释不同,习惯上无统一的解释。

(3)在履约中产生了双方不能控制的因素,致使合同无法履行或无法按期履行,而双方对是否可以解除合同或延期履行合同看法不一致。

(4)买方不按时开出信用证,不按时付款赎单,无理拒收货物或在买方负责运输的情况下,不按时派船或签订运输合同、指定交货地点等。

(5)卖方不按时交货或不按合同规定的品质、数量、包装交货,不提供合同和信用证规定的合适单证等。

## 二、进出口贸易纠纷常见的类型

进出口贸易纠纷常见的类型按所致的具体原因可分为:进出口货物质量纠纷、进出口货物数量纠纷、进出口货物包装纠纷、进出口货物运输纠纷、进出口贸易货物未保险所致损失纠纷、进出口贸易的知识产权纠纷等,现分述如下。

### (一)进出口货物质量纠纷

商品的质量是国际货物买卖中最重要的条件之一,商品的质量是买卖双方进行磋商时首先要取得一致意见的事项。进出口货物质量纠纷是国际贸易纠纷中的一种常见类型,面对商品质量纠纷,企业在起草、签订合同阶段就应将涉及货物质量和争议解决的相关条款约定清楚,一方面可以减少日后纠纷;另一方面即使日后出现纠纷,也易从容应对。

1. 涉及商品质量的主要条款

国际贸易合同中应具备的涉及商品质量的主要条款包括:货物条款、商品检验条款和质量异议期条款。

(1)货物条款。货物条款用以明确买卖双方同意买卖的商品名称和品质规格(包括品种、型号、等级等)。品质规格条款,即产品质量条款,是当事人提出索赔的依据,如卖方所交货物品质与合同不符,买方可拒收并提出索赔。企业在拟定质量条款时,应尽可能地把货物的名称、规格、质量要求等内容详细规定清楚。

(2)商品检验条款。买卖双方可以在合同中规定商品检验条款,约定是否申请商品检验,由哪一方当事人提交商品检验,检验费用如何承担,检验机构,检验时间,检验地点,检验内容与标准,以及复验的期限和地点等。商品检验证书是商检机构出具的证明商品品质、数量等是否符合合同要求的书面文件,是买卖双方交接货和款并据以索赔的重要法律文件。买方可以依据商检证书向卖方索赔、向保险机构索赔或者向货物的承运人、实际承运人索赔。

(3)质量异议期条款。在国际贸易中,货物因海上运输、多式联运等原因,通常需要较长的运输时间,为了避免买方收到货物后在较长的时间内因货物价格下跌,随后又以货物存在质量问题为由向卖方转嫁贸易风险,买卖双方根据贸易惯例,约定合理的质量异议期十分必要。

2. 进出口贸易中规避产品质量纠纷的方法

由于我国有些出口企业不够重视贸易合同，尤其是贸易合同中的义务条款(责任条款)，因此国外买方以质量问题、多种反索赔主张进行巨额扣款的情况时有发生。出口企业可以通过以下五个方面设定质量责任保证条款。

(1) 质量保证期。质量保证期即人们经常说的质保期间，买卖双方应当对货物的质量保证期达成共识，超过此质量保证期的，则不应存在因货物质量问题导致拒收、拒付或反索赔情形，而应归入售后服务阶段或由买方自行承担相关损失。

(2) 质量异议期。在质量异议期内发生质量责任事由的，买方如主张货物不符合同，必须在发现或理应发现不符情形后的一段合理时间内通知卖方，说明不符合情形的性质，否则就丧失声称货物不符合同的权利。

(3) 赔偿责任限制。国外买方尤其是欧美的买方经常向中国出口商提起巨额反索赔请求，反索赔金额可能远远超过合同的货值。建议在卖方和买方之间，事前通过约定违约金(固定金额、定比例约定或以计算方式约定)的方式，尽量避免出现买方将下家的反索赔金额加诸原卖方负担。

(4) 禁止直接扣款。禁止直接扣款是指禁止买方在主张卖方责任时，直接从应付卖方的同笔或后笔货款中，扣除相应金额，而应由双方另行协商解决，不得因此而影响货款的全额按时支付。

(5) 禁止无因退货。禁止买方因最终买家在销售地法律许可的条件下无因退货时，将并非由于双方已经确认的质量问题而导致退货成本及损失，直接或间接地转嫁给原卖方(出口商)；买方在最终买家销售地法律许可的条件下无因退货时，仍需对原卖方(出口商)承担合同项下全部的付款义务。

【案例链接】

**出口半漂布质量问题索赔案例**

我国某外贸公司与德国某公司签订了系列半漂布出口合同。这批出口半漂布合同的品质条款规定为"交货品质为一等品"，但是未说明一等品的含义。合同还规定"每100米允许10个疵点，每个疵点转码10公分"，同时还列出近20种疵点名称。合同品质规定实际上是要求我方供应"0分布"，与中国的国家相关标准完全不符。事实上，"0分布"在任何国家的标准中都是不可能规定的。德方将中方出口的500万米半漂布几乎都判定为等外品或者二等品，提出了高达110万美元的索赔要求。根据国家标准检验，上海第四漂染厂生产的100多万米窄幅布都是一等品，但是按这个合同的品质条款检验，都不再是一等品。德方有关人员也承认，这个合同的品质要求实际上是做不到的，但是既然已经签了合同，就要按品质不符合要求进行赔偿。最后，中方公司向德方赔偿了相当金额后才使此案得以解决。

**案例分析**：从本案例可以看出，在订立品质条款时，买卖双方都应小心谨慎，如果规定不明确，很容易引起纠纷，造成不必要的损失，因此，要订立科学严密的品质条款。

(二) 进出口货物数量纠纷

商品的数量是国际货物买卖合同中不可缺少的主要条件之一。《联合国国际货物销售合同公约》规定：按照约定数量交货是卖方的一项基本义务,卖方交货数量必须与合同规定相符。如果卖方交货数量大于约定的数量,买方可以拒绝多交的部分,也可以收取多交部分中的一部分或者全部,但是应该按照实际收取的数量付款。如果卖方交货的数量少于约定的数量,卖方应该在规定的交货期届满之前补交,并且不得使买方遭受不合理的损失,买方可以保留要求赔偿的权利。因此,正确订立和理解合同中的数量条款,对买卖双方都很重要。

【案例链接】

### 货物贸易数量纠纷案例

某年,中国某茶叶进出口公司向美国一家连锁超市销售一种筒装50克的绿茶。合同签订后不久,这种筒装绿茶的供应商就不再生产这种包装的茶叶了,改换100克包装。由于当时中国该茶叶进出口公司业务繁忙,并未与美国代表就该问题进行协商,未经美国买方同意,就将总价值10万美元的茶叶全部使用了100克筒装。美方验货时发现合同中原规定的50克包装全部被换成了100克包装,要求立即与中方代表理论,并要求退货,否则就诉诸法律。中方代表很诧异,虽然与合同规定有差别,但是中方并未短装或漏装,每筒的数量却是原来的两倍,多装了还不好吗？其实,美国代表之所以要求退货,是因为美国的消费者喜好包装精美、容量较小、实用方便的茶叶。大容量的茶叶既不好放置,不方便携带,又给人一种廉价货的感觉,不符合美国国民的消费心理需求。由于已进入茶叶销售高峰期,而货物未跟上销售步伐,使美方造成较大损失。最后,中方不得不大幅降价,将此批货物低价卖给了墨西哥一家进出口公司,并对自己的违约行为向美方支付了大量的违约金。

### （三）进出口货物包装纠纷

在进出口贸易中,由于货物往往要经过长途运输,有时还要经过多次装卸,因此绝大多数货物都需要包装。包装是货物说明的重要组成部分,适当的包装,对运输、储存、保护、美化、宣传商品以及方便商品的销售和使用都起着重要作用,同时出口商品包装也是提高商品国际竞争力、扩大销售、提高售价的重要手段。

《联合国国际货物销售合同公约》第三十五条第一款规定：卖方交付的货物必须与合同所规定的数量、质量和规格相符,并需按照合同所规定的方式装箱或者包装。如果卖方所交货物包装与合同规定的方式不符,则构成违约。因此,合同中订立货物的包装条款具有重要的意义。

进出口商品的包装材料只有符合进口规定,才能被准许输入进口国,否则进口国海关将不放行。许多国家以法律法规形式对进口商品的包装材料进行限制或进行强制性监督和管理。为避免违反其他国家的法律法规,包装应做到以下几点。

1. 避免使用含有毒性的包装材料

由于包装不可避免地使用印刷原料或粘胶等材料以使两种不同包装材料接合在一起,印刷原料应禁止使用有毒的金属原料,如金粉、银粉或铜粉等,包装容器或标签上所使用的颜料、染料、油漆等应采用不含重金属的原料,作为接合材料的黏剂,除应不含毒性或有害成分外,还应在分离时易于分解。

商品包装业常用泡壳包装材料,如聚氯乙烯(PVC)。由于这种材料燃烧后产生氯化物,不仅对人体有害,也会对地球臭氧层造成破坏,现已被许多国家列为禁用,因而泡壳包装材料宜使用聚对苯二甲酸乙二醇酯(PET)等无害且易回收的替代品。

### 2. 尽可能使用循环再生包装材料

许多国家或地区的产品越来越多地使用可循环再生材料进行包装,并以此作为进口外国商品的条件之一。因此,使用可循环再生材料对商品包装是产品是否具有竞争力的标志之一。

国际上使用的可循环再生材料多是再生纸,以废纸回收制成的再生纸箱、模制纸浆、蜂浆纸板和纸管等,这些可循环再生材料一般可用于包装内部的缓冲材料或外部包装材料,如发达国家出口计算机、微波炉、复印机等商品均使用此种材料作为包装内垫或外包装材料,深受进口国欢迎。

### 3. 积极开发以植物为包装材料的技术

由于植物基本上可以延续不息地重产繁殖,而且大量使用植物一般不会对环境、生态平衡和资源的维护造成危害,因此,目前许多发达国家都在积极开发以植物为包装材料的技术。

例如,美国以玉米、黍子等植物或作物为原料,采用生物分解或光分解技术制成塑胶作为包装物,或由谷类制成植物性包装材料,此外还有些国家将植物性淀粉质材料与瓦楞纸板混合制成可溶性包装材料,回收后不需将两种材料分离,可直接再生为纸制品,这是目前国际上食品类商品包装的一大趋势。

### 4. 选用单一包装材料

商品包装材料应尽可能选用同一种材料,以减少多种材料之间的分离解体带来的麻烦,若确需使用两种以上不同材料组合包装时,为了在拆解包装时易于分离或易于识别,最好使用卡榫的方式,作为结合两种不同材料的方法,这样既不使用特殊工具即可将材料解体,又可以节省回收与分离时间。

例如,电子产品包装所使用的发泡塑胶,为减少塑胶用量,可采用部分发泡塑胶与瓦楞纸板卡结合的设计,避免使用黏合方法而导致回收、分离的困难。

包装设计方面要突出环保气息。在包装设计之前,设计者必须调查国际市场对环保包装的具体要求,例如出口国有关环保包装的法规、消费者环保消费观念的强度、绿色组织活动、环保包装发展趋势等,以便在包装设计时充分考虑这些因素。

## 【案例链接】

### 因包装不合格导致货物运输中损坏的买卖纠纷案例

中国某化工进出口公司与美国加利福尼亚化学制品公司按照FOB上海港条件签订了一笔化工原料的贸易合同。中国某化工进出口公司在规定的装运期届满前三天将货物装上美国加利福尼亚化学制品公司指派的中国某香港船公司的海轮上,且装船前检验时,货物的品质良好,符合合同的规定。货到目的港旧金山,美国加利福尼亚化学制品公司提货后经目的港商检机构检验发现部分货物结块,品质发生变化。经调查确认原因是货物包装不良,在运输途中吸收空气中的水分导致原颗粒状的原料结成硬块。于是,美国加利福尼亚化学制品公司委托中国律师向中国某化工进出口公司提起索赔。

被申请人辩称：货物装船前经检验是合格的，品质变化是在运输途中发生的，也就是装上船之后才发生的，按照国际贸易惯例，其后果应由买方承担，因此，中国某化工进出口公司拒绝赔偿。

**案例分析**：本案中的中国某化工进出口公司应承担赔偿责任，其引用国际贸易惯例，以货物装上船风险已转移给买方为由而拒绝赔偿是没有道理的。理由是，虽然货物品质发生变化，导致买方损失的情况是发生在运输途中，即装上船之后，但损失是由于包装不良造成的，这就说明致损的原因在装船前已经存在了。因此，货物发生损失带有必然性。这属于卖方履约中的过失，应构成违约。而根据国际贸易惯例对 FOB 的风险转移的解释，如果途中由于突然发生的意外事件导致货物的损失由买方承担。本案例所说的情况显然不属于惯例规定的范围，所以卖方拒赔是没有道理的。

### （四）进出口货物运输纠纷

随着国际贸易的不断发展，国际货物运输业蓬勃发展，在经济发展尤其是对外贸易运输领域起着十分重要的作用，但也不断出现一些货物运输事故，引起一些货物运输纠纷。

1. 货物运输事故的概念和种类

货物运输事故是指在各种不同的运输方式下，承运人在交付货物时发生的货物质量变差、数量减少的事件。国际海上货物运输中，主要是指运输中造成的货物丢失或损坏，即货损货差事故。在国际航空货物运输中，包括不正常运输中所有涉及货物的不正常情况。在国际铁路货物运输中，是指货物运输中涉及货物质量、数量矛盾的情况。

狭义的货物运输事故是指运输中发生的货损货差事故。广义的货物运输事故还可包括运输单证差错、延迟交付货物、海运中的"无单放货"等情况。

货物运输事故的种类，按照事故的性质可划分为货损和货差。

（1）货损。即由于责任人原因导致的货物损坏、灭失；在装卸、运输、保管过程中，由于操作不当，保管不善而引起的货物破损、受潮、变质、污染等。

（2）货差。即由于错转、错交、错装、错卸、漏装以及货物运输手续办理错误原因而造成的有单无货或有货无单等单证不符、件数或重量超过合同溢短规定的差错。

2. 货物运输事故的责任划分

（1）托运人的责任。不论是海上货物运输、航空货物运输，还是公路或者铁路货物运输；也不论是单一运输方式，还是货物多式联运的组织方式，托运人根据运输合同将货物交付承运人或者多式承运经营人之前所发生的一切货损、货差均由承运人负责。

（2）承运人的责任。货物在承运人监管过程中所发生的货损、货差事故，除由于托运人的原因和不可抗力等原因外，原则上都由承运人承担责任。承运人管理货物的时间不仅仅指货物装载在运输工具上的阶段，也包括货物等待装运和等待提货阶段。

（3）第三方的责任。在国际海上货物运输中，第三方责任人一般是港口装卸企业、陆路及水路运输企业、第三方船舶、车辆以及仓储企业等。在装卸作业过程中会由于装卸工人操作不当或疏忽致使货物损害；水路运输中会由于驳船方面的原因导致货物受损；陆路运输中也会由于交通事故、管理不善等原因而发生货物灭失。仓储过程中，不良的保管条件、储存环境不佳会使货物变质、失窃；其他船舶、车辆的碰撞事故也是导致货损的原因，理货失误等也会造成货差事故的发生。对于这些损失，承运人和托运人如何分担责任，如何向第三方索赔，要根据货损、货差发生的时间和地点决定。

### 3. 进出口货物运输合同纠纷的主要类型

（1）海上货物运输代理合同纠纷。海上货物运输代理合同纠纷，是指货物运输代理企业接受委托人委托处理与海上货物运输有关的货运代理事务时发生的有关纠纷，包括：①因提供订舱、报检、报关、保险服务所发生的纠纷；②因提供货物的包装、监装、监卸、集装箱装拆、分拨、中转服务所发生的纠纷；③因缮制、交付有关单证、费用结算所发生的纠纷；④因提供仓储、陆路运输服务所发生的纠纷；⑤因处理其他海上货物运输代理事务所发生的纠纷。

（2）海上货物运输合同纠纷。海上货物运输合同纠纷是指承运人收取运费，负责将托运人托运的货物经海路由一港运至另一港的合同项下发生的纠纷。

进出口贸易中，作为出口方，在货物出运后如果发生意外，导致收不回货款，是以"海上货运代理合同纠纷"起诉货运代理，认为其在处理货物代理事务中存在过错，主张其承担相应责任？还是以"海上运输合同纠纷"为案由起诉承运人，认为其在货物运输和处理过程中存在过错，进而要求其赔偿损失？必须根据事实，区分具体情况，加以正确甄别。否则，盲目确定案由或错误选择被告诉讼主体，很可能会面临败诉的风险。不论其他，单说诉讼时效方面的风险，海上货运代理合同纠纷为两年，而海上货物运输合同纠纷的诉讼时效，按照《海商法》规定：就海上货物运输向承运人要求赔偿的请求权，时效期间为一年，自承运人交付或者应当交付货物之日起计算。稍有不慎，可能会因时效问题而失去通过诉讼主张权利的机会。

**【案例链接】**

### 海上货物运输合同纠纷案例

2014年7月31日、8月7日，浙江省A纺织品进出口公司（以下简称A纺织公司）作为卖方与境外人签订校服售货确认书。A纺织公司通过华海国际货运有限公司、鸿海国际船务货运公司、上海外联发国际货运有限公司和上海三星国际货运有限公司的依次代理，分批向承运人长荣国际储运股份有限公司（以下简称长荣公司）订舱出运，并取得长荣公司代理人签发的21套正本海运提单。21套提单载明的托运人分别为三家境外公司。A纺织公司按规定支付了海运费，长荣公司也确认收到。货物出运后，A纺织公司通过银行托收货款，因无人赎单，全套贸易单证包括提单被银行退回。长荣公司确认在正本提单未收回的情况下将货物交付收货人。为此，A纺织公司以长荣公司无正本提单放货为由，向上海海事法院提起诉讼，请求判令长荣公司赔偿其货款等损失。

**裁判结果：** 上海海事法院审理认为，A纺织公司依次通过各货运代理环节，向承运人长荣公司订舱，支付运费并交付货物出运；长荣公司接受了货物，收取了运费，并按照A纺织公司的要求出具了提单。尽管A纺织公司根据贸易合同的约定未将其名称在提单上载明，但A纺织公司和长荣公司履行海上货物运输的事实证明，A纺织公司是海上货物运输合同的缔约人和唯一交货人，A纺织公司作为涉案货物托运人的主体资格应当依法得以认定。长荣公司仅以提单托运人的记载内容认为A纺织公司已经转移了货物所有权，缺乏充分的事实和法律依据。A纺织公司系涉案提单签发以后的第一合法持有人，该提单未经贸易环节流转，且来自银行退单，其持单形式合法，有权据以向相对人主张提单项下的权利。综上，A纺织公司具有涉案货物托运人的资格，有权向长荣公司主张提单项下的权利。长荣公司作为承运人应当对托运人 A 纺织公司承担无单放货的赔偿责任。一审判决长荣公司赔偿 A 纺织公司货款损失 2 602 562 美元及利息和退税款损失人民币 3 111 486.35 元及利息。长荣公司有异议并上诉,2016 年 5 月 4 日上海市高级人民法院做出二审判决,驳回长荣公司的上诉,维持原判。

### (五)进出口贸易货物保险所致损失纠纷

保险是一种经济补偿制度,被保险人向保险人提供保险费,保险人对被保险人将来可能遭受的承保范围内的损失承担赔偿责任。国际贸易货物一般都要经过长途运输,货物在整个运输过程中,可能遇到自然灾害或意外事故而使货物途中遭受损失,货主为了转嫁货物在运输途中的风险损失,就需要办理货物运输保险。

保险公司对于货物保险的规则制定得非常详尽,但是实际操作过程中还是会产生纠纷。

**【案例链接】**

**进出口贸易货物保险所致纠纷案例**

中国 H 公司以 CIF 天津港价格条件购进一套德国产的小型海德堡印刷机械,因合同金额不很大,合同采用简式标准格式,保险条款一项只简单规定"保险由卖方负责"。一起到货后,H 公司发现一部件变形影响其正常使用。H 公司向德商反映要求索赔,德商答复仪器出厂经严格检验,有质量合格证书,非他们责任。后经商检局检验认为是运输途中部件受到振动、挤压造成的。保险公司认为此情况属"碰损、破碎险"承保范围,但 H 公司提供的进出口货物运输保险保单上只保了"协会货物条款",没有保"碰损、破碎险",所以无法索赔。H 公司是否可以索赔?

**案例分析:** CIF 价格术语的中译名为成本加运费加保险费价格,货价的构成因素中包括从装运港至约定目的港的通常运费和约定的保险费,故卖方除具有与 CFR 术语的相同义务之外,还要为买方办理货运保险,支付保险费,按一般国际贸易惯例,卖方投保的保险金额应按 CIF 价格加成 10%。如买卖双方未约定具体险别,则卖方只需取得最低限的保险险别。所以德商选择了最低级别的保险,并没有违反约定,因而无须承担法律责任。

### (六)进出口贸易的知识产权纠纷

随着全球经济一体化和贸易自由化的快速发展,在巨大经济利益的诱惑下,侵犯他人知识产权的非法货物在国际贸易中的数量和比例不少。侵权产品贸易泛滥,在一定程度上也与企业保护自身知识产权的意识和行动不足有关系。

我国自从加入 WTO 以来,进出口贸易总额稳步增加,但与贸易国的贸易摩擦、贸易纠纷等案件也快速增长。在众多的贸易纠纷中,知识产权纠纷是比较常见的一种,越来越受到贸易国和国内企业的重视。随着知识在经济中发挥的作用愈加重要,凝结在产品中的知识产权也受到贸易国和外贸企业的高度重视。

1. 知识产权保护的基本原则

(1)《与贸易有关的知识产权协定》规定成员方实施本协定时,不得有损于成员方按照《巴黎公约》《伯尔尼公约》《罗马公约》及《集成电路知识产权条约》等已承担的义务。

(2)国民待遇原则。在知识产权保护上,一成员方对其他成员的国民提供的待遇,不得低于提供给本国国民的待遇。

(3) 最惠国待遇原则。世界贸易组织第一次将最惠国待遇引入知识产权保护,规定一成员方提供给第三方的优惠(优待、特权、豁免)均应立即、无条件地给予其他成员方。

(4) 其他原则。

2. 进出口贸易知识产权纠纷的主要类型

(1) 知识产权地域风险。由于知识产权存在地域性,同样的商标,在一国合法注册,在另一国可能因被他人抢注而构成侵权。比如,我国的中成药"同仁堂"和化妆品"大宝"等商标,在日本和东南亚国家被人抢先注册,导致正牌产品进入这些市场反而会被控侵权。

(2) 定牌加工侵犯知识产权。在定牌加工贸易(OEM,俗称代工生产)中,国内出口方为获得订单,往往存在忽视审查委托方是否拥有合法的商标权、专利权等知识产权的情况,盲目生产,出口后侵犯第三方的知识产权。

3. 关于知识产权的争端与解决

各世界贸易组织成员方与协定相关的法律、法规以及普遍适用的司法判决,均应以文字公布。法律、法规应通知与贸易有关的知识产权理事会;当成员方因知识产权发生纠纷时,适用世界贸易组织的争端解决机制。

【案例链接】

### 定牌中性包装侵犯知识产权案例

某年世界杯期间,日本一进口商为了促销运动饮料,向我国出口订购T恤衫,要求以红色为底色,并印制"韩日世界杯"字样,此外不需印制任何标识,以在世界杯期间作为促销手段随饮料销售赠送现场球迷。合同规定当年5月20日为最后装运期。我方组织生产后于5月25日将货物按质按量装运出港,并备齐所有单据向银行议付货款。货到时由于日本队止步16强,日方估计到可能的积压损失,以单证不符为由拒绝赎单,在多次协商无效的情况下,我方只能将货物运回以在国内销售减少损失。但是在货物途经海关时,海关认为由于"韩日世界杯"字样以及英文标识的知识产权为国际足联所持有,而我方外贸公司不能出具真实有效的商业使用权证明文件,因此海关以侵犯知识产权为由扣留并销毁了这一批T恤衫。我方企业遭受了严重的损失。

**防范措施**:企业要增强自身的知识产权意识,注重自我保护。一方面要注重研发自主知识产权;另一方面对已在国内取得的专利权、商标权,应通过国际申请和域外注册等途径,尽早在销售过程中取得相应知识产权,避免出现"李逵变李鬼"的情况。出口企业在生产前,应做好出口商品知识产权调查,以免侵权。

## 第二节 损失索赔

### 一、争议与违约

在国际贸易中,买方和卖方之间的索赔与理赔,是由争议引起的;争议产生的原因往往是由合同方的违约行为造成的。

### (一) 争议

争议(dispute)是指交易的一方认为对方未能部分或全部履行合同规定的责任与义务而引起的纠纷。争议的内容主要是关于合同是否成立、是否构成违约、违约的责任与后果等。在国际贸易业务中,争议屡见不鲜。

### (二) 违约

违约(breach of contract)是指合同的当事人全部或部分地未履行合同所规定的义务,或者拒绝履行其合同义务的行为。违约的行为不同,所引起的法律后果及所承担的责任也不同,各国法律在该方面无统一规定。

《联合国国际货物销售合同公约》将违约划分为根本性违约和非根本性违约。

(1) 根本性违约(fundamental breach)是指"如果一方当事人违反合同的结果,使另一方当事人蒙受损失,以致实际上剥夺了他根据合同规定有权期待得到的东西,即为根本违反合同,除非违反合同一方并不预知而且一个同等资格、通情达理的人处于相同情况下也没有理由预知会发生这种结果"。如果一方当事人根本违反合同,另一方当事人可以宣告合同无效并要求损害赔偿。

(2) 非根本性违约(non-fundamental breach)是指在不构成根本性违约的情况下,受害方只能要求损害赔偿,而不能主张合同无效。

## 二、索赔与理赔

### (一) 索赔

索赔(claim)在法律上是指"主张权利",是指进出口交易中,因一方违反契约规定,直接或间接造成另一方有所损失,受损害方向违约方提出赔偿要求的行为。一般可分为贸易索赔、运输索赔和保险索赔三种情况。

### (二) 理赔

理赔(settlement)是指违约方受理受害方提出的赔偿要求或其他权利主张。

索赔和理赔是一个问题的两个方面,对受害方而言,称作索赔;对违约方而言,称作理赔。

### (三) 产生原因

在实践中,引起索赔理赔的原因,大致可归纳为以下三种情况。

(1) 卖方违约。常见形式有不履行交货义务,不按时交货或不按合同规定的品质、数量、包装等条件交货,或者提供的单证与合同和信用证规定不符。

(2) 买方违约。常见形式有不按时开立信用证、不按时付款赎单、无理由拒收货物,或者在买方负责运输的情况下(按 FOB 条件成交),不按时派船或签订运输合同等。

(3) 买卖双方均有违约责任。如合同是否成立;双方国家法律规定和惯例解释不同,合同条款规定不明确,致使双方解释不一致,造成一方违约,引起纠纷。

其中,尤以品质、数量不符,不交货、延迟交货或不付款引起的索赔最为常见。

买卖双方任何一方违约,都应承担违约的法律责任,而受害方有权根据合同或有关法律规定提出损害补偿要求,这是国际贸易中普遍遵循的原则。

## 三、合同中的索赔条款

为了在发生索赔时能有所依据,在贸易合同中应对索赔条款做出明确规定。在一般的商品买卖合同中,多数只规定异议和索赔条款,有的只在大宗商品和机器设备之类商品的买卖合同中,除规定异议和索赔条款外,还另规定罚金条款。

### (一) 异议与索赔条款

异议与索赔条款(discrepancy and claim clause)主要适用于品质、数量和包装方面的索赔,这类索赔的金额非预先约定,而是根据实际损害程度确定。具体主要包括以下内容。

1. 索赔的依据

合同当事人在索赔时,必须提出充分的依据,包括事实依据、法律依据或者权威机构的证明文件等。

2. 索赔的期限

索赔的期限是指索赔的有效期限,通常的索赔期限有两种:一种是约定期限索赔;另一种是法定期限索赔。

(1) 约定期限索赔。通常是在合同中加以约定,超过约定的索赔期限,受损害的一方即丧失索赔权。

(2) 法定期限索赔。法定期限索赔比较长,例如《联合国国际货物销售合同公约》规定为自买方实际收到货物之日起两年之内。营业地处于公约缔约国的买卖双方,在合同中无约定索赔期限时,将以公约规定的两年为索赔期限。

3. 索赔处理办法

索赔条款对合同双方当事人都有约束力,不论何方违约,受损害方都有权提出索赔。至于索赔金额,因事先无法预测违约的后果,合同中一般只作笼统规定。

### (二) 罚金条款

罚金条款(penalty)又称违约金条款,主要规定当一方未履行或者未完全履行合同义务时,应向对方支付一定数额的罚金,作为对方损失的赔偿。罚金就其性质而论,就是违约金。

罚金条款适用于卖方延期交货或买方迟延开立信用证或延期接货等情况。其特点是双方在合同中预先约定一个赔偿的金额,罚金数额由交易双方商定并规定最高限额。

罚金的支付并不解除违约方继续履行的义务,因此,违约方支付罚金之后,仍应履行合同义务,如因故不能履约,则另一方在收受罚金之外,仍有权索赔。

### (三) 定金

为了促使合同买卖双方自觉履行合同义务,还可以应用定金罚则。定金(down payment)是指合同一方当事人根据合同的约定预先付给另一方当事人一定数额的金额,以保证合同的履行。《中华人民共和国合同法》第一百一十五条规定,给付定金方不履行合同义务的,无权请求返还定金;接受定金方不履行合同义务的,双倍返还定金。

合同中同时订有违约金和定金的情况下,如出现一方违约,对方只能选择其中之一适用。

**索赔条款示例:**

The Buyer shall pay ××% of the total value of the cargo by T/T to the Seller as the earnest money. In the case that the Buyer fulfilled the obligations in the contract, the earnest money shall be deducted by the paying bank at the time of payment. Otherwise the earnest money shall not be returned. In the case that the Seller failed to fulfill any obligation in the contract, the Seller shall pay twice the earnest money to the Buyer. (买方在××月××日前向卖方电汇合同总金额××%的定金,如果买方履行了合同的各项义务,则定金在付款行议付的货款中扣减;否则,定金不予返还。如果卖方未能履行合同义务,则应当将定金双倍返还给买方。)

## 第三节 不可抗力

### 一、不可抗力的含义和范围

#### (一) 不可抗力的含义

不可抗力(force majeure)是一项免责条款,是指合同签订后,发生了合同当事人无法预见、无法避免、无法控制、无法克服的意外事件(如战争、车祸等)或自然灾害(如地震、火灾、水灾等),以致合同当事人不能依约履行职责或不能如期履行职责,发生意外事件或遭受自然灾害的一方可以免除履行职责的责任或推迟履行职责。

#### (二) 不可抗力的范围

根据中国的实践、国际贸易惯例和多数国家有关法律的解释,不可抗力事件的范围主要由以下两部分构成。

(1) 由自然原因引起的自然现象,如火灾、旱灾、地震、风灾、大雪、山崩等。

(2) 由社会原因引起的社会现象,如战争、动乱、政府干预、罢工、禁运、市场行情剧烈波动等。

一般来说,把自然现象及战争、严重的动乱看成不可抗力事件原因各国的看法是一致的,而对上述事件以外的人为障碍,如政府干预、不颁发许可证、罢工、市场行情的剧烈波动,以及政府禁令、禁运和政府行为等归入不可抗力事件常引起争议。因此,当事人在签订合同时应具体约定不可抗力的范围。

### 二、构成不可抗力的基本条件

#### (一) 不可预见的偶然性

不可抗力所指的事件必须是当事人在订立合同时不可预见的事件,它在合同订立后的发生纯属偶然。在正常情况下,判断其能否预见到某一事件的发生有两个不同的标准:一是客观标准,即在某种具体情况下,一般理智正常的人能够预见到的,该合同当事人就应当预见到。二是主观标准,就是在某种具体情况下,根据行为人的主观条件,如当事人的年龄、发育状况、知识水平、职业状况、受教育程度以及综合能力等因素来判断合同当事人是否应该预见到。

#### (二) 不可控制的客观性

不可抗力事件必须是该事件的发生是因为当事人不可控制的客观原因所导致的,当事人对事件的发生在主观上既无故意,也无过失,主观上也不能阻止它发生。当事人对于非因为可归责于自己的原因而产生的事件,如果能够通过主观努力克服它,就必须努力去做,否则就不足以免除其当事人的责任。

## 三、不可抗力事件的处理

发生不可抗力事件后,应按约定的处理原则和办法及时进行处理。不可抗力的后果有解除合同和延期履行合同两种。

### (一) 解除合同

因不可抗力事件严重,使履行合同成为不可能的可以解除合同。

### (二) 延期履行合同

不可抗力事件影响不大,只在某种程度上阻碍了合同的履行,可以延期履行合同。

究竟如何处理,应视事故的原因、性质、规模及其对履行合同所产生的实际影响程度而定。实践中处理不可抗力条款应注意以下事项。

(1) 发生不可抗事件后应立即采取最有效的方式通知对方。

(2) 必须有合同规定的出证机构出具证明。我国一般由中国国际贸易促进委员会(简称贸促会,在全国各地都设有机构)出证明。

(3) 被通知方应及时答复,不能拖延或不予处理。

(4) 防止对方援引时任意扩大或缩小不可抗力的范围。

## 四、合同中的不可抗力条款

不可抗力条款是指买卖合同中订明当事人一方因不可抗力不能履行合同的全部或部分义务的,免除其全部或部分的履约责任,另一方当事人不得对此要求损害赔偿。因此,不可抗力条款是一种免责条款。

中国进出口贸易合同中的不可抗力条款,按对不可抗力事件范围规定的不同,主要有以下三种表达方式。

### (一) 概括式

概括式是指对不可抗力事件作笼统的提示,如"由于不可抗力的原因,而不能履行合同或延迟履行合同的一方可不负有违约责任。但应立即以电传或传真通知对方,并在××天之内以航空挂号信向对方提供中国国际贸易促进委员会及其各地机构出具的证明书"。

### (二) 列举式

列举式即逐一订明不可抗力事件的种类。如"由于战争、地震、水灾、火灾、暴风雪的原因而不能履行合同或延迟履行合同的一方不负有违约责任……"。

### (三) 综合式

综合式即将概括式和列举式合并在一起,如"由于战争、地震、水灾、火灾、暴风雪或其他不可抗力原因而不能履行合同的一方不负有违约责任……"。综合式是最为常用的一种表达方式。

买卖双方签订合同后,有时会出现一些意外事故而影响合同的履行,为了避免产生不必要的矛盾,双方当事人应在合同中订立不可抗力条款。

**不可抗力条款示例**:

Force Majeure: The Seller shall not be held responsible for late delivery or non-delivery of the goods due to flood, fire, earthquake, snowstorm, drought, hailstorm, hurricane, or other events that are beyond the control of the Seller. But the Seller shall notify the Buyer by cable as soon as possible and give the Buyer a certificate by registered mail issued by the China Council for the Promotion of International Trade or other competent authorities.（由于水灾、火灾、地震、暴风雨、干旱、冰雹、飓风或其他任何卖方无法控制的事件，使卖方不能在本合同规定期限内交货或不能交货，卖方不负责任。但卖方需立即以电报通知买方并于事件发生后15天之内以挂号信向买方提供由中国国际贸易促进委员会或有关机构出具的事件证明。）

## 第四节 国际贸易争议的解决办法及仲裁方法

### 一、解决国际贸易争议的办法

在国际贸易中，双方在履约过程中有可能发生争议。由于买卖双方之间的关系是一种平等互利的合作关系，所以一旦发生争议，首先应该通过友好协商的方式解决，以利于保护商业秘密和企业声誉。如果协商不成，则当事人可按照合同约定争议的情况采用调解、仲裁或诉讼方式解决争议。

#### （一）调解

由买卖双方当事人自愿将争议提交选定的调解机构（如法院、仲裁机构或专门的调解机构），由上述机构按调解程序进行调解（conciliation）。若调解成功，双方应签订和解协议，作为一种新的契约予以执行，若调解意见不为双方或其中一方接受，则该意见对当事人无约束力，调解即告失败。我国在诉讼和仲裁中，均采用了先行调解的程序。

#### （二）仲裁

由买卖双方当事人达成书面协议，自愿把争议提交给双方同意的仲裁机构，仲裁机构做出的裁决是终局的，对双方都有约束力。仲裁（arbitration）方式具有解决争议时间短、费用低、能为当事人保密、裁决有权威性、异国执行方便等优点。

仲裁与诉讼相比，具有以下显著特点。
（1）双方可在仲裁协议或仲裁条款中选择仲裁机构和仲裁地点。
（2）当事人可以选择适用的法律。
（3）在仲裁时当事人有权指定仲裁员。
（4）仲裁审理一般不公开进行。
（5）仲裁是一裁终局制，对双方都有约束力。
（6）仲裁程序简便，结案迅速，仲裁费用也比较低。
在国际贸易实践中，仲裁是最被广泛采用的一种解决国际贸易争议的办法。

#### （三）诉讼

一方当事人向法院起诉，控告合同的另一方，一般要求法院判令另一方当事人以赔偿经济损失或支付违约金的方式承担违约责任，也有要求对方实际履行合同义务的。诉讼（litigation）是当事人单方面的行为，只要法院受理，另一方就必须应诉。诉讼在我国范围内的地点是各地的人民法院，外国一般是贸易合作方所在国的法院，也有第三地的国际司法机构。但诉讼方式的缺点在于立案时间长，诉讼费用高，异国法院的判决未必是公正的，各国司法程序不同,当事人在异国诉讼比较复杂。

## 二、仲裁的作用和协议

### (一)仲裁协议的含义和作用

仲裁协议是双方当事人达成的、自愿将其相互间已发生的或将来可能发生的争议提交仲裁解决的书面文件,是申请仲裁的必备文件。没有仲裁协议,仲裁机构将不受理。仲裁协议具有以下作用。

(1)约束双方当事人只能以仲裁方式解决争议,不得向法院起诉。

(2)排除法院对有关案件的管辖权,如果一方违背仲裁协议,自行向法院起诉,另一方可根据仲裁协议要求法院不予受理;并将争议案件退交仲裁庭裁决。

(3)使仲裁机构取得对争议案件的管辖权。

实践中,国际贸易仲裁的方式有仲裁协议书和合同中的仲裁条款两类。

### (二)仲裁协议书

仲裁协议书(submission arbitration agreement)是指当事人之间订立的,一致表示愿意将贸易双方之间已经发生或可能发生的争议提交仲裁解决的、单独的协议。单独的仲裁协议是在合同中没有规定仲裁条款的情况下,双方当事人为了专门约定仲裁内容而单独订立的一种协议。单独的仲裁协议当事人可以在争议发生之前订立,也可以在争议发生之后订立。仲裁条款是仲裁实践中最常见的仲裁协议形式。

## 三、合同中的仲裁条款

仲裁条款是买卖双方当事人在争议前订立,在合同中以书面形式明确的,将今后可能因该合同所发生的争议提交仲裁的条款。该条款作为合同的一项内容订立于合同中,是合同的组成部分。

在国际货物买卖合同中,仲裁条款一般应包括仲裁地点、仲裁机构、仲裁规则、仲裁裁决的效力及仲裁费用的负担等内容。

### (一)仲裁地点

仲裁地点是仲裁条款的核心所在。一般而言,在哪个国家仲裁,就适用哪个国家的法律和仲裁法规。由此可见,仲裁地点不同,所适用的法律可能不同,对双方当事人的权利、义务的解释也会有差异,仲裁结果也就可能不同。因此,买卖双方当事人在协商仲裁地点时,都力争在自己所在国家或比较了解和信任的地方仲裁。

### (二)仲裁机构

国际贸易中的仲裁机构有两类:常设仲裁机构和临时仲裁机构。多个国家和地区都设有商事仲裁机构等国际经济贸易仲裁委员会,中国的常设涉外商事仲裁机构是中国国际经济贸易仲裁委员会(英文简称CIETAC,中文简称"贸仲委"),是世界上主要的常设商事仲裁机构之一,中国一向提倡并鼓励以仲裁的方式解决国际商事争议。CIETAC于1956年4月由中国国际贸易促进委员会(简称"中国贸促会")组织设立,称为对外贸易仲裁委员会。中国实行对外开放政策以后,为了适应国际经济贸易关系不断发展的需要,对外贸易仲裁委员会于1980年改名为对外经济贸易仲裁委员会,1988年又改名为中国国际经济贸易仲裁委员会。2000年中国国际经济贸易仲裁委员会同时启用中国国际商会仲裁院的名称。贸仲委以仲裁的方式,独立、公正地解决经济贸易争议。60多年来,该机构在审理案件中,坚持根据事实,依照法律与合同规定,参照国际惯例,公平合理地处理争议和做出裁决,其裁决的公正性得到国内外一致公认。中国已成为当今世界上主要的国际商事仲裁中心之一。在中国进出口合同中一般都订有仲裁条款,以便在发生争议时,通过仲裁方式解决争端。

中国国际经济贸易仲裁委员会属于中国国际贸易促进委员会,总会设在北京,并在深圳、上海、天津和重庆分别设有分会,在一些省市还相继设立了一些地区性的仲裁机构,在香港特别行政区设立贸仲委香港仲裁中心。为减少成本费用开支,仲裁机构应尽可能就近选择。

### (三)仲裁规则

仲裁规则即进行仲裁的手续、步骤和做法。各仲裁机构都有自己的仲裁规则。按国际仲裁的一般做法,原则上采用仲裁所在地的仲裁规则,但也允许按双方当事人的约定,并经仲裁机构同意,采用仲裁地点以外的其他仲裁机构的仲裁规则进行仲裁。

### (四)仲裁裁决的效力

一般而言,仲裁裁决是终局性的,对争议双方都有约束力,任何一方都不允许向法院起诉要求变更。

### (五)仲裁费用的负担

合同中应明确规定仲裁费用的负担问题。一般规定由败诉方承担,也有的规定为由仲裁庭酌情决定。

**仲裁条款示例:**

Any dispute arising from or in connection with this Contract shall be submitted to China International Economic and Trade Arbitration Commission for arbitration which shall be conducted in accordance with the Commission's arbitration rules in effect at the time of applying for arbitration. The arbitral award is final and binding upon both parties. (凡因本合同引起的或与本合同有关的任何争议,均应提交中国国际经济贸易仲裁委员会,按照申请仲裁时该会现行有效的仲裁规则进行仲裁。仲裁裁决是终局的,对双方均有约束力。)

**教学互动与讲练结合十:**

### 国际贸易仲裁协议的条款设置分析

2014年4月,荷兰A公司与中国广州B装饰公司签订了一份装修合同,双方约定由中国广州B装饰公司承包荷兰A公司租用大厦的室内装饰工程。合同订有仲裁条款,约定:"产生于合同的一切争议,应当由双方协商解决,协商不成的,提交中国深圳市仲裁委员会进行仲裁。"合同签订后,荷兰A公司一直未向中国广州B公司付清工程余款。经协商未果,中国广州B公司于2015年1月向深圳仲裁委员会提请仲裁,要求荷兰A公司还清工程款项。深圳仲裁委员会受理案件后,于2015年2月做出裁决,支持中国广州B公司的诉请。

裁决送达后，荷兰A公司一直未履行裁决义务，中国广州B公司于2015年5月向广州中级人民法院申请强制执行。同时，荷兰A公司向法院提出不予执行的申请，理由在于，双方在仲裁条款中没有选定明确的仲裁委员会，事后也未达成补充的仲裁协议，受理装饰合同纠纷一案的仲裁机构（"深圳"仲裁委员会）与协议选定的仲裁机构（"深圳市"仲裁委员会）名称不符，根据《仲裁法》第十六条及第十八条规定，该仲裁条款无效，进而主张法院不予执行该仲裁裁决。

**请思考分析并互动讨论：**
(1) 仲裁协议有效性应具备哪些要素？该仲裁协议是否有效？
(2) 本案根据当事人的仲裁协议，仲裁机构是否可以确定？其理由何在？
(3) 假定仲裁协议约定两个以上仲裁机构的，应当如何处理？

## 本 章 提 要

本章介绍了国际贸易中的进出口贸易纠纷、索赔、不可抗力和仲裁及其条款在交易合同中的应用。

（1）进出口贸易纠纷是指不同国家（地区）之间在商品和服务的交易过程中因合同履行、货物运输与保险、知识产权保护等产生的纠纷。若签订国际贸易合同时对所签合同内容把握不好，表达方式欠佳，甚至有违合同成立条件，就可能给合同履行留下后患，给有关当事人造成经济损失。

（2）索赔在法律上是指"主张权利"，是指进出口交易中，因一方违反契约规定，直接或间接造成另一方损失的，受损害方向违约方提出赔偿要求的行为。

（3）不可抗力是一项免责条款，是指合同签订后，发生了合同当事人无法预见、无法避免、无法控制、无法克服的意外事件（如战争、车祸等）或自然灾害（如地震、火灾、水灾等），以致合同当事人不能依约履行职责或不能如期履行职责，发生意外事件或遭受自然灾害的一方可以免除履行职责的责任或推迟履行职责。

（4）仲裁是指双方当事人达成书面协议，自愿把争议提交给双方同意的仲裁机构，仲裁机构做出的裁决是终局的，对双方都有约束力。

## 思考与练习　技能证书考试与专业竞赛训练

（一）分析判断题（判断命题的正确或错误，正确的打"√"，错误的打"×"）

1. 商品的质量是国际货物买卖中最重要的因素之一。（　　）
2. 狭义的货运事故是指运输中发生的货损货差事故。（　　）
3. 在合同签订后，凡遇到不可抗力事故，遭受事故的一方即可提出撤销合同。（　　）
4. 索赔和理赔是一个事物的两个方面，不是截然分开的。（　　）
5. 仲裁裁决是终局的，败诉方不能向法院提出上诉。（　　）
6. 遭受损害的一方向违约方要求赔偿，这是理赔。（　　）

7. 调解结果和仲裁结果一样是终局性的。（   ）
8. 不可抗力事件一定不是因为合同当事人自身的过失或疏忽导致的。（   ）
9. 合同无效，不影响合同中仲裁条款的效力。（   ）
10. 国际贸易中的争议案件只能用仲裁方式解决。（   ）

（二）单项选择题（每题只有 1 个答案是正确的，请选择正确的答案填入括号内）

1. 发生（   ），违约方可援引不可抗力条款要求免责。
   A. 战争                B. 世界市场价格上涨
   C. 生产制作过程中的过失    D. 货币贬值

2. 解决合同争议最普遍的方式是（   ）。
   A. 友好协商      B. 调解        C. 仲裁        D. 诉讼

3. 按照《联合国国际货物销售合同公约》的解释，如违约的情况尚未达到根本性违反合同的规定，则受损害的一方（   ）。
   A. 只可宣告合同无效，不能要求赔偿损失
   B. 只能提出损害赔偿的要求，不能宣告合同无效
   C. 不但有权向违约方提出损害赔偿的要求，而且可宣告合同无效
   D. 可根据违约情况选择以上答案

4. 在我国的进出口贸易合同中，关于仲裁地点的规定，我们应力争（   ）。
   A. 在中国仲裁            B. 在被告国仲裁
   C. 在双方同意的第三国仲裁    D. 在对买方有利的国家仲裁

5. 异议与索赔条款适用于品质、数量、包装等方面的违约行为，它的赔偿金额（   ）。
   A. 一般预先规定          B. 一般不预先规定
   C. 由第三方代为规定       D. 由受损方确定

6. 我国与德国某公司签订一笔进口机器零件的合同。合同签订以后，德国某公司的两间工厂都投入了生产。在生产过程中，两间工厂之一由于意外事故遭致火灾，完全丧失了生产能力，德国某公司（   ）。
   A. 因遇不可抗力事件，可要求解除合同
   B. 因遇不可抗力事件，可要求延期履行合同
   C. 因遇不可抗力事件，可要求延期履行合同，但我国有索赔的权力
   D. 不属于不可抗力事件，我方应要求德国某公司按期履行合同

7. 根据《联合国国际货物销售合同公约》的规定，买方向卖方提出索赔的最迟期限是（   ）。
   A. 货物在装运港装运完毕即提单签发日期后两年
   B. 货物到达目的港卸离海轮后两年
   C. 经出口商品检验机构检验得出检验结果后两年
   D. 买方实际收到货物起两年

8. 仲裁裁决的效力是（   ）。
   A. 终局的，对争议双方具有约束力      B. 非终局的，对争议双方不具有约束力
   C. 有时是终局的，有时是非终局的      D. 一般还需要法院最后判定

9. 在国际货物买卖中,较常采用的不可抗力事件范围的规定方法是(　　)。
  A. 概括规定　　　　B. 不规定　　　　C. 具体规定　　　　D. 综合规定
10. 货到目的地卸货后,若发现交货品质、数量或重量与合同规定不符,除由保险公司或承运人负责除外,买方应凭双方约定的某商检机构出具的(　　)向卖方提出异议与索赔。
  A. 品质检验证书　　　　　　　　　　B. 数量检验证书
  C. 重量检验证书　　　　　　　　　　D. 商检证书

### (三) 多项选择题(每题有 2 个以上答案是正确的,请选择正确的答案填入括号内)

1. 国际贸易中解决争端的方式很多,其中有第三方参与,并建立在自愿基础上的是(　　)。
  A. 协商　　　　　B. 调解　　　　　C. 仲裁　　　　　D. 诉讼
2. 《联合国国际货物销售合同公约》规定,卖方延迟交货时,买方可以采取的救济方法有(　　)。
  A. 实际履行　　　B. 请求损害赔偿　　　C. 解除合同　　　D. 法律制裁
3. 涉及商品质量的主要条款有(　　)。
  A. 货物条款　　　　　　　　　　　　B. 商品检验条款
  C. 质量异议期条款　　　　　　　　　D. 运输条款
4. 在国际贸易中,争议产生的原因主要是(　　)。
  A. 在履行合同过程中,遭遇不可抗力事件
  B. 缔约双方中的一方故意不履约
  C. 当事人一方的过失或疏忽,导致合同不再履行
  D. 缔约双方对合同条款理解不一
5. 构成不可抗力的基本条件是(　　)。
  A. 意外事故必须发生在合同签订以后
  B. 意外事故不是因为合同当事人双方自身的过失或疏忽而导致的
  C. 意外事故是当事人双方所不能控制的、无能为力的
  D. 意外事故是当事人能预料的
6. 仲裁的特点(　　)。
  A. 以双方自愿为基础
  B. 程序较简单,处理问题较迅速及时,且费用较低
  C. 裁决是终局性的
  D. 裁决的结果,如果当事人不服,可以上诉

### (四) 思考题

1. 什么是进出口贸易纠纷?
2. 进出口贸易中规避产品质量纠纷的方法具体包括哪些?
3. 如何避免违反其他国家的对进口商品的包装材料进行限制或者强制性监督和管理的法律法规?
4. 国际货物运输事故的责任如何划分?
5. 进出口贸易的知识产权纠纷主要有哪些?

6. 国际贸易索赔产生的原因有哪些?
7. 合同中的不可抗力条款有哪些表达方式?
8. 我国《合同法》对贸易合同给付定金有哪些规定?
9. 合同中的仲裁条款包括哪些?
10. 国际贸易争议有哪些解决方式?

# 案例分析及讨论

**日本横滨某公司以不可抗力为由解除中国上海某研究所进口精密仪器合同是否合理?**

中国上海某研究所与日本横滨某公司签订了一项设备进口合同,计划从日本进口一台精密仪器,合同规定9月交货,但到了9月15日,日本政府宣布:该精密仪器属于高科技产品,要禁止出口,自宣布之日起15天生效。9月16日中国上海某研究所接到日本横滨某公司的来电,以不可抗力为由要求解除所签订的精密仪器买卖合同。

请思考分析及讨论:
日本横滨某公司的要求是否合理?中国上海某研究所应如何处理较为妥当?

# 教学互动

1. 请思考并交流讨论下列哪些事件属于不可抗力? ①洪水;②封锁;③暴动;④民变;⑤传染病;⑥船期变更;⑦机器故障;⑧能源危机;⑨物价上升;⑩货币贬值。
2. 请思考并回答当发生国际贸易争议时,解决方法有哪些?现实中双方选择最多的是哪一种?为什么?

# 第十章

# 国际贸易谈判与订立合同

**知识要求**

了解国际贸易中建立业务关系的主要途径;掌握建立业务关系信函的撰写方法;了解交易磋商的一般程序;掌握发盘和接受的基本内容;了解国际贸易合同的形式和内容;掌握有效订立国际贸易合同的条件、方法和注意事项。

**应用要求**

能运用国际贸易谈判的技巧初步了解国际贸易谈判的分类、流程和应用,认识和运用国际贸易的合同法、国际条约;能初步掌握国际贸易的询盘、发盘、还盘和接受的应用方法,会草拟和订立国际贸易的合同。

## 第一节 国际贸易谈判与订立合同简介

国际贸易的谈判属于国际商务谈判范畴,是指参与国际贸易谈判的人员通过交流沟通和协商来实现双方各自利益诉求的洽谈过程。国际贸易中的国际贸易谈判属于进口商和出口商各种业务中的基本业务。在实际应用和操作过程中,参与谈判人员的谈判技巧和相关领域的专业知识对谈判的成功与否起着至关重要的作用。在国际贸易中的订立合同环节中,谈判双方需要通过谈判与协商来订立合同中的责任、义务和相应的权利,不仅要促进合同的签订,同时也需要在谈判过程中化解由利益冲突而导致的谈判危机,从而确保谈判的顺利进行和合同的订立。因此,国际贸易中的国际贸易谈判与订立合同的环节在国际货物贸易中位于至关重要的地位,其所涉及的范围包含商务领域、产品技术领域、法律领域、国家政策领域和专业知识领域,是一项专业性和综合性很强的环节。而由谈判结果所订立的合同规定了买卖双方的责任与义务,因此,国际贸易中交易双方都对此环节极为重视。

国际贸易的商务谈判和国内贸易的商务谈判有所不同,因为谈判双方来自不同的国家和地区,有着不同的文化传统和价值体系,拥有不同的语言和信仰,这些都可能对谈判中双方的判断和交流沟通造成一定的困难。因此,在国际贸易中的谈判环节不仅要求谈判双方拥有高度的专业性,也要求具备一定的人文素养,在谈判过程中,谈判双方必然会对合同中的价格定位和相关合同条款存在分歧,在某些情况下,谈判双方可能会对某些条款就利益得失上进行激烈的争论。为了解决这个问题,并且保障谈判环节顺利进行到最后的合同签订,谈判双方都需要为参与谈判的团队准备熟悉各个方面业务的谈判人员,这些人员应具备相关领域的专业知识,灵活善变,在谈判的关键时刻找到对方和己方的利益共同点,从而保证谈判的成功。

## 第二节 交易前的准备工作

由于进出口交易双方的立场及其追求的具体目标各不相同,在谈判过程中,往往充满尖锐的利害冲突并出现反复讨价还价的情况。参加商务谈判人员的任务是,根据购销意图,针对交易对手的具体情况,施展各种行之有效的策略,正确处理和解决彼此间的冲突和矛盾,谋求一致,达成一项双方都能接受的公平合理的协议。交易双方达成的协议,不仅直接关系到双方当事人的利害得失,而且具有法律上的约束力,不得轻易改变,所以是否拍板成交和达成协议,彼此都应持慎重态度。

国际贸易中的商务谈判环节不仅复杂而且十分重要,对后期工作有着极强的铺垫作用,双方在进行谈判时,需要做出充足的准备工作。经验表明,国际贸易谈判的前期准备工作充分程度会对后期国际贸易谈判的结果产生直接影响,国际贸易谈判前需要做的准备工作很多,需要参与者思考和分析国际贸易谈判的各个环节,包括寻找客户、熟悉目标市场、了解交易对象、组织谈判团队、做好国际贸易谈判的计划及准备、掌握国际贸易谈判的基本原则、把握国际贸易谈判的阶段与步骤等。

### 一、寻找客户

在国际贸易领域中,寻找客户的阶段是和国外合适的交易对象在国际市场上建立买卖业务合作关系的必经过程。在这个过程中,交易双方进行相互的介绍,使对方对自己的公司概况、产品信息以及市场信誉度有所了解,为了将来可能产生的商业交易建立初步的信任基础。在国际市场建立客户关系很重要,对之后开展贸易工作至关重要。

#### (一)寻找客户的方法

任何企业和个人要从事国际贸易都需要在国际市场上找到合适的交易对象,必须要通过一定的方法和途径来寻找可以合作的潜在客户。在实际的贸易业务过程中,不同企业和个人寻找客户的方法各不相同,总体而言分为以下几种。

(1)应用网络平台寻找客户。

(2)通过长期合作的银行帮助介绍客户。

(3)通过国内外知名的商会介绍客户。

(4)通过成熟的电子商务平台来寻找潜在客户,例如阿里巴巴、亚马逊、EBay等电商B2B网络平台寻找客户。

(5)通过参加各国的商品展览会、博览会、洽谈会或交易会寻找客户。多数国家的各个行业都会在不同的时间举办不同的专业产品展览会、博览会、交易会或洽谈会,在国际贸易领域中,很大部分订单是通过上述的展览会、博览会、交易会或洽谈会来获取的,例如我国每年春秋两季定期举办的广州中国进出口商品交易会(The China Import and Export Fair),简称广交会,创办于1957年春季,是中国目前历史最长,层次、规模、商品种类、到会客商最多,成交效果显著的综合性国际贸易盛会。

(6) 通过中间商来实现对潜在客户的挖掘,这是很多国际贸易企业经常使用的一种寻找客户的方法,企业只要支付给中间商部分佣金或者产品的咨询费用,就可以寻找到所需要的目标客户,其优势是过程短、时间快,其缺点是企业需要支付一笔数额不菲的中介费用。

### (二) 维系客户关系函电的写作

在找到目标客户之后,就要和目标客户建立业务关系,做好客户关系管理。维系客户关系通常通过写作函电(即外贸函电)来实现。函电是一方公司向另一方公司寄送建立和开展业务关系的信函。

写作外贸函电的结构主要包括信头、日期、名称、地址、称呼、正文、结束语、签名等,在实际的操作过程中,可根据交易的具体情况增添事由、附件等项目。一篇正式的外贸函电需遵循简明、清晰、礼貌三大原则。简明是指外贸函电讲究实效,无须场面语或表达不清晰的内容,简单明了地解释信件的要点;清晰是指函电内容必须清晰、正确,不能让对方的理解发生歧义;礼貌是指采用正式而礼貌的用语,尤其是在向对方申诉或索赔时,要把握好语言的分寸。

建立业务关系的函电一般包括下列内容。

(1) 交代信息来源和去函目的,例如:

We have obtained your name and address from … we are writing to you in the hope that we can establish business relations with you.

(2) 自我介绍,例如:

We specialize in the exportation of Chinese textile products… Our products are excellent in quality and reasonable in price.

(3) 激励性结尾,例如:

We look forward to receiving your specific inquiry.

## 【动态信息链接】

### 建立业务关系信函实例

Dear Sirs,

We have obtained your name and address from ABC company and we are writing in the hope that you would be willing to establish business relations with us.

We have been leading importers of casual shoes for many years. At present, we are interested in extending our range and appreciate your catalogues and quotations.

If your prices are competitive, we would like to place a trial order with you.

We look forward to your early reply.

Yours faithfully

## 二、熟悉目标市场

在和客户进行谈判之前,己方需要从各种已知途径有系统、成体系地收集目标市场的相关资料,以这一市场调研为切入口,进一步加强己方对目标市场的贸易惯例、价格波动区间、法律政策环境以及市场供求状况等多方面进行分析、研究和了解。因为,在谈判的过程中,谈判对象的利益满足点都或多或少地基于当地的市场状况。尽可能多地了解和熟悉目标市场的状况,可以使己方对谈判对象的意图和需求做出正确的判断,从而恰当地把握谈判的策略、内容和技巧,使谈判结果向对于己方有利的方面进行。在实际的国际贸易谈判操作过程中,需要认真了解和掌握以下情况。

(1) 对所交易商品的目标市场进行细致的分析,例如所交易商品目标市场的供求情况、影响供求关系的市场因素、近期的价格波动幅度和趋势,当地政府的政策和法律法规情况,特别是所交易商品的关税和贸易环节税征收的种类和税率水平,当地消费者的消费偏好、当地企业的投资偏好、当地的平均工资水平、两国近期的货币以及财政政策等。这些调查研究将为己方制定谈判策略与明确谈判措施提供重要的参考。

(2) 了解并掌握目标市场相关商品的竞争状况。若己方能了解并掌握目标市场交易相关商品的竞争情况与定价状况,己方就可以制定出符合双方心理预期的成交条件,从而避免在谈判过程中定价偏离实际市场状况过大的情况。如果定价高于目标市场的平均幅度,那可能会拖延谈判的进程和时间,甚至失去成交的机遇;如果定价低于目标市场的平均幅度,己方又可能会损失一部分应得的利润并承担一些不必要的成本。另外,了解并掌握目标市场相关商品的供求情况和竞争状况,会使己方在谈判的过程中有更多回旋的余地,有利于己方在谈判过程中和对方进一步进行讨价还价,促成交易。

## 三、了解交易对象

详细了解交易对象,做到"知己知彼"。需要通过多种途径对谈判对手进行深入的研究,例如对方公司的文化背景、政治背景、信用情况、资金状况、业务范围、工作风格和继往贸易经营记录等各方面,在收集到上述信息后,对这些信息进行深入的分析和研究,以预防可能出现的商业贸易风险。接着,通过交流和沟通来了解对方真实的需求,探求对方的潜在需求,以及对方所关心和担忧的问题,其目的是在满足对方条件的同时,为己方争取有利的成交条件,从而实现双赢的结果。一般情况下,企业可以通过我国的驻外机构、外经贸部门、互联网络、各大国有控股商业银行、国外工商团体、商会和行业协会、与谈判对手有业务往来的企业等对合作交易的目标企业进行调查,调查的内容和范围具体包括以下内容。

(1) 企业的组织机构情况,包括企业的名称、地址、联系方式、创建历史、内部组织机构、分支机构、主要负责人及担任的职务等。

(2) 政治情况,主要了解客户的政治背景、与政界的关系,企业负责人所参加的党派及对我国的政治态度。

(3) 资信情况,包括企业的资金和信誉两方面。资金是指企业的注册资本、实际资本、其他财产及负债等,信誉是指企业的经营作风等。

(4) 经营范围,主要是指企业生产的行业和经营领域及商品品种。

(5) 经营能力,主要是指客户的业务活动能力、资金融通能力、在国际市场上的贸易关系、经营方式和销售范围与渠道等。

(6) 经营前科情况,是指与其他企业曾经合作的情况。

## 四、组织谈判团队

国际贸易谈判不是简单个人之间的交际活动,而是由一定人员构成组织进行国际商务洽谈的活动。国际贸易谈判需要有一定的组织形式作保证,在谈判中运用群体智慧,通过分工协作共同完成谈判任务,谈判组织构成合理,可以使谈判人员在体力、知识和技能方面优势互补,形成谈判的整体优势,从而争取谈判获得成功。因此,合理设计国际贸易谈判的组织对谈判的成功非常重要。

### (一) 谈判人员素质的选择

谈判人员素质的选择对于国际贸易谈判的成功与否相当重要。国际贸易谈判是智慧、能力和实力的较量,既要求谈判者能够对付各种压力与挑战,又要求能分辨出机会与可能,谈判者需具有较高的个人素质,素质是个体品德、知识能力和禀赋的综合体现。一个合格的谈判者应具备的基本素质包括道德品质、业务能力和心理素质。具体的素质要求包括:谈判人员应具有良好的自控与应变能力、勤于观察和思考分析问题的能力、迅捷的反应能力、敏锐的洞察能力,具有沉稳的心理素质与平和的心态,言谈举止大方。谈判规模有大有小,不管谈判人员多少,谈判人员基本素质的要求是相同的。参加国际贸易谈判的人员需要具备以下条件。

(1) 具备较好的政治觉悟和敏感度、理解政策、较强的心理素质和能制定较完善的策略技巧,同时还需要具备一定的灵活度,能正确处理谈判中出现的突发情况。

(2) 熟练地掌握目标市场的语言,能用该目标市场的语言直接与对方进行商务谈判和处理相关的问题,避免双方在谈判时出现不必要的误解。

(3) 了解我国对外贸易领域有关的政策和法规,可以在交易与谈判的过程中获得本国政府的支持。

(4) 了解和掌握与国际贸易专业的相关知识,包括所交易商品的名称、品种、用途、质量、数量、规格、技术指标、市场需求、产品特点、包装、价格、成本核算、售后服务、交货时间与地点、运输方式、付款条件、国际金融、国际保险和心理学等知识。

### (二) 国际贸易谈判组织的构成原则

#### 1. 规模要适当

国际贸易谈判配备人员的多少,取决于谈判的规模和复杂程度以及谈判的要求等。英国有谈判专家提出,谈判班子以4人为佳,最多不能超过12人,这是由谈判效率、对谈判组织的管理、谈判所需专业知识的范围和对谈判组织成员调换的要求决定。谈判组织规模的大小,要根据实际需要确定,总之规模要适度。一般的国际贸易谈判,规模都不大,要求也不是很高,由一名主谈人,配一名副手,加上1~2名专业人员。有的国际贸易谈判规模小,目标单一明确,仅需要1~2名谈判人员;有的国际贸易谈判规模大,情况复杂,目标多元而需要由多个谈判人员组成谈判小组,如果规模更大就需组成谈判代表团。

#### 2. 知识要互补

国际贸易谈判是涉及商务、技术、财务、税收、金融、法律等专业领域多种知识的经济活动,因为任何一个人员所掌握的知识都是有限的,而且存在个体差异,所以在组织谈判人员时,要注意知识互补,使谈判组织形成整体优势,从而能处理不同的问题。

### (三) 国际贸易谈判人员的组成与职责

国际贸易谈判根据在谈判工作中的作用,通常由主谈人和辅谈人员构成。

#### 1. 主谈人

主谈人即谈判的首席代表,是谈判桌上的主要发言人,也是谈判的组织者。主谈人的主要职责是将已确定的谈判时间和谈判策略在谈判桌上予以实现。主谈人在谈判中的地位和作用很重要,要求思维敏捷、口齿伶俐、知识渊博、经验丰富、反应灵敏,要能从复杂的谈判内容中抓住重点,把握目标,掌握谈判的主动权;要能运用逻辑推理与对方辩论,并说服对方接受己方的方案;要善于运用各种策略技巧与对方周旋;要能统帅谈判的全体人员,共同完成谈判任务。

2. 辅谈人员

辅谈人员是指除主谈人和谈判负责人以外的谈判小组其他成员。需根据国际贸易谈判规模的大小和需要配备,可有贸易业务、财会人员、运输人员、工程技术人员、法律人员和记录人员,与外商谈判时还需有翻译人员。辅谈人员的主要职责是在谈判中回答主谈人的咨询,提供信息和参考资料;详细记录双方谈判的主要情节,协助主谈人完成谈判任务。辅谈人员在谈判过程中处于"配角"位置,一般不得越位。辅谈人员根据谈判的内容和个人的专长进行适当的分工,明确个人职责,在谈判中按照既定方案相机而动,彼此响应,互相密切配合,形成目标一致的谈判统一体。

## 五、做好国际贸易谈判的计划方案及准备

在进行商务谈判前,需要对相应的商务谈判制订相应的谈判策略和方案。所谓谈判策略和方案,具体是指谈判一方为了实现某种产品的进出口任务而制定的经营目标、谈判中所需要达到的最高或最低目标,以及实现以上目标所需要采纳的相关策略、步骤和具体实现渠道。而谈判策略和方案将会成为稍后参与谈判的人员的依据。

### (一)制订谈判计划方案

为了有效地举行国际贸易谈判,必须在谈判的准备阶段制定出一份切实可行的谈判计划方案。国际贸易谈判计划的首要目标是谈判成功,其次力争获得尽可能多的利益。具体的国际贸易谈判计划内容应放在所交易商品的品种、规格、性能、质量、数量、价格、服务、运送、支付等要求方面,并形成书面材料,尽量避免在谈判中散乱地向谈判对方提要求。具体实施步骤一般包括确定谈判目标、选择谈判时间和地点、明确谈判人员及其分工、拟定谈判议程四个方面。

1. 确定谈判目标

每一次谈判都必须有目标,这些目标就是谈判预期,预期目标实际上应是弹性目标,允许在某个幅度范围内根据谈判情况调整。要明确目标的实现程度,通常把目标的实现程度分为"最高目标""中等目标"和"最低目标"三个层次。并按三个层次制定三套谈判方案,最高目标是谈判最为有利的目标,最低目标是谈判成功的最低极限,中间目标介于两者之间。在三个层次目标幅度范围之内,谈判者可以根据谈判的实际情况确定成交的目标层次。

2. 选择谈判时间和地点

(1)选择谈判时间。谈判时间是制订谈判计划的主要内容之一,要约定谈判的开始时间和结束的最后期限,选择谈判时间的原则是以谈判者双方都能准确把握的时间为准,谈判是双方的事情,必须双方时间都合适。谈判的期限可以根据谈判内容的多少酌情而定。如果对方合作心情比较迫切,谈判项目内容多,就不能太短,但也不能太长,以免增加人力、物力和财力成本。

(2)选择谈判地点。谈判地点有三种情况:在买方企业所在地;在卖方企业所在地;既

不在买方企业所在地,也不在卖方企业所在地,而是在双方都认可的其他地方。这三种不同地点的选择各有利弊。谈判地点最好选择在己方,好处有三个:一是对己方联络、进一步搜集资料和通信等方面有利;二是可减少己方到对方的差旅费用,降低成本;三是在自己熟悉的环境中谈判没有心理障碍,容易形成心理上的安全感和优越感。缺点是易受己方各相关人员及相关因素的干扰,增加了对方复杂的接待工作。

3. 明确谈判人员及其分工

在谈判开始之前,必须明确谈判人员的组成、职务及分工,明确谁是主谈人,谁具体负责哪一项工作。主谈人由谈判各方指定,组成人员应包括与贸易谈判有关各方面的专业人员,如贸易业务人员、财会人员、物流人员、工程技术人员等。在谈判过程中,各有关人员要根据专业分工情况,各负其责,如贸易业务人员以贸易业务为主,财会人员主要负责贸易成本费用核算,物流人员主要负责贸易商品物资的包装、运输、交货,工程技术人员主要负责贸易商品物资的质量标准和技术性能,避免造成谈判工作过程的混乱。

4. 拟定谈判议程

(1)列出谈判议题,把该次谈判有关的所有问题全部罗列出来,再根据谈判议题拟定谈判议程。

(2)按先后顺序安排好谈判议题。时间安排的基本原则有两条:一是先易后难,先洽谈双方分歧不大,容易取得一致意见的议题,然后再洽谈分歧大、意见难统一的议题;二是穿插交叉进行,例如把己方想要得到和准备向对方让步的议题间隔进行洽谈,使谈判双方各有所得。国际贸易谈判利益的相互性决定了谈判议程的安排是由双方共同完成的。在准备阶段各方考虑的只是本方的观点,到双方见面时还要对议程进行协商统一安排。

(二)准备国际贸易谈判资料

国际贸易谈判需要准备的资料一般包括:谈判双方的背景资料,所交易商品的市场行情资料,所交易商品的品质、规格、性能资料,技术资料,银行贷款利率,所交易商品的税收税率,汇率资料。国际贸易谈判资料收集越全面,谈判的实力就越强,谈判的主动性就越大,谈判成功的可能性也越大。

(三)策划谈判的战略与战术

1. 拟定谈判的战略

谈判过程中可以使用三种战略:①先试探谈判对方的观点,避谈己方的立场。这种战略多用于对方很想达成协议,己方缺乏足够信息的状况。②直接谈出己方的最理想方案。这种战略通常用于己方已了解对方的方案。③讲出己方的最理想方案后,紧接着讲出己方的目标方案。这种战略多用于当己方处于弱势但又有可能说服对方时。

2. 掌握谈判的战术

合理利用战术有助于谈判的成功,谈判过程中常用的战术有以下9个:①把需要谈判的问题按重要性排序。②力争保持谈判的主动性。③充分利用可靠的资料。④谈判中少用"是"或"不是"的回答,多用聪敏的提问,以获得尽量多的信息。⑤适当利用沉默,使对方从心理上感到紧张,急于进行下一步的洽谈。⑥即时利用谈判的间隙重新思考问题,避免被对方牵制。⑦运用发散思维,不要被预想的计划束缚创造性。⑧谈判中不要担心说"不"。⑨认真记录谈判内容以便写成采购合同。

## 六、掌握国际贸易谈判的基本原则

国际贸易谈判的基本原则是指在国际贸易谈判过程中,谈判各方应该遵循的思想和行为准则。国际贸易谈判属于国际商务谈判范畴,谈判的基本原则主要包括以下五条。

### (一)"三角"原则

"三角"原则的前提是"任何基于强迫或诡辩的谈判都不会成功"。"三角"原则的含义是:首先要明确己方的目标,然后找出对方的目标,向对方传达己方所了解的信息,最后以对方能够接受的方式提出解决问题的方案。"三角"原则可形象描述成图10-1所表示的三角形。在开始谈判或谈判中感觉出现冲突时,运用这个"三角"原则,认真思考权衡三个方面,就会使谈判者从困惑到清晰,认识与对方继续谈判建立牢固关系的重要性,进而取得谈判的成功。

图 10-1　国际贸易谈判的"三角"原则

### (二)合法原则

合法原则是国际贸易谈判中的重要原则。合法就是要求洽谈要在不违背相关国家和国际法律与法规的前提下进行,不能从事违法的交易活动,也不能以牺牲企业利益为代价,或假公济私、损公肥私。在谈判过程中,谈判人员的行为也必须合法,只有在合法的行为下达成的协议才会受到法律的保护。

### (三)诚心合作原则

为了保证谈判的顺利进行,力争国际贸易谈判成功共赢,谈判双方必须共同遵守诚心合作原则,诚心合作原则就是要求谈判双方要以诚实、精练的语言表达最充分、最真实的相关信息。在时间和效率都是金钱的现代商品经济社会,供需双方在谈判时,总是希望大家都能相互理解,共同配合,使谈判早日取得一致,达到各自的目的。在国际贸易谈判中,谈判双方虽然站在各自的立场,处于对立的状态,但双方最终的目的都是希望谈判能获得成功,为此,双方都尽量遵守合作原则,以显示自己的诚意,确保谈判的顺利进行。

### (四)灵活原则

灵活原则是要求在国际贸易谈判过程中灵活机动,运用发散思维,要因人、因事而异,一事一议,一事一策,不能抱着教条不放。要学会妥协,通过己方的妥协、让步换取己方的利益。

### (五)相对满意原则

现实中没有十全十美的事情。国际贸易谈判双方是一种合作关系,而不是对抗与冲突关系。双方的利益是共享的,谈判的任何一方都要让渡一定的、合理的利益给合作伙伴,而不可能独自占有更多的经济利益。相对满意原则也并不是要求谈判当事人不去争取应得的利益,对谈判对手无原则地妥协和让步。对于应得的利益,谈判当事人应该据理力争,但要注意方式和方法。

以上是国际贸易谈判中必须遵循的五条原则。只有理解并准确地把握这些原则,才能认识国际贸易谈判的本质,掌握和运用好国际贸易谈判的策略与技巧。

## 七、把握国际贸易谈判的阶段与步骤

国际贸易谈判比较复杂,可分为以下六个阶段。

### (一)摸底介绍阶段

在正式谈判开始前,双方主要任务是相互摸底,希望知道对方的谈判目标底线,所以在这一阶段说话往往非常谨慎,通常以介绍本方的来意、谈判人员的情况(姓名、职务、分工等)、己方企业的历史、生产经营的有关情况等为主,在谈话中注意对方的意见和观察其反应。在该阶段,价格的敏感问题先不要在谈话中涉及,应在倾听对方意见之后再提出。

### (二)询价和讨价还价阶段

价格是国际贸易谈判的敏感问题,也是谈判的最关键内容之一,在该阶段需要考虑的问题是:谁先开价、如何开价、对方开价后如何还价等问题。如对方不开价,己方可询价。讨价还价包括询价、比价、报价、议价、定价和持价。按照交易的条件可以分为询价条件、对比调价、提报条件、商议条件、确定条件和坚持条件。

### (三)磋商阶段

在进行询价后,谈判就进入了艰难的磋商阶段,双方已经知道对方的初始报价,所以在磋商阶段主要是双方彼此讨价还价,尽力为己方争取更多利益。从初始报价已经表明了双方分歧的差距,要为己方争取到更多的利益,就必须判断对方为何如此报价,他们的真实意图是什么,可以通过一系列审慎的询问来获得信息,比如这个报价和购买数量的关系,有没有包括运费、零配件费用和其他费用在内等。注意在这阶段不宜马上对卖方的回答予以评论或反驳。

谈判中出现分歧是很正常的。分歧的类型有三种:一是由于误解而造成的分歧,主要是由于未能进行充分和有效的交流沟通所造成,比如表达己方的意见时,未能阐述清楚,在对方报价时没有解释报价的依据等;二是出于策略的考虑而人为造成的分歧,比如双方为了讨价还价以达到自己满意的价格需要,开始报价时就报得过高或很低;三是双方立场相差很远而形成的真正的分歧,比如双方的价格底线差距很大,在通过多次磋商仍不能达成一致。

### (四)设法消除分歧阶段

在明确了分歧类型和产生的原因后,就要想办法消除双方之间的分歧。对由于误解而造成的分歧,通过加强沟通、增进了解,一般是可以消除的。出于策略的考虑而人为造成的分歧,通过反复讨价还价谈判后一般会取得一致意见。双方立场相差很远而形成的真正分歧,消除非常困难,需要高明的策略和技巧。

### (五)成交阶段

经过磋商之后,双方的分歧得到了解决,就进入成交阶段。在这个阶段,谈判人员应该将意见已经一致的内容进行归纳、整理和总结,并办理成交的手续或起草成交协议文件(如签订合同书)。

### (六)检查确认阶段

检查确认阶段是谈判的最后阶段,在这一阶段主要做好以下工作。

1. 检查成交合同(协议)文本

应该对谈判结果形成的合同(协议)进行一次详细的检查,尤其是对关键的词、句子和文字、数据的检查一定要仔细认真,要逐字逐句核对,多人检查。一般应该采用统一的经过公司法律顾问审定的标准格式文本,如合同书、订货单等。对大宗或成套项目交易,最后文本一定要经过公司法律顾问的审核。

2. 签字认可

经过检查审核之后,由谈判小组长或谈判人员进行签字并加盖公章,予以认可。

3. 礼貌道别

无论是什么样的谈判及谈判的结果如何,双方都应该诚恳地感谢对方并礼貌道别,这有利于建立长期的合作关系。

## 第三节  国际贸易谈判的基本技巧

国际贸易谈判是一项系统工程。在谈判中,陈述己方观点并且倾听对方观点是谈判的基础,双方的互相提问与答复构成谈判的主题,同时,在谈判过程中的说服、拒绝和让步构成了整个国际贸易谈判的基本框架。在国际贸易谈判的技巧中主要是说服的技巧、拒绝的技巧和让步的技巧。

### 一、说服的技巧

谈判的实质是双方在谈判过程中都竭尽所能说服对方接受其诉求所采用的交换看法与意见的技能。说服是整个国际贸易谈判的主轴,也是谈判中最不容易确定的事情。在国际贸易谈判中,如果己方不能有力和有效地对谈判对象进行说服,那么谈判就会陷入僵局,最终导致谈判的破裂。正因为如此,在国际贸易谈判中,要说服谈判对象接受己方的条件是一项难度很高的任务。它要求谈判者能够熟练地掌握各种谈话艺术和语言技巧。谈判说服的基本技巧有以下五种。

1. 先易后难

在国际贸易的谈判中,谈判双方应该就双方所要商讨的问题进行分类排队,根据谈判问题达成一致的难易程度,按照先易后难的方法先对容易达成一致的问题进行谈判,再对较难达成一致的问题进行谈判,这样做可以让谈判朝着对双方都有利的方向发展,最后实现谈判的成功。

2. 明示利弊

因为参与国际贸易谈判的双方是以利益为参与谈判的出发点,所以双方都会锱铢必较,注意双方的利益得失。己方可以根据这种情况,应用明示利弊的方法,在谈判开始时先主动迎合对方的利益诉求,说明合作的利处,从而唤起谈判对手在谈判过程中的热情与兴趣。然后,己方再按照这样的思路展示出合作可能存在的缺点,从而有助于己方在稍后的谈判中说服对方,减少缺点对于对方所产生的消极作用,达到良好的说服效果。

3. 换位思考

国际贸易谈判的出发点在于满足己方要求的情况下得到对方的认可。如果己方不能够满足对方迫切的需求,是无法用谈判技巧来说服对方在合同上签字的。因此,用换位思考的方法,己方在谈判的过程中仔细挖掘对方最迫切的需要,并合理地提出满足该需要的实现途径,从而使谈判对手在感情上对己方产生"认同感",这相对于一直强调己方需求而忽视对方需求的方式来说可以起到事半功倍的效果。

4. 强调共赢

国际贸易谈判是谈判双方通过解决利益冲突而实现合作的过程,谈判的成功与否需要考虑合作与冲突因素在谈判过程中的强弱对比,如果冲突的因素多,那么谈判成功的希望就小,相应地,如果合作的因素多,则谈判成功的概率就大。因此强调共赢有利于谈判的成功。

5. 首尾并重,突出主题

在谈判的实际操作过程中,双方的开头和结尾会给对方留下深刻的印象。因此,各方都应该注重发言的开头和结尾部分的陈述技巧,把最根本的利益诉求放在谈判的初始或者结尾的时段,以便突出谈判的利益诉求,加深对方对己方观点的印象,最终增加己方在谈判过程中说服对方的效果,在保证己方根本利益的前提下,实现谈判双方的共赢。

## 二、拒绝的技巧

拒绝是说服过程中一种常见的反馈模式。在一般的国际贸易谈判过程中,说服的反馈模式有两种:拒绝和允诺。虽然这两种反馈模式在字面上是相互排斥的,但在内涵上有联系。这是因为,拒绝和允诺是一对矛盾的两个方面,一方的拒绝意味着另一方的允诺;反之亦然。因此,掌握拒绝的技巧在国际贸易谈判中有着重要的作用,常用的拒绝方法有以下七种。

1. 赞同婉拒法

在国际贸易谈判中,当己方想要拒绝对方所提的诉求或者条件时,己方需要思考并给出拒绝理由的合理性与充分性。同时,还需要考虑谈判对手心理状态和自尊心,在维持当前谈判氛围的同时,避免谈判对手产生对抗心理。具体而言,先用赞同的正面效应来中和拒绝所产生的负面效应。己方可以从谈判对手的利益诉求中找到与利益冲突无关的内容,并对这些内容给予适当的赞同,从而表现出对对方的尊重与理解,然后再对双方产生利益冲突的实质性内容进行拒绝和阐述拒绝的原因,从而委婉地拒绝对方不合己方利益的诉求。

2. 反问法

在国际贸易谈判中,任何情况都可能出现。当谈判对手对己方提出不合理的利益诉求或者无关的指责时,如果己方立即以尖锐的话语进行反击,就有可能出现谈判崩盘的情况,导致谈判的失败。因此,在谈判对手对己方提出不合理的利益诉求或指责时,己方应该抓住对方所表现出的破绽,并对破绽进行层层的反问,从而让对方收回其不恰当的利益诉求和无关的指责。

3. 暗示法

在谈判过程中,如果谈判对手所提出的诉求己方无法正面回答,或者己方的正面拒绝会导致不必要的争论,那么己方最好的方式是以幽默的方法,用答非所问和偷换概念的做法向对方暗示己方的拒绝。

4. 客观婉拒法

如果对方在谈判中所提出的利益诉求不在己方的接受范围内,并且己方也没有其他可用的策略来避免对方的争辩时,己方可以将对方的利益诉求拆分为若干个次级的利益诉求,针对其中部分次级利益诉求提出客观原因上不能实现的理由,从而通过对次级利益诉求的否定达到对原有利益诉求的否定。

5. 借口法

当谈判对手利用和己方谈判成员的人际关系来提出不合理的利益诉求时,若己方因为人际关系而无法直接拒绝对方时,可以其他客观因素为借口,例如权力级别不够、公司政策不允许等,告知谈判对手合同签订的关键在于某个不可控的环节,而这个环节是己方暂时无法解决的,最后,向对方展示出己方愿意尽最大努力来解决利益冲突的诚意,这样可以起到避免双方在谈判中陷入困境的危险。

6. 允诺补偿法

在国际贸易谈判中,如果己方对于对方的利益诉求不愿意接受,不宜采用直接拒绝的方式,以免产生一系列负面的影响,从而失去谈判最终达成一致的机遇。在这种情况下,己方为了抵消谈判对手可能因己方的拒绝而出现心理上不平衡的问题,应该尽力在物质上或者心理上对谈判对手做出一定的补偿,即通过满足对方利益诉求外的利益而换取对方对己方拒绝现有利益诉求的理解,从而为最终谈判的成功奠定基础。

7. 自陈感觉法

为了实现谈判最终的成功,谈判双方都应该保持融洽与和谐的谈判氛围,并且维持相对克制的态度。如果对方在谈判过程中采用计谋蓄意破坏谈判进程,己方若不宜直接提出抗议,则应该通过表达己方对于谈判的愿景与感觉,澄清谈判中的误解,从而维护己方自身合理的权利与利益。

## 三、让步的技巧

国际贸易中的谈判是以互利共赢为主旋律。为了实现这一目标,参与谈判的双方应该把握好利益冲突的程度,当正面冲突达到一定的程度时,双方必须采取行动对自己的行为进行节制,并且做出适当的妥协和让步,从而达到谈判最后的成功。国际贸易谈判的让步技巧大致有如下几种。

1. 讨价还价法

讨价还价是国际贸易谈判中最为常用的一种让步方法。一般来说,以一方提出的开盘价和另一方提出的换盘价作为整个价格谈判环节的最大值和最小值,在谈判的过程中,参与谈判的双方进行相互的让步,让价格朝着双方都愿意妥协的价格上靠拢,最终达到双方都能互利共赢的价格。在谈判中,己方的让步频率不要过于频繁,这样会让对方认为己方的底线很低,因此,己方需要在适当的范围内进行让步。在具体的谈判过程中,如果谈判对手做出了某种程度的让步,己方应该相对应地做出适当的让步以表示己方的诚意。就让步的幅度而言,应该由大到小。这是因为,己方在开始做出大幅度的让步是为了表明己方愿意就合作达成共赢的诚意,而让步幅度的递减是为了让对方明白,这种让步是有限的,直到条件达到己方底线时,便不再提供让步。这样有利于双方协议价格的认定。

2. 对等让步法

对等让步法是国际贸易谈判中另外一种常见的让步方法,当谈判双方将初始的出盘价格和换盘价格摆明之后,就形成了协议价格的最大值和最小值的浮动范围,在这个浮动范围内,一方做出一定幅度的让步,那么另一方也应该做出相同幅度的让步,这叫作对等让步,最终双方在某一个价格点达成一致,这个价格点就是签订合同时的协议价格。

3. 错综让步法

在国际贸易谈判中,这种让步方法的目的在于掩盖己方让步的真实目的。这种方法通过把谈判话题中有关的所有因素联系起来形成一个错综复杂的体系,利用复杂体系中某一因素的让步去换取符合己方利益诉求因素上的进展。

## 四、暂停的技巧

暂停技巧在国际贸易谈判中的作用是：在谈判的关键时刻，暂停谈判的进程，重新安排谈判策略的一种谈判技巧。具体而言，谈判的暂停主要是为了征求在谈判外人员的意见和建议，缓和谈判的情绪，重新制定谈判的策略，回避在谈判中不能解决的利益诉求的冲突。在国际贸易谈判的过程中，暂停的技巧被谈判双方经常使用。国际贸易谈判的暂停方式通常有以下六种。

（1）借提问争取暂停的机会，即通过向谈判对手提问，要求对方澄清己方已知道但是无关己方核心利益诉求的问题，利用对方澄清问题的时间来拖延谈判的进程，从而获得己方必要的时间思考应对策略。

（2）借向对方提供大量无关文件的方式来逼迫对方的暂停方式，即通过向对方提供某些并不重要的文件，利用对方整理这些无关文件的时间来考虑己方接下来的谈判策略和战术安排。

（3）安排场外人员在谈判焦灼期强行打断谈判进行，如己方利用紧急电话为借口暂时中断谈判进程，从而争取必要的时间来考虑解决利益诉求冲突的对策，改变双方在谈判中僵持的局面。

（4）利用生理疾病或者其他生理上不可抗拒的理由，例如有腹泻需上洗手间等借口来争取宝贵的时间，调整己方谈判中所应对的战略和对策。

（5）借饥渴需要饮用水、餐点等基本要求为理由来名正言顺地拖延谈判的进程和时间，以达到己方重新安排时间、调整谈判情绪、构思应付对策的目的。

（6）按照国际贸易谈判中的惯例，在谈判的过程中合理地提出休息或休会的要求，以为己方争取较长的反应时间思考应对策略，和谈判组成员制定新的决策。

# 第四节 国际贸易谈判的形式与内容

## 一、国际贸易谈判的形式

国际贸易谈判的形式分为两种：书面洽谈和口头洽谈。

书面洽谈是指通过书信、电报、传真、电子数据交换（EDI）和电子邮件等可以实体地表现出交易谈判内容的形式来进行洽谈交易。当前，世界上大多数企业使用电子邮件或者EDI进行洽谈；有的使用传真来进行交易谈判。随着现代计算机互联网技术的发展，书面谈判的成本费用不断降低。在国际贸易中，交易双方通常采用书面的方式进行交易谈判。

口头洽谈主要是指双方通过面对面的洽谈来实现贸易的意向，如交易双方参加世界上各种大型商品交易会，以及组织公司贸易小组出访或者邀请国外客户来公司进行洽谈交易等，也包括交易双方通过互联网视频软件或者国际长途电话进行的交易洽谈。口头洽谈的模式因为是人与人的直接交流，这有利于双方了解对方的态度和诚意，采取适合洽谈的相应对策，可根据后续的进展情况及时调整谈判策略，达到双方的目标。此类谈判模式较为适合谈判内容错综复杂、谈判流程长、谈判涉及问题广的贸易。

## 二、交易洽谈的内容

在国际贸易中，交易谈判的内容包括商品的品名、品质、数量、包装、装卸、运输、价格、支付、保险、检验检疫、索赔、不可抗力和仲裁等交易条件。在上述谈判内容中，品名、品质、数量、包装、装卸、运输、价格、支付和保险通常被国际贸易视为首要的交易条件，同时也是国际货物买卖合同中的必要条款，更是进出口交易磋商的既定谈判内容。由于贸易纠纷、索赔、不可抗力和仲裁等交易条件，其关联主要是在双方合同履行过程中可能发生的意外情况或在意外情况发生后，双方如何解决争议和矛盾的方法，这些在合同的谈判流程中并非为首要交易条件，因此，被大多数国际贸易企业认为是次要交易条件。

国际贸易谈判的主要内容是买卖双方就商品交易条件进行磋商的具体内容，包括以下六大方面。

### （一）品种和质量条件

1. 品种条件

世界上的商品约有 25 万多种，只有明确了商品的品种和质量条件，谈判双方才有谈判的基础，也就是说，谈判双方首先应当明确双方希望交易的是什么商品。

2. 质量条件

商品的品质是指商品的内在质量和外观形态。由商品的自然属性决定，具体表现为商品的化学成分、物理性能和造型、结构、色泽、味觉等特征。进行商品品质谈判的关键是要掌握商品品质构成的有关内容以及品质和检验的表示方法。不同种类的商品，有不同的品质表示方法。商品质量条件常用的表示方法有规格、等级、标准、产地、样品、型号、牌名、商标、说明书和图样等。

### （二）数量条件

商品的数量是国际贸易谈判的主要内容之一，也是交易双方交接商品的依据，必须根据买方和卖方的实际情况磋商认可确定。商品的计量单位一般可采用重量、长度、体积、容积、面积和个数等单位表示。商品的性质不同，采用的计量单位也不同。例如，粮食、矿石、钢材、茶叶等通常使用重量单位；机器设备、服装、家电等通常采用个数单位；棉布通常使用长度单位；木材通常使用体积单位等。有些商品如石油，既可以使用重量单位，也可以使用容积单位，具体如何选用，要视实际交货的情况而定。在选择采用计量单位时，还要特别注意有关的度量衡制度。国际贸易有公制、英制、美制等多种度量衡制度，谈判中应予以明确，并掌握各种度量衡之间的换算关系。

### （三）价格条件

在国际商品买卖中，商品的价格表示方式除了要明确货币种类、计价单位以外，还要根据国际商会的统一规定明确以何种贸易术语成交，如 FOB（离岸价格或指定装运港船上交货价格）、CFR（指定目的港成本加运费价格）、CIF（到岸价格或指定目的港成本加运费加保险费价格）、FCA（货交承运人）、DAP（delivered at place，在指定目的地交货）、DDP（完税后交货）等。具体见本书第三章"国际贸易交货价格术语条款"。

### （四）包装、运输交货及保险条件

包装、运输交货条件是指谈判中就商品的包装、运输方式、交货时间和地点等进行的磋商，需要明确包装、装卸、运输、保险费用的负担责任。商品的保险条件确定则需要买卖双方明确由谁向保险公司投保、投保何种险别、保险费率和金额如何确定，以及依据何种条款办理保险等。

### （五）货款收付条件

货款收付条件主要涉及支付方式和支付货币的选择。在国际商品买卖中现在常用的货币是美元(USD)、欧元(EUR)和人民币(RMB)，使用的支付方式主要有信用证、汇付、托收等。不同的支付方式，对买卖双方可能面临的风险大小不同。在国际贸易谈判中必须商议明确付款方式和支付货币条件。

### （六）争议处理、索赔、不可抗力和仲裁条件

争议处理、索赔、不可抗力和仲裁是国际贸易谈判中必须要商议的交易条件，洽谈一致后形成合同条款，有利于买卖双方解决争议，保证合同顺利履行，维护双方的权利。

上述国际贸易谈判的主要内容在一般的商品买卖中普遍适用，但由于各种商品千差万别，在某种具体商品的国际贸易谈判中，还要根据实际情况进行具体分析，适当增加或减少某些国际贸易谈判的内容。

## 三、国际贸易谈判的一般程序

在国际贸易中，交易谈判的过程基本由四个环节构成，即询盘、发盘、还盘和接受。在四个环节中，发盘和接受是两个不可缺少的必要环节。如果一方的发盘被对方有效接受，那么双方的合同就宣告成立。

### （一）询盘

1. 询盘的含义

询盘(inquiry)是指交易的一方欲出售或购买某种商品，向对方发出的探询买卖该种商品的有关交易条件的一种口头或书面的表示。询盘不具有法律上的约束力。

在贸易实践中，询盘的内容可以只是询问价格，也可以询问其他一项或几项交易条件。询盘可以由买方发出，也可以由卖方发出。

2. 询盘的应用实例

(1) 买方询盘，也称"邀请发盘"。例如：

飞鸽牌自行车请报盘。

Please offer Flying Pigeon Brand Bicycles.

(2) 卖方询盘，也称"邀请递盘"。例如：

可供1 000辆飞鸽牌自行车，5月装运请递盘。

Can Supply 1,000pcs Flying Pigeon Brand Bicycles. May Shipment. Please Bid.

3. 询盘的注意事项

在实际贸易业务中，询盘只是探询交易的可能性，不具有法律上的约束力，也不是交易谈判的必经程序。但询盘是了解市场供求、寻找交易机会的有效手段，不容忽视。

### （二）发盘

1. 发盘的含义

发盘(offer)又称报盘或发价，在法律上称为要约，是指交易的一方向另一方提出购买或出售某种商品的相关交易条件，并表示愿意按这些条件与对方达成交易、订立合同的意思

表示。

在实际贸易业务中,发盘可以口头表示也可以书面表示,可以由买方做出,也可以由卖方做出。可以由交易一方受到另一方的询盘后提出,也可以在没有对方询盘的情况下直接主动提出。发盘是交易谈判的必经步骤,发盘人受发盘内容的约束,并承担按照发盘条件和对方订立合同的法律责任。

2. 发盘的构成条件

一项有效的发盘必须具备下列条件。

(1) 应向一个或一个以上特定的人提出。要约必须指定受要约人,可以是一个人也可以是多个人,但必须向有名有姓的公司或个人提出,受要约人不指定,只能视为要约邀请。

一般而言,向公众提出的而不是向特定的人提出的成立合同的建议,旨在让收到建议的人向表意人发出要约。因此,这类建议一般属于要约邀请。通常广告就具有这种性质。

《联合国国际货物多式联运公约》第十四条第二款规定:向一个或一个以上特定的人提出的建议,仅应视为邀请做出发价,除非提出建议的人明确地表示相反的意向。《中华人民共和国合同法》第十五条规定:"要约邀请是希望他人向自己发出要约的意思表示。寄送的价目表、拍卖公告、招标公告、招股说明书、商业广告等为要约邀请。商业广告的内容符合要约规定的,视为要约。"

(2) 内容必须十分确定。发盘应准确阐明各项主要交易条件,一般包括品名、品质、数量、价格、包装、装卸、运输、支付方式、保险等内容。《联合国国际货物多式联运公约》第十四条第一款规定:一个建议如果写明货物并明示或暗示的规定数量和价格或规定如何确定数量和价格,即为十分确定。根据《联合国国际货物多式联运公约》的规定,所谓"十分确定",即指一项订约建议中只要列明三大要素:货物品名与质量、数量和价格三项条件,即被认为其内容"十分确定",而构成一项有效发盘。

在我国的国际贸易实际业务中,为了避免发生争议,在对外发盘时,应明示或暗示至少六项主要交易条件。即货物的品质、数量、包装、价格、交货和支付条件。

(3) 发盘人必须表明其发盘一旦被受盘人接受即受约束的意思。发盘必须表明订约意旨,若发盘中附有保留条件,如"以我方最后确认为准"或"有权先售"等,则此建议不能构成发盘,只能视为邀请发盘(invitation for offer)。

(4) 发盘必须送达受盘人,发盘只有到达收盘人方视为有效。

(5) 发盘的生效的时间:①口头形式,从对方了解时生效;②书面形式,采用到达主义;③数据电文形式,进入特定系统时间生效。

3. 发盘的有效期

发盘有效期是指可供收盘人对发盘做出接受的时间或期限。发盘人在发盘的有效期内受其约束,超过有效期,发盘人则不再受其约束。

(1) 明确规定有效期。明确规定有效期并非构成发盘不可缺少的条件,可以规定最迟接受的期限,如规定最迟接受期限时,可同时限定以接受送达发盘人或以发盘人所在地的时间为准,如"发盘限12月15日前复到有效"。也可规定一段接受的期间,采用这种方法存在一个如何计算"一段接受期间"的起讫问题。

《联合国国际货物多式联运公约》第二十条第一款:发价人在电报或信件内规定的接受期间,从电报交发时刻或信上载明的发信日期起算,如信上未载明发信日期,则从信封上所载日期起算。发价人以电话、电传或其他快速通讯方法规定的接受期间,从发价送达被发价人时起算。《中华人民共和国合同法》第二十四条与《联合国国际货物多式联运公约》第二十条的规定基本一致,除电传改为传真外。

(2) 未明确规定有效期时,应理解为在合理时间(reasonable time)内有效。

4. 发盘的撤回与撤销

在实际贸易业务中,一项发盘做出后,由于种种原因,发盘人可能要求撤回或撤销发盘。

(1) 发盘撤回是指发盘人的撤回通知在发盘到达收盘人之前或同时到达收盘人,收回发盘,阻止其生效的行为。撤回发盘的通知应当在发盘到达受盘人之前或者与发盘同时到达受盘人,发盘才可以撤回。一般在使用信件或电报向国外发盘时才适用。

(2) 发盘撤销是指发盘已到达收盘人并已生效,发盘人通知收盘人撤销原发盘,解除其生效的行为。

《联合国国际货物多式联运公约》规定:撤销发盘的通知在受盘人发出接受通知之前到达受盘人,可予撤销。有下列情形之一的,发盘不得撤销。

(1) 发盘人确定了接受期限或者以其他形式明示发盘不可撤销的。

(2) 受盘人有理由相信该发盘是不可撤销的,并已本着对该发盘的信赖采取了行动。

5. 发盘的失效

发盘失效是指发盘法律效力的消失。一般而言,发盘失效主要有以下几方面原因。

(1) 受盘人拒绝或还盘。

(2) 发盘人依法撤销。

(3) 发盘有效期已过。

(4) 不可控因素,如战争、灾难、发盘人死亡或法人破产等。

(三) 还盘

1. 还盘的含义

还盘(counter offer)也称还价,是指受盘人对发盘内容不完全同意,而提出修改或变更的表示,还盘可用口头或书面方式表示。

2. 还盘的法律意义

(1) 只有受盘人才可以还盘。

(2) 还盘是对发盘的拒绝或否定。

(3) 还盘实质上是受盘人向发盘人提出的一项新发盘。

3. 还盘的注意事项

(1) 受盘人的答复若实质上变更了发盘条件,就构成还盘。《联合国国际货物多式联运公约》规定:受盘人对货物的价格、付款、品质、数量、交货时间与地点、一方当事人对另一方当事人的赔偿责任范围或解决争端的办法等提出添加或更改均视为实质性变更发盘条件。

(2) 对发盘表示有条件的接受也是还盘的一种形式,如答复中附有"待最后确认为准"

等字样。

(3) 受盘人还盘后又接受原来的发盘,合同不成立。

**(四) 接受**

1. 接受的含义

接受(acceptance)是指交易的一方同意对方发盘中提出的交易条件,并愿意按这些交易条件达成交易,是订立合同的一种肯定表示,接受在法律上称为"承诺"。接受是交易谈判的最后一个环节,是交易谈判必经的一个环节。

2. 构成有效接受的要件

(1) 接受必须由受盘人做出。对发盘表示接受,必须是发盘中所指明的特定收盘人,而不能是其他人。如果其他人通过某种途径获悉发盘内容,而向发盘人表示接受,该接受无效。

(2) 接受必须明确表示。受盘人表示接受的方式有:声明(statement)表示,即受盘人用口头或书面形式向发盘人表示同意。行为(performing an act)表示,通常是指由卖方发运货物或由买方支付价款来表示。

如果收盘人在主观上愿意接受对方的发盘,但默不作声或不做出任何其他的行为表示其对发盘的同意,那么在法律上并不存在接受。

(3) 接受必须与发盘相符。接受必须是同意发盘提出的全部交易条件,对发盘做出实质性修改视为还盘,但对于非实质性修改(non-material alteration),除发盘人在不过分延迟的时间内表示反对,一般视为有效接受;而且合同的条件以该发盘和接受中所提出的某些更改为准。

(4) 接受必须在发盘规定的有效期内做出。如果接受通知超过发盘规定的有效期或超过合理的时间才传达到发盘人,则是逾期接受。逾期接受一般情况下是无效的,但在下列两种情况下仍然有效。

① 只要发盘人毫不迟延地口头或书面通知受盘人,认为该项逾期接受有效,那么合同就成立。如发盘人对逾期的接受表示拒绝或不立即向受盘人发出上述通知,则该项逾期接受无效,合同不成立。

② 如果载有逾期接受的信件或其他书面文件显示,在传递正常的情况下,本应是能够送达发盘人的,则这项接受应当有效。除非发盘人毫不迟延地用口头或书面通知受盘人,他认为发盘已经失效。

总之,逾期接受是否有效,关键要看发盘人如何表态。

3. 接受的撤回

《联合国国际货物多式联运公约》第二十二条规定:如果撤回通知于接受原发盘通知生效之前或同时到达发盘人,接受得以撤回。但接受不可以撤销,因为接受一旦生效,合同即告成立,所以不存在撤销问题。以行为表示接受时,不涉及接受的撤回问题。采用传真、EDI、电子邮件等形式订立合同,发盘和接受都不可能撤回。

**教学互动与讲练结合十一：**

**如何写作一封发盘信**

---

Dear sirs,
　　We well received your inquiry in canned tomato dated on 21st last month. as per your requirement, we quote the price as below:
　　　　Name of item: canned tomato specification:24tinned/ctn n. w. :425
　　g. w. :227
　　　　Packaging: normal export brown carton box with buyers brand
　　　　Quantity: 1700 ctn /container
　　　　Price:US＄7.80 cfr Dammam
　　　　Payment terms:l/c at sight
　　　　Delivery date:no later than 30/12/2016
　　　　Term of validity:27/10/2016
　　　　If any query,pls feel free to let me know.
Best regards
Tracy
Manager of MINC

---

## 第五节　书面合同的订立

### 一、合同有效成立的条件

　　发盘经过对方有效接受，合同即告成立。但合同是否具有法律效力，还得看其是否具备一定的条件，不具法律效力的合同是不受法律保护的。一份合法有效的合同必须具备以下五个条件。

　　（1）合同当事人要具有订立合同的行为能力，未成年人、精神病患者等不具备行为能力的人订立的合同无效。

　　（2）合同的内容必须合法，以非法经营的产品为基础订立的合同不受法律保护。

　　（3）合同的形式必须符合法律规定的要求(按照我国法律的规定，国际货物买卖合同必须采用书面的形式)。

　　（4）合同必须具有对价或约因，即合同的互为有偿性和目的的合法性。

　　（5）合同当事人的意思表示必须真实，采取欺诈、胁迫手段订立的合同无效。

### 二、合同的形式及内容

　　在国际贸易中，交易双方订立的合同有书面形式、口头形式和其他形式(如行为表示接受)。

　　《中华人民共和国合同法》第十条规定：当事人订立合同，有书面形式、口头形式和其他形式。法律、行政法规规定采用书面形式的，应采用书面形式。当事人约定采用书面形式的,应采用书面形式。

在实际贸易业务中,订立书面合同具有一定意义:合同成立的依据;履行合同的依据;解决争议的依据。《中华人民共和国合同法》第十一条规定:书面形式是指合同书、新件和数据电文(包括电传、电报、传真、电子数据交换和电子邮件)等可以有形表现所载内容的形式。

合同(contract)和确认书(confirmation)是书面合同的主要形式,二者具有同等法律效力。出口商一般使用印有固定格式的销售合同或销售确认书,销售合同条款完备,通常适用于新客户,销售确认书条款简约,只有主要交易条件,没有一般交易条件,通常用于老客户或一般交易条件已另行约定的客户。

书面合同无论采取何种形式,其基本内容通常由约首、本文和约尾三部分组成。

### (一)约首

约首是合同的首部,一般包括合同的名称、合同编号、订约日期、履约地点、买卖双方名称、地址、电话、传真、电子邮箱以及双方订立合同的意愿和执行合同的保证等内容。

### (二)本文

本文是合同的主体,包括主要交易条件和一般交易条件,是买卖双方经过交易磋商达成一致的条款,体现了双方当事人具体的权利和义务。

(1) 主要交易条件是指与具体交易标的息息相关的条款,包括品名、品质条款、数量条款、包装条款、价格条款、运输条款、保险条款、交货条款、支付条款和检验条款等。

(2) 一般交易条件是指其他一些使合同得以完善的相关条款,如不可抗力条款、仲裁条款、违约救济条款等。

### (三)约尾

约尾是合同的结尾部分,包括合同适用的法律和惯例、合同的有效期、合同的有效份数、合同使用的文字及其效力、双方代表的签字等内容。有时,缔约地点、缔约时间也出现在约尾。

国际货物买卖合同样式如下。

**Sales Contract**

No:
Date:
Signed at:
Sellers:

Address:
Tel:                    Fax:
E-mail:

Buyers:

Address：

Tel：　　　　　　　　　　　　Fax：

E-mail：

The sellers agrees to sell and the buyer agrees to buy the under mentioned goods on the terms and conditions stated below：

1. Article No.：

2. Description & Specification：

3. Quantity：

4. Unit Price：

5. Total Amount：With ____％ more or less both in amount and quantity allowed at the sellers option.

6. Country of Origin and Manufacturer：

7. Packing：

8. Shipping Marks：

9. Time of Shipment：

10. Port of Loading：

11. Port of Destination：

12. Insurance：To be effected by buyers for 110％ of full invoice value covering ____ up to ____ only.

13. Payment：

14. Documents：

15. Terms of Shipment：

16. Quality/Quantity Discrepancy and Claim：

17. Force Majeure：

18. Arbitration：

19. Remark：

Sellers：　　　　　　　　　　　　　　　　Buyers：

Signature：　　　　　　　　　　　　　　　Signature：

## 三、合同的保证条款

合同保证条款是指合同当事人双方为了保证合同条款的切实履行，共同确保合同履行的一种法律手段。现实中买卖双方签约的合同保证一般采取四种形式。

### （一）合同担保

合同担保是合同当事人一方与担保人达成协议，由担保人担保当事人一方履行合同义务的全部或一部分。被担保当事人一方不履行合同义务时，另一方有权向担保人请求履行或赔偿损失。

### (二)合同定金

合同定金是买卖双方为了保证合同的履行,在未履行合同之前,预付给对方一定数额的货币或有价物作保证。如果双方履行了合同。定金可以收回或抵充货款;若卖方不履行合同则应该双倍返还定金给买方。定金可按约定比例支付,数额应少于合同约定的应付货款数额。

### (三)合同违约金

合同违约金是指合同当事人一方不履行或不适当履行合同时必须付给对方一定数量的货币资金。违约金可分为赔偿金和罚金两种。违约必须明确规定,有法律规定的按法律规定执行,没有法律规定的由双方当事人参照洽谈的有关规定商定。

### (四)合同留置权

合同留置权是合同当事人一方因合同关系以留置对方当事人财物,作为担保合同履行的一种方式。如卖方因故不能履行合同时,买方可以留置供货方的一部分财物,用于对己方所受损失的赔偿。

## 本章提要

(1) 本章介绍了国际贸易谈判与合同的含义与简介,特别是国际贸易谈判的策略、方法,谈判的具体实施步骤,谈判的技巧,国际贸易的商务谈判和国内贸易的商务谈判的区别;制定合同的准备,国际贸易合同的书写规范,合同的签订要求等。

(2) 国际贸易谈判的准备工作有以下七个方面:寻找客户、熟悉目标市场、了解交易对象、组织谈判团队、做好国际贸易谈判的计划及准备、掌握国际贸易谈判的基本原则、把握国际贸易谈判的阶段与步骤等。

(3) 国际贸易谈判比较复杂,国际贸易谈判的基本技巧主要有:说服的技巧、拒绝的技巧、让步的技巧和暂停的技巧等。

(4) 国际贸易谈判的内容,包括商品的品名、品质、数量、包装、装卸、运输、价格、支付、保险、检验检疫、索赔、不可抗力和仲裁等交易条件。

(5) 在国际贸易中,交易谈判的过程包括询盘、发盘、还盘和接受四个环节。在四个环节中,发盘和接受是两个必不可少的环节。如果一方的发盘被另一方有效接受,双方的合同就宣告成立。但合同是否具有法律效力,还得看其是否具备一定的条件,不具法律效力的合同不受法律保护。

## 思考与练习 技能证书考试与专业竞赛训练

(一) 分析判断题(判断命题的正确或错误,正确的打"√",错误的打"×")

1. 每笔国际货物买卖的交易谈判都必须有询盘、发盘、还盘、接受四个环节。( )

2. 买方来电表示接受发盘,但要求将 D/P 即期改为 D/P 远期,卖方缄默,此时合同成立。( )

3. 一项有效的发盘,一旦被受盘人无条件地全部接受,合同即告成立。( )

4. 在交易磋商过程中,发盘是由卖方做出的行为,接受是由买方做出的行为。（   ）
5. 《联合国国际货物销售合同公约》规定发盘生效的时间为发盘送达受盘人时。
（   ）
6. 询盘与发盘是达成交易、合同成立的基本环节和必经法律步骤,具法律约束力。
（   ）
7. 发盘必须明确规定有效期,未明确规定有效期的发盘无效。（   ）
8. 根据《联合国国际货物销售合同公约》规定,在发盘失效后但受盘人尚未表示接受之前,发盘人及时将撤销通告送达受盘人一般可将其发盘撤销。（   ）
9. 书面合同形式既包括合同书、确认书、备忘录,也包括往来的数据电文。（   ）
10. 根据《中华人民共和国合同法》的规定,对外签订的货物买卖合同,必须采用书面形式,否则无效。（   ）

（二）单项选择题（每题只有 1 个答案是正确的,请选择正确的答案填入括号内）
1. 根据《联合国国际货物销售合同公约》的规定,接受生效采取（   ）。
   A. 投邮生效原则　　　　　　　　B. 签订书面合约原则
   C. 口头协商原则　　　　　　　　D. 到达生效原则
2. 以下关于发盘表述错误的是（   ）。
   A. 畅销货一般发盘的有效期短
   B. 滞销货一般发盘有效期长
   C. 市场价格变动剧烈的商品一般发盘的有效期较长
   D. 贸易术语与运输、保险的逻辑关系要一致

根据案例 A 回答第 3、4 题。

**案例 A**：2015 年 6 月 1 日,中国上海市某公司向美国洛杉矶市商人发盘,发盘中除列明各项交易条件外,还规定"Packing in sound bags"。2015 年 6 月 3 日,美商也电称"Refer to your offer first acceptance,packing in new bags"。上海市某公司收到上述来电后,即着手备货,数日后,该货物由于市场价格猛跌,美商来电称上海市某公司对包装变更,未确认合同不成立。而上海市某公司坚持合同成立,于是双方发生纠纷。

3. 根据《联合国国际货物销售合同公约》,美商 2015 年 6 月 3 日复电称是（   ）。
   A. 要约邀请　　B. 要约　　C. 对要约的拒绝　　D. 有条件的承诺
4. 根据《联合国国际货物销售合同公约》,本案例是（   ）。
   A. 合同成立　　　　　　　　　　B. 合同不成立
   C. 合同是否成立按法院判决　　　D. 合同是否成立应须由买卖双方协商

根据案例 B 回答第 5～7 题。

**案例 B**：中国某对外建设工程承包公司于 2016 年 8 月 3 日向意大利商人询问钢材的价格,在询盘中,中国某对外建设工程承包公司声明:要求对方报价是为了计算一项承造大楼的价格是否参加招标。中国某对外建设工程承包公司如果参加投标须于 2016 年 8 月 15 日向招标人递交投标书,招标人开标日期为 2016 年 8 月 31 日。2016 年 8 月 6 日,意大利商人向中国某对外建设工程承包公司发盘报钢材价格,中国某对外建设工程承包公司据此计算标价,并于 2016 年 8 月 15 日向招标人递交了投标书,由于国际市场钢材价格上涨,2016 年 8 月 21 日,意大利商人来电要求撤销其 8 月 6 日的发盘。中国某对外建设工程承包公司当

即表示不同意撤销发盘。于是双方为能否撤销发盘出现争议,及至 8 月 31 日,招标人开标,中国某对外建设工程承包公司中标,随即向意大利商人发出接受通知。但意大利商人坚持发盘已于 2016 年 8 月 21 日撤销了,发盘合同不成立。对此,双方争执不下,于是建议仲裁。

5. 按照《联合国国际货物销售合同公约》规定,本案例中意大利商人发盘时未规定有效期,中国某对外建设工程承包公司可以理解有效期为(　　)。

　　A. 在合理时间内有效　　　　　　B. 何时接受均可
　　C. 2016 年 8 月 15 日　　　　　　D. 2016 年 8 月 30 日前

6. 根据《联合国国际货物销售合同公约》规定,意大利商人的发盘(　　)。

　　A. 不可撤销,因为工程承包公司已本着对发盘的信任,向招标人递交了投标书
　　B. 可以撤销,只要撤销通知到达时,工程承包公司还未接受通知即可
　　C. 不准撤销,因为此时,国际钢材价格已经上涨
　　D. 可以撤销,因为双方还未签约

7. 根据《联合国国际货物销售合同公约》规定,如果你是仲裁员,应判(　　)。

　　A. 意大利商人胜诉
　　B. 工程承包公司胜诉
　　C. 在本案例中,双方都有责任,各打五十大板
　　D. 在本案例中,双方都有责任,意大利商人责任大些,工程承包公司责任小些

8. 中国广东省某服装生产企业与泰国一家贸易公司签订合同,由该企业向泰国某贸易公司出口一批家居服。由于所需要的原材料库存不足,该企业用纯棉加丝面料代替涤纶面料生产这批家居服,但价格不变。中国广东省某服装生产企业认为棉加丝面料要好于涤纶面料,并且市场行情看好。可是货物发到泰国以后,泰国公司拒收这批货物,并且要求索赔。你认为泰国公司的做法是(　　)。

　　A. 拒收该批货物有理,应同时要求损害赔偿
　　B. 拒收该批货物有理,但不应要求损害赔偿
　　C. 应接受该批货物,但不应要求损害赔偿
　　D. 应接受该批货物

根据案例 C 回答第 9、10 题。

**案例 C**:中国天津市某进出口公司向日本某外商询问合成橡胶出口价格事宜,不久中国天津市某进出口公司接到外商发盘有效期为 1 月 22 日。中国天津市某进出口公司于 1 月 24 日用传真表示接受其发盘,但对方一直没有音信,后因行情上涨,2 月 26 日对方突然来电,声称已开出以中国天津市某进出口公司为受益人的信用证,要求中国天津市某进出口公司必须在 2 月 28 日发货,否则要中国天津市某进出口公司承担违约责任。

9. 若你为合同的当事人,处理的办法是(　　)。

　　A. 按时发货,因为合同成立　　　　B. 不应发货,因为合同未成立
　　C. 因为行情看涨,故按发盘内容交货　　D. 因行情看涨,故不应按发盘内容交货

10. 中国天津市某进出口公司于 1 月 24 日用传真表示接受外商发盘(　　)。

　　A. 2 月 26 日时原发盘已失效　　　　B. 是对原发盘的接受
　　C. 外商以行为表示合同的成立　　　　D. 卖方应承担违约责任

（三）多项选择题（每题有2个及以上答案是正确的，请选择正确的答案填入括号内）

1. 约首是合同的开头部分，主要包括（    ）。
   A. 合同名称　　　B. 合同编号　　　C. 品名条款
   D. 合同序言　　　E. 当事人的名称

2. 根据《联合国国际货物销售合同公约》的规定，在国际货物买卖中，卖方的基本义务有（    ）。
   A. 提交合格货物　　　　　　　B. 提交合格的单据
   C. 办理运输　　　　　　　　　D. 办理保险
   E. 转移货物的所有权

3. 进出口交易谈判的程序包括（    ）。
   A. 询盘　　　B. 发盘　　　C. 还盘　　　D. 接受

4. 根据《联合国国际货物销售合同公约》的规定，对发盘表示接受可以采取的方式有（    ）。
   A. 书面　　　B. 行为　　　C. 缄默　　　D. 口头

5. 不具备法律约束力的书面合同是（    ）。
   A. 正式合同　　　B. 确认书　　　C. 协议
   D. 备忘录　　　　E. 意向书

6. 构成发盘必须具备的条件是（    ）。
   A. 向一个或一个以上的特定人提出　　　B. 表明订立合同的意思
   C. 发盘的内容必须十分确定　　　　　　D. 发盘的内容必须真实
   E. 发盘人必须是卖方

7. 根据《联合国国际货物销售合同公约》发盘不能撤销的情况有（    ）。
   A. 发盘已送达受盘人　　　　　　　B. 发盘已表明订立合同的意思
   C. 发盘中注明了有效期　　　　　　D. 在发盘中使用了"不可撤销"字样

8. 以下关于还盘表述正确的是（    ）。
   A. 还盘是对发盘人提出交易条件的修改
   B. 还盘是对发盘的拒绝
   C. 一经还盘，原来的发盘立即失效
   D. 还盘是一个新的发盘

9. 在国际贸易中，合同成立的条件是（    ）。
   A. 当事人必须有签订合同的行为能力　　B. 合同必须有对价和约因
   C. 合同的形式和内容必须合法　　　　　D. 合同当事人的意思表示必须真实
   E. 以上都对

10. "贵公司10日来电我公司接受，但支付条件D/P即期而非L/C即期。"这句电文是对原发盘的（    ）。
    A. 有条件的接受　　　　　B. 拒绝
    C. 还盘　　　　　　　　　D. 有效的接受
    E. 以上均不是

### (四) 思考题

1. 国际贸易谈判要掌握哪些基本原则？
2. 在和客户进行国际贸易谈判时，需要做哪些准备工作？
3. 国际贸易企业如何在国际市场上寻找潜在的客户？
4. 在和客户正式建立合作之前，如何熟悉目标市场的状况？
5. 制订国际贸易谈判的计划方案需要做哪些工作？
6. 国际贸易谈判有哪些谈判技巧？
7. 国际贸易谈判的一般程序有哪些？
8. 怎样在交易谈判中正确应用询盘、发盘、还盘和接受？
9. 发盘的有效期的具体规定有哪些？
10. 国际贸易合同的形式和内容各有哪些？

## 案例分析及讨论

### 中美公司机床设备买卖谈判的策略与启示

中国上海A汽车制造企业与美国B机床设备公司谈判设备买卖时，美国B机床设备公司报价218万美元，上海A汽车制造企业不同意，美方降至128万美元，上海A汽车制造企业仍不同意。美方诈怒，扬言再降10万美元，118万美元不成交就回国。上海A汽车制造企业谈判代表因为掌握了美商交易的过往信息，所以不为美方的威胁所动，坚持再降。

次日，美商果真回国，上海A汽车制造企业毫不吃惊。过了几天后，果然美方代表又回到中国继续谈判。上海A汽车制造企业代表亮出搜集到的信息——美国B机床设备公司在两年前曾以98万美元将同样的设备卖给一罗马尼亚客商。信息出示后，美方以物价上涨等理由狡辩了一番后，将价格降至100万美元成交。

**请思考分析及讨论：**

本案例中美商应用了什么谈判策略？我们从谈判中得到什么启示？

## 教学互动

1. 按国际贸易谈判的一般程序分小组扮演中美两国外贸公司模拟大豆或钢材进出口开展讨价还价的交易谈判。
2. 就中国100台80升海尔冰箱出口法国巴黎K公司，按国际贸易合同规范签订一份合同，先在各学习小组互相评议后由教师点评。

# 第十一章

# 国际贸易合同的履行

**知识要求**

掌握出口合同的履行程序及要求和注意事项;了解出口合同履行时可能出现的风险及防范措施;掌握进口合同的履行程序及要求和注意事项;了解进口合同履行时可能发生的风险及防范措施。

**应用要求**

能正确把握出口合同履行的一般程序;能针对出口合同各个环节中出现的问题拿出比较正确的解决办法;能正确掌握进口合同履行的一般程序;能针对进口合同各个环节中出现的问题拿出比较正确的解决办法;能应用所学知识正确开展国际贸易工作。

## 第一节 出口合同的履行

出口合同是进口商与出口商双方当事人依照法律通过协商就各自在贸易上的权利和义务所达成的具有法律约束力的协议。尽管交易对象、成交条件及所选用的贸易术语惯例不同,但每份合同中规定当事人的基本义务却是相同的,根据《联合国国际货物销售合同公约》规定:卖方的基本义务是按合同规定交付货物,移交与货物有关的各项单据并转移货物的所有权;买方的基本义务是按合同规定支付货款和收取货物。

### 一、出口合同的履行程序

#### (一)备货和报验

为了保证按时、按质、按量、按包装要求交付约定的货物,在订立合同之后,卖方必须及时落实货源,备妥应交的商品货物,并做好出口货物的报验工作。

1. 备货

备货是出口企业根据合同或信用证规定,向有关企业或部门采购和准备商品货物的过程。目前在我国有两种情况:一种是生产型企业的出口;另一种是贸易型企业的出口。

(1)生产型企业的出口。为自行出口,其备货是向生产加工部门(如生产部)或仓储部门(如仓储部)发送出口商品货物联系单(在有些企业称其为生产加工通知单或仓储库存商品货物信息单等),要求这些部门按联系单的要求,对应交的商品货物进行清点核对、加工整理、包装、刷制运输标志以及集中办理申报检验和领证等项工作。

(2) 贸易型企业的出口。是根据出口合同条款的要求,在国内寻找和采购与出口合同条款要求相符合的商品货物,该类企业在经营出口贸易的过程中,最好培植某些类别商品货物(如机电设备、服装、鞋帽、玩具、农副土特产品等)固定的生产加工合作企业,订立出口合同,接到订单后,立即向合作的生产加工企业下单,按要求落实出口商品货物。贸易型企业的业务人员要密切跟踪了解出口商品货物的生产加工进度和质量及包装情况;如果没有固定的生产加工合作企业,就要在全国查找所要出口商品货物的产地和生产或收购企业进行比较并联系货源,洽谈并订立国内采购合同。

无论是哪种类型的企业,在备货工作中,都应该注意以下问题。

(1) 有关商品货物的问题。

① 商品货物的品质、规格。应按合同的要求核实,必要时应进行加工整理,以保证货物的品质、规格与合同或信用证规定一致。

② 商品货物的数量。应保证满足合同或信用证对数量的要求,备货的数量应适当留有余地,万一装运时发生意外或损失,以备调换和适应舱容之用。

③ 备货时间。应根据信用证规定,结合船期安排,以利于船货衔接。

(2) 有关商品货物包装的问题。

① 严格按照出口合同的包装条款要求进行包装。

② 尽量安排将商品货物装运到集装箱中或牢固的托盘上。

③ 必须将商品货物充满集装箱并做好铅封工作。

④ 集装箱中的商品货物应均匀放置且均匀受力。

⑤ 为了防止商品货物被盗窃,商品货物的外包装上不应注明识别商品货物的标签或商品货物的品牌。

⑥ 由于运输公司按重量或体积计算运费,出口企业应尽量选择重量轻的小体积包装,以节省运输费用。

⑦ 对海运商品货物的包装,应着重注意运输途中冷热环境变化出现的潮湿和冷凝现象。即使有些船舱有空调设备,但仍可能经常会导致商品货物受损。采用集装箱运输通常可以避免绝大多数商品货物的受潮现象。

⑧ 对空运货物的包装,应着重注意商品货物被偷窃和被野蛮装卸的问题发生。特别是易损商品货物,应用牢固的箱子包装。鉴于飞机的舱位有限,对包装尺寸的要求,应与有关运输部门及时联系。

⑨ 随着技术进步,自动仓储环境处理的商品货物越来越多,货物在运输和仓储过程中,通常由传送带根据条形码自动扫描分拣。由此,应注意根据仓储要求,严格按统一尺寸对商品货物进行包装或将商品货物放置于标准尺寸的牢固托盘上,并预先正确印制和贴放条形码。

(3) 有关商品货物外包装上运输标志问题。

① 刷制运输标志应符合有关进出口国家的规定。

② 包装的运输标志应与所有出口单据上对运输标志的描述相一致。

③ 运输标志应既简洁,又能提供充分运输信息。

④ 所有包装的运输标志必须用防水墨汁刷写。

⑤ 有些国家海关要求所有的包装箱必须单独注明重量和尺寸,甚至用公制,英语或目

的国的语言注明。为此,应注意有关国家的海关规定。

⑥ 运输包装的运输标志应大小尺寸适中,使相关人员在一定距离内能够看清楚。根据国外的通行做法,就一般标准箱包装,刷制的运输包装字母的尺寸至少为4厘米高。

⑦ 运输标志应该至少在包装箱的四面都刷制,以防货物丢失。

⑧ 除了在外包装上刷制运输标志之外,应尽量在所有的货运单据上标注相同的运输标志。这些单据包括内陆运输提单、海运提单或空运提单、码头收据、装箱单、商业发票、报关单等。

2. 报验

凡属国家规定法定检验的商品货物,或合同规定必须经中国出入境检验检疫局检验出证的商品,在货物备齐后,应向出口所在地的出入境检验检疫局申请检验。只有取得出入境检验检疫局发给的合格检验证书,海关才准予放行。经检验不合格的货物,一般不得出口。

申请报验的手续是,凡需要法定检验出口的货物,应填制"出口检验申请单",向出口所在地的出入境检验检疫局办理申请报验手续。

申请报验后,如出口公司发现"申请单"内容填写有误,或因国外进口方修改信用证以致货物规格有变动时,应提出更改申请。更改"申请单"时,须说明更改事项和更改原因。

货物经检验合格,即由出入境检验检疫局发给检验证书,出口公司应在检验证书规定的有效期内将货物出运。如超过有效期装运出口,应向出口所在地的出入境检验检疫局申请展期,并进行复验,经复验合格货物才能出口。

有关报验的具体操作可参阅本书第六章"国际货物运输物流条款及报检与报关"中的报检部分和第九章"进出口贸易纠纷、索赔、不可抗力的处理与仲裁条款"中的商品检验部分。

(二)催证、审证和改证

针对信用证付款的合同,在履行过程中,对信用证的掌握、管理和使用,直接关系到进出口企业的收汇安全。信用证的掌握、管理和使用,主要包括催证、审证和改证等几项内容,这些都是与履行合同有关的重要工作。

1. 催证

在出口贸易合同中,买卖双方如约定采用信用证方式付款,买方则应严格按照合同的规定按时开立信用证。如合同中对买方开证时间未作规定,买方应在合理时间内开出,因为买方按时开证是卖方正常履约的前提。但在实际业务中,有时经常遇到国外进口商拖延开证;或者在市场行情发生变化或资金发生短缺的情况时,故意不开信用证。对此,卖方应催促买方抓紧办理开证手续。特别是对大宗商品交易或应买方要求而特制的商品交易,更应结合备货情况及时进行催证。必要时,也可请驻外机构或有关银行协助代为催证。

2. 审证

信用证是依据买卖合同开立的,信用证内容应该与买卖合同条款保持一致。但在实践中,由于种种原因,如工作的疏忽、电文传递的差错、贸易习惯的不同、市场行情的变化或进口商有意利用开证的主动权加列对其有利的条款,往往会出现开立的信用证条款与合同规定不完全一致,或者在信用证中加列一些出口商看似无所谓但实际是无法满足的信用证付款条件(在业务中也被称为"软条款")等,使出口商根本就无法按该信用证收取货款的情况。为确保合同顺利执行和安全收汇,防止给卖方造成不应有的损失,卖方应该在所在国家对外政策的指导下,对不同国家、不同地区以及不同银行的来证,依据合同进行认真的核对与审查。

在实际业务中,银行和进出口公司应共同承担审证任务。其中,银行着重审核该信用证的真实性、开证行的政治背景、资信能力、付款责任和索汇路线等方面的内容。银行对于审核后已确定其真实的信用证,应打上类似"印鉴相符"的字样。出口公司收到银行转来的信用证后,着重审核信用证内容与买卖合同是否一致。为了安全起见,出口商也应尽量根据自身能力对信用证的内容进行全面审核或复核性审查。

3. 改证

对信用证进行全面细致的审核以后,如果发现问题,应区别问题的性质,分别与银行、运输、保险、商检等有关部门交流沟通研究,做出妥善处理。凡是属于不符合我国对外贸易方针政策,影响合同执行和安全收汇的情况,我们必须要求国外客户通过开证行进行修改,并坚持在收到银行修改信用证通知书后才能对外发货,以免发生货物装运后而修改通知书未到的情况,造成我方工作上的被动和经济上的损失。

在办理改证工作中,凡需要修改的各项内容,应做到一次向国外客户提出,尽量避免由于我方考虑不周而多次提出修改要求。否则,不仅会增加双方的手续和费用,而且对外造成不良影响。

《跟单信用证统一惯例》(《UCP600》)规定:未经开证行、保兑行(若已保兑)和受益人同意,不可撤销信用证既不能修改,也不能取消。因此,对不可撤销信用证中任何条款的修改,都必须在有关当事人全部同意后才能生效。该惯例还规定,信用证在修改时,"原证的条款(或先前接受过修改的信用证)在受益人向通知该修改的银行发出接受修改之前,仍然对受益人有效。""对同一修改通知中的修改内容不允许部分接受,因此,部分接受修改内容当属无效。"

此外,对来证不符合同规定的各种情况,还需要做出具体分析,不一定坚持要求对方办理改证手续。只要来证内容不违反政策原则并能保证我方安全尽快收汇,出口方也可灵活掌握。

(三)安排托运及投保和报关

1. 托运

目前在我国,凡由我方安排运输的出口合同,对外装运货物、租订运输工具和办理具体有关运输的事项,外贸企业通常都委托中国对外贸易运输公司(简称中外运)或其他经营外贸运输代理业务的企业,如各地港口的国际物流公司、外轮代理公司、国际货物运输代理公司(简称货代公司)、国际船务代理公司(简称船代公司)办理。在货、证备齐以后,出口企业应即向国际货物运输物流企业办理托运手续。托运时除需缮制托运单据外,还需附交与本批商品货物有关的各类单证,如提货单、商业发票、出口商品货物明细单(装箱单)、出口商品货物报关单、出口收汇核销单等,有的商品货物还需提供出口许可证、配额许可证的海关联、商品货物检验合格证件等有关证书,以供海关核查放行之用。

随着互联网技术的发展,具有实际应用意义的是,出现了"互联网+运输物流",如互联网电子报关、无人航运码头等,货主越来越少与运输工具承运人(如船公司)直接打交道,而是由专业化较强的货运服务机构从中提供中介服务。就货运服务的公司而言,货运代理公司、储运公司、报关经纪行、卡车运输公司和其他运输与物流管理公司都在试图调整自己的运输服务功能。这些具有不同行业特点的公司所提供的服务界限也在逐渐模糊,这就为出口商办理货运提供了多种选择。

2. 投保

在办理投保手续时，通常需要填写国外运输险投保单，列明投保人名称、货物的名称、标记、运输路线、船名或装运工具、开航日期、航程、投保险别、保险金额、投保日期、赔款地点等。保险公司据此考虑接受承保并缮制保险单据。有关国际货物运输保险可参阅第七章。

3. 报关

报关是指进出口货物出运前向海关申报的手续。按照我国《海关法》的规定：凡是进出国境的货物，必须经过设有海关的港口、车站、国际航空站和边境口岸进出，并由货物的发货人或其代理人向海关如实申报，交验规定的单据文件，请求办理查验放行手续。经过海关放行后，货物才可提取或者装运出口。

目前，我国的出口企业在办理报关时，可以自行办理报关手续（自理报关），也可以通过专业的报关经纪行或国际货运代理公司来办理（代理报关）。无论是自理报关还是代理报关，都必须填写出口商品货物报关单，必要时，还需提供出口合同副本、发票、装箱单或重量单、商品检验证书及其他有关证件，向海关申报出口。

有关报关的具体操作可参阅本书第六章"国际货物运输物流条款及报检与报关"的报关部分。

4. 装运

承运船舶抵达港口前，外贸企业或外运机构根据港区所做的货物进栈计划，将出口清关的商品货物存放于港区指定仓库或码头。轮船抵港后，由港区向托运人签收出口货物港杂费申请书后办理提货、装船。装船完毕，由船长或船上大副根据装货实际情况签发大副收据。外贸企业或外运机构可凭此单据向船公司或其代理换取海运提单。

商品货物装船后，外贸企业或外运机构将缮制好的海运提单送交船公司或其代理，并请签字。船公司或代理在审核海运提单所载内容与大副收据内容相符后，正式签发提单，加注"已装船"字样和加盖装船日期印章。有关装运具体可参阅本书第七章的"货物运输"部分。

5. 发装运通知

商品货物装船后，出口企业要及时向国外买方（进口企业）发出"装运通知"，以便对方准备付款、赎单、办理进口报关和接货手续。

装运通知的内容一般有订单或合同号、信用证号、货物名称、数量、总值、唛头、装运口岸、装运日期、船名及预计开航日期等。在实际业务中，应根据信用证的要求和对客户的习惯做法，将上述项目适当地列明在电文中。

### （四）信用证项下的融资和制单结汇

1. 信用证项下的融资简介

在进出口贸易中，企业经常遇到自有资金的不足，这种问题可以应用资金融通的办法解决。在国际贸易实践中，经常应用资金融通的办法是信用证融资。信用证融资是指信用证项下融资，是国际贸易中使用最为广泛的融资办法，信用证的优点是能够为买卖双方提供融资服务。信用证融资是银行一项影响较大、利润丰厚、周转期较短的融资业务，银行都把信用证融资放在重要地位。信用证融资的主要方式如下。

（1）出口商向银行办理的贸易融资方式。

① 打包贷款。打包贷款是指银行应卖方（信用证收益人）的申请，以其收到的信用证项

下的预期销售货款作为还款来源,为解决卖方在货物发运前,因支付采购货物、组织生产、货物运输等资金需要而向其发放的短期贷款。

打包贷款的做法是:出口商在提供货运单据之前,以供货合同和国外银行开来的以自己为受益人的信用证向当地银行抵押,从而取得用于该信用证项下出口商品的进货、备料、生产和装运所需周转资金的一种融资方式。打包贷款在出口贸易融资中应用比较多。

② 票据贴现。票据贴现是指在远期信用证项下,出口商发货并取得开证行或其他汇票付款人已承兑汇票后,到当地银行将期票以折扣价格兑现的一种融资方式。在这种利用票据贴现贸易融资方式下,银行对已贴现票据有追索权。

③ 出口押汇。出口押汇是指出口商将全套出口议付单据交给往来银行或信用证指定银行,由银行扣除从议付日到预计收汇日的利息及有关手续费,将净额预先付给出口商,向出口商有追索权的购买物权单据的一种融资方式。

④ 福费廷(forfeiting)。福费廷也称"包买票据",是指包买银行无追索权的买入或代理买入因真实贸易背景而产生的远期本票、汇票或债务的行为,信用证项下的福费廷业务为银行买入经开证行承兑的远期汇票。福费廷是一种改善出口商现金流和财务报表的无追索权的融资方式。福费廷在出口贸易融资中也经常应用。

福费廷的主要当事人有: a. 出口商(exporter),汇票的卖主; b. 进口商(importer),福费廷交易的债务人; c. 包买商(forfeiter),包买商多为出口商所在国的银行或其附属机构,有时也可以是具有中长期信贷能力的大金融公司或专门的福费廷公司; d. 担保人(guarantor),担保人是应进口商的要求为福费廷业务中贴现的远期票据提供担保的机构。

福费廷的特点:福费廷业务中的远期票据产生于销售货物或提供技术服务的正当贸易,包括一般贸易和技术贸易;福费廷业务中的出口商必须放弃对所出售债权凭证的一切权利,做包买票据后,将收取债款的权利、风险和责任转嫁给包买商,而银行作为包买商也必须放弃对出口商的追索权;出口商在背书转让债权凭证的票据时均加注"无追索权"字样(without recourse),从而将收取债款的权利、风险和责任转嫁给包买商,包买商对出口商、背书人无追索权。福费廷业务融资期限可以是短期或长期,按照票据的期限一般在1～5年,属中期贸易融资,但随着福费廷业务的发展,其融资期限扩充到1个月至10年不等,时间跨度很大;包买商为出口承做的福费廷业务,大多需要进口商的银行做担保,没有官方出口信贷担保机构或私人保险公司的担保或保险;出口商支付承担费(commitment fee),在承担期内,因为包买商对该项交易承担了融资责任而相应限制了他承做其他交易的能力,以及承担了利率和汇价风险,所以要收取一定的费用。

福费廷的业务流程。福费廷当事人中的担保人一般是信用证的开证行,福费廷的业务流程,以信用证操作为例如下:a. 出口商与进口商商谈签订贸易合同;b. 进口商向所在银行(开证银行)申请向出口商开立远期信用证;c. 出口商所在银行收到远期信用证并通知信用证受益人;d. 出口商安排货物出运并向银行交单;e. 出口商将远期信用证无追索权地售予出口商所在银行;f. 出口商可按商定时间获得资金,不必等到信用证到期。

⑤ 利用出口信用保险融资。出口信用保险是政府为鼓励企业扩大出口,保障企业出口收汇安全而开设的政策性保险,作为其承保险种之一的信用证保险,承保出口企业以信用证支付方式出口的收汇风险。保障出口企业作为信用证受益人,按照要求提交了单证相符、单

单相符的单据后,由于政治风险或商业风险的发生,不能如期收到应收账款的损失。而银行则对投保了此险种的出口企业提供相应的融资服务。

(2) 进口商向银行办理的贸易融资方式。

① 提供信用证融资额度。为了对进口商提供融通资金的便利,银行通常对一些资信较好、有一定清偿能力、业务往来频繁的老客户核定一个相应的授信额度或开证额度,供客户循环使用。进口商开证时只需提供一定比例保证金,无须缴纳全部货款,差额部分可占用授信额度或开证额度,这就减少了进口商的资金占用,从而提高其经营效率。

② 担保提货。在进出口双方相距较近、货物比单据先到时,为避免缴纳滞港费、加速资金周转,开证行可向船运公司出具提货担保书先行提货。并保证赔偿船运公司由此造成的任何损失。待正本提单到达后,再以正本提单换回原提货担保书注销。这样既减少了进口商的费用,又可以尽快提货以免因商品货物品质发生变化遭受损失。正本单据到达后,不论单据是否有不符点,银行都不能对其拒付。

③ 进口押汇。在即期信用证项下,开证行收到进口单据后,经审查单证相符,或虽有不符点但进口商及开证行都同意接收,按进口商的需求,开证行偿付议付行或交单行,银行所垫款项由申请人日后偿还。在进口押汇业务中,释放单据的方式大致有三种:一是凭信托收据放单;二是凭进口押汇协议放单;三是由申请人付清银行垫款后放单。

④ 承兑信用额度。在远期信用证项下,开证行收到进口单据后,经审查单证相符,或虽有不符点但进口商及开证行都同意接收,由开证行以其自身信用对外承诺在将来某个固定日期或可以确定的日期向受益人付款。

2. 信用证条件下的制单结汇

在信用证付款条件下,目前我国出口商在银行可以办理出口结汇的做法主要有三种:收妥结汇、押汇和定期结汇。不同的银行,其具体的结汇做法不一样。即使是同一个银行,针对不同的客户信誉度,以及不同的交易金额等情况,所采用的结汇方式也有所不同。

(1) 收妥结汇又称收妥付款,是指信用证议付行收到出口企业的出口单据后,经审查无误,将单据寄交国外付款行索取货款的结汇做法。这种方式下,议付行都是待收到付款行的货款后,即从国外付款行收到该行账户的贷记通知书(credit note)时,才按当日外汇牌价,按照出口企业的指示,将货款折成人民币拨入出口企业的账户。

(2) 押汇又称买单结汇,是指议付行在审单无误情况下,按信用证条款贴现受益人(出口公司)的汇票或者以一定的折扣买入信用证项下的货运单据,从票面金额中扣除从议付日到估计收到票款之日的利息,将余款按议付日外汇牌价折合成人民币,拨给出口企业。

议付行向受益人垫付资金、买入跟单汇票后,即成为汇票持有人,可凭票向付款行索取票款。银行之所以做出口押汇,是为了给出口企业提供资金融通的便利,这有利于加速出口企业的资金周转。

(3) 定期结汇是指议付行根据向国外付款行索偿所需时间,预先确定一个固定的结汇期限,并与出口企业约定该期限到期后,无论是否已经收到国外付款行的货款,都主动将票款金额折合成人民币拨交出口企业。

3. 处理单证不符情况的几种办法

在信用证项下的制单结汇中,议付银行要求"单、证表面严格相符"。但是在实际业务中,由于种种原因,单证不符情况时常发生。如果信用证的交单期允许,应及时修改单据,使之与信用证的规定一致。如果不能及时改证,进出口企业应视具体情况,选择处理方法如下。

(1) 表提。表提又称为"表盖提出",即信用证受益人在提交单据时,如存在单证不符,向议付行主动书面提出单、证不符点。通常,议付行要求受益人出具担保书,担保如日后遭到开证行拒付,由受益人承担一切后果。在这种情况下,议付行为受益人议付货款。因此,这种做法也被称为"凭保议付"。表提的情况一般是单证不符情况并不严重,或虽然是实质性不符,但事先已经开证人(进口商)确认可以接受。

(2) 电提。电提又称为"电报提出",即在单、证不符的情况下,议付行先向国外开证行拍发电报或电传,列明单、证不符点,待开证行复电同意再将单据寄出。电提的情况一般是单、证不符属实质性问题,金额较大。用电提方式可以在较短的时间内由开证行征求开证申请人的意见。如获同意,则可以立即寄单收汇;如果不获同意,受益人可以及时采取必要措施对运输中的货物进行处理。

(3) 跟单托收。如出现单、证不符,议付行不愿用表提或电提方式征询开证行的意见。在此情况下,信用证就会彻底失效。出口企业只能采用托收方式,委托银行寄单代收货款。

这里要指出的是,无论是采用"表提""电提",还是"跟单托收"方式,信用证受益人都失去了开证行在信用证中所做的付款保证,从而使出口收汇从银行信用变成了商业信用。

出口贸易业务的基本流程可参阅本书第一章中的"出口贸易操作的基本流程"部分及图 1-1。有关出口退税的计算方法和成本核算可参阅本书第五章中的相关部分。

## 二、出口合同履行中的风险防范

### (一) 客户欺诈风险

出口合同履行中的客户欺诈风险是指进口商在国际贸易中故意制造假象或隐瞒事实真相,使出口商做出错误判断,最终使自己逃避履行外贸合同项下的基本义务。客户欺诈的主要表现为出口商最后得不到客户应付的货款。客户欺诈风险防范措施如下。

1. 建立客户信息数据库

出口企业应注意搜集客户的相关信息,建立客户信息数据库。搜集的信息分别从客户基本背景、客户管理水平、客户经营状况、客户经营前科、客户偿债能力、客户付款记录、客户行业状况等方面进行分析,以划分出不同的客户信用级别。

2. 建立客户信用额度审核制度

出口企业应对授予信用额度的客户适时定期审核,一般情况下一年审核一次,对正在进行交易的客户、交易量较大的客户或重要客户则最好半年审核一次。每次审核都要严格按事先制定的程序进行,尽量收集全面、最新、可靠的信息,对老客户也不能放松警惕。

3. 建立风险处理机制

对于存在业务风险或客户欺诈已经证实的情况下,出口企业要有相应的风险处理机制。例如,在客户付款迟缓或交易金额超过授信额度时就停止发货,对欺诈案例频发的高危国家或地区要提高预付比例,对内部业务人员要定期培训,专人负责风险评估及防范预警等。

### (二)客户流失风险

客户流失风险是指进口商由于各种原因更换出口商的风险,其主要表现是进口商与原贸易伙伴停止原有的业务往来而转与其他出口商合作。客户流失有时是出口企业业务员人事流动造成的,有时是企业服务不到位造成的,有时是行业的竞争所致,有时是客户方的业务调整的结果。客户流失风险防范措施如下。

#### 1. 树立"客户至上"的理念

出口企业首先关注客户当地市场的变化,了解客户所提要求的背景和原因,加深"顾客是上帝"的认识,做好客户关系管理(CRM);其次要优化客户关系,多与客户交流沟通,定期调查了解客户的满意度;最后要与客户进行多方面的合作,对客户提出的本公司业务之外的求助尽量给予帮助。

#### 2. 不断开发新货源

网络时代,各种商业信息很多且比较透明,业务竞争激烈。客户经常会拿竞争者的价格、质量等信息来要求出口企业让步,否则就停止合作。对于同行竞争,出口企业要向客户宣传自己的优势,劝导客户不要只关注短期利益,尽可能留住客户;同时,要不断开发新货源,绝不能局限于一两个供货工厂。

### (三)第三方检验风险

所谓第三方检验,就是买卖双方在签订贸易合同后,双方约定由买卖双方之外的第三方检验机构来检查合同项下的产品质量。第三方检验风险是指由于卖方准备交货的产品质量、包装等不符合第三方检验标准而导致无法正常交货、客户凭此拒收货物或拒付货款的风险。第三方检验风险防范措施如下。

#### 1. 安排好检验地点和时间

如果出口的货物需要第三方检验,应在货物出运前在工厂进行检验。在货物检验合格后再做后续事宜,避免产生额外的费用或耽搁时间。

#### 2. 熟悉商品货物的检验标准

出口企业应会同工厂事先了解第三方机构的检验标准和习惯做法,做到心中有数。同时,要熟悉产品的属性、特点、成分、材质、用途等,在检验人员提出各种质疑时给予专业、细致、耐心的解答。此外,对第三方检验公司的检验员要给予一定的重视,做到热情接待和服务。

### (四)产品包装风险

产品包装风险主要是指包装错误或破损风险。包装错误表现为产品包装所用材料、外包装印刷内容错误等。包装破损主要表现为在生产、包装、运输过程中,由于各种因素造成外包装破损。包装错误或包装破损不仅会影响货物的交接、运输,而且可能会导致货物质量受损,从而引起客户的不满、拒收或索赔。产品包装风险防范的措施如下。

(1)做好供货工厂的业务交接工作,加强与工厂的跟踪和交流沟通,保证按合同包装。

(2)合同签订后,尽量与国外客户确认包装信息,并向国内供货工厂传达清楚。

(3)尽可能提前验货。在发货前验货时,要严格按与客户签订的合同要求或具体的包装要求进行检验工作。

**教学互动与讲练结合十二：**
**FOB 术语条件出口合同履行过程中应注意哪些问题**

> 20世纪80年代我国的对外贸易行业属于国家垄断行业，当时我国的航运市场还没有对外开放，货物必须通过中国香港中转。为了保护我国的轮船运输业和保险业的发展，国家提出了"出口做CIF、进口做FOB"的做法，这成为当时我国对外贸易洽谈运输条款的准则。自20世纪90年代之后，我国对外开放航运市场以来，各外资班轮公司纷纷抢滩中国沿海的主要港口，外资轮船公司的进入为国外买家指定船公司提供了条件，使出口采用FOB术语条件的贸易货运量有一定程度的上升。随着境外船公司进军中国航运市场，境外货运代理企业也蜂拥而入，境外货代的活跃使我国出口按FOB术语条件成交指定代理的贸易货运量急剧上升。在当今我国的出口贸易中，以FOB术语条件成交的贸易量占80%以上，而且有逐步增长的趋势。
>
> **请思考分析并互动讨论：**
> （1）FOB术语条件出口合同履行过程中卖方应承担哪些责任与义务？
> （2）FOB术语条件出口合同履行过程中卖方可能会遭遇哪些风险？如何防范？

## 第二节　进口合同的履行

进口合同是指中国境内的中方与中国境外的外方之间就我方接受进口货物并支付货款而达成的协议。进口合同签订以后，交易双方都要坚持"重合同、守信用"的原则，按约定履行合同规定的义务。即买方应及时开证，卖方应按合同规定履行交货义务。

在我国的进口业务中，一般按FOB价格条件成交的情况比较多，如果是采用即期信用证支付方式成交，履行这类进口合同的一般程序是：开立信用证、租船订舱、装运、办理保险、审单付款、接货报关、检验、拨交、索赔等。这些环节的工作，是由进出口公司、运输部门、商检部门、海关部门、银行、保险公司以及用货部门等各有关方面分工负责、紧密配合而共同完成的。

### 一、进口合同的履行程序

#### （一）开立信用证

进口合同签订后，买方（进口商）按照合同规定填写开立信用证申请书（application for letter of credit）向银行办理开证手续。该开证申请书是开证银行开立信用证的依据。进口商申请开立信用证，应向开证银行交付一定比率的押金（margin）或抵押品，开证人还应按规定向开证银行支付开证手续费。

信用证的内容，应与合同条款一致，包括进口商品货物名称、质量、规格、数量、价格、交货期、装货期、装运条件及装运单据等，应以合同为依据，并在信用证中一一做出规定。

信用证的开证时间，应按合同规定办理，如合同规定在卖方确定交货期后开证，买方应在接到卖方上述通知后开证；如合同规定在卖方领到出口许可证或支付履约保证金后开证，则买方应在收到卖方已领到出口许可证的通知，或银行转告保证金已收到后开证。

卖方收到信用证后,如提出修改信用证的请求,经买方同意后,即可向银行办理改证手续。最常见的修改内容有:展延装运期和信用证有效期、变更装运港口等。

### (二)派船接运货物

履行 FOB 交货条件下的进口合同,应由买方负责派船到与卖方约定的港口接运货物。卖方在交货前一定时间内,应将预计装运日期通知买方。买方接到上述通知后,应及时向货运代理公司办理租船订舱手续。在办妥租船订舱手续后,应按规定的期限将船名及船期及时通知卖方,以便卖方备货装船。同时,为了防止出现船货脱节和船等货物的问题,应注意催促卖方按时装运。对数量大或重要商品物资的进口贸易,如有必要,买方也可请我驻外机构就地督促外商履约,或派人员前往出口地点检验监督。

国外装船后,卖方应及时向买方发出装船通知,以便买方及时办理保险和做好接货等项工作。

### (三)投保货运险

FOB 或 CFR 交货条件下的进口合同,保险由买方办理。由进口商(或收货人)在向保险公司办理进口运输货物保险时,有两种做法:一种是逐笔投保方式;另一种是预约保险方式。

逐笔投保方式是收货人在接到国外出口商发来的装船通知后,直接向保险公司填写投保单,办理投保手续。保险公司出具保险单,投保人缴付保险费后,保险单随即生效。

预约保险方式是进口商或收货人与保险公司签订预约保险合同,其中对各种货物应投保的险别作了具体规定,故投保手续比较简单。按照预约保险合同的规定,所有预约保险合同项下都按 FOB 及 CFR 条件进口商品货物保险,并由该保险公司承保。因此,每批进口商品货物,在收到国外装船通知后,即直接将装船通知寄到保险公司或填制国际运输预约保险启运通知书,将船名、提单号、开船日期、商品名称、数量、装运港、目的港等项内容通知保险公司,即作为已办妥保险手续,保险公司则对该批商品货物负自动承保责任,一旦发生承保范围内的损失,由保险公司负责赔偿。

### (四)审单和付汇

银行收到国外寄来的汇票及单据后,对照信用证的规定,核对单据的份数和内容。如内容无误,即由银行对国外付款。同时进出口公司用人民币按照国家规定的有关外汇牌价向银行买汇赎单。进出口公司凭银行出具的"付款通知书"向用汇管理部门进行结算。如审核国外单据发现单、证不符时,应做出适当处理。处理办法很多,例如,停止对外付款;相符部分付款;不符部分拒付;货到检验合格后再付款;凭卖方或议付行出具担保付款;要求国外改正单据;在付款的同时,提出保留索赔权等。

### (五)报关、纳税

#### 1. 报关

进口货物运到后,由进出口公司或委托货运代理公司或报关行根据进口单据填具"进口货物报关单"向海关申报,并随附发票、提单、装箱单、保险单、许可证及审批文件、进口合同、产地证和所需的其他证件。如属法定检验的进口商品,还需随附商品检验证书。货、证经海关查验无误,才能放行。

2. 纳税

(1) 我国进出口贸易的纳税和税种。海关按照《中华人民共和国海关进口税则》的规定,根据需要对进出口商品货物征收适当的关税。关税按照不同的标准,有多种分类方法。按征收对象分类,可分为进口关税、出口关税和过境关税三类;按照征收目的分类,分为财政关税和保护关税;按照计征标准分类,分为从价税、从量税、复合税、滑准税;按照货物进口国别来源区别对待的原则分类,分为普通关税、最惠国关税、协定关税和特惠关税等。

我国目前对出口商品货物的关税与国际接轨,实行零关税。对进口商品货物计征进口税。进口税进一步分为进口关税、进口环节增值税、进口环节消费税。进口关税的种类如上所述,税率根据不同商品货物和来自不同的国家与地区分别确定;进口环节增值税对所有进口的商品货物都计征;进口环节消费税只对部分商品货物计征,如烟、酒、化妆品、手表及高档消费品等。普通商品货物只计征关税和进口环节增值税,进口环节增值税和进口环节消费税由海关代征。

(2) 进口关税、进口环节增值税和进口环节消费税的计算方法。有关进口关税、进口环节增值税和进口环节消费税的计算方法可见本书第五章第四节中的"七、进口商品的成本核算"部分。

### (六) 验收和拨交货物

1. 验收货物

进口货物运达港口卸货时,港务局要进行卸货核对。如发现短缺,应及时填制"短卸报告"交由船方签认,并根据短缺情况向船方提出保留索赔权的书面声明。卸货时如发现残损,货物应存放于海关指定仓库,待保险公司会同商检机构检验后做出处理。对于法定检验的进口商品货物,必须向卸货地或到达地的商检机构报验,未经检验的商品货物不准入境、销售和使用。如进口商品货物经商检机构检验,发现有残损短缺,应凭商检机构出具的证书对外索赔。对合同规定的卸货港检验的货物,或已发现残损短缺有异状的货物,或合同规定的索赔期即将届满的货物等,都需要在港口进行检验。

一旦发生索赔,有关的单证,如国外发票、装箱单、重量明细单、品质证明书、使用说明书、产品图纸等技术资料、理货残损单、溢短单、商务记录等都可以作为重要的参考依据。

2. 办理拨交手续

在办完上述手续后,如订货或用货单位在卸货港所在地,则就近转交货物;如订货或用货单位不在卸货地区,则委托货运代理机构将货物转运内地并转交给订货或用货单位。关于进口关税和运往内地的费用,由货运代理机构向进出口公司结算后,进出口公司再向订货部门结算。

进口贸易业务的基本流程可参阅本书第一章第四节中的"二、进口贸易操作的基本流程"部分及图 1-2。

## 二、进口合同履行中的风险防范

### (一) 信用风险

进口贸易中的信用风险主要表现在:信用风险的内容主要包括支付结算过程中的银行信用与商业信用所潜藏的风险和合同条款中的信用风险。其中合同条款中的信用风险是指进口贸易的客户不遵循双方签订的合同条款所约定的事项,不依法履行合同条款中的法定义务,使合同不能按时执行所带来的风险。要防范进口贸易中的信用风险,需要做到以下四点。

(1) 采取措施设置进出口贸易的信用管理部门,对进出口的企业信息资源进行统一的管理,并对合作企业的信息类型与企业等级进行有效性划分。

(2) 督促进口贸易企业建立并完善客户的资料档案,实时将客户的最新信息资料进行更新,为进口贸易提供专业科学的数据信息。

(3) 认真谨慎地制定信用证条款,严格审查开证的条款和内容,加强对国外贸易合作企业的资信状况调查,选择资信较好的出口贸易企业作为交易对象,争取最大限度地降低信用风险所带来的经济损失。

(4) 加强进出口贸易企业与银行之间的交流沟通联系,及时发现问题,在付款之前尽量避免信用风险。

(二) 汇率风险

进口贸易中的汇率风险主要表现在:在进出口贸易的过程中,由于外汇汇率发生不可预知的变动给交易双方所带来的经济与政策风险。汇率风险的内容包括经济风险、交易风险、会计风险。其中经济风险是指由于外汇汇率发生不可预知的变动,从而引起进口贸易企业的价值出现不同幅度的变动,这是预期经营利益的外汇风险。交易风险是指从国际贸易合同签约之日到债权债务清偿结束这段时间,由于合同所选择的外币与本币之间的汇率发生不可预知的变动,使进口贸易的交易所使用的本币价值出现不同幅度的变动而带来的风险。会计风险是指在进口贸易的交易过程中,外汇汇率发生变动对企业的财务会计管理产生的不利影响,其内容包括资产负债表的风险与损益表的风险。要防范进口贸易中的汇率风险,需要做到以下五点。

(1) 采取措施在进口贸易合同的价格条款中增加交易货币综合保值的相关内容。

(2) 科学选择进口贸易中的计价结算货币,在我国的进口贸易企业要尽量选择软货币作为贸易的计价结算货币。

(3) 正确使用金融衍生工具,如利用外汇期权与远期结售汇。

(4) 正确使用银行在国际贸易中的融资产品,如利用福费廷、贴现与押汇等。

(5) 采取措施为货币进行保值,即使用市场价值相对稳定的货币作为进口贸易合同的货币保值,其保值方式的内容包括外汇保值条款、黄金保值条款以及调价保值条款等。

(三) 市场变动风险

进口贸易中的市场变动风险主要表现在:当国际市场与国内市场的需求与供给关系发生巨大变化时,市场的商品价格随之变化所带来的风险,这就是市场变动风险。进口贸易的交易价格是在合同中规定的,但外部的市场价格是不断变动的。当进口商品货物的市场价格大幅上涨时,会给进口贸易的企业带来巨大的经济损失。要有效防范进口贸易中的市场风险,需要做到以下三点。

(1) 采取措施增强进口贸易企业对市场风险的认识,并利用先进的计算机网络通信技术以及先进的对外贸易相关知识对国际国内市场的价格变化趋势与规律进行分析研究预测。

(2) 在进口贸易合同条款中加入应对价格变动的内容,并对市场可能出现的风险进行有效性研究,找出相应的解决措施。

(3) 要求外贸企业在开展进口贸易时,尽可能选择银行信用的方式,包括应用国际综合性的保理业务、采用信用证结算方式等。从各方面防范国际贸易风险的发生。

# 本章提要

(1) 出口合同的履行程序主要有准备货物、落实信用证、组织装运及制单结汇等,其中货、证、船、款四个环节最为重要。

(2) 备货是卖方根据合同的规定,按时、按质、按量准备好应交的货物,并做好申请报验和领证的工作。

(3) 审证、改证是卖方履行合同的重要步骤,直接涉及交易是否顺利完成。审证首先要从政策、银行资信和付款责任以及信用证性质等方面进行审查,再从商品品质、规格、数量、包装、单据以及特殊条款等方面审查。发现问题,争取一次性向客户提出改证,不要多次提出,否则会增加双方的手续和费用。

(4) 在我国进口贸易中,一般按 FOB 价格条件成交的情况比较多,如果是采用即期信用证支付方式成交,履行这类进口合同的一般程序是:开立信用证、租船订舱、装运、办理保险、审单付款、接货报关、检验、拨交、索赔(如果有)。

(5) 进口货物单据审核,是进口合同履行过程中的一个重要环节。信用证支付方式中,进口货物单据审核由开证银行和进口企业共同进行,确定无误后,付清货款。

(6) 制单结汇是一笔交易圆满结束的最后一个环节,要求业务人员必须认真、仔细,具有高度的责任感才能做好。

# 思考与练习 技能证书考试与专业竞赛训练

(一) 分析判断题(判断命题的正确或错误,正确的打"√",错误的打"×")

1. 银行对信用证未规定的单据不予审核。 (　　)
2. 一般银行不接受信用证项下的过期提单,所以过期提单是无效提单。 (　　)
3. 进口人在申请开立信用证时,不需要支付开证手续费。 (　　)
4. 修改信用证时,可不必经开证行而直接由申请人修改后交受益人。 (　　)
5. 买卖合同是买方申请开立信用证的基础。在非信用证支付方式下,买卖合同是出口商凭以制单的依据。 (　　)
6. 法定检验是指由国家检验检疫机构依法对规定的进出口商品和有关检验检疫事项进行的强制性检验。 (　　)
7. 一般而言,办理报检手续在先,办理报关手续在后。 (　　)
8. 在我国所有的进出口商品货物都必须向海关办理报关手续。 (　　)
9. 信用证是一种由银行开立的无条件承诺付款的书面文件。 (　　)
10. 货物装船后,托运人凭船公司的装货单换取已装船提单。 (　　)

(二) 单项选择题(每题只有 1 个答案是正确的,请选择正确的答案填入括号内)

1.《UCP600》规定,除非另有规定,商业发票必须由信用证受益人开具,必须以

(　　)为抬头。

　　A. 开证行　　　　B. 开证申请人　　　C. 指定付款行　　　D. 议付行

2. 信用证修改书的内容在两项以上的,受益人(　　)。

　　A. 要么全部接受,要么全部拒绝　　　　B. 必须全部拒绝

　　C. 必须全部接受　　　　　　　　　　　D. 只能部分接受

3. 开证行在收到国外寄来的全套单证后应进行严格审核,但是下列(　　)不属于审核事项。

　　A. 单据与信用证之间是否相符　　　　B. 单据与单据之间是否相符

　　C. 单据与货物之间是否相符　　　　　D. 单据与《UCP600》是否相符

4. 当买卖双方采用信用证方式结算时,受益人应对照合同仔细检查,如发现信用证与买卖合同有重大的不一致时,受益人应要求(　　)。

　　A. 通知行修改　　　　　　　　　　　B. 开证行修改

　　C. 开证申请人修改　　　　　　　　　D. 议付行修改

5. 海关对进口货物凭出入境检验检疫机构签发的(　　)办理海关通关手续。

　　A. 进口许可证　　　　　　　　　　　B. 进口货物报关单

　　C. 查验通知　　　　　　　　　　　　D. 入境货物通关单

6. 以FOB价格术语、信用证支付方式进口的一批货物,业务环节不包括(　　)。

　　A. 申请开证　　　B. 交单议付　　　C. 付款赎单　　　D. 接货报关

7. 出口报关的时间应是(　　)。

　　A. 装船前　　　　B. 装船后　　　　C. 货到目的港后　　　D. 交单后

8. 出口商委托货运代理向船公司办理租船订舱,出口商须填写(　　)。

　　A. 海运货物运输合同　　　　　　　　B. 海运货物委托书

　　C. 海运单　　　　　　　　　　　　　D. 装货单

9. 根据海关规定,进口货物的进口日期是指(　　)。

　　A. 载货的运输工具申报的日期　　　　B. 货物进口报关的日期

　　C. 申报货物准予提取的日期　　　　　D. 申报货物进入海关监管仓库的日期

10. 在出口结汇时,由出口商签发的、作为结算货款和报关纳税依据的核心单据是(　　)。

　　A. 海运提单　　　B. 商业汇票　　　C. 商业发票　　　D. 海关发票

（三）多项选择题（每题有2个及以上答案是正确的,请选择正确的答案填入括号内）

1. 出口合同在CIF价格术语成交、信用证支付的履行过程中有很多环节,其中以(　　)最为重要。

　　A. 核（核销退税）　　　　　　　　　B. 款（制单收汇）

　　C. 船（租船订舱、办理货运手续）　　D. 证（催证、审证和改证）

2. 申请开立信用证的程序有(　　)。

　　A. 递交有关合同的副本及附件　　　　B. 填写开证申请书

　　C. 缴付保证金　　　　　　　　　　　D. 支付议付费

　　E. 支付开证手续费

3. 对信用证与合同关系的表述正确的是( )。
   A. 信用证的开立以买卖合同为依据
   B. 信用证业务的处理不受买卖合同的约束
   C. 有关银行办理信用证业务应适当考虑合同
   D. 合同是审核信用证的依据
   E. 信用证业务的处理受买卖合同的约束
4. 信用证项下银行审单的内容包括( )。
   A. 信用证规定的单证种类、份数是否齐全
   B. 单证、单单是否相符
   C. 单据上的装运港、目的港、装运日期等是否与信用证规定相符
   D. 单据上的商品规格、品质、金额等是否与信用证规定相符
   E. 付款方式、日期、运费是否与信用证相符
5. 进口商对于信用证项下单据不符的处理方法通常有( )。
   A. 接受不符点，对外付款　　　　B. 允许受益人在有效期内更改单据
   C. 同意降价后接受单据并付款　　D. 改为货到后经检验合格再付款
   E. 凭国外议付行书面担保后付款，保留追索权
6. 报关程序按时间先后分为三个阶段：前期阶段、进出境阶段、后续阶段。其中对进出口收发货人而言，在进出境阶段包括( )等环节。
   A. 进出口申报　　B. 缴纳税费　　C. 备案
   D. 配合查验　　　E. 销案
7. 进口的货物入境发生残损或到货数量少于提单所载数量，而运输单据是清洁的，则进口方应向( )提出索赔。
   A. 卖方　　　B. 承运人　　　C. 保险公司　　　D. 银行
8. 买方可以采取( )方式向出口方支付货款。
   A. 信用证　　B. 汇付　　　C. 托收　　　　D. 现金
9. 向保险公司索赔时，应注意的问题是( )。
   A. 索赔的时效　　　　　　　　B. 要求买方立即处理受损货物
   C. 提供必要的索赔证件　　　　D. 立即将受损货物转移给保险公司

（四）思考题
1. 出口贸易的备货应注意哪些问题？
2. 申请开立信用证的程序是什么？
3. 修改信用证应注意哪些问题？
4. 单证不一致时应采取哪些措施？
5. 处理单证不符的问题有哪些办法？
6. 合同买卖双方的主要义务分别是什么？
7. 出口合同履行中常见的风险有哪些？如何防范？
8. 审核国外开来的信用证应注意什么问题？
9. 进口合同的履行程序有哪些？
10. 进口合同履行中常见的风险有哪些？如何防范？

## 案例分析及讨论

### 不注重信用证修改导致出口商品货款拒付的教训

中国广东汕头 B 公司与丹麦 AS 公司在 2014 年 9 月按 CIF 价格条件签订了一份出口圣诞灯具的商品合同,支付方式为不可撤销即期信用证。AS 公司于 10 月通过丹麦日德兰银行开来信用证,经审核与合同相符,其中保险金额为发票金额的 110%。就在广东汕头 B 公司备货期间,丹麦商人通过通知行传递给广东汕头 B 公司一份信用证修改书,内容为将保险金额改为发票金额的 120%。广东汕头 B 公司没有理睬,仍按原证规定投保、发货,并于货物装运后在信用证交单期和有效期内,向议付行议付货款。议付行审单无误,于是放款给受益人,后将全套单据寄丹麦开证行。开证行审单后,以保险单与信用证修改书不符为由拒付。

**请思考分析及讨论:**

(1) 开证行拒付是否有道理?为什么?

(2) 我们应从该案例中吸取什么教训?

## 教学互动

1. 请陈述某地某外贸公司某一种具体商品 17.5 公吨准备出口到美国旧金山市的出口流程。

2. 假定你是一家外贸公司的进口业务员,请讨论怎样降低你公司的进口总成本?

# 第十二章

# 中国与东盟各国的国际贸易实务应用操作

**知识要求**

了解熟悉越南、泰国、新加坡、马来西亚、印度尼西亚、菲律宾、柬埔寨、缅甸、老挝、文莱等东盟10国的位置、面积、气候、人口、市场和主要资源;掌握东盟10国的资源优势,尤其是与我国互补性的物产以及国际贸易、商品货物运输物流、国际投资合作与国际结算的方法,更好地开展中国—东盟自由贸易区的国际经贸工作。

**应用要求**

掌握东盟各国的资源优势和重要物产,特别是对中国互补性很强的物产,如泰国、印度尼西亚、马来西亚、越南出产的天然橡胶;马来西亚、印度尼西亚、泰国、柬埔寨等国出产的棕榈油;印度尼西亚、文莱、马来西亚、越南等国出产的石油和天然气;泰国和越南出产的大米、木薯;菲律宾、印度尼西亚、马来西亚、越南出产的椰干和椰子油;泰国、马来西亚、印度尼西亚、越南、菲律宾、柬埔寨出产的水产品和热带水果等。掌握中国和东盟各国开展国际贸易、国际货物运输、国际投资合作与国际结算的应用方法。

## 第一节 中国与东盟自由贸易区国际贸易实务应用概述

### 一、中国与东盟自由贸易区的提出、建立和快速发展

自由贸易区是国际经济一体化的一种表现形式,也是世界经济发展的重要趋势,其实质内容是在参与成员之间相互降低或取消关税和非关税壁垒。中国—东盟自由贸易区是2000年9月在新加坡举行的第四次东盟与中国(10+1)领导人会议上提出的,根据双方规划,到2010年,中国—东盟自由贸易区建成后,经济规模上将仅次于北美自由贸易区和欧盟自由贸易区,成为世界第三大自由贸易区。东盟自由贸易区有越南、泰国、新加坡、马来西亚、印度尼西亚、菲律宾、柬埔寨、缅甸、文莱、老挝10个国家。中国和东盟的资源与产品互补性很强,几十年来的贸易与货物运输物流增长很快,从1993年到2004年东盟连续11年是中国的第五大贸易伙伴;2005年至2010年东盟成为中国的第四大贸易伙伴;2011年至2018年东盟成为中国的第三大贸易伙伴;2019年东盟取代美国,成为中国的第二大贸易伙伴;2020年上半年东盟成为中国的第一大贸易伙伴。中国与东盟双边贸易额由1991年的79.6亿美元,增加至2015年的4 721.6亿美元,年均增长18.5%,双边贸易额占中国对外贸易额的比重,由1991年的5.9%上升至2015年的11.9%。2016年是中国与东盟建立伙

伴关系25周年,双方贸易额达到4 522亿美元,2016年比1991年增长了57倍。2019年中国对东盟进出口4.43万亿元人民币,增长14.1%,若按当年美元与人民币汇率平均1∶7计算,2019年中国对东盟进出口达6 328.57亿美元。目前,中国是东盟第一大贸易伙伴,东盟是中国的第三大贸易伙伴,中国和东盟相互依存关系日益紧密,东盟成为中国实施"一带一路"战略的重要组成部分。本章介绍中国和东盟国家之间的国际贸易实务应用操作。

## 二、中国与东盟国家国际贸易的主要商品

中国与东盟国家国际贸易的主要商品货物有大米、玉米、花生、绿豆、食糖、天然橡胶及制品、棕榈油、水果、蔬菜、木材及制品、家具、纸浆、鱼虾等水产品、椰子、胖大海、腰果、木薯及制品、坚果、药材、土特产品、机械设备、电子产品、家用电器、五金制品、建筑材料、陶瓷、纺织品、食品饮料、矿产、化肥、农药、农膜,以及石油、天然气、钾盐、锡、煤、铜、铁、铅、锌、锰、铬、宝石等矿产品。

## 三、中国与东盟国家国际贸易的物流运输方式

中国与东盟国家国际贸易的物流方式有水路运输、公路运输、铁路运输、航空运输、管道运输。海洋运输是中国与东盟国家国际贸易最多用的水路物流运输方式,中国与东盟每一个国家的国际贸易物流方式都可以运用水路运输,即使是内陆国家的老挝也可以从云南的澜沧江—湄公河用水路开展国际货物运输,澜沧江—湄公河是连接中老缅泰四国的"黄金水道";中国与东盟国家国际贸易物流方式可以直接运用公路运输的国家有越南、老挝和缅甸,可以运用间接及过境公路运输的国家有柬埔寨、泰国、马来西亚和新加坡;目前可以运用铁路运输的国家只有越南,泛亚铁路建成后会进一步扩大;中国与东盟每一个国家的国际贸易物流方式都可以运用航空运输,但适合航空运输的是体积比较小、重量比较轻、时间比较急、附加价值比较高的货物;管道运输目前仅见于中国与缅甸的石油和天然气运输。

## 四、中国与东盟自由贸易区接壤的国家和边境贸易口岸分布

中国与东盟自由贸易区接壤的国家有越南、老挝、缅甸,边境贸易的口岸分布在中国的广西和云南。在中国西藏林芝察隅县虽然也与缅甸接壤,但因交通运输极为不便,不设口岸,对中国与东盟的国际贸易没有意义。

### (一)中国广西与越南相通的陆路口岸

中国广西与越南相通的陆路口岸是中国通向东盟自由贸易区陆路最便捷的通道,自东到西依次主要有:中国广西东兴口岸通往越南广宁芒街口岸、中国广西防城峒中口岸通往越南广宁辽县横模口岸、中国广西宁明板烂口岸通往越南亭立三隆口岸、中国广西宁明爱店口岸通往越南谅山禄平县峙马口岸、中国广西宁明北山口岸通往越南谅山高禄县口岸、中国广西凭祥友谊关口岸通往越南谅山同登口岸、中国广西凭祥弄尧及弄怀口岸通往越南谅山同登口岸、中国广西凭祥蒲寨口岸通往越南谅山文朗县新清口岸、中国广西凭祥平而关口岸通往越南谅山长定县平宜口岸、中国广西龙州水口口岸通往越南高平复和县驮隆口岸、中国广西龙州科甲口岸通往越南高平下朗口岸、中国广西大新德天口岸通往越南板约口岸、中国广西大新硕龙口岸通往越南高平里板口岸、中国广西靖西岳圩口岸通往越南高平重庆县口岸、中国广西靖西龙邦口岸通往越南高平茶岭县雄国口岸、中国广西那坡平孟口岸通往越南高平河广县朔江口岸。

### (二)中国云南与越南相通的陆路口岸

中国云南与越南相通的陆路口岸自东到西依次主要有:中国云南文山麻栗坡天保口岸

通往越南河江清水河口岸、中国云南河口口岸通往越南老街口岸、中国云南红河金平金水河口岸通往越南莱州马鹿塘口岸。

### （三）中国云南与老挝相通的陆路口岸

中国云南与老挝相通的陆路口岸自东到西依次主要有：中国云南普洱江城勐康口岸通往老挝兰堆口岸、中国云南西双版纳傣族自治州勐腊磨憨口岸通往老挝摩丁口岸。

### （四）中国云南与缅甸相通的陆路口岸

中国云南与缅甸相通的陆路口岸自东到西依次主要有：中国云南西双版纳勐海县打洛口岸通往缅甸掸邦景栋口岸、中国云南临沧沧源县永和口岸通往缅甸佤邦勐冒县绍帕区口岸、中国云南临沧耿马县孟定清水河口岸通往缅甸果敢口岸、中国云南德宏州瑞丽畹町口岸通往缅甸九谷口岸、中国云南瑞丽姐告口岸通往缅甸木姐口岸、中国云南德宏陇川县章凤口岸通往缅甸克钦邦雷基口岸、中国云南保山腾冲猴桥口岸通往缅甸甘拜地口岸。

## 第二节　中国与越南、老挝和缅甸的国际贸易实务应用操作

### 一、中国与越南的国际贸易实务应用操作

越南全称越南社会主义共和国（The Socialist Republic of Viet Nam），1950年1月18日和中国建立正式的外交关系，1976年7月统一全国，定名为越南社会主义共和国。首都河内市，位于北部的红河平原，是全国的政治和文化中心。经济中心在南部的胡志明市（旧称西贡市）。流通货币为越南盾（VND）。2007年1月1日正式加入世界贸易组织（WTO）。

#### （一）位置与面积

越南位于中南半岛东部，国土南北走向呈S形，面积32.96万平方千米。北与中国广西和云南接壤，西与老挝、柬埔寨交界，东部和南部靠中国南海，海岸线长3 260多千米，全国都地处在北回归线以南的热带地区。

#### （二）气候与人口和市场

越南属热带季风气候，高温多雨，年平均气温在24℃左右，年平均降雨量为1 500~2 000毫米。北方分春、夏、秋、冬四季；南方分雨、旱两季，大部分地区5~10月为雨季，11月至次年4月为旱季。总人口9 270万（2016年），市场规模比较大。有54个民族，京族占总人口近90%，岱依族、傣族、芒族、华人、侬族人口均超过50万。越南语为官方语言和通用语言，主要宗教为佛教、天主教、和好教与高台教。

#### （三）主要资源

越南物产资源丰富，主要资源如下。

1. 农业资源

越南地处热带，光照充足，雨量充沛，特别适合粮食作物和经济作物生长。粮食作物主要有稻米、玉米、木薯、马铃薯和番薯等，红河三角洲和湄公河三角洲是世界著名的粮仓之一。多年来大米出口量一直保持在世界前两名。经济作物盛产天然橡胶（是亚洲四大橡胶种植国之一）、甘蔗、花生、绿豆、咖啡、可可、胡椒、椰子、腰果等。越南出产丰富的热带水果，

一年四季水果不断,主要品种有菠萝蜜、火龙果、鸡蛋果、椰子、香蕉、芒果、四季龙眼、荔枝、柠檬、西瓜、人参果等。

2. 林业资源

越南森林覆盖率约30%,产红木、柚木、铁杉、樟木等珍贵木材,其中红木类的主要种类有花梨木、紫檀木、酸枝木、鸡翅木和铁力木。药材、香料也很丰富,胖大海、八角(大料)、草果、桂皮、砂仁、黄连等都是名产。藤条在森林中到处有生长,质量上乘,每年有大量出口。越南规定从1992年起禁止原木出口。

3. 水产资源

越南有广阔的海域,漫长的海岸线和众多的小岛有许多渔场,海洋水产十分丰富,有约2 000种鱼、70种虾、300余种蟹类、300多种贝类、300多种海带。盛产鲸鱼、沙丁鱼、鲍鱼、沙虫、海虾、海蟹等。

4. 矿产资源

越南矿产资源丰富,种类多样。主要有石油、天然气、煤、铁、铝、锰、铬、锡、钛等。越南石油和天然气主要集中在北部沿海、湄公河三角洲平原洼地、昆岛南凹等大陆架。其石油储量在东南亚仅次于印度尼西亚、马来西亚,位居第三。此外,煤、铁、铝储量较大。东北部广宁省的煤炭储藏量大、质量好、热量高。

5. 旅游资源

越南的旅游资源丰富,著名旅游景点主要有北部鸿基的下龙湾、河内的西湖、还剑湖和文庙。中部的顺化皇宫、广南会安古城,南部的芽庄海滩、胡志明市夜景、堤岸、头顿特区、大叻避暑胜地等。

(四)中国和越南的国际贸易实操

中国与越南的国际贸易商品货物结构呈现比较强的互补性,两国的贸易额20多年来有了飞速增长,从1991年的3 200万美元快速增长到2016年的982亿美元。25年中越两国贸易增长了39倍多。目前,中国是越南的第一大贸易伙伴,也是越南农产品出口的第一大市场,中国自越南进口不断增加,双边贸易更加平衡。

(1)中国出口越南的商品货物达200多种,工业产品主要有各类机械设备(如锻压设备、印刷机械、电力设备、食品加工机械、包装设备等)、生铁及钢材、电子及配件、塑料原料、化肥、水泥、纸制品、汽车和摩托车等交通运输设备及零部件、汽柴油等成品油、电动机、电力、五金制品、日用工业品、陶瓷制品、化肥、糖厂设备、制药设备、药品及医疗器械设备、化工原料和化工产品、建筑材料、轻工消费品、纺织机械、纺织服装原辅料、谷物及谷物粉、食品、农药、日用品、竹制品等;农产品主要有温带果蔬如苹果、梨、葡萄、柑橘、大蒜、洋葱、珠葱,药材如甘草、当归、党参、黄连等。中国投资越南的企业有100多家,主要有广西玉柴、广东TCL、格力电器、山东海尔、四川新希望集团、重庆力帆、广西明阳生化科技公司(明阳淀粉厂)等。

(2)中国从越南进口的商品货物达100多种,主要有农林水产品如大米、热带水果、腰果、咖啡、茶叶、木薯及制品、鱼虾蟹等水海产品、天然橡胶、椰子油、胖大海以及热带果蔬药材。矿产品如煤炭、铁矿石、原油、锰矿石、铬矿石、锆英石等。工业产品如红木制品、食品、鞋类、塑料制品等。

(3) 中越陆地边界线长约1 353千米,为发挥两国之间共同边界的优势,多年来,越南的广宁、谅山、高平、河江、老街、莱州、莫边7个省份和中国的广西和云南两个边境省区主动开展合作发展经济,具体是成立各种跨境经济贸易物流中心,口岸市场,经济开发区,边民互市区及网点。两国的大多数贸易与物流运输通过东兴—芒街口岸、友谊关口岸、凭祥—同登口岸和河口—老街实现。

### (五) 中国和越南贸易的国际货物运输方式选择

1. 水路海洋运输

中国出口越南的货物运输可以应用FAS或FOB有货轮到达的中国沿海各大港口,也可以应用CFR或CIF越南沿海各大港口,中国进口越南的货物运输可以应用FAS或FOB越南沿海各大港口,也可以应用CFR或CIF有货轮到达的中国沿海各大港口。其中广西的防城港、钦州港、北海港,广东的湛江港和海南的八所港、洋浦港与海口港是中国较靠近越南的海港。越南主要海港从北到南依次有:鸿基港、海防港、岘港、归仁港、胡志明港等。

2. 公路汽车运输

中国与越南之间可用汽车运输通过广西或云南,其中,用汽车运输通过广西是最好的捷径。货物运输可以应用DAF或FCA、CPT、CIP、DAT与DAP中国和越南的陆路边境口岸,如中国长春一汽出口汽车底盘到越南北部,可用DAF或FCA、CPT、CIP、DAT与DAP中国和越南交界友谊关中方一则汽车板交货,或越方一则中国汽车板交货。中国和越南边境汽车货物运输的主要口岸在桂越边境从东到西依次为防城港东兴市—芒街、宁明县爱店—禄平县峙马、友谊关—同登、凭祥浦寨—新清、龙州县水口—驮隆、靖西县龙邦—茶灵县雄国;在滇越边境从东到西依次为文山麻栗坡县天保—清水河、河口—老街、金平县金水河—马鹿塘,可在上述口岸海关报关进出境。

3. 铁路运输

越南境内铁路为窄轨,中国和越南火车货物运输物流可由湘桂铁路通过中国广西凭祥友谊关到越南谅山同登(窄轨和标轨并行),到河内南通胡志明市。还可通过中国云南昆河铁路,经河口到越南老街,再到河内南通胡志明市。如中国公司出口化肥(尿素、磷肥等)到越南,可用DAF或FCA、CPT、CIP、DAT与DAP中国和越南交界的中国广西凭祥火车站中方火车板交货,或越南同登火车站中方火车板交货;也可以在中国和越南交界的云南河口火车站中方火车板交货,或越南老街火车站中方火车板交货。

4. 航空运输

对体积不大、重量较轻、时间较急和高附加价值的货物可用航空运输。出口和进口都可用FCA、CPT、CIP、DAT与DAP中国各地航空港或越南河内的内排国际机场、胡志明国际机场和岘港国际机场交货。

### (六) 中国和越南国际贸易货款结算的方式与货币选择

中国和越南的大额贸易尽可能应用信用证结算,最好采用即期不可撤销信用证结算,长期合作及信用程度高的贸易伙伴也可以用汇票或支票结算;对边境小额贸易和互市贸易可用现金结算;结算的货币大额贸易首选美元,其次选人民币;边境小额贸易和互市贸易可用人民币或越南盾结算,用越南盾结算后要尽快兑换成人民币。

**教学互动与讲练结合十三：**

**中国重庆生产的摩托车如何出口到越南的北方和南方**

> 越南现有人口9 200多万，国土南北狭长，从北到南相距约3 000千米。摩托车是越南民众的主要交通工具之一，曾被称为"骑在摩托车上的国家"，市场需求量很大。以往越南市场上主要是日本的本田摩托车。改革开放以来，中国的摩托车工业得到了快速发展，重庆成为中国摩托车的主要产地之一，比较著名的摩托车生产企业有嘉陵、力帆、宗申、建设、宗庆、隆鑫等。重庆生产的摩托车，除了在中国销售满足国内市场需求外，大量出口到越南市场，与日本的本田摩托车进行竞争，瓜分市场。
>
> 摩托车出口属于机电产品出口，是我国鼓励出口的大类商品货物之一，多年来出口退税率都保持在17%，大大调动了我国企业出口机电产品的积极性，使机电产品成为我国出口增长最快的大类商品货物之一。在公路、铁路、水路、航空、管道五种国际货物运输方式中，成本最低的是水路运输，其次是铁路运输。
>
> 我国重庆生产的摩托车及其零配件大量出口到越南北方和南方。
>
> **请思考分析并互动讨论：**
>
> （1）越南河内市以北的客户需要购买6个标准集装箱（20 foot container）的摩托车零配件，应选用哪一种物流运输方式最好？可以选用的国际贸易术语有哪些？
>
> （2）越南胡志明市以南的客户需要购买8个标准集装箱（20 foot container）的摩托车零配件，应用哪一种物流运输方式最好？可以选用的国际贸易术语又有哪些？
>
> （3）中国公司与越南公司的上述国际贸易，如何进行结算？可以应用哪些货币结算？应用哪一种结算方式对中国公司来说风险最小？

## 二、中国和老挝的国际贸易实务应用操作

老挝全称老挝人民民主共和国（The Lao People's Democratic Republic），首都万象（Vientiane），意为"檀木之城"，是一座历史古城。老挝人民民主共和国1975年12月2日成立。流通货币为基普（LAK）。老挝于2012年10月26日正式加入世界贸易组织（WTO）。

### （一）位置与面积

老挝位于亚洲中南半岛的西北部，属内陆国家，北邻中国，与中国云南的滇西高原相接，东界越南，南接柬埔寨，西与泰国交界，西北与缅甸接壤，有"印度支那屋脊"之称。国土面积为23.68万平方千米。

### （二）气候与人口和市场

老挝属热带、亚热带季风气候。全国人口总数为691.13万（2015年），市场相对较小。老挝人普遍信奉佛教，老挝语是官方语言，法语也是通用的语言。

### （三）主要资源

老挝的农业以种植稻米为主，旱地作物有玉米和旱稻，还有木薯、天然橡胶、甘薯、咖啡、烟草、棉花、水果、造纸的桉树、沙仁、各种豆类、甘蔗、马铃薯、茶叶以及养牛、养猪、养蚕等。安息香是最著名的传统特产，产量约占世界的70%。老挝的自然资源在矿产方面有锡、钾、

铅、锌、锑、铜、铁、金、煤、石膏、玉石、水晶等,钾盐矿的储藏量达925.46亿吨。水力资源丰富。森林面积约900万公顷,全国森林覆盖率约42%,产多种红木如紫檀木、柚木、花梨木、酸枝木等名贵木材。养有许多大象。

### (四)中国和老挝的国际贸易实操

中国和老挝两国政府已签订了一系列的经济贸易合作协定,为发展两国经济贸易合作关系奠定了良好的基础。2010年中老双边贸易额为10.5亿美元,2016年中老双边贸易总额为23.4亿美元,7年间中老两国贸易增长了122.9%。中国已成为老挝的第二大贸易伙伴。

(1)中国出口老挝的主要商品货物有机电产品、纺织品、日用工业品、汽车及汽车零配件、摩托车及其零配件等。

(2)中国进口老挝的主要商品货物是原木、锯材、胶合板、天然橡胶、玉米、咖啡、药材、薏米、黄豆和桉树纸浆、黄牛、水牛等。

(3)中老边界线全长约505千米,为了发挥两国之间共同边界的优势,多年来,中国云南西双版纳傣族自治州勐腊县磨憨口岸和普洱市江城县勐康口岸分别与老挝磨丁和老挝风沙里省约乌县兰堆建立了对应的口岸,建设口岸市场、经济开发区、边民互市区及网点,两国的大多数贸易与物流运输通过磨憨—磨丁口岸和勐康—兰堆口岸实现。另外在中国曼滩与老挝八家、中国朱石河与老挝那里儿、中国易武与老挝小河边、中国勐伴与老挝曼宽、中国勐润与老挝孟莫、中国苗寨与老挝孟莫、中国曼庄与老挝帕卡、中国勐满与老挝班海、中国关累与老挝班寨等地建立了边境互市点,开展边境贸易。

### (五)中国和老挝贸易的国际货物运输方式选择

1. 公路汽车运输

中国和老挝的贸易国际货物运输目前以公路运输为主,中国和老挝的国际(含边境)贸易汽车货物运输主要口岸在滇老边境,从东到西依次为中国云南江城县勐康—老挝约乌县兰堆、中国云南勐腊县磨憨—老挝磨丁。中国有G213国道从兰州到达云南西双版纳傣族自治州勐腊县,可用汽车运输通过云南西双版纳傣族自治州勐腊县磨憨口岸或普洱市江城县勐康口岸到达老挝,用汽车运输通过云南到老挝是最好的捷径。可以应用DAF或FCA、CPT、CIP、DAT与DAP中国和老挝的陆路边境口岸。如中国四川成都工程机械(集团)有限公司出口挖掘机到老挝,可用DAF或FCA、CPT、CIP、DAT与DAP中国和老挝交界的磨憨口岸或勐康口岸中方一则汽车板交货,或老方一则磨丁口岸或兰堆口岸中方汽车板交货,在上述口岸海关报关进出境。

2. 水路河流运输

澜沧江—湄公河是连接中国和老挝的"黄金水道",中国出口老挝的水路货物运输可以应用FAS或FOB中国云南省的澜沧江思茅港、景洪港、勐罕港和关累港,也可用CFR或CIF通过澜沧江—湄公河水路物流到老挝沿岸的琅勃拉邦港、万象港、班赛港、孟莫港和会晒港;中国进口老挝的货物运输可以应用FAS或FOB老挝湄公河沿岸的琅勃拉邦港、万象港、班赛港、孟莫港和会晒港,也可以应用CFR或CIF中国云南省的澜沧江思茅港、景洪港、勐罕港和关累港。

3. 铁路运输

泰国廊开有铁路通到老挝的塔纳楞火车站(距老挝首都万象9千米)。中国和老挝目前还没有铁路相通,现正在修建中,新建的铁路由云南经磨丁到万象(老挝首都),设计时速160千米,预计到2020年通车。

4. 航空运输

对体积不大、重量较轻、时间较急和高附加价值的货物可用航空运输。老挝有万象—南宁、万象—昆明等八条国际航线,出口和进口都可用 FCA、CPT、CIP、DAT 与 DAP 中国各地航空港或老挝万象瓦岱机场、琅勃拉邦机场和巴色机场交货。

### (六) 中国和老挝国际贸易货款结算的方式与货币选择

中国和老挝的大额贸易尽可能应用信用证结算,最好采用即期不可撤销信用证结算,长期合作及信用程度高的贸易伙伴也可以用汇票或支票结算;对边境小额贸易和互市贸易可用现金结算;结算的货币大额贸易首选美元,其次选人民币;边境小额贸易和互市贸易用人民币或老挝基普结算,用老挝基普结算的结算后要尽快换成人民币。

## 三、中国和缅甸的国际贸易实务应用操作

缅甸全称缅甸联邦(The Union of Myanmar)是一个著名的佛教国家,素有"佛塔之国"之称。缅甸1948年独立后定都仰光,2005年11月7日把首都迁往仰光以北390千米处的内陆城市彬马那。中缅两国于1950年6月8日建立外交关系。缅甸流通的货币为缅元(KYAT)。

### (一) 位置与面积

缅甸位于亚洲中南半岛西北部,是中南半岛上最大的国家,在西藏高原和马来半岛之间,东北与中国为邻,西北与印度和孟加拉国接壤,东南与老挝、泰国毗邻,西南濒临孟加拉湾和安达曼海,是东南亚面积第二大国家,地势北高南低,以山地、高原和丘陵为主,大河的中、下游为平原,伊洛瓦底江平原是缅甸经济最发达的地区。国土总面积为67.66万平方千米,海岸线长3 200千米。

### (二) 气候与人口和市场

缅甸属热带季风气候,全年分凉、热、雨三季,年平均气温20~30℃。全国总人口5 512.5万人(2015年),市场相对比较大。缅甸共有135个民族,主要有缅族、掸族、钦族、克钦族、克伦族、克耶族、孟族和若开族等,缅族约占总人口的65%。各少数民族均有自己的语言,其中缅、克钦、克伦、掸和孟等族有文字。全国80%以上的人信奉佛教,缅甸语为官方语言。

### (三) 主要资源

(1) 农牧渔业资源。缅甸的主要农作物有水稻、小麦、玉米、花生、芝麻、天然橡胶、油棕、棉花、豆类、甘蔗、药材、鱼虾等水产品、烟草和黄麻等。畜牧渔业以私人经营为主,政府允许外国公司在划定的海域内捕鱼,向外国渔船征收费用。1990年开始与一些外国公司合资开办鱼虾生产和出口加工企业,目前有144家水产品出口公司,水产品出口49个国家和地区。

(2) 森林资源。缅甸的森林资源丰富,全国拥有林地3 412万公顷,森林覆盖率52.28%,天然柚木蓄积量大,是世界上柚木产量最多的国家。优质硬木类树种有柚木、花梨木、紫檀木、铁力木、丁纹木、鸡翅木、柳安木等。缅甸江河的三角洲、沿海的滩涂上,还生长

着大片的潮水滩涂林。除林木外,缅甸还盛产竹子和藤条。

(3) 矿产资源。缅甸的矿产资源主要有石油、天然气、金、银、铅、锌、铜、锡、钨、铝、锑、锰、大理石等,其中宝石和玉石在世界上享有盛誉,因其宝石、玉石储量大,品质高而享有"宝石王国"的美誉。缅甸的宝石主要品种有红宝石、蓝宝石、水晶石、钻石、玉石、悲翠等,主要分布在缅甸北部、东北部的克钦邦以及抹谷、南渡一带。

(4) 能源及水利资源。缅甸的石油和天然气在内陆及沿海均有较大蕴藏量。目前,缅甸每年生产原油 400 多万桶,生产天然气 80 多亿立方米,出口天然气 50 多亿立方米。在缅甸从事油气开发的外国公司主要来自中国、印度尼西亚、巴哈马、英国和塞浦路斯。缅甸的近海油气田主要集中在若开邦、德林达依和莫塔马。缅甸水力资源极为丰富,但尚未得到充分开发和利用。

### (四) 中国和缅甸的国际贸易实操

在中国—东盟自由贸易区正式成立的 2010 年,中缅两国双边贸易总额为 44.44 亿美元,到 2016 年中缅两国双边贸易总额达 122.8 亿美元,7 年间中缅两国贸易增长了 176.33%。2017 年 5 月,中国商务部与缅甸商务部签署了关于建设中缅边境经济合作区的谅解备忘录,进一步推动了中缅的国际贸易发展。

(1) 中国出口缅甸的商品货物主要有机械设备、电子产品、家用电器、石油制成品、食用油、医药制品、水泥、化肥和日用消费品等。

(2) 中国进口缅甸的商品货物主要有木材,特别是多种红木,如花梨木、紫檀木、柚木、铁力木、丁纹木、鸡翅木、柳安木等。矿产品,宝石主要是红宝石、蓝宝石、水晶石、钻石、玉石、翡翠以及石油、天然气等。还有天然橡胶、皮革、各种豆类及药材等。

(3) 缅甸与中国的云南省西双版纳傣族自治州、普洱市、临沧市、德宏州、保山市、怒江州和西藏自治区林芝地区察隅县接壤,中缅边界线全长约 2 186 千米,其中西藏林芝察隅县与缅甸接壤约 187 千米,由于该边界地处高山峡谷,地形复杂,交通不便,无设口岸,对双边国际贸易意义极小,通常在国际贸易中不考虑。中缅的国际贸易主要通过云南省与缅甸接壤的边境地区开展,中国是缅甸主要的边境贸易伙伴,两国的边境贸易额超过一般贸易额。

### (五) 中国和缅甸贸易的国际货物运输方式选择

#### 1. 公路汽车运输

中国和缅甸的贸易国际货物运输目前以公路运输为主,中国有 G56 杭瑞高速公路从浙江杭州达云南通到中缅边境,可用汽车运输通过中国云南德宏州瑞丽畹町口岸、瑞丽姐告口岸、西双版纳勐海县打洛口岸、临沧沧源县永和口岸、临沧耿马县孟定清水河口岸、德宏陇川县章凤口岸、保山腾冲猴桥口岸等通往缅甸,在上述口岸海关报关进出境,可以应用 DAF 或 FCA、CPT、CIP、DAT 与 DAP 中国和缅甸的上述陆路边境口岸办理交货。如中国浙江义乌小商品市场的日用品出口到缅甸,就可用 DAF 或 FCA、CPT、CIP、DAT 与 DAP 中国和缅甸交界的上述任何口岸中方一则汽车板交货,或缅方一则口岸中方汽车板交货。中国从边境进口缅甸的商品货物,也可以按照上述的国际贸易术语在上述口岸完成交货。中国和缅甸边境贸易汽车货物运输的最佳口岸是瑞丽姐告口岸。

#### 2. 河流及海洋运输

(1) 河流运输。澜沧江—湄公河是连接中国和缅甸的"黄金水道",中国出口缅甸的货物可通过澜沧江—湄公河水路内河运输,可以应用 FAS 或 FOB 中国云南省澜沧江的思茅港、景洪港、勐罕港和关累港,也可用 CFR 或 CIF 通过澜沧江—湄公河水路物流运输到缅甸沿岸的万景港和万崩港;中国进口缅甸货物可通过澜沧江—湄公河水路内河运输,可以应用 FAS 或 FOB 缅甸的万景港和万崩港,也可用 CFR 或 CIF 通过澜沧江—湄公河水路物流运输到中国云南省的思茅港、景洪港、勐罕港和关累港。

(2) 海洋运输。中国东部沿海地区出口缅甸的货物海洋运输可以应用 FAS 或 FOB 有货轮到达的中国沿海各大港口,也可以应用 CFR 或 CIF 缅甸沿海各大港口,缅甸沿海比较大的港口有仰光港、勃生港和毛淡棉港。中国进口缅甸的货物运输可以应用 FAS 或 FOB 缅甸沿海各大港口,也可以应用 CFR 或 CIF 有货轮到达的中国沿海各大港口。

3. 铁路运输

缅甸现有铁路 4 463 千米,多为窄轨,但中缅目前还没有铁路相通,规划中的中缅国际铁路起点为中国云南省昆明市,终点为缅甸最大城市仰光,在中国部分的云南广通至大理、大理至瑞丽铁路已经开工建设。

4. 航空运输

对体积不大、重量较轻、时间较急和高附加价值的货物可用航空运输,可以应用 DAF 或 FCA、CPT、CIP、DAT 与 DAP 中国或缅甸的机场交货,缅甸有仰光国际机场。中国各地到缅甸仰光的航班有:北京到仰光、广州到仰光、昆明到仰光、南宁到仰光、成都到仰光等。

5. 管道运输

中缅管道运输起点于缅甸西海岸的马德岛,经中国云南进入国内,缅甸境内段全长 771 千米,设计输量为每年 2 200 万吨。项目由中国石油和缅甸国家油气公司两家合资建设,中缅双方分别持股 50.9%和 49.1%。中缅油气管道的建设,对推动两国相关地区经济发展、促进两国经贸关系起到积极作用。2013 年,天然气管道建成投入运行,有效缓解了缅甸电力紧张的局面,推动了当地经济发展。2017 年 4 月 10 日,《中缅原油管道运输协议》在北京签署,历经多年筹备和建设的中缅原油管道运输工程正式投入运行。

(六) 中国和缅甸国际贸易货款结算的方式与货币选择

中国和缅甸的大额贸易尽可能应用信用证结算,最好采用即期不可撤销信用证结算,长期合作及信用程度高的贸易伙伴也可以用汇票或支票结算;对边境小额贸易和互市贸易可用现金结算;结算的货币大额贸易首选美元,其次选人民币;边境小额贸易和互市贸易可用人民币或缅元结算,用缅元结算的结算后要尽早换成人民币。

## 第三节 中国与泰国和柬埔寨的国际贸易实务应用操作

### 一、中国和泰国的国际贸易实务应用操作

泰国全称泰王国(The Kingdom of Thailand),全国共有 76 个一级行政区,其中包括 75 个"府"(Changwat)和直辖市的首都—曼谷。曼谷(Bangkok)位于湄南河下游,是全国政治、经济、文化、教育、交通运输的中心及全国最大的城市,人口约 800 万。泰国与中国于 1975 年 7 月 1 日建立外交关系。流通货币为泰铢(THB)。

(一) 位置与面积

泰国位于中南半岛的中南部,东临老挝和柬埔寨,南面是暹罗湾和马来西亚,西接缅甸

和印度洋安达曼海。国土面积为51.4万平方千米。

（二）气候与人口和市场

泰国属于热带季风气候，全年分为热、雨、凉三季，年平均气温24～30℃。常年温度不下18℃，平均年降水量约1 000毫米。11月至次年2月受较凉的东北季风影响比较干燥，3月到5月气温最高，可达40～42℃，7月至9月受西南季风影响，是雨季。泰国总人口为6 822万（2016年），市场比较大。佛教为国教，90%以上的居民信仰佛教。泰语为国语，官方语言是泰语，英语为通用语。

（三）主要资源

泰国是个资源非常丰富的国家，主要资源有以下几种。

1. 农业资源

泰国全国土地面积有5 131万公顷，可耕地面积约2 240万公顷，其中平原和低地约占全国总面积的50%以上。主要农产品有稻米、玉米、木薯、天然橡胶、棕榈油、花卉、花生、甘蔗、绿豆、麻、烟草、咖啡、棉花、胖大海等。泰国农业有三个"世界第一大"：①世界第一大稻米出口国，泰国出产的大米世界闻名，特别是"茉莉香米"在国际市场久负盛名，享有盛誉；②世界第一大优质天然橡胶主产地，泰国生产的天然橡胶是全世界质量最好的；③世界第一大木薯生产国和出口国，泰国还是世界第三大蔗糖出口国，亚洲第一大鲜花出口国。泰国养有许多大象，鸡鸭等家禽的饲养也比较多，有大量的鸡翅和凤爪出口。

泰国是热带水果的主要出产国之一，品种达30多个，主要水果有榴莲、山竹、红毛丹、番荔枝、莲雾、四季龙眼、香蕉、芒果、番木瓜、椰子、菠萝蜜、西瓜、柚子等，一年四季水果不断。

2. 水产资源

泰国海域辽阔，拥有2 705千米海岸线，是海洋渔业大国，南部的捕鱼和海产养殖比较发达，泰国湾和安达曼湾是得天独厚的天然海洋渔场，还有总面积1 100多平方千米的淡水养殖场。曼谷、宋卡、普吉等地是重要的渔业中心和渔产品集散地。泰国是世界市场主要鱼类产品供应国之一，鱼虾等水产品的养殖比较多，是位于日本和中国之后的亚洲第三大海洋渔业国，世界第一大冻虾出口国。

3. 矿产资源

泰国矿产资源丰富，种类多样。主要有钾盐、锡、褐煤、油页岩、石油、天然气，还有铅、锌、铁、钨、锑、锰、铬、宝石和重晶石等。其中钾盐储量4 367万吨，锡储量约120万吨，占世界总储量的12%。油页岩储量达187万吨，褐煤储量约20亿吨，天然气储量约16.4万亿立方英尺，石油储量1 500万吨。

4. 旅游资源

泰国旅游资源丰富，主要旅游景点有曼谷、普吉、清迈和帕塔亚、清莱、华欣、苏梅岛等地，近些年来也越来越受到国内外游客的欢迎。

（四）中国和泰国的国际贸易实操

（1）中泰两国多年来签订了一系列经济贸易合作协议，如1985年的《促进和保护投资协定》、1986年的《避免双重征税和防止偷漏税协定》、1997年的《贸易经济和技术合作谅解备忘录》、2001年的《双边货币互换协议》，2003年10月起实施的两国在中国—东盟自由贸易区框架下实施蔬菜、水果零关税安排，2004年的《全面开放中泰国际航空运输市场的秘密谅解备忘录》、2009年的《扩大和深化双边经贸合作的协议》、2011年的《双边货币互换协议》、2012年的《经贸合作五年发展规划》、2014年的《关于在泰国建立人民币清算安排的合作谅解备忘录》,并续签了《双边货币互换协议》。

中泰两国的国际贸易发展比较快,2010年中国和泰国双方贸易额达到459.9亿美元,2011年中国是泰国的第二大贸易伙伴,2013年中国成为泰国的第一大贸易伙伴,泰国是中国在东盟国家中的第四大贸易伙伴。2016年中泰双边贸易额758.6亿美元,7年间中泰两国贸易增长了64.95%。两国双向投资情况良好,正大集团公司是泰国投资中国的最大企业,目前泰国是中国企业在东南亚直接投资最多的国家。

(2)中国出口泰国的主要商品货物有:机电产品及零配件、工业机械、制冷机、制冰机、船用柴油机、冷库及海产品加工设备、药品及医疗器械设备、电子产品及零配件、汽车零配件、建筑材料、造纸机械、钢铁、集成电路板、化工产品、化肥、计算机设备及零配件、家用电器、珠宝金饰、金属制品、饲料、花卉、温带水果如苹果、梨、葡萄及马铃薯(土豆)、洋葱等蔬菜。

(3)中国进口泰国的主要商品货物有:大米、天然橡胶、棕榈油、木薯、矿产、药材胖大海、鱼虾等海产品、家具、石化产品;热带水果如榴莲、山竹果、番荔枝、红毛丹、四季龙眼、香蕉、莲雾、芒果、木瓜等。泰国在中国投资主要是饲料、建筑材料、橡胶加工、机械制造、蔗糖生产、食品饮料、化妆品、家具、能源开采、交通、房地产开发、酒店、金融、保险、商业零售等领域。广西东亚糖业公司是泰国投资中国的最大蔗糖制造企业。

(五)中国和泰国贸易的国际货物运输方式选择

1. 河流及海洋运输

(1)河流运输。澜沧江—湄公河是连接中国和泰国的"黄金水道",中国出口泰国北部与中部的货物运输可以应用FAS或FOB中国云南澜沧江的思茅港、景洪港、勐罕港和关累港,也可以应用CFR或CIF泰国中北部湄公河沿岸的清莱府清盛港和清孔港;中国进口泰国北部与中部的货物运输可以应用FAS或FOB泰国中北部湄公河沿岸的清莱府清盛港和清孔港,也可以应用CFR或CIF中国云南澜沧江的思茅港、景洪港、勐罕港和关累港。

(2)海洋运输。中国出口泰国的货物运输可以应用FAS或FOB有货轮到达的中国沿海各大港口,也可以应用CFR或CIF泰国沿海各大港口,如曼谷港、廉差邦港、梭桃邑港、宋卡港和普吉港等;中国进口泰国的货物运输可以应用FAS或FOB有货轮到达的泰国沿海各大港口,如曼谷港、廉差邦港、梭桃邑港、宋卡港和普吉港,也可以应用CFR或CIF有货轮到达的中国沿海各大港口。曼谷是泰国最重要的海运港口,承担全国95%的商品出口和绝大多数进口商品的吞吐。

2. 公路汽车运输

目前,从泰国向中国运输货物的公路有三条:R3A公路、R9公路、R12公路。

(1)R3A公路(昆曼国际公路,Kunming-Bangkok Road)。昆曼国际公路全长1 880千米,从泰国曼谷到中国昆明。全线由泰国境内段、老挝境内段和中国境内段组成,于2008年12月正式通车。该路是中国的第一条国际高速公路,是亚洲公路网编号为AH3公路中的一段。由中、老、泰和亚洲开发银行合资建设。泰国水果通过昆曼公路出口到中国的运输时间可以缩短到1~2天,比通过湄公河运输节省4~5天时间。R3A公路是运输泰国农产品到中国昆明市、贵阳市和重庆市的重要运输道路。

(2) R9公路。从泰国经老挝和越南(连接R1公路)到中国广西,该路从泰国穆达汉出发,经过老挝的沙湾拿吉、达沙湾和越南的老堡、河静、清化、河内、谅山,到达中国广西凭祥友谊关口岸,全长约1 590千米。与水果通过海洋运输到中国需7~8天的时间比,R9公路运输方式将运输时间缩短了2~3天,使泰国水果更快进到中国市场,让中国人可以享用到更低廉、更新鲜的泰国水果。

(3) R12公路。从泰国曼谷过那空帕侬,老挝塔和那抛,越南咋老、文市、河内、蓝湛到中国广西凭祥友谊关达南宁,全长约1 383千米。该公路被中国称为通往东盟自由贸易区的主要道路,叫"中国南宁—新加坡经济走廊",以中国广西南宁为起点,经过越南河内、老挝(或柬埔寨)、泰国、马来西亚到新加坡。目前泰国商人已开始用R12公路运输水果到中国市场,R12公路的运输里程比R9近207千米,运输成本更加便宜。R9公路和R12公路是泰国水果陆路运输到中国南宁、广州、长沙、武汉、郑州、石家庄和北京的主要通道。

中国与泰国进出口贸易的货物,附加价值比较高的都可以运用R3A公路、R9公路、R12公路进行国际货物运输。交货可以应用DAF或FCA、CPT、CIP、DAT与DAP中越或中老边境陆路口岸办理,在中越或中老边境口岸海关报关进出境。

3. 铁路运输

泰国目前尚未有直达中国的铁路线,中国通到泰国等东盟国家的泛亚铁路仍在规划中,中国和泰国进出口贸易的货物还不能直接应用铁路运输。

4. 航空运输

泰国有6个国际机场:廊曼国际机场(曼谷老机场)、素旺纳普国际机场(曼谷新机场)、清迈国际机场、清莱国际机场、普吉岛国际机场及合艾国际机场。泰国的国际航线可直飞中国多个城市,如北京、上海、广州、昆明、南宁、成都、汕头等,这些城市每周都有航班飞往曼谷。对体积不大、重量较轻、时间较急和高附加价值的货物可用航空运输。出口和进口都可用FCA、CPT、CIP、DAT与DAP中国各地航空港或泰国的上述国际机场交货。

(六)中国和泰国国际贸易货款结算的方式与货币选择

中国和泰国的大额贸易尽可能应用信用证结算,采用即期不可撤销信用证结算风险比较小,长期合作及信用程度高的贸易伙伴也可以用汇票或支票结算;大额贸易结算的货币首选美元,其次选人民币,再其次选泰铢,但要密切关注汇率的变化。

## 二、中国和柬埔寨的国际贸易实务应用操作

柬埔寨全称柬埔寨王国(The Kingdom of Cambodia),旧称高棉,是君主立宪制国家,首都金边,流通货币为瑞尔(KHR)。

(一)位置与面积

柬埔寨位于亚洲的中南半岛南部,东和东南部与越南接壤,北部与老挝相邻,西和西北部与泰国毗邻,西南临泰国湾,面积18.1万平方千米。中部和南部是平原,东部、北部和西部被山地、高原环绕。湄公河自北向南横贯全境,在境内长约500千米,流贯东部,洞里萨湖是中南半岛最大的湖泊。海岸线长约460千米。柬埔寨全国分为20个省和4个直辖市,首都金边(Phnom Penh)是全国最大的城市,其他主要城市有西哈努克市、马德望和暹粒等,举世文明的吴哥古迹就在暹粒附近。

## (二) 气候与人口和市场

柬埔寨属热带季风气候,年平均气温 29～30℃,5～10 月为雨季,11 月至次年 4 月为旱季,受地形和季风影响,各地降水量差异较大,象山南端可达 5 400 毫米,金边以东约 1 000 毫米。全国总人口 1 601 万(2016 年),市场比老挝大,其中农村人口占 84.3%,城市人口为 15.7%。有 20 多个民族,其中高棉族占人口的 80%。佛教为国教,90%以上的居民信奉佛教。高棉语为通用语言,现代高棉语是以金边方言为标准语。1953 年独立后,柬文成为全国通用文字,柬语成为官方语言。此外,英语、华语、法语也较流行。

## (三) 主要资源

柬埔寨是自然资源丰富的国家,中国史书早有"富贵真腊"(柬古称真腊)之称。

(1) 土地资源和农林业资源。柬埔寨以农立国,土地资源丰富,全国有可耕地面积约 670 万公顷,目前在耕种面积约 260 万公顷。柬埔寨全年降雨量充足,日照时间长,具有发展农业的良好自然优势。主要农产品有稻谷、玉米、豆类、芝麻和木薯等。经济作物主要有天然橡胶、胡椒、棉花、腰果、糖棕、花生、大豆、蓖麻、黄麻、烟叶和甘蔗等。水果主要有榴莲、香蕉、柑橘、芒果、椰子、菠萝、四季龙眼、番荔枝、菠萝蜜等。柬埔寨林业资源丰富,森林面积约 890 万公顷,森林覆盖率 61.4%,主要分布在东、北和西部山区,木材种类达 200 多种,盛产紫檀木、柚木、铁木、卯木、观丹木等贵重的热带木材,并有多种竹类。

(2) 矿产资源。柬埔寨已知矿产品种主要有铁、金、锰、煤、宝石、银、铜、铅、锌、锡、钨、磷酸盐、石灰石、大理石、白云石、石英砂以及石油等。铁主要分布在扁担山山脉和磅通省;金和磷酸盐主要分布在马德望省;煤主要分布于磅通、桔井和上丁等省;锰主要分布于磅通省威普县;宝石主要产于马德望省的拜林(珠山)地区和拉达那基里省的博胶地区;暹罗湾的大陆架蕴藏石油。

(3) 水产畜牧资源。柬埔寨江河湖泊众多,渔产丰富。洞里萨湖为东南亚最大的天然淡水渔场,素有"鱼湖"之称。全国淡水鱼年产量 10 万吨以上(不包括居民日常捕捞消费部分),其中约 50%产于洞里萨湖。主要盛产乌鱼(生鱼)、白鱼(花斑)、金龙鱼(白花)、鲫鱼、青占鱼(无鳞)和笋壳鱼等,其中笋壳鱼为柬特有鱼类,深受东南亚地区人民喜欢;西南沿海有重要的渔场,年产在 4 万吨左右,主要盛产鲳鱼和沙甸鱼等。柬埔寨传统畜产主要有牛、猪、鸡、鸭等,有饲料进口和水产品与畜产品出口。养有许多大象。

## (四) 中国和柬埔寨的国际贸易实操

柬埔寨 1958 年 7 月 19 日和中国正式建立外交关系。中柬两国政府于 1996 年签订了《贸易协定》和《投资保护协定》后,双边的国际贸易与投资合作发展比较快,2004 年以来,双方共签订了 72 项合作协议和文件,涉及基础设施建设、水力资源开发利用、信息技术、能源利用、互联互通规划以及医疗等多个领域,为推动两国进一步加强经贸合作起到了积极推动作用,2010 年中柬双边贸易额为 14.4 亿美元,2016 年中柬双边贸易额 47.59 亿美元,7 年间中柬两国贸易增长了 230.49%。现在中国是柬埔寨的第一大贸易伙伴和最大外资来源国,柬埔寨与中国关系友好,其国内商机很多。

(1) 中国出口柬埔寨的商品货物主要是纺织品及服装原辅料、针织物、棉花、羊毛、机械、电子、家用电器及运输车辆、金属制品、非金属矿物制品、钢铁、五金制品、日用百货、烟草及制品、温带水果如苹果、梨、葡萄等。

(2) 中国进口柬埔寨的商品货物主要有谷物、大米、木材及制品、仪器设备、针织服装、电子、矿产品、天然橡胶、香料胡椒、桂皮、檀香、豆蔻等,以及药材胖大海、马钱子、沉香、藤黄等。热带水果如榴莲、山竹、红毛丹、四季龙眼等。柬埔寨大米是世界优等大米,中国目前是柬埔寨大米的最大进口国,我国有公司长期在柬埔寨租赁土地种植大米进口到国内销售。

### (五)中国和柬埔寨贸易的国际货物运输方式选择

1. 海洋与内河水路运输

中国出口柬埔寨的货物水路运输可以应用 FAS 或 FOB 有货轮到达的中国沿海各大港口,也可以应用 CFR 或 CIF 柬埔寨西哈努克港(简称西港,位于柬埔寨西南海岸的西哈努克市,是柬埔寨最大的海港,旧称磅逊港)和湄公河沿岸的金边港。中国进口柬埔寨的货物运输可以应用 FAS 或 FOB 柬埔寨西哈努克港和湄公河的金边港,也可以应用 CFR 或 CIF 有货轮到达的中国沿海各大港口。

2. 公路汽车运输

可用汽车运输通过中国广西凭祥友谊关口岸—越南谅山口岸—越南木牌口岸(赛马口岸)—柬埔寨巴维口岸(沙马口岸)—金边。中国出口柬埔寨的货物公路运输可以应用 DAF 或 FCA、CPT、CIP、DAT 与 DAP 中越边境的广西凭祥友谊关口岸交货,过境越南运输到柬埔寨。如中国浙江绍兴市柯桥区中国轻纺城出口布料纺织品到柬埔寨,可用 DAF 或 FCA、CPT、CIP、DAT 与 DAP 中越交界广西凭祥友谊关中方一则汽车板交货,或越方一则中方汽车板交货,在凭祥友谊关口岸海关报关进出境。

3. 铁路运输

柬埔寨目前尚未有直达中国的铁路线,中国通到柬埔寨等东盟国家的泛亚铁路仍在规划中,中国和柬埔寨进出口贸易的货物还不能直接应用铁路运输。

4. 航空运输

柬埔寨主要航空港有金边波成东国际机场和暹粒国际机场,对体积不大、重量较轻、时间较急和高附加价值的货物可用航空运输。出口和进口都可用 FCA、CPT、CIP、DAT 与 DAP 中国各地航空港或柬埔寨的金边波成东国际机场和暹粒国际机场交货。

### (六)中国和柬埔寨国际贸易货款结算的方式与货币选择

中国和柬埔寨的大额贸易尽可能应用信用证结算,采用即期不可撤销信用证结算风险比较小,长期合作及信用程度高的贸易伙伴也可以用汇票或支票结算;大额贸易结算的货币首选美元,其次选人民币,在柬埔寨可流通的货币除了本国货币瑞尔外,美元、人民币、越南盾都有流通。

## 第四节 中国与新加坡和马来西亚的国际贸易实务应用操作

### 一、中国和新加坡的国际贸易实务应用操作

新加坡全称为新加坡共和国(The Republic of Singapore)。"新加坡"是马来语中"狮城"的意思。新加坡共和国 1965 年 8 月 9 日成立,是议会共和制国家,1990 年 10 月 3 日与中国正式建立外交关系。流通货币为新加坡元(简称新元,SGD)。

## （一）位置与面积

新加坡位于马来半岛南端、马六甲海峡出入口处，北隔柔佛海峡与马来西亚相邻，南隔新加坡海峡与印度尼西亚相望，由新加坡岛及附近63个小岛组成，是一个集国家、首都、城市、岛屿为一体的城市型岛国，全国总面积699.4平方千米，其中新加坡岛占全国面积的88.5%。新加坡首都新加坡市（Singapore City）有"花园城市"之称，是世界上最大港口之一和重要的制造业中心、贸易商流中心、航运物流中心和国际金融中心，是连接太平洋和印度洋的重要通道，被称为"远东的十字路口"。

## （二）气候与人口和市场

新加坡属热带雨林海洋性气候，常年高温多雨，年平均气温24～27℃，每年10月至次年3月为多雨期，全年平均降雨量2 400毫米。常住人口553.5万（2016年），其中华人占75%以上，是除中国以外世界上唯一以华人为主的国家，人口多居住在城市，因此被称为"城市国家"，本国的市场比较小，但辐射周边国家如马来西亚和印度尼西亚的市场比较大。新加坡的主要宗教为佛教以及伊斯兰教、道教、印度教和基督教。马来语被定为国语，马来语、英语、华语和泰米尔语四种语言同为官方语言，英语为行政用语。

## （三）主要资源

新加坡自然资源贫乏，经济属外向商流、物流、资金流和信息流驱动型，区位优势突出，以电子、石油化工、贸易、金融、航运、服务业为主，电子、炼油和造船是新加坡工业的三大支柱，经济高度依赖美国、日本、欧洲和周边国家市场。新加坡的旅游资源比较丰富，风光绮丽，终年常绿，岛上花园遍布，绿树成荫，素以整洁和美丽著称。

## （四）中国和新加坡的国际贸易实操

中国和新加坡自1990年建交以来，两国在各领域的互利合作成果显著，经济贸易合作发展很快。2011年中新双边贸易额为634.8亿美元，2013年中国成为新加坡最大的贸易伙伴，2016年中国与新加坡双边贸易额达到704.24亿美元，6年间中新两国贸易增长了10.94%。

（1）中国出口新加坡的主要商品货物有纺织品原料及食品、肉类、机电产品、饲料、通信设备、电子元器件、机械电器及零部件、矿物燃料、矿物油及其产品；沥青、照相机、药品及医疗器械设备、钢铁制品、针织服装、塑料及其制品、玩具、游戏或运动用品、橡胶制品、家具、皮革制品；旅行箱包；蔬菜、水果及坚果；纸浆、纸及纸板制品；汽车及其零部件、餐具及零件、烟草、玻璃及其制品；涂料、木及木制品、木炭等。

（2）中国进口新加坡的主要商品货物有机电产品、机械及设备、电器及电子产品、高新技术产品、计算机及通信技术、电子技术、天然橡胶、成品油、棕榈油、纸浆、冷冻机和制冷设备、自动数据处理设备及其部件、印制电路、集成电路及微电子组件等。

（3）新加坡的对华投资扩大增加了两国的经济贸易合作，新加坡投资中国比较集中在长三角（如苏州工业园）、环渤海、泛珠三角经济区（如中国广西的北海工业园和中国福建的福清工业园）。现在新加坡对华投资的重点已经开始由东部沿海地区向中西部地区转移，其中，中国四川省已居吸收新加坡在中国投资项目的前列。新加坡对华投资的领域主要有农产品生产加工、医药卫生、机械制造、电子、电力、海运、高科技、航空等。

#### (五)中国和新加坡贸易的国际货物运输方式选择

1. 海洋运输

中国和新加坡贸易的国际货物运输以海洋运输为主,中国出口新加坡的货物水路运输可以应用 FAS 或 FOB 有货轮到达的中国沿海各大港口,也可以应用 CFR 或 CIF 新加坡港。中国进口新加坡的货物运输可以应用 FAS 或 FOB 新加坡港,也可以应用 CFR 或 CIF 有货轮到达的中国沿海各大港口。

2. 公路汽车运输

在"中国南宁—新加坡经济走廊",即以中国广西南宁为起点,经过越南、老挝(或柬埔寨)、泰国、马来西亚到新加坡,公路畅通之前,中国到新加坡的货物运输极少应用汽车运输。

3. 铁路运输

新加坡目前尚未有直达中国的铁路线,中国通到新加坡等东盟国家的泛亚铁路仍在规划中,中国和新加坡进出口贸易的货物还不能直接应用铁路运输。

4. 航空运输

新加坡有著名的樟宜国际机场,该机场是亚洲和世界最重要的机场之一,每天有 30 多个国家航空公司的 200 多个航班在机场频繁起降,非常繁忙。对体积不大、重量较轻、时间较急和高附加价值的货物可用航空运输。出口和进口都可用 FCA、CPT、CIP、DAT 与 DAP 中国各地航空港或新加坡樟宜国际机场交货。

#### (六)中国和新加坡国际贸易货款结算的方式与货币选择

中国和新加坡的大额贸易尽可能应用信用证结算,采用即期不可撤销信用证结算风险比较小,长期合作及信用程度高的贸易伙伴也可以用汇票或支票结算;大额贸易结算的货币首选美元,其次选人民币,再次选新加坡元。

### 二、中国和马来西亚的国际贸易实务应用操作

马来西亚(Malaysia)在马来语中意即"黄金之国"。1957 年 8 月 31 日马来亚联邦宣布独立,是君主立宪联邦制国家,以伊斯兰教为国教。1974 年 5 月 31 日与中国正式建立外交关系。马来西亚的首都是吉隆坡,流通货币为林吉特(RINGGIT)。

#### (一)位置与面积

马来西亚位于东南亚,地处太平洋和印度洋之间。全境被南中国海分成西马来西亚和东马来西亚两部分,由 13 个州组成。西马来西亚为马来亚地区,位于马来半岛南部,北接泰国,南部隔着柔佛海峡,以新柔长堤和第二通道连接新加坡;东马来西亚为沙捞越地区和沙巴地区的合称,位于加里曼丹岛北部,南部接印度尼西亚的加里曼丹。马来西亚总面积为 33 万平方千米,海岸线长 4 192 千米。

#### (二)气候与人口和市场

马来西亚属热带雨林气候,内地山区年均气温 22~28℃,沿海平原为 25~30℃。全国总人口为 3 170 万(2016 年),本国及辐射周边国家如新加坡、印度尼西亚和泰国的市场比较大。人口的一半以上信奉伊斯兰教。马来语为国语,英语为官方语言,英语和华语是通用的语言。

#### (三)主要资源

马来西亚资源比较丰富,主要资源如下。

(1) 农林业资源。以经济作物为主,主要有棕榈油(是世界最大的棕榈油生产国和出口国)、天然橡胶(是亚洲四大橡胶种植国之一)、胡椒、锯木、胖大海、热带水果如番荔枝、香蕉、芒果、椰子、火龙果、菠萝蜜、四季龙眼、西瓜等。森林覆盖率达58.7%,木材主要产于东马来西亚的沙捞越地区,产量占全国1/2。

(2) 矿产资源。马来西亚是世界产锡大国,被称为"锡的王国",产量和出口量均居世界第一。马来西亚石油和天然气总储量为194.9亿桶,可供分别开采19年和33年。马来西亚的采矿业以石油、天然气和锡为主,此外还有铁、金、钨、煤、铝土、锰等矿产。

(3) 旅游资源。马来西亚的旅游资源比较丰富,拥有饭店近2 000家,主要旅游景点有:吉隆坡、云顶、槟城、马六甲、浮罗交怡岛、刁曼岛、热浪岛、邦咯岛等。

### (四) 中国和马来西亚的国际贸易实操

中国和马来西亚两国于1974年5月31日正式建立外交关系,之后两国签有《避免双重征税协定》《贸易协定》《投资保护协定》《海运协定》《民用航空运输协定》等10余项经贸合作协议。1999年在中马建交25周年之际,两国又签署了《关于未来双边合作框架联合声明》,2004年两国领导人就发展中马战略性合作达成共识,2009年中国和马来西亚的双边贸易总额是518.38亿美元,2013年两国建立全面战略伙伴关系,2016年中国与马来西亚双边贸易总额达868.76亿美元,8年间中国和马来西亚两国贸易增长了67.59%。中国自2009年到2016年连续8年成为马来西亚最大的贸易伙伴。

(1) 中国出口马来西亚的主要商品货物,工业品主要有钢铁及其制品、汽车零部件、机械类产品、电子类产品、药品及医疗器械设备、轮胎、塑料制品、化学产品;农林产品主要有玉米、小麦、大豆、花生;蔬菜有大蒜、大葱、洋葱、椰菜、胡萝卜、马铃薯、西红柿、辣椒、白菜、芹菜、蘑菇和韭菜等;水果有柑橘、苹果、葡萄、草莓、鸭梨和香梨等。

(2) 中国进口马来西亚的商品货物主要有天然橡胶、棕榈油、木材产品(马来西亚是世界最大的锯木出口国,也是世界级的家具生产大国和出口大国)、医疗器械及设备、化学品、原油、石油产品、天然气、塑料制品、机械类产品、电子类产品;热带水果如榴莲、火龙果、菠萝蜜、荔枝、番荔枝、四季龙眼、红毛丹、香蕉、芒果等;香料胡椒、药材胖大海,马来西亚盛产热带硬木,是世界第一大胡椒出口国和第二大原木出口国。

(3) 中国和马来西亚相互投资工业园区等项目扩大了两国的经济贸易合作,马来西亚投资中国比较大的项目如中国广西—马来西亚钦州产业园区,以及中国投资的马来西亚—中国关丹产业园区,共同开辟"两国双园"的国际经济贸易合作新模式,中国—马来西亚钦州产业园区的产业定位以装备制造业、电子信息业、新能源及新材料、农副产品深加工、现代服务业以及贸易物流和进出口加工制造为主导;马来西亚—中国关丹产业园区发展定位是依托关丹独特的港口优势,服务马来西亚东海岸经济特区、面向中国沿海、辐射东南亚,努力建设成为马来西亚对外开放的东部门户、高水平的现代制造业集群和物流基地、面向中国、东盟及世界的区域性商贸、物流及加工配送中心,进而构筑马中经贸合作战略发展新平台,打造亚太地区投资创业新高地,建设中国—东盟经济合作示范区。

### (五) 中国和马来西亚贸易的国际货物运输方式选择

#### 1. 海洋运输

中国和马来西亚的国际货物运输以海洋运输为主,中国出口马来西亚的货物水路运输可以应用FAS或FOB有货轮到达的中国沿海各大港口,也可以应用CFR或CIF马来西亚的巴生港、槟城港、关丹港、新山港、古晋港和纳闽港等。中国进口马来西亚的货物运输可以应用FAS或FOB马来西亚的巴生港、槟城港、关丹港、新山港、古晋港和纳闽港,也可以应用CFR或CIF有货轮到达的中国沿海各大港口。马来西亚关丹港(又名丹戎吉兰港)先后与中国钦州港、青岛港建立了姊妹港关系,还开通了关丹港至钦州港的直航航线。

2. 公路汽车运输

在"中国南宁—新加坡经济走廊",即以中国广西南宁为起点,经过越南、老挝(或柬埔寨)、泰国、马来西亚到新加坡,公路畅通之前,中国到马来西亚的货物运输极少应用汽车运输。

3. 铁路运输

马来西亚目前尚未有直达中国的铁路线,中国通到马来西亚等东盟国家的泛亚铁路仍在规划中,中国和马来西亚进出口贸易的货物还不能直接应用铁路运输。

4. 航空运输

马来西亚有5个国际机场:吉隆坡国际机场、槟城国际机场、浮罗交怡国际机场、哥打基那巴鲁国际机场和古晋国际机场。对体积不大、重量较轻、时间较急和高附加价值的货物可用航空运输。出口和进口都可用FCA、CPT、CIP、DAT与DAP中国各地航空港或马来西亚的吉隆坡国际机场、槟城国际机场、浮罗交怡国际机场、哥打基那巴鲁国际机场和古晋国际机场交货。

(六)中国和马来西亚国际贸易货款结算的方式与货币选择

中国和马来西亚的大额贸易尽可能应用信用证结算,采用即期不可撤销信用证结算风险比较小,长期合作及信用程度高的贸易伙伴也可以用汇票或支票结算;大额贸易结算的货币首选美元,其次选人民币。

## 第五节　中国与印度尼西亚、菲律宾和文莱的国际贸易实务应用操作

### 一、中国和印度尼西亚的国际贸易实务应用操作

印度尼西亚(印尼)全称印度尼西亚共和国(The Republic of Indonesia),是东南亚最大的国家,也是世界上最大的群岛国家,别称"千岛之国"。首都雅加达(Jakarta)位于爪哇岛西北部沿海,是东南亚第一大城市。印尼是东盟最大的经济体,农业和油气产业是其传统的支柱产业。印度尼西亚流通货币为卢比(印尼盾,IDR)。

(一)位置与面积

印度尼西亚位于亚洲东南部,地跨赤道,北部的加里曼丹岛与马来西亚接壤,与泰国、新加坡隔海相望,东北部与菲律宾隔海相望,东部新几内亚岛与巴布亚新几内亚相连,东南部是印度洋,南部的小巽他群岛与东帝汶相连,西南与澳大利亚隔海相望。全境岛屿分布比较分散,由太平洋和印度洋之间的17 508个大小岛屿组成,其中约6 000个岛屿有人居住。主要岛屿由大巽他群岛、努沙登加拉群岛、马鲁古群岛、伊里安岛西部等组成。海岸线长54 716千米,领海宽度12海里,专属经济区200海里。国土面积约为190.5万平方千米。

印度尼西亚是一个火山之国,全国共有火山400多座,其中活火山100多座。火山喷出的火山灰以及海洋性气候带来的充沛雨量,使印度尼西亚成为世界上土地最肥沃的地带之一。全国各岛处处青山绿水,人们称其为"赤道上的翡翠"。

### (二) 气候与人口和市场

印度尼西亚属热带雨林海洋性气候,具有高温、多雨、风小、潮湿等特点;年平均气温25～27℃,终年温差很小,四季皆夏,无寒暑季节变化。每年只分旱、雨两季。全国总人口2.55亿(2017年),为世界第四人口大国,市场很大,约88%的人口信奉伊斯兰教,是世界上穆斯林人口最多的国家,民族语言200多种,国语是印度尼西亚语,英语是通行语言。

### (三) 主要资源

#### 1. 农渔业资源

印度尼西亚的农渔业资源丰富,耕地面积5 980万公顷(不包括巴布亚省),主要农产品是稻米、玉米、木薯、花生。种植园主要种植供出口的热带经济作物。胡椒、木棉、奎宁的产量均居世界第一位,棕榈油、天然橡胶、胡椒和可可产量均居世界第二位;咖啡产量居世界第四位。还产有香料丁香、豆蔻及甘蔗、椰子、茶叶、药材胖大海等。由于是岛国,海洋面积广大,又在热带地区,渔业资源丰富,但捕捞能力有待进一步开发和提高。

#### 2. 林业资源

印度尼西亚的林业资源十分丰富,是世界上最大的热带林国家之一,也是世界上最复杂的森林生态系统所在地之一。现有森林面积1.45亿公顷,约占国土总面积74%。森林面积和活立木蓄积量分别为亚洲第一位和第二位。森林集中分布在加里曼丹、伊里安、苏门答腊、苏拉威西和爪哇五大岛屿。林业资源丰富,以阔叶林为多,可生产大量的林产品,如造纸用的纸浆和胶合板等,印度尼西亚是东南亚最大和世界著名的纸浆和胶合板出口国。

#### 3. 矿产资源

印度尼西亚的矿物资源丰富,石油在世界上占重要地位,所产石油质量很好,是东南亚唯一的OPEC(欧佩克组织,石油输出国组织)成员国,天然气、煤、锡、铜、锰、金、银、铝土矿、铬、铀、镍储量也很丰富。石油主要产在苏门答腊、爪哇、加里曼丹、斯兰等岛和伊里安查亚(原名西伊里安),印度尼西亚是东盟最大的石油和天然气生产国。锡主要产于邦加、勿里洞和林加群岛的新格等岛,铀矿产于伊里安查亚。

#### 4. 旅游资源

印度尼西亚政府重视旅游业,注意开发旅游景点,旅游业已成为印度尼西亚创汇的重要行业。主要旅游点有巴厘岛、婆罗浮屠佛塔、印度尼西亚缩影公园、日惹皇宫、多巴湖等。

### (四) 中国和印度尼西亚的国际贸易实操

印度尼西亚1950年与中国建交,1990年两国恢复外交关系,复交后双方签订了《投资保护协定》《海运协定》《避免双重征税协定》,并就农业、林业、渔业、矿业、交通、财政、金融等领域的合作签署了谅解备忘录。2000年中国与印度尼西亚正式签署《中华人民共和国和印度尼西亚共和国关于未来双边合作方向的联合声明》,2005年中国与印度尼西亚又签订《关于建立战略伙伴关系的联合宣言》。2010年双边贸易额达到361.16亿美元,2016年中国和印度尼西亚双边贸易额535亿美元,7年间中国和印度尼西亚两国贸易增长了48.13%。现在中国是印度尼西亚的第一大贸易伙伴和第三大投资来源地,中国与印度尼西亚的经济贸易合作互补性很强。

(1) 中国出口印度尼西亚的商品货物主要是大米、玉米、花生、面粉、金属盐、汽车及零部件、摩托车及零部件、机械设备、化工产品、铁锭、钢材、塑料及其制品,温带水果如苹果、葡萄、梨和坚果、电力机械和仪器设备、药品和医疗器械等。

(2) 中国进口印度尼西亚的商品货物主要是纸浆、纸张、卡纸、废纸、薄木板、胶合板、木材产品、棕榈油、天然橡胶、木薯、木棉、石油、天然气、煤、铜、藤制品、手工艺品、鲜冻虾、咖啡、可可、椰干、香料丁香、胡椒、纺织纱线、药材胖大海、奎宁等。印度尼西亚是热带木材生产大国,也是世界上最大的热带木材胶合板出口国,印度尼西亚宣布自 2002 年起禁止出口原木。

(3) 中国和印度尼西亚两国相互投资扩大了双边的经济贸易合作,如印度尼西亚投资中国最大的企业是金光集团公司(以林浆纸一体化生产为主),子公司分布在中国江苏、浙江、广东、广西、海南、云南等多个省(区)。中国投资建设印度尼西亚最大的项目是雅加达—万隆高铁(雅万高铁),从印度尼西亚首都(第一大城市)雅加达到第三大城市万隆,全长 150 千米,2016 年 4 月 21 日正式开工,计划 3 年建成运营。中国现在是印度尼西亚三大投资来源国之一,随着投资的发展,带动了贸易的发展。

#### (五) 中国和印度尼西亚贸易的国际货物运输方式选择

1. 海洋运输

中国和印度尼西亚的国际货物运输以海洋运输为主,中国出口印度尼西亚的货物海洋运输可以应用 FAS 或 FOB 有货轮到达的中国沿海各大港口,也可以应用 CFR 或 CIF 印度尼西亚雅加达的丹戎不碌国际港、泗水的丹戎佩拉港和棉兰的勿老湾港。中国进口印度尼西亚的货物运输可以应用 FAS 或 FOB 印度尼西亚雅加达的丹戎不碌国际港、泗水的丹戎佩拉港和棉兰的勿老湾港;也可以应用 CFR 或 CIF 有货轮到达的中国沿海各大港口。

2. 公路汽车运输

中国与印度尼西亚的贸易货物运输不能应用汽车运输。

3. 铁路运输

中国和印度尼西亚进出口贸易的货物无铁路运输可用。

4. 航空运输

印度尼西亚有 8 个国际机场:雅加达国际机场、巴厘国际机场、棉兰日里县爪拉纳穆国际机场、瓜拉娜姆国际机场、丹绒槟榔市费萨比利利拉国际机场、坤甸苏巴迪奥国际机场、槟港德巴迪阿米尔国际机场、占碑市苏丹达哈国际机场。对体积不大、重量较轻、时间较急和高附加价值的货物可用航空运输。出口和进口都可用 FCA、CPT、CIP、DAT 与 DAP 中国各地航空港或上述的印度尼西亚各个国际机场交货。

#### (六) 中国和印度尼西亚国际贸易货款结算的方式与货币选择

中国和印度尼西亚的大额贸易尽可能应用信用证结算,采用即期不可撤销信用证结算风险比较小,长期合作及信用程度高的贸易伙伴也可以用汇票或支票结算;大额贸易结算的货币首选美元,其次选人民币,再其次选印度尼西亚卢比(印尼盾)。

## 二、中国和菲律宾的国际贸易实务应用操作

菲律宾全称菲律宾共和国(Republic of the Philippines),1898 年 6 月 12 日宣告独立,

成立菲律宾共和国,是总统内阁制国家,首都是尼拉湾畔的马尼拉(Manila),流通货币为菲律宾比索(PHP)。

### (一)位置与面积

菲律宾位于亚洲东南部,是个岛国,从北到南长达 1 000 千米,北和中国、日本、朝鲜半岛隔海相望;西与泰国、越南隔海相望;东临太平洋;南部和西南与印度尼西亚、新加坡、马来西亚隔海相望;是亚洲、大洋洲两大陆和太平洋之间以及东亚和南亚之间的桥梁,共有大小岛屿 7 107 个,国土面积为 29.97 万平方千米。其中吕宋岛、棉兰老岛、萨马岛等 11 个主要岛屿占全国总面积的 96%。海岸线长约 18 533 千米。

### (二)气候与人口和市场

菲律宾属热带海洋性气候,高温多雨,湿度大,台风多。年均气温 27℃,年降水量 2 000~3 000 毫米。全国总人口 10 241 万(2016 年),市场大,是一个多民族国家,马来族占全国人口的 85% 以上,包括他加禄人、伊洛戈人、邦班牙人、比萨亚人和比科尔人等;少数民族和外国后裔有华人、印度尼西亚人、阿拉伯人、印度人、西班牙人和美国人,还有为数不多的原住民。菲律宾有 70 多种语言。国语是菲律宾语,又称他加禄语,英语与菲律宾语并列为官方语言。国民约 84% 信奉天主教,4.9% 信奉伊斯兰教,少数人信奉独立教和基督教新教,华人多信奉佛教,原住民多信奉原始宗教。

### (三)主要资源

(1)农林渔业资源。菲律宾的主要农业资源是水稻、玉米、椰子、甘蔗、香蕉、其他作物种植,家畜、家禽饲养及渔业生产。菲律宾农业重点抓好水稻、玉米、椰子、甘蔗、水产品、咖啡六大特色产品的发展,菲律宾的椰子生产和出口量居全世界第一位。由于菲律宾属季风型热带雨林气候,高温多雨,植物资源十分丰富,热带植物多达万种,素有"花园岛国"的美称。森林面积为 1 585 万公顷,覆盖率达 53%,产有乌木、檀木等名贵木材。菲律宾的水产资源渔业很丰富,鱼类品种达 2 400 多种,其中金枪鱼资源居世界前列。

(2)矿产资源。菲律宾的矿产资源丰富,矿藏主要有铜、金、银、铁、铬、镍等 20 余种。巴拉望岛西北部海域有石油储量约 3.5 亿桶。菲律宾的金矿 1.36 亿吨,金矿贮量占世界第二;铜矿蕴藏量约 48 亿吨,贮量排在世界第三(东南亚国家第一);镍 10.9 亿吨,铬矿贮量是世界丰富国家之一。

(3)旅游资源。旅游业是菲律宾外汇收入的重要来源之一,主要旅游景点有:百胜滩、蓝色港湾、碧瑶市、马荣火山、伊富高省原始梯田等。

### (四)中国和菲律宾的国际贸易实操

菲律宾 1975 年 6 月 9 日与中国建立外交关系。2000 年中菲两国政府签署了《中华人民共和国政府和菲律宾共和国政府关于 21 世纪双边合作框架的联合声明》,2011 年中菲贸易额为 322.54 亿美元,2016 年中菲贸易额达到 472 亿美元,6 年中菲贸易额增长 46.34%。

(1)中国出口菲律宾的主要商品货物工业品是机械设备、钢材、船舶、电动机及发电机、家用电器及配件、自行车、小型农机具、电子产品、半导体器件、无线电设备及零部件、纺织品、轻工塑料产品、轮胎、鞋类、烤烟。菲律宾是农产品短缺国家,进口的农产品种类很多,中国出口菲律宾的农产品主要是稻米、豆粕、饲料、杂粮、蔬菜、冻干菜、豆奶粉、花生、苹果、梨等水果及坚果等。中国向菲律宾出口的家用电器、钢铁、轮胎、摩托车及自行车等产品呈增长趋势。

(2)中国进口菲律宾的主要商品货物工业品是电子产品,如集成电路及微电子组件、自动数据处理设备及其零部件,铜矿、未锻造的铜及铜材、成品油、纸及纸板、椰子油、椰干,农产品如热带水果香蕉、菠萝、芒果,水产品类如鱼虾等。

#### (五)中国和菲律宾贸易的国际货物运输方式选择

1. 海洋运输

中国和菲律宾的国际货物运输以海洋运输为主,中国出口菲律宾的货物海洋运输可以应用 FAS 或 FOB 有货轮到达的中国沿海各大港口,也可以应用 CFR 或 CIF 菲律宾马尼拉港、宿务港、怡朗港、三宝颜港等。中国进口菲律宾的货物运输可以应用 FAS 或 FOB 菲律宾马尼拉港、宿务港、怡朗港、三宝颜港;也可以应用 CFR 或 CIF 有货轮到达的中国沿海各大港口。

2. 公路汽车运输

中国与菲律宾的贸易货物运输不能应用汽车运输。

3. 铁路运输

中国和菲律宾进出口贸易的货物无铁路运输可用。

4. 航空运输

菲律宾有 4 个国际机场:马尼拉阿基诺国际机场、宿务市的马克丹国际机场、棉兰老岛达沃国际机场、阿尔坎省卡利博国际机场。对体积不大、重量较轻、时间较急和高附加价值的货物可用航空运输。出口和进口都可用 FCA、CPT、CIP、DAT 与 DAP 中国各地航空港或上述的菲律宾各个国际机场交货。

#### (六)中国和菲律宾国际贸易货款结算的方式与货币选择

中国和菲律宾的大额贸易尽可能应用信用证结算,采用即期不可撤销信用证结算风险比较小,长期合作及信用程度高的贸易伙伴也可以用汇票或支票结算;大额贸易结算的货币首选美元,其次选人民币。

### 三、中国和文莱的国际贸易实务应用操作

文莱全称文莱达鲁萨兰国(Brunei Darussalam),1984 年 1 月 1 日宣布独立,是马来伊斯兰君主制国家,实行政教合一,首都斯里巴加湾(Bandar Seri Begawan)。1991 年 9 月 30 日和中国建立外交关系。流通货币为文莱元(BND)。

#### (一)位置与面积

文莱位于加里曼丹岛北部,北濒南中国海,东南西三面与马来西亚的沙捞越州接壤,并被沙捞越州的林梦分隔为不相连的东西两部分。国土面积 5 765 平方千米,海岸线长约 162 千米,有 33 个岛屿,沿海为平原,内地多山地。

#### (二)气候与人口和市场

文莱属热带雨林气候,终年炎热多雨,年均气温 28℃。全国总人口 42.9 万(2015 年),市场狭小,由马来人(占 67%)、华人(占 15%)和其他种族(占 18%)构成。伊斯兰教为国教,部分国民信奉佛教或基督教、拜物教等。马来语为国语,通用英语,华语使用较广泛。

#### (三)主要资源

文莱的主要资源是石油和天然气及森林,已探明原油储量为 14 亿桶,天然气储量为

3 900 亿立方米;有 11 个森林保护区,面积为 2 277 平方千米,占国土面积的 39%,86% 的森林保护区为原始森林。

### (四)中国和文莱的国际贸易实操

中国与文莱 1991 年正式建立外交关系初期,两国经济贸易合作进展缓慢。自 2000 年起,双边贸易额大幅上升。2010 年,中文双边贸易额为 10.3 亿美元,2015 年中文双边贸易额达 15.1 亿美元,6 年间中文贸易额增长 46.6%。

(1) 中国出口文莱的商品货物主要是纺织品、建筑材料、机器和运输设备、通信设备、食物、医药和塑料制品等。

(2) 中国进口文莱的商品货物主要是原油和天然气,中石化和中石油大量从文莱进口原油和天然气,使双边贸易额大幅上升。

### (五)中国和文莱贸易的国际货物运输方式选择

1. 海洋运输

中国和文莱贸易的国际货物运输以海洋运输为主,中国出口文莱的货物海洋运输可以应用 FAS 或 FOB 有货轮到达的中国沿海各大港口,也可以应用 CFR 或 CIF 文莱麻拉(穆阿拉)港、斯里巴加湾港和卢穆港。中国进口文莱的货物运输可以应用 FAS 或 FOB 文莱麻拉(穆阿拉)港、斯里巴加湾港和卢穆港,也可以应用 CFR 或 CIF 有货轮到达的中国沿海各大港口。

2. 公路汽车运输

中国与文莱的贸易货物运输不能应用汽车运输。

3. 铁路运输

中国和文莱进出口贸易的货物无铁路运输可用。

4. 航空运输

文莱有斯里巴加湾国际机场。对体积不大、重量较轻、时间较急和高附加价值的货物可用航空运输。出口和进口都可用 FCA、CPT、CIP、DAT 与 DAP 中国各地航空港或文莱斯里巴加湾国际机场交货。

### (六)中国和文莱国际贸易货款结算的方式与货币选择

中国和文莱的大额贸易尽可能应用信用证结算,采用即期不可撤销信用证结算风险比较小,长期合作及信用程度高的贸易伙伴也可以用汇票或支票结算;大额贸易结算的货币首选美元,其次选人民币。

# 本 章 提 要

中国和东盟的资源和产品互补性很强,本章介绍了越南、老挝、缅甸、泰国、柬埔寨、新加坡、马来西亚、印度尼西亚、菲律宾、文莱等东盟 10 国的位置、面积、气候、人口、市场与主要资源,以及中国和东盟各国的国际贸易实操、中国和东盟各国贸易的国际货物运输方式选择、中国和东盟各国贸易货款结算的方式与货币选择。中国的发展离不开东盟国家,东盟国家的发展也离不开中国,中国和东盟国家的国际贸易在不断发展。

# 第十二章 中国与东盟各国的国际贸易实务应用操作

## 思考与练习 技能证书考试与专业竞赛训练

（一）分析判断题（判断命题的正确或错误，正确的打"√"，错误的打"×"）

1. 全世界质量最好的天然橡胶生产于泰国。（    ）
2. 作为东盟最大的石油和天然气生产国，以及东南亚唯一的OPEC（欧佩克组织，石油输出国组织）成员国的国家是文莱。（    ）
3. 椰子生产和出口量居全世界第一位的国家是菲律宾。（    ）
4. 中国与越南的大宗国际贸易货物运输可以选用公路运输、铁路运输或海洋运输。（    ）
5. 世界最大的棕榈油生产国和出口国是马来西亚。（    ）
6. 世界第三大蔗糖出口国和亚洲第一大鲜花出口国是缅甸。（    ）

（二）单项选择题（每题只有1个答案是正确的，请选择正确的答案填入括号内）

1. 东盟10国属于内陆国家的是（    ）。
   A. 菲律宾　　　B. 马来西亚　　　C. 老挝　　　D. 缅甸
2. 购买东盟10国出产的棕榈油首选国家是（    ）。
   A. 马来西亚　　B. 泰国　　　　C. 印度尼西亚　　D. 柬埔寨
3. 中国既有陆路运输又有海洋运输直接通到东盟国家的省、自治区是（    ）。
   A. 云南　　　　B. 广西　　　　C. 广东　　　　D. 西藏
4. 对体积较小、重量较轻、时间较急和高附加价值的货物国际运输方式宜选用（    ）。
   A. 公路运输　　B. 铁路运输　　C. 海洋运输　　D. 航空运输
5. 中国是缺铜国家，需要进口大量的铜矿，到东盟购买铜矿首选的国家是（    ）。
   A. 泰国　　　　B. 印度尼西亚　C. 文莱　　　　D. 菲律宾
6. 到东盟国家采购纸浆和胶合板首选的国家是（    ）。
   A. 印度尼西亚　B. 马来西亚　　C. 菲律宾　　　D. 越南

（三）多项选择题（每题有2个以上答案是正确的，请选择正确的答案填入括号内）

1. 越南的主要海港有（    ）。
   A. 海防港　　　B. 岘港　　　　C. 泗水港　　　D. 胡志明港
2. 东盟国家天然橡胶产量比较多的国家是（    ）。
   A. 泰国　　　　B. 印度尼西亚　C. 马来西亚　　D. 越南
3. 中国—东盟自由贸易区国际贸易可选用的物流货物运输方式有（    ）。
   A. 水路（海洋、河流）运输　　　B. 公路运输
   C. 铁路运输　　　　　　　　　D. 航空运输
4. 东盟10国出产棕榈油比较多的国家是（    ）。
   A. 马来西亚　　B. 印度尼西亚　C. 泰国　　　　C. 缅甸
5. 红木类的主要品种有（    ）。
   A. 花梨木　　　B. 酸枝木　　　C. 紫檀木

D. 鸡翅木　　　　　E. 铁力木
6. 中国与东盟国家货物贸易水路国际运输物流可选用的交货方式有（　　）。
   A. FAS　　　　B. FOB　　　　C. CFR　　　　D. CIF

### （四）思考题

1. 东盟10国包括哪些国家？
2. 东盟哪些国家和中国接壤？哪些国家是岛国？
3. 被称为"远东的十字路口"，在国际贸易中具有重要地位的国家是哪一个？
4. 越南的主要资源和产品有哪些？中国和越南的国际货物运输方式有哪些？
5. 印度尼西亚的主要资源和产品有哪些？中国和印度尼西亚国际货物运输方式有哪些？
6. 泰国的主要资源和产品有哪些？中国和泰国的资源和产品有哪些互补性？
7. 马来西亚的主要资源和产品有哪些？中国和马来西亚的资源和产品有哪些互补性？
8. 缅甸的主要资源和产品有哪些？中国和缅甸的国际货物运输方式有哪些？
9. 东盟四大天然橡胶生产国是哪些？
10. 哪一个国家生产的稻米世界上最有名？哪一个国家出口的大米数量最多？

# 案例分析及讨论

## 上汽通用五菱汽车股份有限公司的汽车零部件出口到印度尼西亚如何操作？

上汽通用五菱汽车股份有限公司的前身是1958年10月28日成立的广西柳州动力机械厂。2002年11月18日由上海汽车集团股份有限公司、通用汽车中国有限责任公司、广西汽车集团公司三方共同组建成为中外合资汽车公司。目前拥有柳州河西、柳州宝骏、青岛和重庆四大制造基地。从2004年起，上汽通用五菱汽车公司借助股东方的国际优势"借船出海"，以整车形式出口南美、中东和非洲，由海外经销商负责销售产品及售后服务。通过这种模式锻炼海外人才队伍，为后续开展海外业务打下了基础。"十二五"期间，公司共实现整车出口78 956辆，产品出口至东南亚、中东、中南美洲和非洲近40个国家和地区。2015年，上汽通用五菱汽车公司实现产销量突破200万辆，成为中国首家年产销超过200万辆的汽车企业。也是在2015年，上汽通用五菱汽车公司自筹资金7亿美元，在印度尼西亚雅加达的班加西县芝加朗镇建立制造基地印度尼西亚工厂，该厂占地60公顷，其中主机厂占地30公顷，供应商园区占地30公顷。建成投产后具备年产12万辆整车的能力，主要向印度尼西亚市场供应五菱品牌旗下成熟的MPV及其他产品，未来还将逐步从印度尼西亚出口至东盟其他国家，成为面向东盟的重要生产基地。上汽通用五菱汽车公司印度尼西亚工厂的建成需要从广西柳州、山东青岛和重庆的国内制造基地出口大量的汽车零部件到印度尼西亚工厂装配生产。

请思考分析及讨论：

(1) 上汽通用五菱汽车公司为什么不再直接出口整车到印度尼西亚工厂？

（2）上汽通用五菱汽车公司的汽车零部件从柳州、青岛和重庆出口到印度尼西亚的上汽通用五菱汽车制造基地应该如何操作？

# 教 学 互 动

1. 在教师指导下模拟中国东部沿海省区企业进口泰国茉莉香米交货方式的基本操作要领。

2. 讨论互动分析中国与东盟人口最多国家印度尼西亚开展进出口贸易的主要商品货物及其可选用的国际货物运输方式与交货术语。

# 参考文献

[1] 徐景霖. 国际贸易实务[M]. 大连：东北财经大学出版社，2006.
[2] 林俐，等. 国际贸易实务[M]. 上海：立信会计出版社，2007.
[3] 张京鹏. 国际货物贸易实务[M]. 北京：北京交通大学出版社，2008.
[4] 彭福永. 国际贸易实务教程[M]. 上海：上海财经大学出版社，2009.
[5] 仲鑫. 国际贸易实务：交易程序・磋商内容・案例分析[M]. 2版. 北京：机械工业出版社，2009.
[6] 聂洪臣. 国际贸易实务[M]. 北京：北京大学出版社，2009.
[7] 吴百福. 进出口贸易实务教程[M]. 上海：上海人民出版社，2010.
[8] 易露霞，等. 国际贸易实务案例教程（双语）[M]. 北京：清华大学出版社，2010.
[9] 张晓辉，陈勇. 国际贸易实务教程[M]. 杭州：浙江大学出版社，2010.
[10] 吕红军. 国际货物贸易实务[M]. 北京：中国商务出版社，2011.
[11] 叶德万，陈原. 国际贸易实务案例教程[M]. 广州：华南理工大学出版社，2011.
[12] 孙萍. 国际贸易实务教程[M]. 北京：北京大学出版社，2011.
[13] 于强，杨同明. 国际贸易术语解释通则 Incoterms 2010 深度解读与案例分析[M]. 北京：中国海关出版社，2011.
[14] 潘连乡，唐万欢. 国际贸易实务[M]. 西安：西北工业大学出版社，2012.
[15] 冷柏军，张玮. 国际贸易理论与实务[M]. 北京：中国人民大学出版社，2012.
[16] 李变花. 国际贸易实务[M]. 杭州：浙江大学出版社，2012.
[17] 韦克俭. 实用商流与物流经济地理[M]. 2版. 北京：清华大学出版社，2013.
[18] 余世明. 国际贸易实务与案例分析[M]. 3版. 广州：暨南大学出版社，2013.
[19] 黄辉，田俊芳. 国际贸易实务[M]. 北京：北京大学出版社，2013.
[20] 李秀芳，刘娟，王策. 进出口贸易实务研究——策略、技巧、风险防范[M]. 天津：天津大学出版社，2013.
[21] 吴国新. 国际贸易实务[M]. 2版. 北京：清华大学出版社，2014.
[22] 余庆瑜. 国际贸易实务原理与案例[M]. 北京：中国人民大学出版社，2014.
[23] 徐进亮，李俊，丁涛. 国际贸易单证实务与案例[M]. 北京：机械工业出版社，2015.
[24] 姚新超. 国际贸易实务[M]. 3版. 北京：对外经济贸易大学出版社，2015.
[25] 黎孝先，王健. 国际贸易实务[M]. 6版. 北京：对外经济贸易大学出版社，2016.
[26] 朱春兰，等. 新编国际贸易实务案例分析[M]. 大连：大连理工大学出版社，2016.
[27] 倪军. 新编国际贸易实务[M]. 3版. 北京：电子工业出版社，2016.
[28] 唐卫红，尹丽琴. 国际贸易理论与实务[M]. 北京：北京邮电大学出版社，2017.